사회과 예비교사의 수업관찰과 반성적 실천

강 창 숙 지음

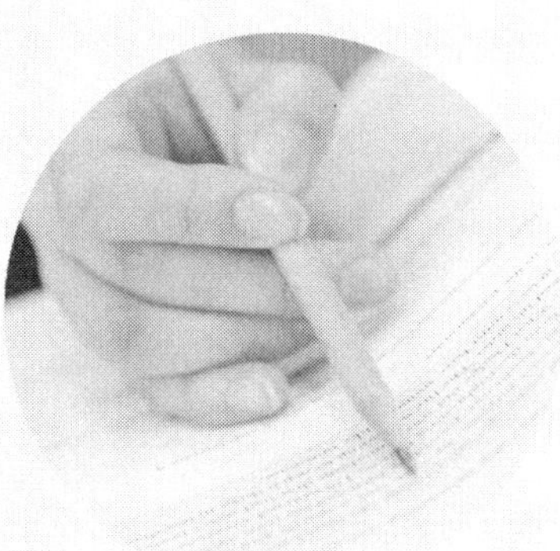

충북대학교 출판부

| 姜昌淑 |

- 충북대학교 지리교육과(학석사), 한국교원대학교(박사) 졸업
- 경기도와 충청북도에서 중등교사로 근무
- 현재 충북대학교 사범대학 지리교육과 교수

사회과 예비교사의 수업관찰과 반성적 실천

저　자: 강 창 숙
발 행 처: 충북대학교 출판부
발 행 인: 김 수 갑
주　소: 28644 충북 청주시 서원구 충대로 1
전　화: (043) 261-2952, 3014
팩　스: (043) 274-1256
이 메 일: presscbu@chungbuk.ac.kr
등　록: 제1983-2001-7호
초판1쇄: 2019.03.05
인 쇄 처: 다해 02)2266-9247

ISBN 978-89-7295-496-5 93370

값 16,000원

머리말

이 책의 주된 내용은 저자가 사회과 교실수업을 관찰하되, 수업에 직접 관여하지 않고 예비교사들의 수업장면을 녹화한 자료, 수업전사지, 수업일지, 인터뷰자료 등을 토대로 수업관찰, 실천적 지식과 반성적 실천, 상호작용과 의사소통 등의 연구문제를 질적으로 탐구한 실행연구 사례들이다.

이들 실행연구는 저자가 사회과 예비교사들과 상호 협력하면서 진행하였다는 점에서 의미가 있다. 즉, 저자는 예비교사들이 자신의 수업활동에서 나타나는 현상을 스스로 관찰, 분석, 평가하고 반성적으로 실천할 수 있는 '자기장학'의 과정과 방법을 경험케 하였다.

동시에 '예비교사 교육을 담당하는 자'의 관점에서 이들의 모의수업과 수업실습을 관찰, 분석, 설명하고 피드백을 제공하면서 수업의 계획과 실행에서 관찰, 분석, 반성에 이르는 과정과 절차를 예비교사들과 상호 협력하였다.

사회과 예비교사들의 교육실습이나 수업관찰에 대한 내용은 특정 상황에 대한 맥락적 배경의 의미를 갖지만, 교육실습에 관한 자료 기록의 의미도 갖는다. 이러한 관점에서 특정 시기, 특정 교실에서 이루어진 예비교사의 사회과 수업이나 교육실습 관련 사실을 상세하게 기술했고, 일반적, 형식적 지식과는 거리가 먼 내용들도 서술하였다.

지금 이 교실에서 이루어지고 있는 그 예비교사의 사회과 수업을 관찰, 설명하려고 했지만, 수업활동에 대한 맥락적 해석과 깊이 있는 이해가 부족한 점은 여전하다. 글 전체를 보다 정연하게 다듬지 못했으며, 논리적, 사실적 오류에 대한 수정도 철저하지 못하다. 독자의 혜안을 기대한다.

이 책이 사회과 교실수업과 교사의 수업행위에 대한 기본적인 이해를 돕는 자료가 되길 바라며, 무엇보다 그동안 함께 해 준 예비교사들(지금은 교사)에게 감사드린다.

2019년 2월

강 창 숙

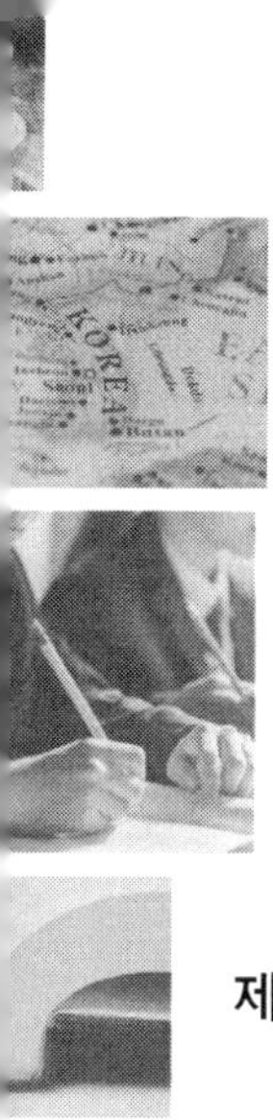

사회과 예비교사의 수업관찰과 반성적 실천

제1부 사회과 예비교사의 교육실습과 수업관찰

제2부 사회과 예비교사의 실천적 지식과 반성적 실천

제3부 사회과 수업과 언어상호작용

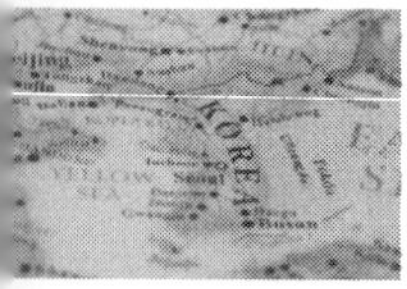

제4부 교사 전문성 발달과 실행연구

제1부 사회과 예비교사의 교육실습과 수업관찰

제1부는 저자의 논문 2007a, 2010을 보완하고 재구성함.

경북 울릉고등학교 전경

1954년 5월 18일 울릉수산고등학교로 설립되었으며, 우리나라 최동단에 위치하고 있다
(자료: 울릉고등학교)

제1장
사회과 예비교사의 교육실습과 수업관찰

1. 예비교사와 교육실습

한때는 교과내용에 대한 지식이 풍부하고, 학교에서 교과를 가르친다는 사실만으로도 교과 교사의 전문성은 당연한 것으로 인정되었다. 세계는 변화하고, 사람들은 끊임없이 교사의 변화를 요구한다. 적어도 지금은 학문적 지식이 풍부하고, 교과를 가르친다는 사실만으로 교사의 전문성을 인정받을 수 있는 시대가 아님은 분명하다. 그동안 교과교육의 내용과 모습이 변화하고 변모해 왔지만, 교사의 전문성은 무엇이고 그것은 어떤 과정으로 발달하는지 그리고 수업에서 나타나는 그것의 독특한 모습은 어떠한지에 대한 구체적인 설명은 어려운 것이 현실이다(강창숙, 2006). '교과 교사가 갖추어야 할 전문적인 지식'이 예비교사 교육의 핵심 내용이 되어야 함에도 불구하고 이에 대한 구체적인 논의가 극히 부진하다.

최근 교사의 전문성은 교원의 권익보다는 책무 차원에서, 수업의 질과 관련되어 논의되는 경향이 강해지고 있다. 교사의 전문성이 교사의 질적 수준의 향상에 대한 논의로 전개되면서 특히 주목 되는 부분이 바로 교육실습(teaching practice)이다. 교육실습의 비중이 커지고 그 중요성이 강조되고 있지만, 학문적 견지에서 교육실습 과정은 상당 부분 블랙박스로 남아 있다.

교육실습에 관한 체계적인 지도 모형이나 프로그램이 정립되어 있지 않고, 교육실습의 논리, 구조, 과정, 방법, 효과 등의 여러 측면에 대한 경험적인 분석 또한 본격적으로 이루어지지 못하였다. 그동안 교육실습에 초점을 맞춘 연구는 드물었으며, 이들 연구의 대부분은 유치원과 초등 교사 교육실습에 관한 연구가 대부분이었다. 또한 이들 연구는 주로 양적 연구에 치우쳐 있어 교육실습생(이하 교생)이 실제로 느끼고 경험하는 것을 드러내는데 한계를 가지고 있다. 즉, 교생이 교직과 능동적으로 상호작용하는 주체로서 갖는 경험의 측면은 중시되지 못하였다(조석훈, 2004). 이와 같은 논의는 교육학 일반에서 이루어지고 있는 논의이지만, 사회과 혹은 지리교육에서 이루어진 교생의 교육실습에 관한 논의 역시 마찬가지이다. 이보다 더 부진한 것이 현실이고 극히 일부에서 이루어지고 있을 뿐이다.

교사에게 요구되는 전문가로서의 자질을 고도의 전문성이라는 특성에 초점을 두면, 사회과 교사란 무엇을 배워야 하는지 알고 있는 사람으로 대부분의 사람들이 할 수 없는 것을 할 수 있으며 정보를 일반화하는데 능숙한 사람이다. 또한 언행이 능숙하고 융통성이 있으며 효율적인 사람으로 직면한 문제를 익숙한 사례로 인식하고 부적절한 정보를 재치 있고 현명하게 처리할 뿐만 아니라 특성 과제의 상황을 넘어서는 수행 능력을 가진 사람이다(Gerber, 1988). 이러한 전문가 자질은 교육과 경험을 통해서 획득될 수 있으며, 교육실습은 예비교사인 교생들로 하여금 이러한 자질을 교육받고 직접 경험할 수 있는 기회를 제공한다.

교육실습은 예비교사가 대학에서 배운 교육 이론을 실제 현장에서 교육활동으로 경험하고 학습할 수 있는 기회를 제공하는 중요한 과정이다. 하지만, 우리나라 교육실습은 중등학교 예비교사 교사양성 프로그램의 일부로 진행되고, 4주 정도의 최소한의 기간 동안 이루어지고 있으며, 교사교육자로의 지도교사를 배정받아 전문가의 총체적 경험을 도제(徒弟)하는 내실 있는 실습이 이루어지는 과정도 아니고 일시적 멘토의 지도, 조언 중심으로 이루어지고 있는 상황이다.

교육부에서는 2009년 입학생부터 교육실습 영역에서 '교육봉사 2학점 이내'라는 규정을 신설하여 교육실습의 제도적 확장을 통한 교육실습 상황의 문제 개선을 시도했다. 현재 교육봉사의 경우는 학생 및 교육 현장의 이해를 목적으로 초기에 교과가 구성 되었지만, 학점화에 따라 의무사항으로 변화되었고, 이는 봉사의 본래 목적에서 벗어난 자격증을 얻기 위한 필수과목의 성격을 띠게 되었다(손은령 외, 2016).

최근에는 이에 대한 문제를 진단하고 개선 방향을 모색하는 연구들이 진행되고 있지만, 참관실습-교육봉사-현장실습 간의 연계성을 강화하고 내실화할 수 있는 관리체제를 마련해야 한다(손은령 외, 2016)는 등의 당위적 제안이 대부분이다. 한편에서는 교육실습 주체들(인턴 교생, 대학의 지도교수와 학교현장의 지도교사, 교육실습 코디네이터) 간의 실제적 협력관계를 바탕으로 4개월(9주)동안 별도의 프로그램으로 진행된 '인턴제 교육실습 모형의 효과'를 제시하고 있다(조대훈, 2013).

현재 우리나라 중등학교 예비교사들은 'student teacher'의 신분으로 단기 교육실습에 임하고 있으며, 교사자격증 취득의 필수과정으로 이루어지고 있다. 이는 '의사면허취득자에 대하여 의과대학에서 배운 지식을 실지 환자진료를 할 수 있는 체험으로 향상시키는 과정'으로 정의, 실시되고 있는 인턴제도(김연수 외, 2015)와는 다른 것이다.

교생들의 현장실습 경험은, 실습학교 주도의 교육내용과 실습방식 상황에서 대학에서 배운 이론적 지식과 관점을 교육실제에서 적용하고 활용해 보는 경험을 통하여 '교사되기'의 전문적 이미지를 형성하거나 교수-학습의 본질적 개념 내지 정체성을 형성하기 보다는 오히려 교실중심의 수업관련 지식과 기술을 훈련함으로써 교실수업을 효율적으로 관리하고 통제하는 제한적이고 왜곡된 이미지를 형성하게 되는(오정란, 2003) 역기능이 우세할 수밖에 없는 상황이다.

현재 우리나라 교육실습제도 및 이와 관련된 중등학교 교사양성제도의 제반문제는 광복과 6.25 전쟁 등으로 이어진 혼란기에 단기 속성과정으로 교사자격증을 부여하고, 교사를 양산하던 제도적 관행이 사범대학의 교사양성과정으로 계속되는 문제에서 비롯된 것이다. 경제·사회가 발전하고, 국민인식과 학력이 괄목하게 증진된 국가 사회적 변화에 걸맞게 교사양성제도 및 관련 제도를 혁신할 때 문제해결의 실마리를 찾을 수 있다.

2. 예비교사와 모의수업

좋은 수업의 의미는 한 시대, 한 사회·문화에서 정립된 좋은 수업의 정의가 다른 시대, 다른 사회·문화에 그대로 적용되는 것이 아니라, 그 시대의 사회·문화 집단 구성원들에 의해 그 의미가 재해석되고 재정립되어 왔다(서경혜, 2004). 즉 좋은 수업은 언제, 어디서, 누가, 누구에게, 무엇을, 어떻게 가르치느냐에 따라서 달라질 수 있는 다양한 의미를 포함하고 있다(정미경, 2007).

이 책에서 사회과 혹은 지리수업에 대한 실천적 지식을 함양하고 있는 예비교사들이 궁극적으로 지향하는 바는 좋은 수업임을 전제한다. 물론 좋은 수업에 대한 정의나 실체적 의미는 교실에서 이루어지는 수업상황과 맥락에 따라 달라 질 수 있다. 이 책에서는 '좋은' 이라는 용어가 가지는 상대성과 '수업'이라는 용어가 갖는 복합성을 포괄하는 개념을 그 바탕으로 하지만, 사회과 예비교사들이 자신의 모의수업과 수업실습에서 지향하는 목적적 개념으로 사용한다. 즉, 사회과 예비교사 양성 과정에서 이루어지는 수업관찰이나 수업실습 등의 입문단계에서 추상적으로 지향하는 목적적 개념으로 사용한다.

예비교사의 좋은 수업을 위한 실천적 지식의 함양은 수업관찰과 수업실습(teaching experience)을 통해서 직접적이고 보다 효과적으로 발달할 수 있다. 때문에 예비교사 양성 과정에서는 그것을 경험하고 개발할 수 있는 기회를 제공하는 것이 무엇보다 중요하다. 특히 자신의 수업은 물론 타인의 수업을 객관적이고 신뢰성 있게 관찰하는 것은, 효과적인 교수 전략 및 방법을 배울 수 있는 효율적인 방법 중의 하나이며, 전문가적 관점을 개발하는 중요한 과정이다. 예비교사들은 다른 사람들의 수업을 관찰함으로써 자신의 교수행위를 관찰하는 방법을 알게 될 것이고, 다른 사람에 의해 관찰될 수 있음을 알게 될 것이다. 즉, 수업관찰은 교사로서의 성장과 발달에 중요한 통찰력을 제공한다(Borich, 2008, 4).

Richards(1990, 4-14)는 교사를 양성하는 과정을 미시적인 관점과 거시적인 관점으로 나누면서, 거시적인 관점에서 교사 양성과정을 교육(education)으로 정의한 반면에 미시적인 관점에서 교사 양성과정은 훈련(training)으로 정의하였다. 별도로 훈련시킬 수 있는 수업기술은 모두 훈련이 가능하며 이는 워크샵, 모의상황, 마이크로티칭, 사례연구 등의 방법으로 이루어질 수 있다고 하였다.

이 중에서도 마이크로티칭은 수업실습의 일부분으로 활용될 수 있으며, 예비교사는 지도교수 및 동료학생들과 함께 수업실연을 연습하고, 평가하는 활동을 통해서 자신의 수업능력을 발전시켜 나갈 수 있다. 특히 마이크로티칭은 즉각적인 피드백을 제공할 뿐만 아니라 자기분석(self-analysis)에 효과적이기 때문에 예비교사들이 자신들의 강점과 약점을 파악하는데 이용할 수 있다는 장점을 가지고 있다(주삼환, 2003). 무엇보다 마이크로티칭은 실제 교실과 수업의 복잡성을 단순화하여, 예비교사가 특정 관점이나 기능을 중심으로 수업능력을 연습, 함양할 수 있다는 것이 특징이다.

실천적 지식은 교실에서 이루어지는 수업경험을 전제로 하며, 교실에서 이루어지는 수업상황에서 그 실제적 의미를 찾을 수 있지만, 예비교사 양성 프로그램에서는 교실상황을 가상한 마이크로티칭(이하 모의수업)으로 대신하고 있다. 모의수업은 보다 미시적이고 단기적이며 즉각적인 맥락에서 구체적인 수업기술의 습득을 위한 훈련에 초점을 두는 것이 특징이다. 모의수업은 동료의 교수에 대한 의도적이면서 의식적인 수업관찰과 동시에 자기수업에 대한 반성과 그 반성적 실천의 기회를 제공한다.

3. 수업관찰과 반성적 실천

수업관찰은 수업을 분석하고 진단하기 위하여 자료를 수집하는 제반 행위를 말한다. 즉 관찰자로 하여금 미리 준비된 관찰도구와 방법 및 절차에 의거하여 교사의 행동, 학생의 행동, 교사와 학생 간의 상호작용, 수업전개 양태, 자료의 활용 등 수업활동 전반을 체계적으로 기록하는 것을 의미한다(주삼환 외, 1999).

이러한 수업관찰의 궁극적인 목적은 교사의 교수방법의 개선은 물론 교수의 질 개선이다. 수업관찰은 자신의 수업을 향상시키고자 하는 모든 교사에게 매우 유용하며, 그것은 어느 교과를 막론하고 보편적으로 해당되는 사항이다. 때문에 교사들의 수업 향상을 위해 가장 많이 활용되는 방법이다(김정렬, 2007).

자신의 수업 혹은 타인의 수업을 관찰하는 것은 뚜렷한 목적을 가진 행위이다. 이에 수업관찰은 대체로 플랜더스의 상호작용분석법과 같은 양적 접근이나 참여 관찰과 같은 질적 접근으로 이루어지기도 하고, 서술형 담화보고서와 같이 덜 구조화된 방법이나 평정척도와 수업 부호화 체계 등을 활용하는 구조적 관찰 방법의 관점에서 이루어지기도 한다.

수업관찰이 어떠한 관점에서 접근되더라도 공통적으로 견지하는 것은 체계적인 수업관찰이고, 이를 위한 관찰 도구들이 다양하게 개발 · 적용되고 있다. 체계적인 수업관찰을 위한 8개 관점을 제시한 Borich(2008)는 종합 관찰 항목에서 수행평가 관찰표에 이르는 46개의 관찰 도구를 제시하고 있는 데 대표적인 사례라고 할 수 있다. 국내에서는 여러 관찰 도구를 활용하여 각 교과의 수업관찰과 분석이 이루어지고 있다. 나아가 좋은 수업의 조건을 교과 수업관찰 결과를 토대로 실제적이고 구체적으로 제시하는 연구로 진전되고 있다.

최근 교사의 수업 전문성은 교육과정을 능동적이고 비판적으로 실천하면서 반성하는 능력을 토대로 논의되고 있다. 이러한 논의는 보다 영역특수적인 관점에서 교수내용지식(Pedagogical content knowledge)을 중심으로 하는 교과 교사 나름의 특별한 실천적 지식(Practical knowledge)이 어떻게 형성되고 무엇으로 드러나는지에 대한 연구로 구체화되고 있다(강창숙, 2007b).

교사의 실천적 지식에 대한 구체적이고 정교한 연구는 Elbaz(1980)로부터 시작되었다. 그녀는 교사들이 자신의 가르치는 일을 적극적으로 사용하는 일련의 복잡한 이해 체계를 가지고 있음을 발견하고, 이것을 실천적 지식으로 개념화하였다. 즉, 실천적 지식이란 교사의 지식에 대한 이분법적인 사고, 즉 이론과 실천, 인지적 영역과 감정적 영역, 산출로써의 경험 분석적 지식관과 과정으로서의 현상학적 지식관을 결합하는 특별한 관점이면서 교사 지식의 영역 간에 존재하는 차이를 연결 짓는 개념이다(Elbaz, 1980, 1981). 무엇보다 이러한 실천적 지식은 교사 자신이 가지고 있는 이론적 지식을 상황에 맞도록, 자신의 가치관이나 신념을 바탕으로 종합하고 재구성한 지식으로(Elbaz, 1981) 예비교사 양성 과정에서부터 시작된다.

교사의 실천적 지식은 Shulman(1986)이 제시한 교수내용지식과 매우 유사하기 때문에 같은 맥락에서 논의되는 경우가 많다. 실천적 지식의 한 측면이자 바탕이 되는 실천적 지식의 내용은 교수내용지식의 범주나 구성요소와 특히 유사하다(강창숙, 2007b). Shulman 이후 교수내용지식의 개념은 교사가 갖추어야 할 지식 기반 전체를 의미하는 통합적이고 실제적인 개념으로 변화하였다. 대표적인 경우인 Grossman(1990, 16)에 의하면, 수업관찰 실습(Apprenticeship of observation), 교과내용지식(Subject matter knowledge), 교사 교육과정(Teacher education), 그리고 수업경험(classroom experience)의 4가지는 교수내용지식을 구성하고 개발하는데 필요한 최소한의 기반이다.

교사의 수업 전문성이나 수업의 질 향상을 위한 논의가 실천적 지식이나 교수내용지식의 관점 등 어느 관점에서 이루어지든지 간에 공통적으로 강조하는 것은 반성과 반성적 실천이다. 교사의 전문성 개발을 위해서는 교육 현장의 불확실성, 불안정성, 특수성, 가치 갈등 등을 이해하고 다룰 수 있는 새로운 패러다임으로 주목받고 있는 것이 반성과 반성적 실천이다(서경혜, 2005). 교사가 자신의 수업에 대한 반성적 사고 없이 이미 알고 있는 지식이나 기술적 방법에만 의존하여 교수행동을 실천하는 것은 수업 개선의 효과를 도모하지 못하며, 전문성 신장의 측면에서도 바람직하지 못하다.

제2장
교육실습생의 중학교 사회과 수업관찰 내용과 특성

1. 교육실습 학교와 수업관찰

다양한 학습의 구조와 역동성을 이해하기 위해서는, 그것이 우연한 것이든 의식적인 것이든 그러한 구조와 역동성을 특정 교과에 관련된 구체적이고 역사적인 활동으로, 그리고 특정한 맥락 내에서 연구해야 한다(Engeström 1987; Roth, 2002). 특히 교실에서 이루어지는 지리수업이 그러해야 하며, 지리수업의 존재론적 조건인 교사의 교수와 학생의 학습에 대한 연구가 그러해야 한다.

본 장에서는 중등학교 사회과 예비교사가 교육실습 과정에서 겪은 실습경험 중에서 지도교사의 지리수업을 관찰한 경험을 질적으로 분석하여 관찰 내용과 그 특성을 살펴보고자 한다. 실습경험이란, 교생이 예비교사로서 교사의 역할을 감당하면서 얻게 되는 종합적인 경험으로써 자신, 현직 교사, 학생, 학교와 교실 환경에 대한 지식, 감정과 태도상의 모든 것을 포함할 수 있다(조석훈, 2004). 그러나 본 장에서는 연구 대상 지리교생들이 지도교사의 지리수업을 참관하면서 얻게 되는 관찰 경험으로 한정한다.

관찰 대상 수업은 2006년 국립 사범대학 지리교육과 학생들이 4학년 1학기에, 4주 동안 이수하는 교육실습에서 대략 2주 동안 이루어지는 지도교사의 수업을 참관하면서 이루어진 관찰 경험이다. 학생들이 교생으로서 경험한 지도교사의 중학교 지리수업을 분석하기 위한 자료는 교생들이 작성한 수업참관록과 소감문 그리고 연구자와의 면담 결과이다. 수업참관록은 교생들이 수업을 참관하면서 무엇을 배워야 하는지에 초점을 두고 별도로 작성하여 제공하였으며, 주된 관찰 내용은 표 2-1과 같다. 소감문은 자유로운 형식으로 작성되었고, 면담은 반구조화 된 집단면담과 비구조화 된 개별면담으로 이루어졌다.

표 2-1. 교육실습학교와 참관 및 수업실습 대상

교육실습생		교육실습학교 (전체학급 수)	지도교사 (전공/연령/담당학년학급/경력)	참관수업/수업실습 기간 (주된 참관수업/보조 참관수업)
1	**F1**	가 중학교 (남녀공학, 36)	Fa (역사교육/30대/1학년여학생/9년)	2주/2주 (중1사회/동학년 동교과)
2	**F2**		Fa (역사교육/30대/1학년여학생/9년)	2주/2주 (중1사회/동학년 동교과)
3	**F3**		Fb (지리교육/30대/1학년남학생/13년)	2주/2주 (중1사회/동학년 동교과)
4	F4	나 중학교 (남녀공학, 30)	Fc (지리교육/40대/1학년남학생/17년)	2주/2주 (중1사회/전학년 동교과)
5	M1		Ma (지리교육/30대/1학년남학생/11년)	2주/2주 (중1사회/전학년 동교과)
6	**M2**	다 중학교 (남녀공학, 35)	Mb (지리교육/40대/1학년여학생/20년)	2주/2주 (중1사회/전학년 동교과)
7	**F5**		Mb (지리교육/40대/1학년여학생/20년)	2주/2주 (중1사회/전학년 동교과)
8	F6	라 중학교 (남녀공학, 34)	Fd (지리교육/40대/1학년남학생/17년)	1주/3주 (중1사회/동학년 동교과)
9	**F7**		Fe (지리교육/20대/1학년여학생/3년)	2주/2주 (중1사회/동학년 동교과)
10	**F8**		Fe (지리교육/20대/1학년여학생/3년)	2주/2주 (중1사회/동학년 동교과)
11	F9	마 중학교 (남녀공학, 18)	Ff (일사교육/40대/2학년남학생/22년)	2주/2주 (중1사회/동학년 동교과)
12	**F10**		Fg (지리교육/20대/1학년여학생/1년)	2주/2주 (중1사회/동학년 동교과)
13	**M3**		Fg (지리교육/20대/1학년여학생/1년)	2주/2주 (중1사회/동학년 동교과)
14	M4	바 중학교 (남녀공학, 35)	Fh (지리교육/40대/1학년남학생/18년)	2주/2주 (중1사회/전학년 동교과)
15	M5		Fh (지리교육/40대/1학년남학생/18년)	2주/2주 (중1사회/전학년 동교과)
16	M6		Fi (일사교육/40대/3학년남학생/15년)	3주/1주 (중1사회/전학년 동교과)
17	F11	사 고등학교 (남녀공학, 18)	Mc (지리교육/40대/1학년남학생/17년)	2주/2주 (고1사회/동학년 타교과)
18	M7		Mc (지리교육/40대/1학년남학생/17년)	2주/2주 (고1사회/동학년 타교과)
19	F12		Mc (지리교육/40대/1학년남학생/17년)	2주/2주 (고1사회/동학년 타교과)

자료 수집의 대상은 19명이었지만 교생들 대부분이 중학교에 배정되었기에, 중학교에 배정된 교생들 중에서 수업참관록을 3회 이상 성실하게 작성한 9명의 수업참관 경험을 질적으로 분석하였다. 질적으로 분석한다고 하는 것은 질적 자료를 중심으로, 특징적인 현상이나 경험의 양상을 교육실습이라는 실제 맥락 속에서 드러내고자 하는 것이며, 그 의미는 교생의 관점에서 살펴본다는 것이다.

수업참관록과 교생일기는 교생이 지도교사에 의한 피동적 사회화에 응하기보다는 실습 상황과 능동적으로 상호작용한다는 관점에서 분석하였다. 수동적 사회화의 관점에서 개인은 사회가 인정하는 태도, 가치, 행동을 그대로 받아들이는 것으로 본다면, 상호작용의 관점에서 개인의 사회적 행동은 제도와 개인의 상호작용의 결과로 볼 수 있다.

우리는 이미 온통 사회적인 세계에 태어난 세계 내 존재(being in the world)이다. 때문에 우리의 학습은 대부분 세계에 참여함으로써 발달하며, 세계는 다른 사람의 존재가 항상 매개된다. 이러한 것의 실재는 도제(apprentice)에서 잘 체화되고 구현된다. 도제는 주요한 학습형태로 공유된 실천의 장점을 따르고 그 방식을 원용해 왔다. 전통적 사회에서 도제는 전문분야에 도전하는 초보자에게 실행에 따른 주된 상황을 제공하였다. 오늘날의 전문직은 다른 사람과 함께 참여하면서 많은 것을 알고 배우게 된다(Roth, 2002).

온전히 지도교사의 실천적 지식을 수업상황으로 도제하게 되는 교육실습에서 교생들의 수업참관은 매우 의미 있는 경험이다. 교생들의 실제 수업에의 참여 경험은 상호주관성(intersubjectivity)과 주관성(subjectivity)이 함께 나타난다. 상호주관성과 주관성이 상호작용하는 상황에서, 수업을 실천하는 사람과 관찰하는 사람의 관점은 차이가 있으며 서로 다른 의미를 갖는다.

본 장에서는 예비교사로서 교육실습에 참여한 교생들이 중학교에서 이루어지는 사회과 지리수업에서 무엇을 어떻게 관찰하며, 그것을 어떻게 받아들이고 이해하는가를 밝히고자 하므로 지도교사의 변인은 비중 있게 고려하지 않았다. 결과의 객관적인 기술을 위해서 교생의 경험을 특징적으로 드러내는 용어는 수업참관록이나 소감문 그리고 면담에서 교생들이 사용한 용어를 최대한 이용하였으며, 연구자는 수업상황에 직접 참여하지 않았기 때문에 3인칭 관점에서 서술하였다.

실습에 참여한 여교생 12명은 F1에서 F12로, 남교생 7명은 M1에서 M7로 구분하였고, 실습대상 7개 학교는 가, 나, 다, 라, 마, 바, 사 학교로 구분하였다. 이들의 지도교사 역시 여교사 9명은 Fa에서 Fi로 구분하였고, 남교사 3명은 Ma, Mb, Mc로 구분하였다.

2. 교생의 중학교 사회과 수업관찰

1) 실습학교와 지도교사

지리교생들의 교육실습 대상학교는 남녀공학 중학교 6개교(공립 5개교, 국립 1개교)와 남녀공학 일반계 고등학교 1개교(국립)였다. 지리교생들은 원칙적으로 대학에서 지정한 교육실습 협력학교 중에서 실습대상 학교를 선택할 수 있기 때문에 교육실습 대상 지역과 학교의 선택은 제한적이라고 할 수 있다. 국립 사범대학 부설학교로 학급 수가 제한적인 마 중학교와 사 고등학교를 제외한 나머지 5개교는 한 학년 평균 학급 수가 10학급 이상인 대규모 학교들이기 때문에, 지리교생들은 주로 대규모의 남녀공학 중학교에서 교육실습을 경험한다.

교육실습 협력학교들은 '지도교사의 전공 일치'와 '원활한 교생 지도'를 위해서 교과별로 실습생의 수도 제한하고 있기 때문에, 모두가 원하는 학교를 선택할 수는 없다. 지리교생들은 먼저 자신이 원하는 실습학교를 학년 대표에게 제출하고, 선택한 학교에서 지정한 인원수를 초과했을 경우에는 특별한 이유가 있는 교생을 배려해주는 협의를 거친다.

협의가 잘되지 않는 경우에는 소위 말하는 '제비뽑기'로 마지막 결정을 한다. 마지막 '제비뽑기'로 실습학교를 배정받은 교생은 6명이었지만, 이들은 실습기간과 실습 후에도 학교에 대한 불만은 언급하지 않은 것으로 보아 지리교생들은 실습학교에 대한 불만이나 생각은 특별하지 않은 것 같다. 다만, 일부 지리교생들은 사범대학 부설중학교인 마 중학교는 다른 학교에 비해 '교육실습을 제대로 할 수 있기 때문에' 우선 선택하였으며, 일부는 '교육실습이 좀 원칙적이고 빡빡해서' 우선 제외하기도 했다.

각 학교에 배정된 지리교생들이 만난 지도교사는 모두 12명으로 여교사가 9명이고 남교사가 3명이었다. 지리교육을 전공한 지도교사가 9명이고, 일반사회를 전공한 지도교사 2명, 역사교육을 전공한 지도교사가 1명이었다. 교육실습 협력학교에서는 실제로 지도교사의 전공일치를 최대한 고려했음을 알 수 있다.

지도교사의 연령은 20대가 2명, 30대가 3명, 40대가 7명이었으며 40대 여교사가 5명으로 가장 많았다. 지도교사의 경력은 3년 미만이 2명, 9년차가 1명, 11년에서 20년이 8명이고, 22년이 1명이다. 일반적으로 3년차 이상의 교사에게 1급 정교사 연수 기회를 부여하는 것에 근거할 때 1년차와 3년차 교사 2명을 제외한 나머지는 경력 교사라고 할 수 있다.

비교적 교육실습을 원칙적으로 실시한다는 마 중학교에서는 경력 1년차의 신임교사가 유일한 지리교육 전공교사였기 때문에 지도교사로 배정하였다. 실습협력학교에서 지도교사 배정의 가장 중요한 원칙은 '전공' 혹은 '전공일치' 임을 알 수 있다. 따라서 지리교생들의 지도교사는 대부분 지리교육을 전공한 경력교사들이며, 특히 40대 여교사들이 많다는 것을 알 수 있다.

지리교생들은 실습학교의 선택과 배정 결과에 대해서는 특별한 불만이나 생각이 없었지만, 지도교사에 대해서는 '지리교육 전공교사'라는 나름대로의 기준이 있었다. 가 중학교의 Fa 교사에게 배정된 F1과 F2 교생, 마 중학교의 Ff 교사에게 배정된 F9 교생, 그리고 바 중학교의 Fi 교사에게 배정된 M6 교생은 정도의 차이는 있지만, 지도교사에 대한 불만이 실습기간 내내 계속되었음을 직・간접적으로 관찰할 수 있었다.

예를 들어 F1과 F2 교생은 "같이 간 F3 교생은 복수전공 교생인데 지리교육 전공 선생님께 배정하고, 우리들은 지리교육 전공인데 역사교육 전공 선생님께 배정되었다."는 사실에 불만을 나타냈다. 마찬가지로 F9교생은 자기 혼자만 일사전공의 Ff 교사에게 배정되었다는 사실에 불만이었고, M6 교생은 처음에는 잘 몰랐지만 시간이 지날수록 "지도교사를 잘못(?) 만나서 수업참관도 제대로 못하고 (지도교사가 지정해 준 수업만 참관할 수 있었고) 실제 수업도 3번 밖에 못했다."고 말하기도 했다. 지도교사 배정에 대한 이들의 초기 불만과 불평은 "지도교사가 친절하지 않고 잘 가르쳐 주지도 않았으며, 무엇보다도 지리수업을 제대로 참관하지도 못하고 실제 수업도 제대로 해 보지 못했다."는 부정적인 평가로 연결되었다.

이렇게 실습학교와 지도교사를 배정받은 지리교생들의 교육실습은 크게 2주간의 참관수업과 2주간의 수업실습이 거의 원칙적으로 이루어졌다. 라 중학교의 F6 교생과 바 중학교의 M6 교생은 예외적으로 각각 1주 참관수업과 3주 수업실습, 3주 참관수업과 1주 수업실습을 경험했지만, 각 학교의 원칙은 2주간의 참관수업과 2주간의 수업실습이었다. 다만, 라 중학교의 F6 교생은 지도교사인 Fd 교사의 '성대결절'로 인해 수업을 대신했기 때문에 수업실습 기간이 많았으며, 바 중학교의 M6 교생은 지도교사인 Fi 교사가 자신이 담당하고 있는 3학년에게 수업을 맡기기가 곤란하다는 교사의 개인적인 이유로, 1주 동안 지도교사가 지정한 시간에 한해 수업실습을 경험하였을 뿐이다.

4주간의 교육실습을 거의 전담, 지도해 줄 지도교사를 만난 지리교생들은 가장 먼저 관찰자로 수업에 참여하는 참관실습을 하게 되는데, 2주 동안 참관하는 수업은 지도교사의 수업이 원칙이며 보조적으로 다른 교사의 수업을 참관하기도 한다. 지도교사들의 전공이 대부분 지리교육이고, 이들이 담당하는 학급은 중학교 1학년이기 때문에 지리교생들이 참관실습 하는 대상은 주로 중학교 1학년 수업이다. 따라서 대략 2주간의 참관실습 동안 지리교생들이 관찰하게 되는 수업의 대부분은 중학교 1학년 지리영역의 수업이기 때문에 이하에서는 지리수업으로 기술한다.

2) 사회과 지리수업 참관실습

지리교생들이 수업을 관찰하기 위해 참관할 수 있는 수업은 크게 지도교사의 수업과 다른 교사의 수업으로 구분되었다. 주된 참관수업은 지도교사의 수업이었으며, 보조적으로 다른 교사의 수업을 참관할 수 있었다. 지리교생들의 주된 참관수업은 대부분 중학교 1학년 사회 수업이었으며, 다른 교사의 수업참관은 실습학교별로 다르게 이루어졌다. 중학교에서는 '동학년 동교과'와 '전학년 동교과'에 한해서 참관이 이루어졌으며, 고등학교에서는 '동학년 타교과'인 '영어, 진로, 과학, 국사, 도덕' 등의 수업을 보조적으로 참관하였다.

중학교에서는 주된 참관수업과 보조 참관수업 모두를 사회과라는 '교과'를 중시하는 원칙으로 이루어졌으며, 고등학교에서는 '학년'을 중시하는 원칙으로 이루어지고 있음을 알 수 있다. 실제로 고등학교에서는 극히 예외적으로 2학년 수업을 참관하는 몇몇 경우를 제외하고는 모든 교과의 모든 교생들이 1학년 수업만 참관하였다. 이처럼 고등학교에서 교생들의 수업참관을 '학년'으로 제한하고 있는 것은 일반계 고등학교의 입시위주의 교육과정 운영이 교생들의 수업참관도 제한할 정도로 영향을 미치고 있음을 보여준다. 교생들이 기록한 수업참관록도 주로 중학교 1학년 사회 수업에 대한 것이었다. 이렇게 지리교생들이 2주간의 참관수업에서 주로 관찰한 수업은 중학교 1학년 사회과 지리영역이었다.

수업참관록은 제출하지 않은 경우부터 최고 6회까지 기록한 경우 등 다양하게 나타났다. 이들 중에서, 중학교 1학년 사회 수업을 담당하고 있는 지도교사의 수업참관록을 최소 3회 이상 기록하여 제출한 9명의 교생이 작성한 참관록을 대상으로 '중학교 지리수업'을 관찰하고자 한다. 이에 '중학교 지리수업'의 관찰 대상 교사는 4개 중학교의 교사 5명으로, 가 중학교의 Fa 교사와 Fb 교사, 다 중학교의 Mb 교사, 라 중학교의 Fe 교사, 마 중학교의 Fg 교사이다. 9명의 교생들이 작성한 참관록 42개 중에서 기록내용이 충실한 38개 수업의 주제와 방식은 다음의 표 2-2와 같다. 수업의 주제는 중단원 주제이고 수업 형태는 교생들이 수업참관록의 '수업형태'란에 기록한 것을 그대로 기술했지만, 수업참관록의 내용과 다르다고 생각되는 경우에는 개별면담을 거쳐 연구자가 재검토하고 수정하였다.

교육실습 첫날부터 2주 동안 지리교생들이 참관한 중학교 1학년 지리수업은 충청지방에서 영남지방에 이르는 한국지리 영역으로 주로 세 번째 대단원인 남부지방의 중단원 주제들이었다. 첫 주 수업에서 진도가 가장 빠른 경우는 호남지방 수업이었고 가장 늦은 경우는 충청지방 수업으로 3주 정도의 시간 지체가 나타나고 있었다. 일선 중학교에서 비교적 많이 채택되고 있는 교과서들의 교사용 지도서에서 제시하고 있는 연간지도계획도 남부지방의 중단원 주제들이다(표 2-3).

표 2-2. 지리교생이 참관한 수업의 주제와 방법

참관일 / 교생-지도교사	5월 8일 (월)	9일 (화)	10일 (수)	11일 (목)	12일 (금)	13일 (토)	15일 (월)	16일 (화)	17일 (수)	18일 (목)	19일 (금)
F1-Fa	호남 지방 (모둠별 발표)			호남 지방 (강의식, PPT 자료)	호남 지방 (강의식, PPT 자료)			영남 지방 (모둠별 발표)			
F2-Fa	호남 지방 (강의식, PPT 자료)			호남 지방 (강의식, PPT 자료)	호남 지방 (모둠별 발표)				영남 지방 (강의식, PPT 자료)		
F3-Fb	호남지방 (강의식, ICT)			호남 지방 (강의식, ICT)						영남 지방 (강의식, ICT)	영남 지방 (강의식, ICT)
M2-Mb		남부지방 도입 (강의식, 개념 중심)	남부지방 도입 (강의식, 개념 중심)	남부지방 도입 (강의식, 개념 중심)	호남 지방 (강의식, 개념 중심)						
F5-Mb		남부지방 도입 (개념 학습, 강의식)		남부지방 도입 (개념 학습, 강의식)	호남 지방 (강의식, 개념 중심)			호남 지방 (개념 학습, 강의식)			호남 지방 (개념 학습, 강의식)
F7-Fe				충청 지방 (강의식)	충청 지방 (모둠별 과제 학습)					호남 지방 (강의식, PPT 자료)	
F8-Fe		충청 지방 (강의식)	충청 지방 (강의식)	충청 지방 (강의식)	충청 지방 (모둠별 과제 학습)			충청 지방 (강의식, PPT 자료)		남부지방 도입 (강의식, PPT 자료)	
F10-Fg	남부지방 도입 (강의식, 문답식)	남부지방 도입 (강의식, 문답식)						남부지방 도입 (강의식, 문답식)	남부지방 도입 (강의식, 문답식)		
M3-Fg					남부지방 도입 (강의식, 문답식)			남부지방 도입 (강의식, 문답식)	남부지방 도입 (강의식, 문답식)		남부지방 도입 (강의식, 문답식)

교사용 지도서에서 제시하고 있는 연간지도계획은 '학교 실정과 일정 그리고 교사의 재량'에 따라 변경하거나 재구성할 수 있음을 전제로 하고 있지만, 중 단원을 기준으로 실시 시간의 차이는 1주일

정도이다. 교사에 따라 단원 및 학습 주제는 1~3주 정도의 시간 차이가 나타나고 있지만, 수업 주제는 국가수준에서 제시한 교육과정 순서대로 진행되고 있음을 알 수 있었다.

표 2-3. 중학교 1학년 사회 연간지도계획 사례

<table>
<tr><th>월</th><th>주</th><th>차시</th><th>사례 1</th><th>사례 2</th><th>사례 3</th></tr>
<tr><td rowspan="9">4</td><td rowspan="3">6</td><td>1</td><td rowspan="2">Ⅱ. 중부지방의 생활
3. 관동지방</td><td></td><td rowspan="3">Ⅱ. 중부지방의 생활
3. 관동지방</td></tr>
<tr><td>2</td><td rowspan="3">Ⅱ. 중부지방의 생활
4. 충청지방</td></tr>
<tr><td>3</td><td rowspan="3">4. 충청지방</td></tr>
<tr><td rowspan="3">7</td><td>1</td><td rowspan="3">4. 충청지방</td></tr>
<tr><td>2</td><td rowspan="2">Ⅲ. 남부지방의 생활
1. 해양 진출의 요지</td></tr>
<tr><td>3</td><td rowspan="3">Ⅲ. 남부지방의 생활
1. 해양 진출의 요지</td></tr>
<tr><td rowspan="3">8</td><td>1</td><td rowspan="3">2. 호남지방</td><td rowspan="3">Ⅲ. 남부지방의 생활
1. 해양 진출의 요지</td></tr>
<tr><td>2</td></tr>
<tr><td>3</td><td rowspan="3">2. 호남지방</td></tr>
<tr><td rowspan="12">5</td><td rowspan="3">9</td><td>1</td><td rowspan="3">3. 영남지방</td><td rowspan="3">2. 호남지방</td></tr>
<tr><td>2</td></tr>
<tr><td>3</td><td rowspan="3">3. 영남지방</td></tr>
<tr><td rowspan="3">10</td><td>1</td><td rowspan="2">4. 제주도</td><td rowspan="3">3. 영남지방</td></tr>
<tr><td>2</td></tr>
<tr><td>3</td><td rowspan="2">4. 제주도</td><td rowspan="2">Ⅳ. 북부지방의 생활
1. 대륙의 관문</td></tr>
<tr><td rowspan="3">11</td><td>1</td><td rowspan="3">4. 제주도</td></tr>
<tr><td>2</td><td rowspan="3">Ⅳ. 북부지방의 생활
1. 대륙의 관문</td><td rowspan="3">2. 관서지방</td></tr>
<tr><td>3</td></tr>
<tr><td rowspan="3">12</td><td>1</td><td rowspan="3">Ⅳ. 북부지방의 생활
1. 대륙의 관문</td></tr>
<tr><td>2</td><td rowspan="2">2. 관서지방</td><td rowspan="2">3. 관북지방</td></tr>
<tr><td>3</td></tr>
</table>

지리교생들의 수업참관 대상 교사들은 20대에서 40대에 이르는 다양한 연령대의 교사들이었지만, 대부분 교사들의 일상적인 수업방식은 교사중심의 강의식이었고 부분적으로 협동학습이 활용되고 있었다. 교사중심의 강의식 방법은 강의법, 개념중심 혹은 개념학습법, ICT 활용이나 PPT 자료 이용, 문답법 등의 구체적인 기법으로 실현되고 있었다.

교수-학습 과정이 특정 수업 현장을 통해 구체적으로 드러나는 것을 교수-학습 방법이라고 할 수 있다. 즉, 교수-학습 방법이란 교과의 학습목표를 달성하기 위해 학습목표와 학습내용에 따라 적절한 과정이나 방법을 체계적으로 조직화한 교수-학습 활동이므로, 학습목표 달성의 한 수단으로서 학습활동과 교수활동을 구체적으로 제시해 준다. 교사가 학생들을 가르치는 교수-학습 과정의 구체적인 형태는 수업으로 나타나기 때문에 교수-학습 방법은 수업모형, 수업형태 등의 의미로도 쓰인다. 수없이 많은 교수-학습의 과정, 즉 수업을 일정한 기준을 적용하여 구분하는 것은 매우 어려운 일이기 때문에 교수-학습 방법은 다양한 관점에서 분류되고 구분될 수 있다.

우리나라에서 지리과 고유의 영역 특수적인 교수-학습 방법에 대한 학문적인 논의는 본격적으로 이루어지지 않았지만, 타 교과와 마찬가지로 지금까지 가장 널리 활용된 방법은 강의식이라 할 수 있다. 이렇게 '강의식'은 방법과 기법의 측면에서 가장 보편적으로 사용되고 있지만 방법(method)과 기법(technique)은 차원을 달리하는 차이점을 가지고 있다. 방법은 수업을 담당하는 교사의 철학이나 자세를 나타내는 것으로서 교육의 목적을 달성하기 위한 접근법을 말하는 것이다. 반면에 기법은 방법에서 설정한 방향으로서 성과를 거두기 위한 수단의 선택이라고 할 수 있는데 우리가 흔히 방법이라고 칭하는 것의 대부분은 기법에 해당하는 것이다.

지리수업의 방법을 크게 교사 중심의 방법과 학생 중심의 방법으로 양분할 때, 교사중심의 방법은 강의식 혹은 설명식으로 이루어지는 것이고 학생중심의 방법은 탐구식 혹은 문제해결식으로 이루어진다고 할 수 있다. 이러한 관점에서, 지리교생들이 참관한 지리수업에서 나타난 대표적인 방법은 '교사 중심의 강의식 방법'이고, '강의식 방법'은 강의법, 개념중심 혹은 개념학습법, ICT 활용이나 PPT 자료 이용법, 문답법 등의 구체적인 기법으로 실현되고 있다고 할 수 있다.

협동학습은 전통적인 모둠학습과 LT 기법이 실현되고 있었다. 앞에서 기술한 바와 같이, 교수-학습 방법은 다양한 관점에 근거하여 그 유형이 구분되고 있는데 '사회적 상호의존성 이론(social interdependence theory)'에 근거하여 수업유형을 구분하면, 학생들은 학업성취를 목표로 교사와 학생 간 상호작용과 학생과 학생 간 상호작용의 유형으로 구분할 수 있다. 특히 학생 간 상호작용 유형을 중심으로 학습을 구분하면 부정적으로 상호의존하는 경쟁학습과 긍정적으로 상호의존하는 협동학습 그리고 상호의존하지 않는 개별학습으로 나눌 수 있다(정문성, 2006).

경쟁학습을 과거의 수업방법이라고 평가할 때, 오늘날 교실에서 이루어지는 방법은 개별학습과 협동학습으로 구분할 수 있다. 본 장에서 기술하는 협동학습은 'cooperative learning'과 'collaborative learning'의 의미를 포괄하는 개념이다. 구성주의가 도입되었던 초기에는 '협력학습' 혹은 '협동적 상호작용 학습'으로 번역되어 사용된 'collaborative learning'과 '협동학습'은 구분되어 사용되었지만 최근에는 두 가지 용어가 '협동학습'으로 일반화되어 사용되기 때문이다.

개별학습과 비교할 때, 협동학습은 학생 간 상호작용을 통한 학업 성취를 목표로 하는 방법으로, 학생들이 학습에 보다 능동적이고 적극적으로 참여할 수 있는 방법이다. 즉 협동학습은 소집단의 구성원들이 공간적으로 근접하게 모여서 학습할 내용을 서로 토론하여 계획하고, 학습할 내용을 서로 분담하여 구성원 각자가 부여된 몫을 다함으로써 학습자 개개인뿐만 아니라, 학습집단 구성원 모두가 주어진 학습목표를 성취하도록 하는 수업방법이다(변영계 · 김광휘, 2006).

최근에 협동학습은 교육을 받은 학생들이 장차 살아가게 될 삶의 현장과 가장 유사한 상황 속에서 학습할 수 있게 해주는 효과적인 교육 방법이라는 측면에서 더욱 강조되고 있다. 뿐만 아니라, 협동은 인류의 역사와 함께 시작된 전통적인 생존 방식이라는 관점에서 경쟁학습 구조에서 나타난 문제점을 해결할 수 있는 대안으로 강조되는 방법으로서 전통적인 강의식 방법에 비해 수업모형이 많이 개발되어 있다. 모형은 방법, 전략(strategy), 구조(structure), 설계(design) 등의 여러 가지 용어와 같은 의미로 사용되기도 하지만, 모형은 일정한 절차와 역할이 하나의 틀을 이룬 형태이다(정문성, 2006).

따라서 협동학습 방법에는 여러 가지 정형화된 모형이 있으며 이들 모형은 교사에 따라 혹은 교실 상황에 따라 여러 가지 기법을 적용함으로써 수업을 좀 더 효율적으로 전개될 수 있도록 한다. 이러한 관점에서 Fa교사의 모둠별 발표 수업은 특정 모형을 적용하거나 기법을 채택하지 않은 말 그대로 모둠만 구성해서 개별 학생이 발표하는 '전통적 모둠학습'이었고, Fe교사의 모둠별 과제학습은 협동학습 모형 중에서 이른바 'LT 모형(Learning Together)'에 근접한 경우이다. 즉, LT 모형의 일정한 절차와 역할을 하나의 틀로 적용한 것이 아니라, 부분적으로 적용했기 때문에 LT 기법이라고 할 수 있다.

이와 함께 지도교사들이 개별적으로 실현하고 있는 수업방법이 고정되어 있는 것으로 나타났다. Fa교사는 개념중심의 강의식 수업과 전통적 모둠학습을 전개하였고, Fb교사는 ICT 활용 강의식 수업을 전개하였으며, Mb교사는 개념학습 중심의 강의식 수업을 전개하였다. Fe교사는 PPT 자료를 활용한 강의식 그리고 LT 기법의 협동학습을 전개하였다. Fg교사는 문답식 강의 수업을 전개하였다. 면담 결과 Fa 교사는 학생들의 수행평가를 위해서 중 단원 도입 차시에 모둠별 발표학습을 실시하였으며, Fe 교사는 교내 연구수업을 위해서 LT 모형 협동학습을 실시하였음을 볼 때 교사들은 일상적인 수업방식은 한 가지 형태의 수업방법을 활용함을 알 수 있다. 교사별로 한 가지 수업방식을 계속하고 있지만, 교사들의 수업방식에서 전체적으로 혹은 부분적으로 채택하고 있는 기법들이 각 교사의 체화된 경험으로 나타나는 실천적 지식인지는 분별할 수 없다.

3. 지도교사의 수업관찰 내용

1) 비전공 중견 여교사의 지리수업 관찰하기

연구자는 지리교생들에게 표 2-4와 같이 수업을 단계별로 구분하여 관찰하는 참관록을 제공하고 가능한 1일 1회 이상 작성할 것을 권유하였지만, 교생들은 '너무 피곤하고 시간이 없어서' 잘 기록할 수가 없었다고 했다. 그렇지만 교생들은 특별히 기록할 내용이 있거나 조금 색다른 수업 그리고 지도교사의 전형적인 수업을 중심으로 참관록을 기록했다고 밝혔다. 이렇게 작성된 참관록과 개별면담을 바탕으로 관찰 대상 교사들의 수업을 정리한 사례가 표 2-4이다. 표에서 'X' 표시는 기록 내용이 없거나 교사의 활동이 없었던 경우를 의미한다. 먼저, 교생 F1과 F2가 Fa교사의 지리수업 8시간을 참관하고 관찰한 내용을 살펴보면 다음과 같다.

Fa교사는 역사교육을 전공한 9년차의 30대 여교사로 비전공 교사의 지리수업 전개를 관찰할 수 있는 사례였다. 먼저 Fa교사 수업은 수업을 시작하는 간단한 인사 없이 시작되었으며, 학습목표 제시, 학생들의 흥미 유발을 위한 활동, 전시학습을 확인하는 질문이나 발문 없이 시작되었다.

수업의 전개에서 교과내용을 제시하거나 설명하는 방식은, 본시 수업의 주제나 내용을 중심으로 이루어지는 것이 아니라 전시학습을 계속하는 방식으로 전개되었으며, PPT 자료는 교사의 강의식 수업과 학생들의 발표 수업을 이끌어 가는 방법이자 주된 교수-학습 자료로 활용되었다. 교사는 지역교육청에서 제작 배포한 CD에 포함되어 있는 플래시나 사진을 보조자료로 활용하였고, 학습자 활동은 교사가 제공한 학습지의 빈 칸 채우기나 문제를 푸는 정도였으며, 교사의 질문은 물론 학생들의 질문도 거의 없는 수업이었다. 교사의 학습자에 대한 이해나 배려는 가끔씩 단어의 뜻을 한자로 풀이 해 주거나 설명해 주는 정도로 이루어졌다.

정리 단계에서, 수업내용 정리는 학생들의 발표내용에 연계된 설명이 아닌 교사의 일방적 강의나 학습지 정리로 이루어졌으며, 학생들의 발표가 주로 이루어진 날은 발표한 학생들이 학생들의 질문에 응답하는 방식으로 전개하였다. 형성평가나 학습결과 확인과 차시학습 과제의 제시는 거의 이루어지지 않았다.

Fa교사의 수업은 교생들이 작성한 참관록 중에서 기타의 내용이 가장 많은 수업이었는데, 수업시간은 각 과정이나 단계별로 일정하게 이루어지는 것이 아니라, 매 시간마다 다르게 이루어졌다. 교생들은 Fa교사의 수업을 '전체적인 흐름이나 분위기가 산만한' 수업으로 관찰하였으며, 그러한 관찰은 특히 "학생들의 모둠별 발표 시간에는 대부분의 학생들이 집중하지 않았으며 교사는 이를 특별히 지도한다거나 관여하지 않았다."는 사실에 근거하고 있었다. 또한 교생들은 지도교사가 '교과의 기본내용을 제대로 이해하지 못한 채 자습서를 그대로 모방하거나 교육청에서 제작한 PPT 자료에 의존하는 것'으로 관찰하였다.

이러한 관찰 관점과 내용은 비전공 교사에 대한 편견에서 비롯된 것일 수도 있지만, Fa교사의 개인적인 문제이기보다는 중학교의 사회과라는 통합교과의 운영에서 나타날 수밖에 없는 구조적인 문제에서 비롯된 것이다. 전공 영역에 상관없이 모든 사회과 교사들이 공통적으로 겪게 되는 문제로 인한 현상이지만, 교생들은 그러한 현실에서 나타나는 수업현상 특히 교사행동을 단편적, 부정적으로 관찰하였다.

표 2-4. Fa교사의 지리수업에 대한 관찰 내용

관찰내용 \ 수업사례		1	2	3	4	5	6	7	8
도입	인사하기	학생의 발표수업으로 바로 시작	X	X	X	X	X	발표수업으로 바로 시작	간단한 인사
	학습자 흥미유발	X	X	X	X	학습목표제시	X	X	X
	질문(발문)의 적절성	X	X	X	X	X	X	X	X
전개	학습목표, 학습주제 제시	X	X	지난번 조별발표시간에 빠진 내용 보충 발표	학생발표 주도	PPT 자료로 발표수업 교과서 정리 및 탐구활동	호남지방 단원 전체 내용 다시 설명	발표수업, 보충설명, 전체정리	교과내용 설명
	교수전략, 방법	학생 모둠별 발표-PPT 교사는 수행평가체크	교육청의 PPT· 플래시 자료로 수업진행		학생 모둠별 발표-PPT 교사는 수행평가체크	X	개념 중심 (판서)	X	플래시 자료, 내용설명
	학습자 활동	조별로 PPT 만들어서 탐구학습발표	X	조별발표	학생 모둠별 발표-PPT	발표 내용 받아 적음	학습지 괄호 채우기	X	학습지 풀기
	학습지, 학습자료	학생의 PPT, 교사의 PPT	학습지, 교육청 자료	학습지	학생의 PPT	PPT 자료	학습지, CD사진자료	학습지	X
	학습자에 대한 이해	X	X	X	X	X	X	X	X
	학습자수준고려	X	X	한자 풀이	X	X	단어 설명	X	X
	학생 질문처리	X	X	X	X	X	X	용어 설명	X
정리	수업내용 정리	학생 발표20분, 교사의 일방적 강의	X	X	학생들이 발표, 질문하고 대답	학생들이 발표, 질문하고 대답	판서내용정리, 학습지 정리	학습지 문제풀기	학습지 빈칸 채우기, 주요개념정리
	형성 평가	X	X	X	X	X	X	X	X
	학습 결과 확인	X	X	X	X	X	X	X	X
	차시 과제 제시	X	X	X	X	X	X	X	X
기타	수업시간의 배분	적절하지 못함	교육청의 플래시로 수업진행 내용설명부족	X	모둠발표 20-25분 질문시간 20-25분	35분 발표 10분 질문 (총 45분)	판서, 학습지 괄호 넣기 후 10분정도 CD자료	지난 시간에 하지 못한 발표수업-10분, 질문-5분, 학습지를 풀며 개념중심수업	적절
	전체적인 흐름, 분위기	발표조의 준비 부족, 일방적인 교사의 설명, 학생들의 집중도 부족	산만	조별발표교사평가 공개, 학생들끼리 경쟁적 분위기, 점수 불만족	소란 스럽다	발표 수업에 대부분 학생들이 집중하지 않음	산만	X	X
	교사언행, 복장, 태도, 행동특성	존댓말 사용	집중 부족으로 목소리 커짐	X	학생 활동시 방관적인 태도 발표 시 주의사항 등 지도 해야 할 사항을 전혀 고려관여 하지 않음	발표도중 잘못된 내용 다시 설명, 틀린 답 수정	X	X	X
	문제 해결능력	X	X	교과서의 기본 내용을 인지하지 못해 자습서를 모방하는 수준	교실 내 문제 해결능력이 없음	X	X	X	X

Fa교사의 지도를 받은 교생 F1와 F2는 지도교사를 배정받은 첫날부터 불만이 있었고, 이들이 작성한 참관록은 상당히 부정적이라는 인상을 받았다. 교생들은 특히 학생들의 모둠별 발표 수업에 대해서 부정적이었으며, 이에 대한 소감문도 대부분 교생이 자세히 기록하였다. 다음은 F1교생이 학생들의 모둠별 발표 수업을 참관하면서 관찰한 소감문이다.

> "학생들이 조별발표를 한 후에 교사가 수행평가 채점표의 점수를 공개한다. 즉 어느 항목에서 몇 점을 깎고 어느 항목은 이러이러 하더라고 공개한다. 그래서 반마다 학생들이 대부분 점수에 신경을 많이 쓴다. 오늘 수업한 00반은 특히 그러했는데 발표조의 점수를 깎기 위한 질문을 많이 하다 보니 불필요하고 중요하지 않은 질문이 많고 중요한 내용을 소홀히 하는 경향이 있었다. 또한 수업시간에 직접적이고 노골적으로 교사에게 '저 모둠 점수 깎아요.~' 라고 말하는 학생들이 많았고, 교사의 평가 후에 발표한 모둠에서 점수를 인정하지 않고 교사에게 '왜 그러냐고' 하면서 인상을 찌푸리며 대드는 경우가 종종 발생하였다. 교우관계와 학생과 교사간의 관계가 원만하지 못한 것 같았다. 교수-학습이 아닌, 수행평가 점수 매기기를 위한 발표 수업은 하지 말자!"

다음은 F2교생이 학생들의 모둠별 발표 수업을 참관하면서 관찰한 소감이다.

> "수업참관을 한지도 이제 1주일이 훌쩍 넘어 버렸다. 매시간 같은 방식으로 수업을 진행하시는 선생님. 사실 지겹다. 학생들을 주의집중 시키는 방법을 좀 연구하셨으면 ... 무난한 진행을 하시지만, 이렇게 진행하면 나 역시 사회라는 교과는 재미없게 느껴질 것이다. 대부분의 학생들이 모둠발표 시간에 집중하지 않고 다른 짓을 한다. 또한 발표 학생들은 대부분 자습서를 베껴온다는 것이다. 선생님은 수업시간에 잡담을 하거나 집중하지 않는 학생들을 수수방관하시는 경향이 있다. 선생님 스스로도 효과 없는 수업이라고 말하셨다. 학생들을 주의집중 시키지 못하는 발표수업은 하지 말아야겠다."

2) 전공 중견 여교사의 지리수업 관찰하기

Fb교사는 지리교육을 전공한 교사경력 13년차 30대 여교사로 Fa교사와 같은 학교에서 같은 학년을 담당하는 교사이다. 수업을 관찰한 교생은 F3교생 1명이고, 수업참관록도 4시간 분량으로 다른 교사들에 비해 제한적인 측면이 있다.

먼저, Fb교사는 항상 일상적이고 간단한 반장의 인사로 수업을 시작했으며, 가끔씩 단순한 답을 요구하는 질문이나 교과서의 특정 사진으로 학습자의 흥미를 유발하였다. 교과내용의 제시나 설명은 교과서 중심으로 이루어졌고, 학생들의 활동은 교사의 질문에 대한 대답, 학습지 풀기, 교과서 읽기, 탐구활동 문제 풀기 등으로 이루어졌다. 수업 전개 중에 개별 학생 혹은 전체에 대한 질문과 학습지 확인 등의 방법으로 학습자의 이해 수준을 체크하였으며, 최하위 수준의 학생을 최대한 고려하는 쉬운 말이나 내용으로 중요 용어를 설명해 주었다. 이 수업 역시 학생들의 질문이 거의 없는 수업으로 이루어졌다.

수업의 정리는 대부분 학습지 정리로 이루어졌으며, 별도의 형성평가나 학습결과 확인은 이루어지지 않았다. 그 밖에 수업시간의 배분은 거의 적절하게 이루어졌고, 수업은 자연스럽게 이루어지는 평범한 수업이었다. 수업시간에 교사는 거의 한 곳에 머물러 있어서, 교사의 시선이나 관심에서 소외되는 학생들이 있었고, 목소리의 톤이 동일해서 다소 지루한 수업으로 관찰되었다.

수업을 참관한 F3교생의 첫날 소감은 '교과서 중심의 정말 지극히 평범한 수업' 이었으나, 점차 ICT 자료나 사회과부도 등을 적절히게 활용히는 기법을 관찰하게 되었다. 다음은 F3교생의 관찰 소감이다.

> "첫 수업을 참관했다. 정말 지극히 평범한 수업이었다고 할 수 있다. 학교에서 배운 것과 괴리가 있음을 확실히 느낌. 도입 부분의 흥미유발, 정리부분의 학습정리나 질문을 하는 시간도 없었고 너무 일방적인 강의식 수업이 아니었나 생각한다. 교과서 내용 이외에는 거의 부연설명도 없었다. 그러나 어휘력이 취약한 학생들을 고려해 단어들을 쉽게 풀이해 주는 부분은 좋았다."

> "강의식과 ICT를 병행해서 수업을 한다. 질문을 통해서 학생들이 학습을 잘 따라 오는지 수시로 확인한다. 목소리의 크기나 어조가 45분 동안 동일한 패턴으로 유지된다. 학생들에게 다소 지루한 느낌을 줄 듯하다."

> "ICT 자료는 직접 제작하지 않고 잘 만들어진 자료를 활용했다. 플래쉬를 사용하여 학습지의 문제를 풀이하고 이해시킴. 그러나 크게 효과적인 것 같지 않음. 수업시간에 사회과부도를 적절히 사용하는 것 같음. 지명이나 위치를 시각적인 자료를 활용하여 외워야 하는 것으로 생각하지 않도록 함."

3) 전공 중견 남교사의 지리수업 관찰하기

Mb교사는 지리교육을 전공한 40대 후반의 교직 경력이 20년 정도로 지리수업 경험이 풍부한 사례에 해당한다고 볼 수 있다. M2와 F5 교생이 관찰한 9시간의 수업에서, Mb교사는 간단한 반장의 인사도 없이 수업을 시작하는 경우가 대부분이었다. 남부지방에 대한 첫 수업 즉 '남부지방의 도입'에 해당하는 수업시간에는 학생들에게 '알고 있는 남부지방의 도시'를 전체에게 질문하는 것으로 학생들의 흥미를 유발하기도 했지만, 그 외의 시간에는 학습자의 흥미를 유발하려는 특별한 자료 제시나 발문 없이 수업이 시작되었다.

가끔 질문과 설명으로 전시학습을 확인하거나 "오늘은 ~을 해 보자"와 같은 발문으로 수업내용이나 주제를 제시하기도 했지만, 대부분 학습주제에 대한 교사의 일방적인 설명으로 수업이 전개되었다. 수업은 주로 교사가 학습 내용을 설명하면서 주요한 내용을 간단한 판서로 제시하는 교사중심의 강의식 수업으로 이루어졌다. 교사의 설명에는 지형도, PPT 자료, 사회과부도, 사진 등의 자료가 활용되었다. 학생들의 활동은 지명된 학생의 발표, 사회과부도에서 찾아보기, 노트 필기하기 등으로 이루어졌다. 학습자에 대한 이해와 배려는 학생들이 질문한 어려운 용어를 쉽게 설명해 주는 것이었으며, 이것은 주로 한자의 뜻을 풀이해 주는 방식으로 이루어졌다.

수업내용의 정리는 판서 내용이나 PPT 자료를 활용해서 정리하거나 학습지로 마무리하기도 하고 교과서 문제풀이로 이루어지기도 했다. 형성평가는 주로 학습지에 제시된 문제풀이로 이루어졌으며, 학습결과 확인은 거의 이루어지지 않았다.

수업시간의 배분은 적절히 이루어진 경우도 있었고, 시간이 부족해서 다 정리하지 못하고 끝나는 경우도 많았다. 전체적인 수업분위기는 차분하지만, 학생들과의 상호작용이 부족한 '경직된' 수업이었다. 일부에서는 자거나 떠드는 학생들도 있었지만 교사의 지도나 지적은 없었다. 교사는 학생들에게 강압적이거나 억압적이지는 않았지만, 학생들에게 존칭어를 사용하지 않았다. Mb교사의 수업을 참관한 교생은 M2와 F5였으며, 이들의 수업관찰 소감은 같은 수업을 같은 관점에서 보기도 하고, 다르게 보기도 했다. 특히 학생들의 질문과 수업분위기에 대한 관점이 다르게 나타났는데, 다음은 M2교생의 관찰 소감이다.

> "학생들에게 알고 있는 남부지방의 도시를 질문한 것은 학생들 수준에 적절하였다. 다우지와 소우지 분포를 원인과 인간 활동 특색과 관련하여 설명하였으며, 자연환경에 적응한 주민생활을 학습지 내용으로 정리하였다. 수업시간은 적절했지만 경직되어 있고 상호작용이 부족한 수업이었으며, 존칭어 사용이 부족했다."

"도입 없이 바로 수업이 전개되었다. 과제로 학습한 내용을 지명된 학생이 발표했지만, 학습지 내용 외에 학생들의 질문은 없었다. 내용정리 없이 수업이 종료되었다. 시간도 부족했지만 학생들이 산만하여 수업에 집중하지 못했으며, 학생통제가 부족하였다."

다음은 같은 수업에 대한 F5교생의 관찰 소감이다.

"인사도 없이 수업이 시작되었다. 담임 선생님이셔서 아이들의 이름을 불러 주셔서 좋았다. 다우지와 소우지에 대한 아이들의 수준이 꽤 높은 것 같았는데 그 수준에 맞게 잘 가르쳐 주셨으며, 전체적으로 주요 개념 위주로 깔끔하게 정리하였다. 부드러웠고 자연스러웠다."

"오늘 배울 내용을 수업 시작에 제시하였다. ppt와 사회과부도를 적절히 활용하였으며, 학습지가 꾸준히 제공되어 학습활동에 도움이 된다. 학생들은 학습지를 하면서 질문을 활발하게 했고 선생님은 쉽게 풀어서 설명해 주셨다. 수업내용은 학습지로 마무리되었다. 여자반이고 아이들이 수업에 흥미를 가지고 열심히 해서 수업분위기가 전체적으로 좋았다."

4) 전공 초임 여교사의 지리수업 관찰하기

Fe교사는 사립대학에서 지리교육을 전공한 3년차 20대 여교사이다. F7과 F8 교생이 관찰한 9시간의 수업에서 Fe교사는 주로 날씨와 관련된 인사와 학습대상 지역의 명소를 소개하는 것으로 학생들의 흥미를 유발하였다. 조사해 온 과제에 관한 질문이나 전시학습을 확인하는 질문으로 수업을 시작하였다.

수업의 전개는 사회과부도나 교과서의 지도와 학습지를 중심으로 교과내용을 설명하고 학생들이 도시나 위치를 확인하는 방식으로 이루어졌다. 학생들의 활동은 주로 교과서 내용을 정리한 학습지 빈칸 채우기, 과제 발표하기, 지도에서 위치 확인하기로 이루어졌다. 수업에서 주로 사용된 자료는 교과서, 사회과부도, 학습지였고 가끔씩 PPT 자료가 사용되었다.

교사는 항상 어려운 개념을 쉽고 자세하게 풀이해 주는 것으로 학습자의 이해를 돕거나 수준을 배려해 주려고 했지만, 때로는 너무 많은 설명으로 학생들이 받아들이기 어려울 것 같은 경우도 있었으며, 전체적으로 학생들 간의 수준차이가 심했다. 학생들의 질문은 거의 없는 수업이었지만, 질문이 있을 경우 웃으면서 잘 대답해 주었다.

수업내용의 정리와 형성평가, 학습 결과의 확인은 대부분 교과서 문제를 풀거나 학습지 정리로 이루어졌으며, 가끔씩 PPT를 이용하여 형성평가를 했다. 교사가 제시하는 차시학습 과제는 주로 교과서 읽어오기였다.

대부분의 수업이 전개에 치중하여 도입과 정리 부분은 잘 이루어지지 못했다. 교사는 항상 학생들에게 존칭어를 사용하였으며 적절한 목소리 크기로 부드럽고 듣기 좋은 수업을 전개하였으며 학생들의 돌발 질문도 재치 있게 잘 받아 주었다. 여자반의 수업분위기는 조용하고 차분했으며, 남자반은 상대적으로 활발하였다.

Fe교사의 지도를 받게 된 교생 F7과 F8은 지도교사가 젊어서 마음이 편했지만, 가끔씩 교생들에게 "초보라서 자신이 없고 아는 것도 없다."고 하는 경우가 있어서 민망하였다. 그러나 교생들은 초임교사의 수업에서 여자반과 남자반의 수업분위기가 다르다는 것과 교사가 항상 학생들의 눈높이에서 밝은 표정으로 호흡을 맞추어가는 수업으로 관찰하였다. 다음은 F7교생의 지도교사에 대한 인상과 수업관찰 소감이다.

> "지도교사를 처음 만났을 때 젊은(거의 어린) 선생님이어서 마음이 편해졌다. 나이가 비슷한 줄 알았지만, 졸업한 지는 5년 된 선생님이었다. 그런데 자꾸 교생들과 자신을 비교하면서 이론도 잘 모르고 수업도 잘 하지 못한다면서 자신 없어 해서 민망했다."

> "오늘 수업은 전개에 너무 치중 되어서 도입과 정리가 아쉬웠다. 엉뚱한 질문도 웃으면서 설명해 주었지만, 너무 많은 설명을 해서 오히려 받아들이기 어렵지 않을까 아쉽다. 남자반이라 여자반에 비해 활발하고 질문도 있다."

다음은 F8교생의 학생들의 발표수업과 학급 분위기 관찰 소감이다.

> "수업시간 안배에 있어서 정리 시간이 부족했던 것 같다. 전개부분에서 조별로 발표할 때, 한 조에서 준비한 것이 너무 많아서 초과한 것 같다. 중간에 교사가 개입하여 적당히 잘랐으면 했는데 조금 늦게 중단시킨 것이 아쉬웠다. 각 조의 발표가 끝나면 적절한 보상과 격려가 보기 좋았고 보충설명을 해 주는 것도 좋았던 것 같았다. 무엇보다도 교사가 웃으면서 경어를 쓰고 아이들과 눈을 맞추고 반응을 보며 설명하고 이야기하는 모습이 보기 좋았고 학습자와 교사 간에 상호작용이 잘 되어 적극적인 수업이 되는 듯해 보였다."

> "학급에 따라 수업분위기가 많이 다르다. 8반(남자반)은 대답과 질문이 적극적이었다. 활발한 분위기의 수업이었다. 여자반 수업은 학생들이 전반적으로 너무 조용하고 지루한 감이 있었다."

5) 전공 신규 여교사의 지리수업 관찰하기

Fg교사는 지리교육을 전공하고 2006년에 신규로 발령받은 1년차 20대 여교사이다. F10과 M3 교생이 관찰한 8시간의 수업에서 Fg교사는 대부분 반장의 간단한 인사 후에 학생들의 주의를 환기시키고 수업을 시작했다. 가끔 인터넷 사이트의 영상 자료를 이용하여 학생들의 흥미를 유발했으나 적절한 설명이 부족했다. 때때로 퀴즈나 개별 질문으로 전시학습을 확인하면서 수업을 시작하기도 했다.

학습주제나 내용은 사회과부도를 활용하여 해당 지역의 특징을 설명하는 방식으로 제시하였으며 문답법을 활용한 강의식 수업을 전개하였다. 중요 내용은 판서하면서 설명하였고 교과서 순서대로 설명하였다. 학습자 활동은 질문에 대답하기, 교과서에 밑줄 긋기, 교과서 읽기로 이루어졌고 학습자료는 주로 교과서, 사회과부도, PPT 자료였으며 가끔씩 학습지를 제공하였다. 학습자의 수준 고려는 학생들이 알고 있는 관광지 위주로 설명하는 것과 어려워하는 단어를 쉽게 설명해 주는 것이었다. 학생들의 질문은 거의 없었지만 적절한 질문은 성실하게 대답하고 장난스런 질문은 과제를 주고 자연스럽게 넘어가는 것으로 수업을 전개하였다.

수업내용을 정리, 형성 평가하거나, 학습결과 확인, 차시학습 예고, 과제 제시는 전혀 이루어지지 않았다. 수업 진도가 늦어서 수업은 빨리 진행되었으며, 도입은 짧고 시간이 부족해서 정리는 이루어지지 않고 수업이 끝나는 경우가 대부분이었다. 전체적인 수업분위기는 활기찼고 자유스러운 분위기에서 이루어졌다. 교사의 언행과 복장, 태도는 양호하나 한 자리에서만 수업이 이루어졌다.

Fg교사와 교생 F10, M3는 서로 안면이 있는 선후배 간이었지만, 그에 대한 감정이나 소감은 참관록에 언급되지 않았고 면담에서도 나타나지 않았다. 교생들은 1년차 새내기 교사의 수업에서 수업진도가 늦어서 도입과 정리가 이루어지지 않은 점과 수업분위기가 활기차다는 것이 공통된 관찰 내용이었다. 수업진도가 늦어서 빨리 진행되고 도입과 정리는 거의 이루어지지 못한 수업임에도 불구하고, 교과내용이나 학습주제와는 거리가 먼 5.18 영상 자료를 중학교 1학년 학생들에게 시청케 하는 새내기 교사의 주관적인 교육과정 운영이 이루어졌다. 이 수업에 대한 교생들의 특별한 언급이나 소감은 없었으며 당연한 것으로 받아들여졌다. 다음은 Fg교사의 수업에 대한 F10교생의 장학사의 장학지도와 같은 관찰 소감과 활기찬 수업에 대한 소감이다.

"수업은 전반적으로 활기차게 진행되었다. 그러나 도입부에서 학습목표를 제시하지 않았고, 정리 시에 내용정리, 차시학습을 제시하지 않고 수업이 거의 끝날 때쯤에 개별적인 질문을 하였다. 일반적으로 수업 중에 해야 할 학습목표 제시, 내용 정리 등을 하지 않은 점은 잘못된 것 같다. 특히나 선생님이 교실에 들어오자마자 '어디까지 배웠지?'라는 질문은 미리 교재연구를 하지 않은 것 같은 느낌을 주었으나 수업 진행은 원활히 진행되었다. 이와 같은 발언은 삼가야 한다."

"학생들이 이해하기 어려운 지형성 강우, 푄현상, 비열 등을 쉽게 이해되도록 설명한 점이 좋았다. 매 참관 시 느낀 점인데 강의식으로 수업이 진행되지만 학생의 질문과 교사의 질문 활동이 매우 활발하게 진행되어 거의 모든 반의 수업분위기가 활기찼던 점이 좋았다."

다음은 M3교생의 활기찬 수업에 대한 관찰 소감과 5.18 관련 영상물을 시청한 수업에 대한 소감이다.

"수업 진도가 계속 늦어서 조금 빨리 진행되었다. 학생들이 선생님을 매우 잘 따르는 활기찬 수업이었다."

"수업내용은 20분 정도 적게 PPT로 간단히 마무리하고 나머지 시간은 5.18 관련 영상물을 시청하였다. 간간히 떠드는 학생들도 있었지만 영상물 시청이기 때문에 조용한 분위기였다. 학생들에게 5.18 관련 역사를 바로 알도록 하는 것이었다."

4. 교생들의 중학교 지리수업 관찰 내용과 특성

위와 같은 관찰 내용을 바탕으로 9명의 지리교생들이 지리수업에서 관찰한 주요 내용을, 긍정적인 관점과 부정적인 관점으로 구분하여 정리하면 다음의 표 2-5와 같다.

먼저, 도입 단계에서는 일상적이고 간단한 반장 인사나 교사의 특별한 인사 그리고 교과서 사진을 활용한 질문이나 학습주제와 관련된 도시에 대한 질문 그리고 학습할 지역의 관광명소를 소개하는 것으로 학습자의 흥미를 유발하는 것에 대해서 긍정적으로 관찰하였다. 그러나 '인사하기'가 이루어지지 않는 것에 대해서는 부정적이었다.

표 2-5. 교생들이 지리수업에서 관찰한 주요 내용

관찰 내용 \ 관찰 관점		긍정적인 관점	부정적인 관점
도입	인사하기	- 반장 인사, 특별한 인사	- 인사 없이 시작되는 것
	학습자 흥미유발	- 교과서의 사진을 활용한 질문 - 학습주제와 관련된 도시에 대한 질문 - 학습할 지역의 관광명소 소개	-
전개	학습목표, 학습주제 제시	-	- 학습목표나 주제를 제시하지 않는 것 - 전시학습 확인하기, 전시학습 내용 계속하기 - 과제에 대해 질문하기
	교사 설명 자료	- 교과서, 사회과부도, 학습지 - 지역교육청 제작 CD, PPT, ICT 자료 - 지형도, 사진	-
	학생 학습 자료	- 교과서, 사회과부도, 학습지, PPT자료	-
	학생 활동	- 사회과부도에서 위치나 도시 찾기	- 학습지 빈 칸 채우기 - 교사의 질문에 대답하기 - 노트 필기하기, 교과서 읽기 - 과제 발표하기, 교과서에 밑줄 긋기 - 교과서 탐구활동 문제풀기
	학습자수준고려	- 중요한 용어 쉽게 풀어서 설명하기	-
	학생질문처리	-	- 학생들의 질문이 없었다는 것
정리	수업내용정리	- 판서, PPT, 학습지로 정리	- 정리가 이루어지지 않는 것
	형성 평가	- PPT로 평가하는 것	- 형성평가를 하지 않는 것
	학습결과 확인	-	- 학습결과를 확인하지 않는 것
	차시 과제 제시	- 교과서 읽어 오기	- 차시과제를 제시하지 않는 것
기타	수업시간의 안배	- 시간 내에 마치는 것	- 도입과 정리 없이 전개에만 치우치는 것 - 전시학습내용을 계속하는 것 - 시간 내에 마치지 못하는 것
	전체적인 흐름, 분위기	- 교사와 학생의 상호작용이 이뤄지는 수업 - 자유스럽고 활기찬 수업 - 차분한 수업	- 학생 중심의 모둠별 발표 수업과 이에 대한 교사의 수행 평가 - 교과서 중심의 강의식 수업, 교사 중심의 강의식 수업 - 산만한 수업, 경직된 수업
	교사언행, 복장, 태도, 행동특성	- 존칭어를 사용하는 것 - 적절한 목소리 크기	- 존칭어를 사용하지 않는 것 - 동일한 목소리 톤
	문제해결능력	- 특별한 문제가 발생하지 않음	- 자거나 떠드는 학생들을 통제하지 못하는 것 - 주의집중 시키지 못하는 것

둘째, 전개 단계에서는 학습목표나 학습주제 제시, 교사 설명 자료, 학생 학습 자료, 학생 활동, 학습자 수준 고려, 학생의 질문 처리에 대해서 주로 관찰하였다. 대부분의 교사가 학습목표나 주제를 제시하지 않고, 전시학습을 확인하거나 계속하는 것 그리고 과제에 대한 질문으로 수업을 전개하는 것에 대해서 부정적으로 관찰하였다.

교사들이 학습내용을 강의식으로 설명하는 과정에서 주로 사용하는 교재는 교과서와 사회과부도 그리고 학습지였다. 그밖에 지역교육청에서 제작한 CD나 PPT 및 ICT 자료를 활용하는 경우도 있었고, 극히 드물게 지형도나 사진을 활용하는 경우도 있었는데 이에 대해서는 긍정적으로 관찰하였다. 학생들의 주된 학습자료 역시 교과서와 사회과부도 그리고 학습지였으며, 발표할 때는 PPT 자료를 활용하였는데 이에 대해서도 긍정적으로 관찰하였다.

학생들이 학습활동으로 사회과부도에서 위치나 도시를 찾아보는 것에 대해서는 긍정적이었지만, 학습지 빈 칸 채우기, 교사의 질문에 대답하기, 노트 필기, 교과서 읽기, 과제 발표하기, 교과서에 밑줄 긋기, 교과서 탐구활동 문제 풀기 등에 대해서는 지극히 수동적이고 단순한 활동이라는 점에서 부정적으로 관찰하였다. 학생들이 질문한 중요하거나 어려운 용어를 쉽게 풀어서 설명해 주는 것을 교사가 학습자 수준을 고려해 주는 행위로 관찰했으며 이에 대해서는 긍정적이었다. 모든 수업에서 학생들의 질문이 거의 없었다는 점에 대해서는 부정적으로 관찰했다.

셋째, 정리단계에서는 수업내용의 정리, 형성 평가, 학습결과의 확인, 차시과제 제시가 거의 모든 수업에서 이루어지지 않았는데, 이에 대해서는 매우 부정적으로 관찰하였다. 가끔씩 판서한 내용이나 PPT, 학습지로 수업내용을 정리하거나 차시과제로 교과서 읽어 오기를 제시하는 것에 대해서는 긍정적으로 관찰하였다.

넷째, 그 밖에 교생들은 수업시간의 안배, 수업의 전체적인 흐름이나 분위기, 교사의 언행이나 행동특성, 문제해결능력에 대해서도 관찰했다. 수업을 정해진 시간 내에 마치는 것에 대해서는 긍정적이었지만, 도입과 정리 없이 전개에만 치우치거나 전시학습을 이어서 계속하고 그리고 시간 내에 마치지 못하는 것에 대해서는 부정적으로 관찰했다.

교사가 학생들에게 존칭어를 사용하고 적절한 크기의 목소리로 수업하는 것에 대해서는 긍정적이었지만, 존칭어를 사용하지 않고 특히 동일한 목소리의 톤으로 수업하는 것은 학생들로 하여금 지리수업을 매우 지루하고 흥미 없는 수업으로 이끄는 원인으로 관찰했다. 모든 수업에서 특별한 문제가 발생하지 않았지만, 모든 수업에서 자거나 떠드는 학생들을 교사들이 통제하거나 주의집중 시키지 않는 것에 대해서 부정적으로 관찰했다.

다섯째, 지리교생들의 지리수업에 대한 관찰특성을 가장 잘 나타내 주는 것은 지리수업의 전체적인 흐름이나 분위기에 대한 관찰 소감이었는데, 교생들은 같은 수업을 관점에 따라 다르게 보기도 했다. 즉, 교생들은 문답식으로 이루어지는 수업과 학생들과 눈을 맞추면서 설명을 이어가는 수업은 '교사와 학생의 상호작용이 이루어지는 수업'과 '자유롭고 활기찬 수업'으로 관찰했지만, 평범하고 조용하게 이루어지는 수업은 '차분한 수업'으로 관찰했다. 이에 반해 '학생중심의 모둠별 발표와 이에 대한 교사의 수행평가'로 이루어진 수업은 매우 산만한 수업으로 관찰했으며, 교사들의 '교과서 중심의 강의식 수업'과 '교사 중심의 일방적인 강의식 수업'은 교사와 학생의 상호작용이 이루어지지 않는 경직된 수업으로 관찰했다.

마지막으로, 연구자의 관점에서 교생들이 관찰한 지리수업은 모두 교사중심의 평범한 강의식 수업이 일상적으로 계속되었으며, 학습자의 고차적 사고력을 함양할 수 있는 진정한 의미의 질문 즉 생산적인 질문은 없었던 수업이었다. 특히 지리교육을 전공한 경력교사들의 동일한 방식으로 일관되는 수업은, 교실이라는 공간에서 나타나는 각 교사의 패턴화 된 아비투스(habitus)의 관찰 가능성을 제시한다.

Bourdieu에 의하면, 아비투스는 실천과 실천의 지각을 조직하고 '구조화하는 구조'일 뿐만 아니라, '구조화된 구조'이기도 한 양면적인 메커니즘이다(김현미, 1997에서 재인용). 교사의 교실 속 일상에서, 아비투스는 패턴화 된 행동을 발생시키며 어떤 경향을 구조화 한다. 이러한 경향은 세상의 구조에 의해서 스스로 구조화 된 것이다. 그리고 이것은 반성적이고 상호작용적이며 본질적으로 세상과 관련을 맺고 있다.

예를 들어 아비투스는 세상을 하나의 구조화된 환경으로 인식케 하는 원인이 되기도 하지만, 동시에 이러한 구조화된 환경은 아비투스를 일으키는 원인이기도 하다(Roth, 2002). 여기서 아비투스는, 세계 내 존재로서 교사가 사회적이고 물질적인 교실 내에서 그리고 교실에서 함께 상호작용하는 지속적인 경험을 통해서 독립적으로 형성하고 변형해 가는 폐쇄적이면서 개방적인 '패턴화 된 행동구조'이다. 하지만, 이에 대한 교생들의 관찰 내용은 발견할 수 없었다.

위와 같은 교생들의 중학교 지리수업에 대한 관찰 특성은, 지리수업시간에 이루어지는 지도교사의 '교수'를 자신들의 '주관성'에 근거하여 일반적이고 가시적인 과정을 중심으로 '점검'하는 형식의 관찰이었다고 할 수 있다.

지리수업에서만 나타나거나 가능한 영역 특수적인 맥락에 대한 관찰 내용이라기보다는 다른 교과의 수업에서도 관찰될 수 있는 일반적인 내용들이라고 할 수 있다. 즉, 지도교사의 입장에서 생각해 보거나, 수업경험이 풍부한 지도교사에게서 관찰하거나 배울 수 있는 독특한 특성을 지리과 수업의 맥락에서 관찰한 경우라고 보기는 어렵다.

짧은 시간이긴 하지만 시간이 지남에 따라 관찰의 내용이나 관점이 다양해지거나 변화되는 현상 또한 뚜렷하게 나타나지는 않았다. 더불어 교생들의 분명하고 올바른 참관태도나 관점의 형성이 필요하다는 문제를 발견할 수 있다. 처음에는 'student teacher'라는 특수한 입장에서 수업을 참관하는 태도나 관점을 나타내지만, 시간이 지날수록 학생의 입장으로 전환되어 "수업이 재미없고 지루하다."거나 "선생님이 학생들을 재미있게 해 준다." 등으로 태도나 관점이 바뀌는 것을 관찰할 수 있었다.

지리수업을 제대로 이해한다거나 그 맥락을 관찰하고 이해한다는 것은 누구에게나 쉽지 않은 일이지만, 지리교생들은 지리수업을 관찰하고 이해하는데 있어서 많은 한계와 문제점을 가지고 있었다. 이들의 지리수업에 대한 관찰 특성은 예비 지리교사들의 양성에서 “무엇을 어떻게 교육해야 하는가?”의 기초 자료가 될 것이다. 그리고 지리교생들의 관찰 특성에서 나타난 여러 가지 문제점은, 지리교육에서 당면한 ‘지리수업의 독특한 특성이나 맥락’, ‘지리교사의 전문성’, 그리고 ‘예비 지리교사의 양성을 위한 교육과정’ 등의 문제와 함께 논의되어야 할 것이다.

5. 정리

예비 중등교사로서 교생들은 지도교사의 지리수업을 참관하고 관찰했다. 지도교사의 실천적 지식을 실제 수업상황에서 도제하게 되는 예비교사들의 교육실습은 중요한 현장경험이다. 지리교생들의 관찰 경험은 이들이 유능한 지리교사로 성장하고 발달하는데 상당한 영향을 미칠 것이라는 관점에서, 9명의 교생들이 지도교사의 중학교 지리수업에서 무엇을 어떻게 관찰했는지를 살펴보았다.

지리교생들은 지리수업을 도입-전개-정리의 3단계 활동으로 구분하여 ‘인사하기’에서 ‘차시예고’에 이르는 과정까지 많은 것을 관찰했다. 지리교생들이 지도교사의 지리수업을 참관하여 관찰자로서 느끼고 알게 된 많은 경험 중에서도 특히 ‘지리수업의 실재성’ 그리고 초임교사와 경력교사의 실천적 교수행위에 대한 경험은 지리수업의 실제에 대한 교생들의 이해를 강화하거나 교정하는 계기가 될 것이다.

수업이 항상 교사가 계획하고 의도한 것과 같이 이루어지는 것도 아니고, 의식적인 것만큼 무의식적으로 이루어지는 행위도 수없이 반복된다. 주관성과 상호주관성이 상호작용하는 교실 상황에서 교사는 미처 반성할 겨를도 없이 수업을 진행하는 경우도 많다. 경험이 많은 경력교사이기 때문에 전문화된 교수내용학적 지식을 가지고 있는 것도 아니다.

지리수업에서 나타나는 다양한 교수의 구조와 역동성을 이해하기 위해서는, 그것이 우연한 것이든 의식적인 것이든지 간에 교실의 실제에 근거한 구체적이고 역사적인 활동으로 설명되어야 한다. 이를 위해서는 비판적 현상학적 접근(critical phenomenological approach)이 필요하다.

본 장의 내용은 이러한 점에서 매우 부분적이고 일시적이며 여러 가지 한계를 가지고 있다. 이러한 문제점을 보완하기 위해서는 비판적 현상학적 관점으로 접근하면, 그 당시 그 교실에서 그 교사가 행하고 경험했던 실제가 무엇을 의미하는지 좀 더 잘 알 수 있을 것이다. 그리고 교생들은 지리수업에서 무엇을 어떻게 관찰하고 이해해야 하는지에 대해 좀 더 분명하고 구체적인 정향을 정립할 수 있을 것이다. 뿐만 아니라, 이것은 지리수업의 독특한 맥락과 지리교사의 전문성을 이해하는 토대를 제시해 줄 것이다.

제3장 예비교사의 모의수업 관찰과 반성

1. 수업관찰 및 평가도구

우리의 지리교사 양성과정이나 실제 지리수업을 통해서도 경험적으로 충분히 인식할 수 있듯이 지리교사의 실천적 지식은 예비교사 양성과정에서부터 형성되는 것이며, 수업관찰은 교수내용지식의 구성과 발달에서 중요한 교육과정임을 확인할 수 있다. 그 중요성에도 불구하고 지리교육은 물론 사회과 예비교사 교육의 측면에서 이에 대한 연구는 극히 일부에서 제한적으로 이루어지고 있다.

반성과 실천 즉 교사 스스로의 반성을 통한 실천이자 실천을 수반한 반성을 토대로 한 실천적 지식은 교사전문성 개발의 핵심 개념으로 논의되고 있다. 이에 본 장에서는 예비 지리교사의 교육과정에서 자신들의 모의수업과 수업실습에서 무엇을 어떻게 관찰하고 평가했으며, 반성적으로 실천했는지 살펴보았다. 연구의 대상은 국립 사범대학 지리교육과 4학년으로 4주간의 교육실습을 신청한 예비교사 19명(여 9명: F1-F9, 남 10명: M1-M10)이다.

모의수업은 실제 수업상황의 복잡성을 단순화시키고 조작된 환경에서 안정된 마음으로 수업 기술을 배울 수 있음을 전제로 한다. 즉, 정상적인 규모보다 훨씬 짧은 수업시간과 축소된 수업목표를 가지고 고도로 압축된 수업 연습 상황에 초점을 둔다. 무엇보다 모의수업에서는 많은 요인들에 대한 통제, 즉 여러 가지 선택이 가능하다. 대표적인 선택 항목으로 학습자 선택, 피드백 선택, 재 수업여부 선택, 평가방법의 선택의 네 가지가 있다(박수경 · 김상달 · 조주환, 1992).

이 장에서는 학습자는 동료로, 피드백은 평가자(동료와 지도교수)와 수업 동영상 녹화물, 재 수업은 교육실습에서 이루어진 수업실습으로, 평가방법은 자기평가와 관찰자평가를 선택, 구성하였다. 이를 바탕으로 수업관찰 및 평가의 과정을 제시하면 다음의 표 3-1과 같다. 연구대상 교생들은 교육실습 희망학교의 5월 교육과정을 중심으로 중등학교 교육과정을 분석하고, 이를 토대로 수업설계를 진행하였다.

표 3-1. 수업절차와 관찰 · 평가도구

수업절차	수업관찰	관찰 · 평가도구
수업설계	대단원 계획, 차시 수업 과정안 설계	수업지도안(세안 및 약안) 작성 실습
	⇓	
모의수업 (수업관찰 1)	동료수업 관찰 및 평가 ①	동료수업에 대한 정량적 관찰 및 평가 (관찰지 기호 : A1~A19)
	자기수업 관찰 및 평가 ①	자기수업에 대한 서술적 평가 및 반성 1 (평가지 기호 : B1~B19)
	⇓	
수업실습 (수업관찰 2)	자기수업 관찰 및 평가 ②	자기수업에 대한 서술적 평가 및 반성 2 (평가지 기호: C1~C19)

수업관찰 1에서 활용한 수업관찰 도구는 한국교육과정평가원에서 사회과 수업평가 기준과 관련하여 개발한 '수업관찰지'이다(한국교육과정평가원, 2006b, 60-62). 이 관찰지는 수업기획 및 실행 부분에 대해서 수행 수준을 네 단계로 평가하고, 그 평가 근거와 의견을 제시하는 형태로 구성되어 있다(표 3-2, 부록)

연구대상 학생들에게 사회과 수업 전문성과 사회과 수업 전문성 평가 기준에 대한 개괄적인 설명과 함께 수업관찰지에 대한 예비조사를 실시했다. 예비조사 결과, 학생들은 '수업평가 요소 및 기준'의 내용 중에서 그 의미를 이해할 수 없는 항목은 없는 것으로 나타났기 때문에 수업관찰지를 수정하지 않고 그대로 사용하였다.

예비 지리교사 대부분은 직접적인 수업경험은 물론 수업관찰의 경험이 거의 없다. 따라서 수업을 볼 수는 있지만, 관찰할 수 있는 관점이나 소양은 없다고 할 수 있다. 이러한 맥락에서 '사회과 수업관찰지'를 수업관찰의 입문 도구로 활용하였다. 이 관찰지는 관련 전문 기관에서 나름대로의 연구절차와 현장 검증을 거쳐서 개발한 도구이기에 지리과 수업관찰에 최적의 도구는 아니지만, 현실적으로 최선의 도구이다. 물론 이 '수업관찰지'에서 제시하고 있는 관찰 관점과 내용이 지리수업을 관찰하는 '표준'은 아니며 그렇게 되어서도 안된다.

수업관찰 2는 수업실습 중에서 교생 자신의 대표 수업 1차시 분을 동영상으로 녹화하고, 이에 대한 자기수업 관찰 및 평가를 실시하였다. 수업관찰 1, 2에서 도출된 동료수업에 대한 관찰 및 평가지(A1~A19), 자기 수업에 대한 평가 및 반성지 1(B1~B19)과 2(C1~C19)에 대해 양적, 질적으로 분석하였다.

2. 동료의 모의수업에 대한 관찰과 평가

예비교사들의 동료 18명의 모의수업에 대한 수업관찰지(관찰지 기호: A1-A19) 342장을 정리・분석한 결과는 표 3-2와 같다. 이를 바탕으로 동료의 모의수업에서 무엇을 어떻게 관찰하고 평가했는지를 정리하면 다음과 같다.

표 3-2에서 숫자는 '수업관찰지'에 체크된 수의 누적 횟수이다. '수행수준' 4단계를 체크하지 않은 경우도 있고, 그에 대한 '근거 및 의견'을 제시하지 않은 경우도 있어서 총합의 수는 일치하지 않는다. 당연히 본 연구는 이들 숫자의 통계적 의미를 밝히려는 것이 아니라, 양적 분석을 통해서 수업관찰과 평가의 상대적 특성이나 경향성을 파악하는 것이 주된 목적이다.

먼저, 5개의 중영역 중에서 '수업전략 및 자료개발'과 '수업조직 및 전개' 영역이 상대적으로 많이 관찰・평가되었고, '교육과정재구성 및 수업설계' 영역과 '수업결과확인' 영역이 적게 관찰・평가되었다. 14개 평가요소의 평균은 약 303회이며, 이를 기준으로 할 때, ④ 평가방법 개발 ⑤ 수업자료 개발 ⑥ 수업목표・의도제시 ⑧ 교수학습방법 활용의 4개 요소가 많이 관찰・평가되었고, ① 교과과정 재구성 ② 수업설계 ⑫ 수업목표・의도달성 ⑭ 교육적 변환의 4개 요소는 상대적으로 적게 관찰・평가되었다.

수업관찰지는 수행 수준을 평가하고, 그러한 평가의 근거 및 의견을 간단하게 서술하도록 구성되어 있다. 이에 대한 평균은 약 217회이며, 이를 기준으로 할 때, ④ 평가방법 개발 ⑤ 수업자료 개발 ⑥ 수업목표・의도제시 ⑧ 교수학습방법 활용 요소는 그 근거 및 의견도 상대적으로 많이 제시되었지만, ① 교과과정 재구성 ② 수업설계 ⑫ 수업목표・의도달성 ⑬ 수업 일관성 유지 ⑭ 교육적 변환의 5개 요소에 대한 평가 근거나 관찰 의견은 부진했다.

이러한 결과는 '평가방법 개발' 등 4개 요소는 모의수업 과정에서 상대적으로 잘 드러났기 때문에 관찰이 용이했으며, 예비교사들이 이에 대해 관찰, 평가할 수 있는 관점이나 안목을 가지고 있었다는 것을 의미한다. 반면에 '교과과정 재구성' 등 5개 요소는 그 반대의 경우였음을 의미하는 것으로, 수행 수준도 낮게 나타난 이들 5개 요소는 예비교사들에게 교육과 훈련이 필요한 부분임을 시사한다.

표 3-2. 동료의 모의수업을 관찰 · 평가한 누적 통계

<table>
<tr><th rowspan="2">대영역</th><th rowspan="2">중영역</th><th rowspan="2">수업 평가요소</th><th colspan="4">수행 수준(%)</th><th rowspan="2">소계
(%)</th><th rowspan="2">근거 및
의견
제시</th></tr>
<tr><th>미흡</th><th>기초</th><th>우수</th><th>탁월</th></tr>
<tr><td rowspan="10">영역2.
수업
기획
능력</td><td rowspan="4">Ⅴ.
교육과정
재구성 및
수업설계</td><td rowspan="2">Ⅴ-1
① 교과과정
재구성</td><td>27</td><td>125</td><td>83</td><td>13</td><td rowspan="2">248</td><td rowspan="2">78</td></tr>
<tr><td colspan="2">152(61.3)</td><td colspan="2">96(38.7)</td></tr>
<tr><td rowspan="2">Ⅴ-2
② 수업설계</td><td>36</td><td>115</td><td>108</td><td>10</td><td rowspan="2">269</td><td rowspan="2">138</td></tr>
<tr><td colspan="2">151(56.1)</td><td colspan="2">118(43.9)</td></tr>
<tr><td rowspan="6">Ⅵ.
수업전략 및
자료개발</td><td rowspan="2">Ⅵ-1
③ 교수학습
방법 개발</td><td>41</td><td>119</td><td>122</td><td>23</td><td rowspan="2">305</td><td rowspan="2">243</td></tr>
<tr><td colspan="2">160(52.5)</td><td colspan="2">145(47.5)</td></tr>
<tr><td rowspan="2">Ⅵ-2
④ 평가방법 개발</td><td>57</td><td>146</td><td>141</td><td>13</td><td rowspan="2">357</td><td rowspan="2">324</td></tr>
<tr><td colspan="2">203(56.9)</td><td colspan="2">154(43.1)</td></tr>
<tr><td rowspan="2">Ⅵ-3
⑤ 수업자료 개발</td><td>31</td><td>117</td><td>135</td><td>43</td><td rowspan="2">326</td><td rowspan="2">305</td></tr>
<tr><td colspan="2">148(45.4)</td><td colspan="2">178(54.6)</td></tr>
<tr><td rowspan="18">영역3.
수업
실행
능력</td><td rowspan="8">Ⅶ.
수업조직 및
전개</td><td rowspan="2">Ⅶ-1
⑥ 수업목표
·의도제시</td><td>44</td><td>141</td><td>131</td><td>24</td><td rowspan="2">340</td><td rowspan="2">294</td></tr>
<tr><td colspan="2">185(54.4)</td><td colspan="2">155(45.6)</td></tr>
<tr><td rowspan="2">Ⅶ-2
⑦ 수업내용</td><td>19</td><td>125</td><td>139</td><td>20</td><td rowspan="2">303</td><td rowspan="2">210</td></tr>
<tr><td colspan="2">144(47.5)</td><td colspan="2">159(52.5)</td></tr>
<tr><td rowspan="2">Ⅶ-3
⑧ 교수학습
방법 활용</td><td>44</td><td>123</td><td>133</td><td>35</td><td rowspan="2">335</td><td rowspan="2">305</td></tr>
<tr><td colspan="2">167(49.9)</td><td colspan="2">168(50.1)</td></tr>
<tr><td rowspan="2">Ⅶ-4
⑨ 평가</td><td>47</td><td>140</td><td>109</td><td>23</td><td rowspan="2">319</td><td rowspan="2">242</td></tr>
<tr><td colspan="2">187(58.6)</td><td colspan="2">132(41.4)</td></tr>
<tr><td rowspan="4">Ⅷ.
학습 집단
조직 및
환경조성</td><td rowspan="2">Ⅷ-1
⑩ 학습 집단 조직</td><td>47</td><td>101</td><td>118</td><td>31</td><td rowspan="2">297</td><td rowspan="2">248</td></tr>
<tr><td colspan="2">148(49.8)</td><td colspan="2">149(50.2)</td></tr>
<tr><td rowspan="2">Ⅷ-2
⑪ 상호작용</td><td>46</td><td>107</td><td>113</td><td>54</td><td rowspan="2">320</td><td rowspan="2">227</td></tr>
<tr><td colspan="2">153(47.8)</td><td colspan="2">167(52.2)</td></tr>
<tr><td rowspan="6">Ⅸ.
수업결과
확인
(반성/회고)</td><td rowspan="2">Ⅸ-1
⑫ 수업목표·
의도달성</td><td>22</td><td>122</td><td>110</td><td>21</td><td rowspan="2">275</td><td rowspan="2">135</td></tr>
<tr><td colspan="2">144(52.4)</td><td colspan="2">131(47.6)</td></tr>
<tr><td rowspan="2">Ⅸ-2
⑬ 수업 일관성 유지</td><td>8</td><td>116</td><td>137</td><td>28</td><td rowspan="2">289</td><td rowspan="2">164</td></tr>
<tr><td colspan="2">124(42.9)</td><td colspan="2">165(57.1)</td></tr>
<tr><td rowspan="2">Ⅸ-3
⑭ 교육적 변환</td><td>42</td><td>113</td><td>82</td><td>26</td><td rowspan="2">263</td><td rowspan="2">128</td></tr>
<tr><td colspan="2">155(58.9)</td><td colspan="2">108(41.1)</td></tr>
<tr><td colspan="3">소계(%)</td><td>511
(12.0)</td><td>1,710
(40.3)</td><td>1,661
(39.1)</td><td>364
(8.6)</td><td rowspan="2">4,246
(100%)</td><td rowspan="2">3,041</td></tr>
<tr><td colspan="3">계(%)</td><td colspan="2">2221(52.3)</td><td colspan="2">2025(47.7)</td></tr>
</table>

둘째, '미흡'과 '기초' 수준은 상대적으로 낮은 수준으로, '우수'와 '탁월'은 상대적으로 높은 수준으로 양분하면, ⑤ 수업자료 개발 ⑦ 수업내용 ⑪ 상호작용 ⑬ 수업 일관성유지의 4개 요소는 수행 수준이 높은 것으로 나타났다. ③ 교수학습방법 활용과 ⑩ 학습 집단 조직의 2개 요소는 높고 낮은 수준의 비중이 비슷한 것으로 나타났으며, ① 교과과정 재구성을 비롯한 8개 요소의 수행 수준은 낮은 것으로 관찰・평가되었다. 상대적으로 수행 수준이 높은 것으로 나타난 4개 요소의 비중 역시 그다지 크지 않다는 점을 고려하면, 이들 예비 지리교사들은 동료의 모의수업 수행 수준은 낮은 것으로 관찰・평가했음을 알 수 있다.

동료의 모의수업 및 자기 수업을 관찰하고 평가하는 과정에서, 학생들은 공통적으로 수행 수준을 네 단계로 평가함에 따른 문제점을 제기하였다. 즉, 수행 수준을 '미흡-기초-우수-탁월'의 네 단계로 평가하는 과정이 매우 주관적이라는 것이다. 평가의 근거로 제시한 내용이 똑같은 경우에도 '기초'로 평가하거나 '탁월'로 평가하는 등의 문제점이 나타났다. 뿐만 아니라, 학생들은 모두 자신이 제시한 '근거'를 어떤 수준으로 평가해야 할지 매번 혼란을 느꼈으며, 자신들의 평가에 대해서 그 신뢰성을 확신할 수 없다는 의견을 제시했다.

또한 '수업관찰지'를 실제로 활용하기 전에 실시한 개괄적인 설명과 예비 조사에서는 '수업평가 요소 및 기준'의 각 항목에 대해서 충분히 이해했다고 생각했지만, 실제 평가에서는 잘 구분이 되지 않았고 판단에 혼란을 느꼈다는 문제점도 제기하였다.

이것은 이와 같은 평가가 갖는 근본적인 문제점이기도 하지만, 보다 중요한 것은 무엇을 어떻게 관찰할 것인가의 문제이기도 하다. 따라서 예비교사들에게 수업관찰의 기회를 제공함과 동시에 수업을 '잘' 관찰할 수 있는 안목이나 능력을 함양하는 교육도 이루어져야 함을 알 수 있다.

셋째, 전체적인 관찰・평가의 특성은 중립적인 것으로 나타났다. 즉, 일종의 반응편파(response bias)가 나타났다. 수행 수준을 4단계로 구분했지만, 이들의 평가 결과는 '기초'와 '우수'를 각각 40.3%와 39.0%의 중간 수준으로 평가하는 심리적인 반응 특성이 그대로 나타났다. 이것은 본 연구에서 사용한 '수업관찰지'가 가지고 있는 한계점이기도 하지만, 예비교사들이 동료의 수업을 관찰하고 평가하는데 있어서 상당히 중립적인 입장을 가지고 있었음을 반증하는 것이다. 주관적 관점을 바탕으로 한 평가임에도 불구하고, 관찰의 내용과 평가의 수준이 각기 다르게 이루어졌다는 것을 의미한다.

또한 동료의 모의수업에 대한 관찰・평가의 특성은 의도적이고 의식적인 측면이 있었다. 즉, F1, F6, M6, M8, M10의 5명은 동료들의 수행 수준을 평가함에 있어서 '탁월'하다고 평가한 경우가 전혀 없었다. 아울러 F6과 M2는 '미흡'하다고 평가한 경우가 전혀 없었고, F2, F5, F8, M3, M5의 5명도 거의 없었다. 면담 결과, "예비교사이기 때문에 '탁월'한 경우가 있을 수 없으며", "동료들이기 때문에 '아주 심하게 부족'한 경우가 아니면 '미흡'하다는 평가는 하지 않으려고 했다."는 것을 알 수 있었다.

넷째, 모의수업 수행 수준을 성별로 비교해 보면, 여학생들은 상대적으로 '우수'하거나 '탁월'한 경우의 비중이 높았고, 남학생들은 '미흡'하거나 '기초'인 경우에 비중이 높았지만, 그 차이는 미미하다. 여학생들의 수행 수준은 우수→기초→탁월→미흡의 순으로 관찰·평가되었고, 남학생들은 기초→우수→미흡→탁월의 순으로 관찰·평가되었다(표 3-3).

표 3-3. 모의수업 수행 수준의 성별 비교

수행 수준	미흡		기초		우수		탁월	
	여	남	여	남	여	남	여	남
소계	187 (4.4%)	324 (7.6%)	687 (16.2%)	1,023 (24.1%)	852 (20.1%)	809 (10.1%)	210 (5.0%)	154 (3.6%)
계	511(12.0%)		1710(40.3%)		1661(39.0%)		364(8.6%)	
	4246 (100%)							

다섯째, 개별적인 수행 수준에서는 개인별, 남녀별 차이가 나타났다(표 3-4). 가장 많은 사람들에게 가장 많은 요소를 관찰·평가 받은 경우는 M1(258)이고, 상대적으로 가장 적게 관찰·평가 받은 경우는 F2(142)로 상당한 차이가 있지만, 대부분은 평균 223회 내외에서 관찰·평가되었다. 이는 M1의 모의수업에서는 수업관찰지에서 제시된 항목이 잘 드러났고 관찰이 용이했으며, 상대적으로 F2의 수업에서는 잘 드러나지 않거나 혹은 관찰자가 미처 발견하지 못하거나 관찰·평가가 용이하지 못한 항목이 많았다는 것을 의미한다.

F1, F2, F3, F6, F8, F9와 M5, M7, M10 등 9명의 개별 수행 수준은 '우수'한 것으로, F4, F5, F7과 M1, M2, M3, M4, M6, M8, M9 등 10명의 수행 수준은 '기초'인 것으로 관찰·평가되었다. 이를 통해서 여학생이 남학생들 보다는 상대적으로 수행 수준이 높은 것으로 관찰·평가되었음을 알 수 있다.

동료의 수업을 관찰·평가함에 있어서 그 근거 및 의견을 분명하게 제시하는 능력에서는 개인차가 뚜렷하게 나타났다. 가장 많이 제시한 F6(243회)과 가장 적게 제시한 M8(79회)의 경우처럼 그 차이가 크기도 하지만, 나머지 대부분도 질적·양적으로 개인차가 나타났다. 이는 개별적인 관찰·평가의 안목이나 수준 및 태도에서 비롯된 개인차라고 할 수 있다.

표 3-4. 개별적인 모의수업 수행 수준

	미흡	기초	우수	탁월	계	근거 및 의견제시
F1	8	57	124	53	242	206
F2	16	16	94	16	142	211
F3	13	88	101	19	221	189
F4	49	110	66	4	229	167
F5	55	101	42	6	204	162
F6	9	57	115	54	235	243
F7	13	105	87	14	219	215
F8	18	90	104	12	224	100
F9	6	63	119	32	220	200
M1	37	126	91	4	258	80
M2	14	108	94	11	227	188
M3	9	119	90	10	228	158
M4	98	100	26	2	226	80
M5	14	73	100	44	231	86
M6	33	119	57	3	212	97
M7	11	75	109	26	221	197
M8	47	100	75	25	247	79
M9	54	105	66	10	235	196
M10	7	98	101	19	225	187
계	511	1,710	1,661	364	4,246	3,041

3. 자신의 모의수업에 대한 관찰 및 평가

연구 대상 19명의 개별적인 수행 수준과 관찰·평가된 내용은 각기 다르지만, 동료들의 평가를 바탕으로 자신의 모의수업을 평가하고 반성한 내용(평가지 B1-B19)을 분석하고 정리한 결과는 다음과 같다.

먼저, 동료들의 평가 결과와 자신의 문제점을 개선하려는 반성적인 태도 모두 긍정적인 것으로 나타났다. 자신의 수행 수준에 대한 평가 결과는 물론 남녀에 관계없이 모두 긍정적인 것으로 나타났다. 즉, 여학생들 중에서 수행 수준이 '우수'한 경우에 해당하는 F1과 F2 그리고 수행 수준이 '기초'인 것으로 평가된 F4와 F5의 평가 결과에 대한 서술 내용은 다음과 같다.

"전체적으로 좋은 평가를 해 주어서 놀랐다. 내가 생각했던 것과 같은 평가도 있었고 내가 몰랐던 부분도 있어서 도움이 많이 되었다." (F1)

"평가 결과는 대체로 '기초' 또는 '우수'에 많은 표가 나와서 노력한 만큼 잘 나왔다고 생각한다." (F2)

"수업시연 할 때 준비가 미흡했기 때문에 평가 결과가 중하 정도(기초)로 나온 것 같다. … 잘 할 수 있는 부분에서도 실수가 있었다고 생각한다. 수업관찰지의 평가 근거를 정리해 본 결과 평가자에 따라서 상반된 평가를 했지만, 대부분 비슷한 의견 및 근거에 의해 평가가 이루어져 어떤 부분이 부족하고 어떤 부분은 잘 이루어졌는지 잘 알 수 있었다." (F4)

"평가 결과가 대체로 낮았지만 특히 '상호작용'과 '교육적 변환', '수업 설계'에서 낮은 평가를 받았다. 이는 내가 설명식 수업방식을 택하고, 발표 능력이 낮았기 때문이라고 생각한다. 수업지도안을 작성할 당시 내게 가장 익숙한 수업 형태인 설명식 수업을 선택했었다. 그러나 설명식 수업은 수업을 진행하는 입장에서는 매우 어려운 수업이었다." (F5)

수행 수준이 '우수'한 것으로 평가된 남학생인 M5와 M7, 그리고 '기초'인 것으로 평가된 M1과 M2의 자기 수업 평가 및 반성의 서술 내용은 다음과 같다.

"나를 포함해서 관찰지를 작성한 학생들이 아직은 수업 평가에 있어 미숙한 상태라고 생각했는데, 평가지를 모아 놓고 분석해 본 결과 학생들의 평가가 보편적인 관점에서 이루어진다는 사실을 알게 되어서 어느 정도 수업을 평가하는 기본적인 안목이 갖추어져 있다는 것을 깨달았다." (M5)

"평가자들이 적당한 평가 점수를 주었을 가능성, 아니면 적절한 평가를 하는 태도나 능력이 부족해 일단 중간평가를 했을 가능성이 있다고 생각했다. 평가만 해놓고 근거나 의견이 부족한 경우, 일괄적으로 중간평가를 한 것을 보면 특히 그러하다는 생각이 든다. 그래도 평가자들의 1/2 정도는 타당하고 신뢰성 있는 근거 및 의견을 들어 평가를 해주었다. … 그나마 다행인 것은 이러한 수업실연과 동료평가를 통해 예비교사로서 의미 있는 경험을 할 수 있었다는 점이다." (M7)

"전체적인 수행 수준은 기초라 평가되며, 이는 당연한 결과라 생각된다. 부족한 준비에 따른 당연한 결과이다." (M1)

"처음에는 교수·학습 과정안을 교육청에 있는 것을 내려 받아서 그대로 사용하려고 했었는데, 막상 들여다보니 잘 이해가 되지 않고 좋은 수업 같지가 않아서 내가 다시 작성했다. 좋은 수업을 하기 위해서 과정안을 작성하고 수업을 설계하는 것이 여간 어려운 일이 아니었다. 사실 학습지와 읽기 자료, 형성평가를 만들고 싶었는데 게을러서 준비하지 못했다. 하지만 제일 큰 문제는 다른 사람들이 지적한대로 시나리오를 그대로 읽었다는 것이다. 수업준비를 철저히 해서 다시는 이런 일이 없도록 해야겠다." (M2)

둘째, 자기 수업에 대한 평가와 반성이 사소하거나 몇 가지 요소에만 치중되는 등 '수업의 부분'에 집중되었고, 수업의 전체를 평가하거나 반성하는 경우는 드물었다. 해당 사례를 제시하면 다음과 같다.

"내 수업의 장점은 학습목표를 반복하여 강조한 점이다. 처음에 학습목표를 설명하면서 오늘 배우게 될 내용이 어떤 것들인지에 대해 간단히 소개하여 학생들에게 인지시키고 ... 다른 모둠의 활동 내용도 경청해서 듣고 존중해야만 이번 시간의 학습목표를 달성할 수 있음을 학생들이 느낄 수 있도록 소주제들을 구성하였다." (F2)

"수업의 단점은 평가 방법에 대한 개발, 수업과 관련된 자료 개발이 미흡했고, 수업 목표나 의도를 의미 있게 제시하지 못했다는 것이다. 그리고 형성평가에 대한 정리가 부족했고, 중학교 수업인데 '사회수업'을 '지리수업'으로, '사회과부도'를 '지리과부도'로 발언한 점을 수정해야 한다." (F3).

"전체적으로 미흡한 수업이었지만, 학생과의 상호작용이 활발했던 점은 장점이다. 가장 큰 단점은 수업내용을 완벽하게 숙지하지 못한 점, 학습목표를 제대로 제시하지 못한 점, 수업시간을 맞추지 못한 점, 모둠별 수업이 제대로 이루지지 못했고 그에 대한 적절한 교수법을 발휘하지 못한 점이다." (M6)

"느린 말투는 되도록 수업 실연을 많이 해보고, 강조하는 어조나 제스쳐가 필요한 것 같다. 교과서 소단원별로 정의적 목표 만드는 연습을 해 봐야겠으며, 참신한 제목과 지도를 포함한 문항을 개발해야 하겠고, 많은 사람을 상대로 눈을 마주치며 발표 연습을 해야 하겠다. 선택 모형의 학습 순서를 숙지하고 해당 순서에 어떠한 교수·학습 활동이 이루어져야 하는지 많은 연습이 필요하다. 그리고 단락 구분을 명확하게 하고, 언어 사용에 유의해야 하겠다." (M10)

셋째, '수업관찰지'의 평가 요소가 수업 설계에서 반성에 이르는 전 과정을 아우르는 14개 요소로 구성되었음에도 불구하고, 자기수업 평가와 반성의 중심은 수업모형(혹은 수업방법)'에 있었으며 특히 설명식 수업과 협동학습 모형이 그 중심 모형이 되었다. 그리고 공통적인 개선점은 '학습자와의 상호작용'이 부족하다는 것이었다. 위에서 제시된 사례에서도 이러한 현상을 관찰할 수 있으며, 해당 사례를 제시하면 다음과 같다.

> "평가 결과에 대해서 공감할 수 있는 것도 있고, 공감할 수 없는 것도 있다. 공감하는 부분은 흥미유발이 너무 안 되었다는 것과 학습지가 너무 많다는 부분, 학습목표를 제시하였으나 실제적으로 지식 목표에만 치중된 수업이었다는 것이다. 공감할 수 없는 부분은 조별 모둠 수업이 아니라서 낮게 평가되고, 교수학습 방법 개발이 필요하다는 것이다." (F8)

> "가장 많은 지적을 받았던 것은 목소리와 말투였다. 너무 긴장을 해서 이를 감추려고 힘을 준다는 것이 강압적으로 들렸던 것 같다. 학습자의 흥미를 유발하기 위해 사진과 만화 등의 자료를 활용했는데, 그 내용이 정확하지 않았고 너무 많았으며 학생들의 흥미는 물론 상호작용 활성화에 도움이 되지 않았다는 지적이 있었다. 이 부분은 내가 미처 생각하지 못했던 부분이다. 모둠활동지 역시 모둠활동인지 개별활동인지 분명한 구분이 필요하다는 지적도 있었다. … 이러한 과정 없이 바로 교육실습을 나갔다면 더 큰 실수를 했을지도 모른다는 생각을 하면 아찔하기도 하다. 나 자신을 냉정하게 평가하고 좋은 수업을 할 수 있도록 준비하고 연습해야 하겠다." (F9)

> "짧은 시간에 수업을 진행하느라 학우들이 제대로 평가하기 힘들 줄 알았는데, 학우들의 평가를 보니 내가 다시 생각해도 장점과 단점을 정확히 지적해 주어서 놀랍기도 하고, 고마웠다. … 내가 선택한 GI 모형의 최대 장점은 학생들 스스로 관심 있는 주제를 선택하여 학생들 간의 활발한 상호작용을 통해 수업을 진행시켜 나간다는 점에서 구성주의 교수-학습 방법을 잘 실현할 수 있다고 생각했다. 그런데 나의 수업에서 모형에 대한 정확한 숙지가 부족해서 수업의 일관성이 부족했고 학생들과의 상호작용이나 흥미 유발이 제대로 이루어지지 못했다." (M3)

> "수업 형식이 설명식임에도 불구하고 교사가 학생들과 상호작용을 활발히 할 수 있다는 것을 보여 주고 싶었다. … 하지만 의미 없는 칭찬과 격려, 교사의 일방적 진행, 학생과 상호작용 미흡, 산만할 수 있는 수업진행 등의 부정적인 평가를 보면서 많은 부족함을 느끼고 반성하는 계기가 되었다." (M7)

"수업 설계를 할 때 설명식 수업의 단점을 제대로 파악하지 못한 상태에서 설계를 한 것 같다. 수업관찰자들 모두 모든 영역에서 미흡하고 기초적인 수준이라고 평가하였다. 또한 모두 설명식 수업의 단점을 보완하지 못한 점에 대해 나쁘게 평가하였다. … 그동안 글이나 말로 설명식 수업의 단점과 학생과의 상호작용의 중요성에 대해 들었을 뿐, 그것을 가볍게 생각했던 것이 큰 문제였던 것 같다." (M8)

마지막으로, 이들 예비 지리교사들은 모의수업을 통해서 한 시간의 수업을 계획하고 준비하며 실행하는 과정이 얼마나 어려운 것인가를 관찰하고 체험했지만, 무엇보다 의미 있는 것은 수업에 대한 자신감과 '좋은 수업'을 위해 노력해야겠다는 의욕을 가지게 되었다는 것이다. 해당 사례를 제시하면 다음과 같다.

"나는 수업을 계획하는 것과 학습목표 정하는 것을 별개의 것으로 보았다는 것을 알게 되었다. 충분한 생각 없이 수업을 계획했다. 대부분이 충분히 생각하지 않고, 연습하지 않았던 탓에 나타난 문제들인 것 같다. 하나의 수업에 신경 써야 하는 부분이 이렇게 많은 줄 몰랐다." (F1)

"다른 사람들의 수업실연을 보면서 내가 원하는 수업의 방향을 잡아볼 수 있었다. 다른 수업장면들을 보면서 내가 간접적인 시행착오를 거친 것 같아 더 완성도 있는 수업을 해보고 싶었는데, 고려해야 할 것들이 너무 많아서 수없이 고민을 하게 되었다. 준비할 때는 괴로웠지만, 막상 하고나니 성장한 것 같다. 실제 교생실습 나가서는 사소한 실수는 하지 않을 것 같다." (F2)

"수업 계획을 세울 때는 너무 짧게 생각해서 처음에는 엉터리로 했는데, 교수님의 지적과 다른 학우들을 관찰하면서 조금씩 알게 되어, 큰 도움이 되었다. 수업은 말로만 하는 것이 아닌 것 같다. 실제 수업에서는 더 잘할 수 있을 것 같다." (F3)

"상상했던 수업장면과 실제 수업장면은 적지 않은 차이가 있다는 것을 알았다. … 내가 모르던 장점과 더불어 단점을 파악할 수 있는 좋은 기회가 되었으며, 또다시 수업을 하게 된다면 이번보다 더 좋은 수업을 할 수 있는 자신감이 생겼다. … 자신감을 갖고 '좋은 수업'을 할 수 있도록 노력하겠다." (M5)

"역시 일단 닥쳐보니 이론처럼 쉽지 않다. 아직은 처음이라 미흡한 점이 많지만, 실습하기 전에 사전연습을 통해 긴장감을 떨어뜨리고 머릿속으로 구조화시키는 연습을 하고, 현장에서는 교수내용지식이 중요하기 때문에 교과서의 내용과 교육과정에 대한 이해와 숙지를 통해 정말 좋은 수업을 실현해 보고 싶다." (M10)

4. 자기수업에 대한 반성과 실천

예비교사들은 자신이 희망하는 교육실습 학교의 5월 수업 단원 중에서 모의수업 수업주제를 선정하고 실연했다. 실제 수업실습은 중학교 1학년 사회(8명), 중학교 2학년 사회(6명), 고등학교 1학년 사회(3명), 고등학교 2학년 한국지리(2명)를 중심으로 이루어졌다.

다음의 표 3-5와 3-6은 이들의 모의수업 주제와 주요 반성 및 개선점 그리고 수업실습 주제와 주요 반성적 실천의 내용을 편의상 남녀로 구분하여 정리한 것이다. 주지하는 바와 같이, 표의 내용은 이들이 자신의 모의수업에서 무엇을 반성했으며, 그러한 반성이 수업실습에서 어떻게 얼마나 실천되었는지의 여부를 간략하게 보여주는 것이다. 이들의 수업실습 주제는 특별히 동영상으로 녹화된 수업의 주제이며, 이하에서는 이에 대한 관찰과 평가 및 반성적 실천에 대해서 논의한다.

먼저, 자신들의 수업실습에 대한 관찰에서 나타난 몇 가지 특성을 제시하면 다음과 같다.

첫째, 의미 있는 관찰 특성은 '수업의 전체를 관찰하기 시작'했다는 것이다. 수업관찰지를 중심으로 자신의 수업을 회고했던 모의수업의 경우와는 달리 동영상으로 녹화된 자기 수업에 대해 사소하고 부분적인 것에 치중하는 관찰 특성은 여전하지만, 수업의 전체, 즉 수업의 흐름이나 분위기 등을 관찰하고 평가하는 특성이 나타났다. 해당 사례를 제시하면 다음과 같다.

"내 수업을 촬영해 보고 확인하면서 잘한 점보다는 부족한 점들이 많이 보여서 속상했다. … 그래도 수업 중 웃는 모습을 보여 주는 건 사소하지만 긍정적인 수업분위기 형성에 좋은 것 같다. … 하지만 무엇보다 부족했던 점은 동기유발과 학습목표를 제시하지 않은 것이다. … 상호작용은 활발했을 수도 있지만 산만한 수업이기도 했다. 수업상황을 구체적으로 설계하여 교과서에 의존하지 않고 차분하고 매끄러운 수업이 진행되도록 노력해야 할 것이다." (F7)

표 3-5. 모의수업과 수업실습의 수업주제와 주요 반성 1

	모의수업		수업실습	
	학년, 수업주제 (수업방법)	주요 반성 및 개선점	학년, 수업주제 (수업방법)	반성적 실천
F1	중1. 영남지방 (모둠별 토의학습)	- 지도는 단순화하여 제시 - 학습목표와 일치하는 평가도구 활용 - 학습목표와 수업내용의 일치 필요	중1. 영남지방 (설명식)	- 학습목표 제시하지 않음 - 한 자리에서 수업 진행 - 단편적인 사실 중심 발문
F2	중1. 영남지방 (모둠별 토의학습)	- 빠른 말씨 - 흥미를 유발할 수 있는 자료 개발 - 수업모형에 대한 정확한 이해	중2. 자유주의와 민족주의의 발전 (설명식)	- 발문이 포괄적, 추상적 - 학생과의 활발한 상호작용 필요 - 학습자의 수준 고려 필요
F3	중1. 호남지방 (JIGSAWⅡ)	- 효과적인 평가 방법 개발 - 빠른 말씨	중1. 호남지방 (JIGSAWⅡ)	- 협동학습 적용 실패
F4	중1. 영남지방 (조별 탐구학습)	- 수업내용에 대한 지식 부족 - 흥미 있는 수업자료 부족 - 상호작용 부족 - 자신감 부족	중2. 유럽세력의 아시아 침략 (설명식)	- 내용지식 부족으로 '오개념' 교수 - 재미없는 수업 - 수렴적 질문만 계속
F5	고1. 지역 생활권의 형성과 변화 (설명식)	- 학습자의 인지발달과정 무시 - 상호작용 부족 - 교육적 변환 부족 - 학습자 탐구활동 부족	고1. 도시체계와 내부구조 (설명식)	- 상호작용 활성화 필요 - 교수학적 변환 실패 - 평가방법의 다양화와 강화
F6	중1. 영남지방 (JIGSAWⅡ)	- 학습목표의 명확한 제시 - 멀티학습실 이용에 따른 문제 - 학습 자료의 흥미 유발 부족	중2. 시민혁명과 시민사회의 성립 (설명식)	- 학습목표와 형성평가의 내용이 인지적 영역에 한정
F7	중1. 제주도 (발견학습)	- 발견학습에 대한 이해 부족 - 정의적 목표 설정 필요 - 학습자의 과제에 지나치게 의존 - 상호작용 부족	중1. 제주도 (설명식)	- 정의적 목표는 억지로 짜냄 - 학생들이 과제를 해 오지 않음 - 허술한 수업
F8	중1. 제주도 (설명식)	- 흥미 유발이 매우 부진 - 학습지가 너무 많음 - 인지적 내용 중심 수업	중1. 제주도 (설명식)	- 흥미 유발은 거의 못함 - 다양한 수업 방법 적용은 불가능
F9	고1. 환경문제와 지역갈등 (설명식)	- 강압적인 목소리와 말투 - 학습 자료의 명료화 필요 - 학습지 내용의 명료화 필요	고1. 도시체계와 내부구조 (설명식)	- 교수학적 변환 부진 - 전체적으로 상호작용 부족

표 3-6. 모의수업과 수업실습의 수업주제와 주요 반성 2

	모의수업		수업실습	
	학년. 수업주제 (수업방법)	주요 반성 및 개선책	학년. 수업주제 (수업방법)	반성적 실천
M1	중1. 호남지방 (설명식)	- 수업 내용의 재구성 필요 - 효율적인 형성평가 - 상호작용, 수업자료의 부족	고1. 사회. 지형과 인간생활 (설명식)	- 학습지 풀기 중심의 지루한 수업 - 평가가 전무한 수업
M2	중1. 제주도 (설명식)	- 수업시간 부족 - 학습자 활동 내용이 과다 - 상호작용 부족 - 지루한 수업	중1. 제주도 (JIGSAWⅡ)	- JIGSAWⅡ 수업 실패-설명식 수업으로 마무리
M3	중1. 호남지방 (GI모형)	- 수업모형에 대한 이해 부족 - 흥미 유발 부족	중1. 제주도 (설명식)	- 발문과 질문 기회가 매우 부족 - 허술한 수업
M4	고1. 장소의 인식과 입지결정 (문답학습)	- 수업 내용 과다 - 지루한 수업 - 교수학적 변환 부족	고2. 한국지리. 인구 (설명식)	- 상호작용, 발문 여전히 문제 - 전시학습 확인, 형성평가 미실시
M5	고2. 한국지리. 인구 (문제해결학습)	- 수업 내용 지식 부족 - 다양한 자료 활용 필요 - 수업모형에 대한 지식 부족	중2. 미국과 러시아의 발전 (설명식)	- 수업 기획 능력 부족함 - 교실 상황에 대한 순간적인 대처 미흡
M6	고2. 한국지리. 공업 (조별과제학습)	- 교과 내용 지식 부족 - 학습목표 제시 못함 - 수업시간 맞추지 못함 - 모둠 수업이 제대로 이루어 지지 않음	중1. 영남지방 (설명식)	- 수업 자료가 양적으로 풍부하지만 질적으로 미흡 - 지나치게 경직된 교사중심의 수업
M7	고2. 한국지리. 인구 (설명식)	- 자료 활용 미흡 - 효율적인 형성평가 필요 - 정의적 목표 제시 필요 - 상호작용 부족	고2. 한국지리. 인구 (설명식)	- 침체된 수업분위기 - 교사-학생 상호작용 부족 - 수업시간의 부족
M8	중1. 제주도 (설명식)	- 지루한 수업 - 흥미 유발 부족 - 학생 활동 부족 - 다양한 수업 자료 필요	중2. 자유주의와 민족주의의 발전 (설명식)	- 상호작용이 부족한 수업 - 교과서 내용 전달에 치중한 수업 - 교수학적 변환은 실패
M9	중1. 영남지방 (협동학습)	- 형성평가를 하지 않음 - 학습목표의 분명한 제시 필요 - 상호작용 매우 부족 - 흥미 유발 부족	중2. 시민혁명과 시민사회의 성립 (설명식)	- 교과서 내용 전달에 치중 - 학생들과 상호작용이 없음 - 전체적으로 수업 통제가 이루어지지 않음
M10	중1. 영남지방 (모둠별 조사학습)	- 느린 말투 - 정의적 목표 제시 필요 - 형성평가 문항 개선 - 수업모형 이해 부족 - 단락 구분 미흡	중1. 호남지방 (설명식)	- 교육과정 재구성, 수업설계, 교수·학습 방법 개발, 평가 방법 개발, 수업 자료 개발, 교육적 변환 부족

"내가 촬영한 동영상을 보고, 내가 수업을 저렇게 했는가하는 생각과 함께 창피 하였다. … 수업을 매우 급하게 끝낸 것이 적나라하게 나타나서 허무할 지경이었다. 학생들에게 발문도 거의 하지 않았고, 질문할 기회도 주지 않았고 … 쓸데없이 왔다 갔다만 많이 해 학생들의 주의를 산만하게 한 웃기고 허술한 수업이었다." (M3)

"전체적으로 수업을 큰 틀에서 평가해 보면, 수업의 구성이나 흐름은 원만한 것처럼 보이지만, 자세히 들여다보면 자료의 질도 떨어지고 수업분위기, 학생과 교사간의 상호작용, 학생간의 상호작용이 경직된 지나치게 교사 중심인 수업이었다." (M6)

모의수업에 대한 반성은 자신들의 실천적 지식에 대한 부분적인 반성에 몰두했다면, 수업실습에서는 수업의 전체 흐름이나 분위기 등에 대한 관찰과 반성이 시작되었다. 예를 들어 F9의 경우 모의수업에서는 '강압적인 목소리와 말투, 학습 자료의 명료화 필요, 학습지 내용의 명료화 필요'등으로 자신의 교수에 대해 부분적인 것들의 나열에 그쳤지만, 수업실습에서는 '교수학적 변환 부진'이라는 새로운 반성 내용도 추가되지만, '전체적으로 상호작용이 부족'한 수업이었다는 반성도 하게 된다.

이렇게 부분적인 것의 나열에서 한 걸음 나아가 그것들을 수업의 전체적인 흐름이나 분위기의 관점에서 연결짓거나 반성하려는 변화는 F4, F7, M1, M3, M6, M7, M8, M9의 경우에 두드러지게 나타났다. 즉, 이들은 '재미없는 수업', '허술한 수업', '평가가 전무한 수업', '지나치게 경직된 교사중심의 수업', '침체된 수업분위기', '상호작용이 활발하지 못하고 교과내용 전달에 치중한 수업' 등의 관점에서 자신들의 수업을 평가하고 반성하였다.

이러한 변화는 모의수업이 20분이라는 제한된 시간에 이루어졌고, 첫 교수경험이었으며, 녹화되거나 전사된 내용이 아닌 순간적인 관찰이었다는 점에서 관찰 환경이 수업실습의 경우와는 차이가 있었다는 것이 그 배경으로 작용한 것 같다. 즉, 교실에서 학생들과 직접 수업을 경험하고 이를 동영상으로 녹화한 수업실습에 대한 관찰과 반성은 수업시간, 교수경험, 반복적인 관찰 등이 모의수업과는 다른 환경에서 이루어졌다.

둘째, 수업의 또 다른 주체인 '학생에 대한 실제적인 이해와 관찰'이 이루어졌다는 것이다. 모의수업이 반쪽의 수업이었다면, 실제로 학습자와 함께 하는 수업실습의 상황은 모의수업과 확연히 다르기 때문에 '학생에 대한 실제적인 이해와 관찰'이 이루어지는 것은 마땅한 일이다. 그럼에도 불구하고 보다 중요한 것은 학습자의 존재 그 자체에 한정된 이해가 아니라, 학습자를 수업의 다양한 요소와 관계 지어 이해하기 시작했다는 것이다.

즉, 학습자와 직접적으로 관련되는 발문과 상호작용은 물론 수업목표와 형성평가에 이르는 모든 과정이 학습자와의 관계 속에서 실현될 수 있음을 관찰하고 이해하게 되었다. 또한 학습자를 이해하고, 이를 고려하기 위한 노력이나 반성적 실천이 가장 많았고, 동시에 이의 맥락에서 경험한 문제 혹은 반성 또한 가장 실제적이었다. 해당 사례를 제시하면 다음과 같다.

> "지리를 가르치고 싶었는데 중2 세계사를 가르치게 되어 어떻게 해야 학생들이 이해하기 쉽게 설명할 수 있을지 고민을 많이 했다. … 부족한 점은 발문이 너무 포괄적이고 추상적이어서 학생들이 질문을 이해하지 못하는 모습을 보았다. … 효과적인 발문을 할 줄 안다면 상호작용도 더욱 활발해 질 수 있을 것이다. 수업목표와 의도를 달성했는지 알아보기 위해 형성평가를 활용했는데 수업이 끝나고 학생들로부터 문제가 너무 쉬웠다는 이야기를 들었다. 하지만 수업 중에 그 문제들도 다 풀지 못하고 오답을 선택하는 학생들을 볼 수 있었다. 학습자 수준을 고려하여 평가를 개발해야 하겠다." (F2)

> "수업을 진행할 때 단순히 수업과 관련된 매체, 수업내용, 수업자료에만 치중하여 수업을 설계했으나 현장에서 가장 중요한 것은 학습자 요인이었다. 일방적으로 전달하는 설명식 수업도 필요하지만 각 단원의 성격에 맞는 수업모형을 선택하여 학습자 중심의 수업이 진행되어야 할 것이다." (F9)

다음으로, 자기수업을 평가하고 반성적으로 실천하는 과정에서 나타난 몇 가지 특성을 제시하면 다음과 같다.

첫째, 모의수업을 통해 자기 수업을 반성하고, 더 잘 할 수 있다는 자신감과 의욕을 가지고 수업실습에 임했지만 반성적 실천은 어려운 현실이었다. 즉, 모의수업에서 나타난 문제점이 여전히 계속되거나, 새로운 문제를 추가로 발견, 관찰하는 경우가 대부분이었다.

둘째, 모의수업에서 쟁점이 되었던 수업모형이나 수업방법의 문제는 더욱 실현 불가능한 문제로 평가되었으며, 반성은 했지만 실천은 어려운 것으로 이해되었다. 즉, 모의수업에서는 수업내용에 적절한 교수-학습 방법의 재구성이나 모형을 적용하려는 시도가 어느 정도 이루어졌지만, 수업실습에서는 교육실습 지도교사의 묵시적 제지, 새로운 수업방법에 대한 학습자의 불편 고려, 학교 혹은 교실 상황에 대한 예단 등으로 인해 실천되지 못했다. 이들 중 F3과 M2만 협동학습 모형인 'JIGSAW Ⅱ'를 수업방법으로 시도했을 뿐, 나머지 대부분은 오직 설명식 수업을 계속했다. 이에 대한 해당 사례를 제시하면 다음과 같다.

> "교생실습을 나가서 더욱 절실하게 느낀 것이 이론과 현실의 괴리감이었다. 사실 굳이 조별수업이나 토론식 수업을 하겠다고 했으면 할 수도 있었겠지만 현장에 가보니 진도를 나가느라 한 시간도 아까운 상황에서 조별수업을 하는 것은 정말 무리였다. 또한 실제로

수업실연에서 바람직하다고 평가되었던 수업 방식들을 실습을 나가서 해 본 사람이 있을까 궁금하다. 물론 협동학습이 좋지 않다는 것이 아니라 실제적으로 적용하기에 환경이 따라주지 않는다는 것이다." (F8)

"학교에서 수업시연을 할 때, 설명식 수업을 했고 많은 단점이 지적되었는데 실제 수업실습에서도 고쳐지지 않은 부분이 많았다. … 수업은 학교에서 배운 협동학습이나 특별한 모형을 적용해 보고 싶었지만 하지 못했다. 담당 선생님께서도 그런 것은 자제해 달라는 듯한 말씀을 하셨다. 그래서 수업을 해 보는 것에 의의를 두기로 했다." (M4)

"가장 미흡했던 것은 교수-학습 방법의 재구성이었다. 9월초에 있을 학력평가의 시험 범위를 위해 진도를 빨리 나가달라는 요구를 받아 포기하기도 했지만, 산만한 학급의 분위기나 모둠학습을 경험해 보지 못한 학생들의 인식을 전환시켜 이끌어야 된다는 부담감으로 인해 시도를 하지 못했다." (M10)

이밖에 교과의 내용지식 부족으로 수업의 나머지 요소들에 대한 반성적 실천은 엄두도 내지 못하고, 오로지 교과의 내용을 전달하는데 급급한 경우도 관찰되었다. 이러한 현상은 중학교 2학년 세계사 영역을 수업한 경우에 뚜렷하게 나타났다. 이른바 공통사회 연계전공자로서 중학교 사회과를 담당할 예비교사로 형식적인 교육과정을 이수했지만, 이들에게 중학교 2학년 사회과 세계사 영역의 수업은 비전공 수업이었다.

모의수업에서 이들은 학년이나 학교급만 다를 뿐 모두 지리영역의 수업을 실연했지만, 수업실습에서는 비전공 영역을 수업하는 현실을 경험한다. 물론 이것은 사회과가 가지고 있는 구조적 혹은 제도적 문제로 이들의 반성적 실천 범주 밖의 문제이지만, 교사가 교과의 내용지식이 부족하면 수업은 의미 없는 시간으로 소모된다는 현실을 경험하였다.

5. 정리

효과적인 수업관찰과 수업실습은 예비교사의 수업에 대한 실제적인 이해를 바탕으로 한 실천적 지식 발달에 매우 중요하다. 때문에 예비교사 양성과정에서는 그것을 경험하고 능력을 함양할 수 있는 기회를 제공하는 것이 무엇보다 중요하다. 이러한 관점에서, 19명의 예비 지리교사들이 모의수업과 수업실습을 통해 동료의 수업과 자신의 수업에서 무엇을 어떻게 관찰하고 평가했으며, 반성적으로 실천했는지 살펴보았다. 내용을 정리하면 다음과 같다.

먼저, 동료들의 모의수업에서는 14개 평가 요소 중에서, 평가방법 개발, 수업자료 개발, 수업목표·의도제시, 교수학습방법 활용을 잘 관찰하였고, 교과과정 재구성, 수업설계, 수업목표·의도달성, 교육적 변환은 상대적으로 잘 관찰하지 못하는 것으로 나타났다. 그리고 수업자료 개발, 수업내용, 상호작용, 수업 일관성유지의 수행 수준이 높은 것으로 평가했지만, 나머지 요소들의 수행 수준은 낮은 것으로 평가하였다.

둘째, 동료들의 모의수업에 대한 관찰·평가의 특성은 의도적인 중립성을 갖는 것으로 나타났다. 즉, 일종의 반응편파가 나타났으며, 객관적이고 신뢰성 있는 관찰·평가가 이루어지지 않았다. 전체적으로 동료의 모의수업 수행 수준은 낮은 것으로 관찰·평가하였으며, 여학생들이 남학생들에 비해 상대적으로 모의수업 수행 수준이 높은 것으로 관찰·평가되었다. 개별적인 관찰·평가의 관점이나 수준은 개인차가 큰 것으로 나타났다.

셋째, 자신의 모의수업에 대한 동료들의 평가 결과와 자신의 문제점을 개선하려는 반성 태도 모두 긍정적인 것으로 나타났다. 자신의 모의수업에 대한 평가와 반성의 초점은 수업의 부분적인 요소에 집중되었고, 수업의 전체를 평가하거나 반성하는 경우는 드물었다. 또한 자기수업 평가와 반성의 중심은 수업모형과 학습자와의 상호작용이 부족하다는 것에 있었다. 모의수업을 관찰하고 평가하는 과정에서 무엇보다 의미 있는 것은 수업에 대한 자신감과 좋은 수업을 위해 노력해야겠다는 의욕을 가지게 되었다는 것이다.

마지막으로, 교육실습 기간 중에 이루어진 수업실습에서는 수업의 전체, 즉 흐름이나 분위기를 관찰하기 시작했으며, 학생에 대한 이해와 관찰이 실제적으로 이루어졌다. 또한 학습자를 고려하기 위한 노력이나 반성적 실천이 가장 많았고, 동시에 이의 맥락에서 경험한 문제 혹은 반성 또한 가장 실제적이었다. 그리고 모의수업에서 나타난 문제점이 여전히 계속되거나, 새로운 문제가 추가되는 경우가 대부분이었으며, 특히 쟁점이 되었던 수업모형이나 수업방법의 문제는 더욱 실현 불가능한 문제로 관찰·평가되었다. 즉 반성은 했지만 실천은 어려운 것을 체험하였다.

이와 같은 분석 결과를 통해서 예비교사들이 잠재적으로 생각하는 좋은 지리수업은 '적절한 수업모형'과 '학습자에 대한 이해'를 바탕으로 '학습자의 수준을 고려한 수업'이며, 수업의 전개 과정은 '교사와 학생의 상호작용이 활발한 수업'으로 정리할 수 있다.

본 장에서 이루어진 수업관찰과 평가 및 반성의 과정은 연구목적을 수행하기 위한 과정보다는, 예비교사 교육과정으로서 의미가 더 실제적이다. 수업관찰지를 도구로 수업을 관찰한 모의수업에서는 순간적이고 단기적인 관찰이 이루어졌으며 수업 동영상을 관찰한 수업실습에서는 보다 종합적이고 실제적인 관찰이 이루어졌음을 알 수 있었다. 따라서 예비교사 양성과정에서는 좋은 수업을 관찰할 수 있는 기회가 많이 제공되어야 할 뿐만 아니라, 좋은 수업을 잘 관찰할 수 있는 능력의 함양과 그것을 반성적으로 실천할 수 있는 훈련이 이루어져야 한다.

수업관찰은 뚜렷한 목적을 가진 과정인 만큼 관찰의 초점을 몇 가지로 한정하여 분명하게 하는 것이 교과의 맥락적 특성을 보다 잘 관찰할 수 있게 해 준다. 본 장에서는 수업에서 관찰 가능한 혹은 관찰해야 할 전 영역을 포괄하고 있는 관찰지를 관찰도구로 사용했기 때문에 지리수업의 맥락에서 그 의미나 현상을 이해할 수 있는 관찰이 이루어지지 못한 한계가 있다.

이러한 한계는 충분히 예측 가능한 것이었다. 그러나 수업에 대한 실제적인 이해의 출발점에 서 있는 예비교사들에게는 처음부터 지리수업의 영역 특수적인 몇 가지 측면에 초점을 둔 수업관찰보다는 수업에 대해 기초적이고 일반적인 이해를 위한 수업관찰의 필요성을 우선한 것이다. 시간이 허락한다면, 일련의 연속적인 과정으로 수업관찰을 연습할 경우 지리수업의 맥락을 잘 이해할 수 있는 수업관찰이 이루어질 것이다.

제2부
사회과 예비교사의 실천적 지식과 반성적 실천

제2부는 저자의 논문 2007b, 2009, 2011을 보완하고 재구성함.

전남 가거도 초등학교(흑산 중학교 분교) 전경

1949년 4월 17일 소흑산국민학교로 개교, 1982년부터 흑산중학교 분교를 병설하고 있으며, 우리나라(남한) 최서단에 위치하고 있다(자료: 가거도 초등학교).

제4장
사회과 예비교사의 실천적 지식과 좋은 수업

1. Elbaz가 제시한 실천적 지식의 주요 측면

교실 수업의 향상을 위한 끊임없는 노력은 다양한 관점에서 계속되어 왔지만, 최근에는 교사의 수업전문성 함양을 통한 질적 향상에 보다 초점을 두고 있다. 수업전문성은 시대와 상황에 따라 그 개념이 바뀌어져 왔지만, 교과교육의 관점에서 연구자로서의 교사(teacher as researcher)가 교육과정을 능동적이고 비판적으로 실천하면서 반성하는 능력을 토대로 논의되었다.

이러한 논의를 바탕으로 교사의 전문성은 보다 영역특수적인 관점에서 교사 나름의 특별한 실천적 지식이 어떻게 형성되고 무엇으로 드러나는지에 대한 연구로 구체화되고 있다. 교사의 실천적 지식은 교실에 바탕을 둔 맥락 특정적인 지식으로, 실제 경험을 통해 획득되는 구체적인 지식이기 때문에 교사의 전문성 향상을 위한 다양한 접근들 중에서도 특히 주목되고 있다.

교사의 실천적 지식에 대한 논의는 실제 교수행위에 묻혀 있는 교사의 실천적 지식을 드러내고 이해하고자 하는 측면과 교사가 가지고 있는 실천적 지식에 대하여 자각, 반성, 개발할 수 있는 기회를 제공하여 교사의 성장을 돕는다는 측면에서 접근되어 왔다. 최근에는 예비교사가 다양한 교수상황에서 적절하게 활용할 수 있는 실천적 지식을 형성할 수 있도록 돕는 일이 필요하다는 논의에 이르고 있다(김자영·김정효, 2003).

교사의 실천적 지식에 대한 구체적이고 정교한 연구는 엘바즈(Elbaz, 1980)로부터 시작되었다. 엘바즈는 교사 혹은 교수에 대한 그동안의 연구들이 다소 부정적이거나 단편적인 관점에서 이루어졌음을 지적하면서, 교사를 단순한 연구대상이 아닌 한 인간의 삶으로 읽어보는 사례를 연구하였다.

엘바즈는 교사의 실천적 지식이 실증적인 연구로는 말할 수 없음에 주목하고 교사의 행위와 언어를 교사의 삶의 과정에서 이해할 필요가 있다고 보았다. 즉, 엘바즈(1981, 52)는 교사 경력 10년차로 고등학교에서 영문학과 작문을 가르치는 여교사를 사례로, 교사가 가르치는 일의 모습을 결정하고 방향 짓기 위하여 적극적으로 사용하는 복잡하고 실제적으로 지향된 일련의 이해체계를 가지고 있음을 발견하고 이를 '실천적 지식'으로 명명하였다. 그러나 그녀는 이 정의만으로 교사의 실천적 지식을 이해하기에 불충분하다고 말하면서 실천적 지식을 세 가지 양상(aspects)에서 함께 바라볼 것을 제안한다(1981, 48).

엘바즈(1981)는 교사가 단순히 '활용하는 지식' 이상의 지식인 '실천적 지식'을 가지고 있지만 이것을 언어로 표현하기 매우 어렵다고 했다. 하지만 이에 대한 의미를 찾지 않는다면, 자율적이고 역동적인 교사의 지식을 일반적 범주로 묶어 두는 결과를 초래한다고 생각하고 교사의 실천적 지식을 세 가지 측면으로 설명하였다.

엘바즈가 제시한 실천적 지식의 주요 측면(three major aspects of practical knowledge)은 실천적 지식의 내용(content of practical knowledge), 실천적 지식의 정향(orientations of practical knowledge), 실천적 지식의 구조(Structure of practical knowledge)의 세 가지로 설명된다(Elbaz, 1981: 46-49).

실천적 지식의 내용은 비교적 명시적으로 드러나는 측면이며, 실천적 지식의 정향은 쉽게 드러나서 표현되기 어려운 암묵적 측면이자 실천적 지식이 표현되는 원천이다. 반면, 실천적 지식의 구조는 수업을 구조적으로 파악하고 총체적으로 표현할 수 있도록 도와주는 측면이다(홍미화, 2005). 실천적 지식을 세 가지 측면으로 살펴보면, 교사가 자신의 실천적 지식을 어떻게 획득하고, 어떻게 드러내며, 어떻게 활용하는지를 구체적이고 총체적으로 이해하는데 유용하다. 사회과 수업을 사례로 사회과 교사의 실천적 지식을 세 가지 측면에서 살펴보면 다음과 같다.

1) 사회과 교사와 실천적 지식의 내용

실천적 지식의 내용은 교사의 실천적 지식을 드러내는 가장 기본적인 측면이면서 좀 더 구체적으로 설명해 줄 수 있는 범주이다. 실천적 지식의 내용을 분석하는 것은 힘들고, 장황하고, 매우 구체적인 작업을 요하는 어려운 일이지만, 이것을 토대로 '정향'과 '구조'에 대한 이차적인 분석이 이루어졌음을 밝히고 있다(Elbaz, 1981, 45-49).

교사의 실천적 지식의 내용은 수업의 내용과 상황에 따라 다양하게 나타나는 일종의 방식이다. 엘바즈(1981, 48-49)는 실천적 지식의 세 가지 주요 측면 중에서도 실천적 지식의 내용이 교사의 실천적 지식을 드러내는 가장 기본적인 측면이라고 설명했다. 엘바즈가 실천적 지식의 내용을 분석하기 위해 사용한 범주는 교과에 대한 지식(knowledge of subject matter), 교육과정에 대한 지식(knowledge of curriculum), 수업에 대한 지식 (knowledge of instruction), 교사 자신에 대한 지식(knowledge of self), 교육환경에 대한 지식(knowledge of the milieu of schooling) 등의 다섯 가지 범주이다.

교과에 대한 지식은 교사가 교과를 가르치는데 있어서 알아야 하는 것이 무엇인가에 대한 지식으로써, 학습자가 꼭 알아야 하는 내용은 무엇이며 이 내용이 왜 알만한 가치가 있는지에 대해서 아는 것으로 곧 교과 내용에 대한 지식이다. 교육과정에 대한 지식은 교과를 지도함에 있어 가능한 대안 교육과정에 대한 이해와 관련된다. 수업에 대한 지식은 학습자에 대한 지식을 바탕으로 그에 맞게 가르치는 교수방법에 대한 지식을 말한다. 교사 자신에 대한 지식은 교사 개인의 가치, 신념, 목적 등에 관한 지식으로, 전문가로서 자신을 어떻게 보고 있는지, 교사 스스로가 생각하고 있는 역할과 책임은 무엇인지 등에 관련된 지식을 말한다. 교육환경에 대한 지식은 교사가 자신의 활동과 관계된 모든 교육 환경에 대해 가지고 있는 신념이라 할 수 있다. 즉, 어떻게 교실 상황을 보고 있는가? 동료교사들, 학교 행정가를 어떻게 생각하고 있는지 등과 관련된 지식이다.

실천적 지식의 내용을 구분하기 위해 사용된 다섯 가지 범주는 실천적 지식을 분석하기 위해 수집된 전체 자료를 일차적으로 분석하는데 사용된 범주이지만, 실제 수업현상은 실천적 지식의 다섯 가지 범주로 명확하게 구분될 수 없다. 교사의 실천적 지식이라는 하나의 형상은 각기 다른 다섯 가지 형상으로 분류될 수 있는 것이 아니라, 실제 수업 상황에서 드러나는 것으로 다섯 가지 범주가 총체적으로 만들어가는 형상이기 때문이다.

2) 사회과 교사와 실천적 지식의 정향

교사에 의하여 특정한 내용을 갖추고 수업에서 드러난 실천적 지식이 어떤 배경에 의하여 왜 형성된 것인지를 이해하는 용어가 정향(orientation)이다. 실천적 지식의 내용과 구조가 수업을 구체적으로 표현해 주는 양상이라면, 어떤 수업에서 표현되고 있는 교사의 행위와 언어의 배경, 즉, “왜 그 교사는 그 상황에서 그와 같은 행위를 하게 되었는가?”를 추론해 보는 과정이 정향 읽기다. 대다수 학자들은 이것을 지식의 원천, 혹은 근거로 부르지만 이 경우 실천적 지식은 개인의 과거 경험에만 초점을 두게 된다. 실천적 지식의 정향은 어떤 행위나 언어의 배경이자, 미래에 어떤 행위를 지향하도록 하는 기반으로써 작용한다.

국내외 연구 대부분은 실천적 지식의 내용을 구체적으로 명시하고 있는 데 비하여, 실천적 지식의 본질적 양상인 정향에 관한 논의는 현재 행위의 원천으로써 이해할 뿐이다. 교사의 실천적 지식을 '내용'으로만 기술하는 방식은 실천적 지식이 지닌 암묵적 측면을 간과하고 있는 것이다(홍미화, 2005).

교사가 실천적 지식을 형성할 수 있는 근거가 되는 동시에 실천적 지식을 효과적으로 재구성할 수 있도록 해 주는 실천적 지식의 정향은 상황적, 개인적, 사회적, 경험적, 이론적 정향으로 구분할 수 있다(그림 4-1). 이 가운데 이론적 정향, 상황적 정향, 사회적 정향은 교사의 외적환경의 영향이며 경험적, 개인적 정향은 개인의 가치와 신념이 내포된 교사지식의 내적 형성요인이다. 실천적 지식의 정향은 교사가 특정 수업에서 표현하는 지식 이면의 지식을 파악할 수 있다. 수업 속에서 드러나는 교사의 가르침은 암묵적 지식에 기반하는 경우가 더 많다. 물론 수업에서의 교사의 행위와 언어적 표현은 하나의 정향에만 근거하지 않는다. 다음은 각각의 정향에 대한 특성이다(Elbaz, 1981, 49; 김자영·김정효, 2003; 홍미화, 2005).

첫째, 상황적 정향(situational orientation)은 실천적 지식의 본질이 상황에 있다는 의미보다는 실천적 맥락으로 인하여 지식이 방향성을 갖는다는 의미이다. 수업은 교실공간에서 특정한 학습자를 대상으로 이루어지므로 실천적 지식은 특수한 상황(예를 들어 학교 상황, 자신의 상황, 교육과정의 적용상황 등)에 따라 형성될 수밖에 없다. 따라서 교사의 실천적 지식은 그와 유사하거나 같은 상황에서 가장 잘 활용된다. 기본적으로 상황적 정향은 학습의 초기에 교사의 직관으로 나타난다.

둘째, 개인적 정향(personal orientation)은 실천적 지식을 형성하는데 있어서 영향을 미치는 교사 개인의 느낌, 목적, 가치, 지적신념이 갖는 관점과 관계되며, 실천적 지식의 정의적 영역을 형성하는 중요한 기반이다. 교사의 권위와 관련한 상황 및 교실에서 일어나는 다양한 상황에 대하여, 개인적으로 의미 있는 방법을 지향하는 데 관여한다.

셋째, 사회적 정향(social orientation)은 교사가 실천적 지식을 형성할 때 영향을 주는 사회적인 요인을 의미한다. 예를 들어 사회의 요구와 자신의 신념이 대립할 때, 특별한 사회적 배경을 가진 학생을 지도할 때, 혹은 교사가 사회에 대하여 갖고 있는 선 이해를 숙고할 때도 나타난다. 사회적 요구는 수업에서 직접적으로 보이진 않지만, 항상 교사와 긴장의 상태에 놓여 있게 된다.

넷째, 경험적 정향(experiential orientation)은 교사가 실천적 지식을 형성할 때 영향을 주는 교수 경험적 요인을 의미한다. 이것은 교사가 경험의 의미를 새롭게 구조화하고 또 다른 교수 상황에서 적절하게 반응하도록 해준다. 이 정향은 현상학자들에 의하여 가장 강력하게 설명되고 있으며, 개인의 일상 경험 세계를 통하여 점차 보편성을 지향하여 나타나기도 한다.

다섯째, 이론적 정향(theoretical orientation)은 실천적 지식을 형성할 때, 영향을 주는 교사의 이론적 요인을 의미한다. 이론에 대한 교사의 존중은 교사가 마음으로 그리는 지식의 종류를 결정하고 그것을 특별한 상황에 활용하려는 특징을 갖는다. 교사는 이론의 공식성을 명백하게 활용한다기보다는 실천의 이론을 그리고 있다. 이론에 대한 교사의 정향은 교사가 어떻게 이론적 지식을 활용하고 있는지, 어떻게 이론에 대한 이해를 확장하고 어떤 이론을 선택하려고 하며, 그 이론을 어떻게 해석하는 지를 결정하는 데 중요한 영향을 미치는 요인이다.

실천적 지식의 정향은 개인에 따라 교사의 실천적 지식이 서로 다른 맥락에서 형성되고 활용됨을 보여준다. 정향은 실천적 지식의 내용이 그렇게 반영되어 나타나는 이유를 설명하면서 교사 지식의 암묵적 성향이 수업에서 강력하고 넓게 위치함을 나타낸다. 따라서 정향에 따른 수업의 이해는 수업이 갖는 총체성과 교사의 실천적 지식이 갖는 암묵적 측면을 잘 읽을 수 있도록 해준다.

교실수업에서, 실천적 지식의 내용은 비교적 빠르게 구분될 수도 있고 파악하기 쉽다면, 그림 4-1처럼 그 정향은 이미 교사의 마음에 내재되어 있으며 교사가 스스로 판단하고 결정하는 순간 드러나는 실천적 지식의 근원으로서 매우 미묘하고 복잡하여 그 실체를 말하기 곤란한 양상이다. Polanyi가 모든 지식의 근저에 암묵적 지식이 위치한다고 보았듯이, 수업에 가장 깊이 관여하면서도 언어로 명시화되지 못하는 지식, 수업을 구성하는 다양한 내용지식의 실제적 기반으로 자리 잡고 있는 것이 또한 실천적 지식의 정향이다(홍미화, 2005).

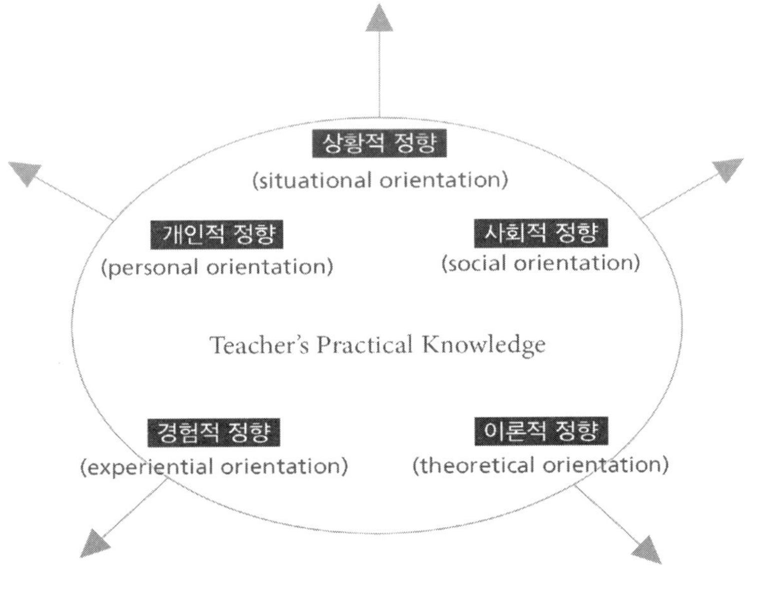

그림 4-1. 교사의 실천적 지식의 정향

예를 들어, 초등학교에 근무하는 A교사는 모든 사회과 수업에서 자신감을 보인다. A교사의 자신감은 사회과에 대한 오랜 개인적 관심과 수업경험으로 형성된 것이다. A교사의 사회과 교육이론에 대한 자신감과 실제 사회과 수업에서 나타나는 자신감은 초등 사회과 수업을 실천하는 과정에서 터득된 것이다. A교사의 사회과 수업은 개인적 정향과 경험적 정향이 가장 중요하게 작용하고 있는 것이다. 그리고 '민주시민 양성'이라는 사회과 교육의 목적과 관련하여 A교사가 지향하는 수업실천의 이미지는 '존중, 조화 그리고 적응' 및 '삶에서 배우고 삶으로 적응하기'이다. 이는 사회과 교육에 대한 이론적 요인이 교사자신의 개인적 정향, 사회적 정향, 경험적 정향과 결합하여 새롭게 탄생하고 변화, 성장한 것이다. 이처럼 교사의 수업이 어떠한 정향의 영향을 받는다는 것은 다섯 가지 정향 모두가 수업에 관련되지만 보다 근원적이고 강력한 정향이 존재한다는 것을 의미한다(홍미화, 2006, 88-93).

3) 사회과 교사와 실천적 지식의 구조

교사의 실천적 지식을 드러내는 또 다른 양상은 지식을 일반성의 정도에 따라 구조화하는 일이다(Elbaz, 1981, 60). 수업에서 구체적인 실체로 드러나는 실천적 지식의 구조는 교사가 지향하는 뚜렷한 수업의 방향과 목적 및 전략과 관계 깊다. 이것은 교사의 경험적이고 개인적인 차원의 지식을 보다 효율적으로 드러내는 방식이다. 실천적 지식의 내용이 사회과 수업에서의 교사 지식을 결합의 관계로 이해시키는 반면, 구조는 사회과의 내용을 가르치는 데 직접적으로 표현되는 교사의 언어와 수업 행위를 구체적으로 보여 준다.

엘바즈는 교사의 실천적 지식의 구조를 일반화 정도에 따라 실천의 규칙(rule), 원리(principle), 이미지(image)의 수준으로 구조화하여 설명하였다. 각각의 특징은 다음과 같다(Elbaz, 1981, 60-64; 홍미화, 2005).

첫째, 실천의 규칙은 수업 실천에서 만나는 특별한 상황에서 교사가 어떻게 해야 하며 무엇을 해야 하는 지를 규정짓는 가장 간단한 진술이자 교사의 교육 목적을 방법적으로 함의하는 지침이다. 따라서 실천의 규칙은 교사가 수업에서 접하는 개인적 갈등을 어떻게 다루는 지와 직접 관련되며 교사가 자주 접하는 교수상황을 다루는 방식이자 수업의 목적을 위하여 사용하는 분명한 지침이 된다.

둘째, 실천의 원리는 규칙보다 넓고 포괄적이며, 개인의 경험에서 유래하고 숙고와 반성의 방식에 의존한다. 따라서 이것은 실천의 구체적 행위보다는 어떤 교수 행위에 대한 교사의 목적의식이 나타나는 진술이며 현재의 문제에 관계있는 과거의 경험으로부터 얻을 수 있는 현재 혹은 미래의 유익함에 의미를 둔다.

실천의 규칙이 수업에 있어서 매우 특수하고 구체적인 것이라면 실천의 원리는 시간을 초월하여 개인의 신념과 목표에 일치하는 행동을 기대하는 것이다. 따라서 이것은 이론적 관점을 가지면서도 직관적인 경험에 의하여 형성되어 온 것이며, 실천과 이론을 연결한다.

셋째, 이미지는 가장 비명시적이고 함축적이며 포괄적이다. 이미지는 교사의 가치, 느낌, 요구, 그리고 신념이 어떠해야 하는가에 대한 간단한 은유적 진술로 그릴 수 있다. 그래서 이미지는 교사의 경험과 이론적 지식, 학교의 관습 등을 서로 관련시키고 교육 목적을 직관적으로 알게 하는 마음의 상이라 할 수 있다. 대부분의 교사는 좋은 학생, 좋은 교사, 좋은 수업 등에 대한 이미지를 가지고 있으며, 이것이 교사의 지식을 조직하는 가장 큰 함의를 갖는다.

수업은 교사가 주로 활용하는 다양한 규칙(방법), 원리(반성적), 그리고 이미지(직관적) 수준으로 구체화할 수 있으며, 이것이 서로 영향을 주고받으면서 교사 나름의 인지스타일을 형성하는 요인으로 작용한다. 실천적 지식의 구조는 교사 지식의 실천적, 개인적, 경험적 차원을 반성할 수 있고 실천을 안내하는 아이디어를 찾거나, 교사의 지식을 새롭게 설계하는데 도움을 받을 수 있다.

그림 4-2는 교직경력 2년차로 고등학교에서 국민공통기본교육과정에 해당하는 1학년 사회를 담당하는 초임교사의 지리영역 수업에서 나타나는 실천적 지식의 구조 사례이다(김혜숙, 2006b).

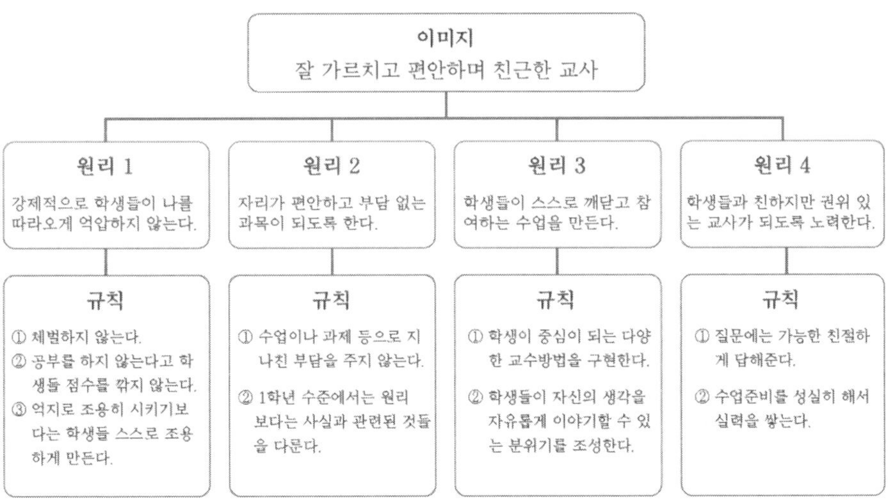

그림 4-2. 초임 지리교사의 실천적 지식의 구조

사례교사의 이미지는 '잘 가르치는 교사'와 '편안하고 친근한 교사'라는 두 방향의 원리로 구현되었다. 이러한 측면에서 원리 1과 4는 교사의 인간적 자질을 강조하는 후자의 측면과 관계 깊은 원리이지만, 원리 2와 3은 전자와 후자의 측면 모두를 포함하고 있다. 원리 측면에서 사례교사는 '잘 가르치는 교사' 보다는 '편안하고 친근한 교사'라는 이미지에 더 큰 중점을 두고 있었다. 이는 예비교사들이 교사의 역할에 대해 학문적 측면보다는 학생들을 잘 보살피고 학생들과의 상호관계 형성을 더 중요시 한다는 연구결과와 유사하다.

사례교사의 이미지 구현을 위한 원리와 이의 구체적인 실천 지침이라 할 수 있는 규칙은 구체적이거나 명료한 편은 아니다. 규칙 역시 원리처럼 가르치는 측면보다는 '편안하고 친근한 이미지'를 실현하기 위한 것들이 더 많다. 실제로 학생들에게 사례교사는 '천사 선생님'으로 통했다. 원리와 규칙은 교수신념에 가까운 막연한 것들이 발견되었고, 실현되지 않는 원리와 규칙들도 있고, 원리와 규칙이 상호모순 되거나 충돌되는 경우가 많았으며, 이때 교사는 자신의 이미지에 더 잘 부합하는 원리나 규칙을 선택했다. 즉, 이미지는 가장 상위수준에서 교사의 교수행위를 조율하는 내적 조정기제 역할을 했다

표 4-1은 고등학교 한국지리 과목에 대한 과정중심평가(수행평가) 상황에서 나타난 경력 20년 정도인 여교사의 실천적 지식의 구조에 대한 사례이다(마경묵, 2007). 이 사례는 도시단원과 수도권 단원을 대상으로 한 5개 수행과제 평가과정에서 사례교사의 평가를 이끈 실천적 지식을 알아보기 위해서 제작된 평가 문항 제작과정과 이행 상황의 두 측면에서 이루어진 분석이다. 이는 수행평가라는 수업의 한 장면에서 교사의 평가를 이끈 실천적 지식은 무엇인지를 살펴본 사례이다.

사례교사는 수행평가에 대해 "지리학습은 지표의 다양한 사상들의 인과적 상호관계를 다루는 과목이다." 와 "지리학습은 학생들의 개인적 삶과 관련되어 있어야한다는 것이다."의 두 가지 실천의 이미지를 가지고 있었다. 이러한 이미지는 다섯 가지 원리로 구조화되었고, 각 원리는 구체적인 실행 규칙들로 구성되었다.

이러한 원리와 규칙들은 사례교사가 평가문항을 제작하고 평가를 이행하며 결과를 판단하는 과정에서 드러난 것으로, 사례교사의 평가행위를 유도한 실천적 지식이라 할 수 있다. 교사의 실천적 지식에서 실천의 원리는 교사의 이론적 관점과 실천 간의 관계를 의미하는 반성적 진술로 표현되며, 규칙은 교사가 수업에서 구체적으로 무엇을 어떻게 해야 하는지를 구체적이고 명시적으로 나타내는 진술이다. 규칙은 직접적인 행위를 나타내는 지침이 되지만, 고정된 것이 아니며 수시로 변화할 수 있다.

표 4-1. 경력 지리교사의 실천적 지식의 구조

<table>
<tr><th colspan="3">이미지
"지리학습은 지표의 다양한 사상들의 인과적 상호관계를 다루는 과목이다."
"지리학습은 학생들의 개인적 삶과 관련되어 있어야한다는 것이다."</th></tr>
<tr><td colspan="3">⇑</td></tr>
<tr><th>원리</th><th>⇔</th><th>규칙</th></tr>
<tr><td>1. 평가 내용이나 방식이 일상의 생활 속에서도 경험할 수 있는 것이어야 한다.</td><td>⇔</td><td>① 평가 자료들은 학생들이 TV, 신문 등 일상에서 볼 수 있는 것들을 수집한다.
② 지역과 관련된 평가를 할 때는 학생들에게 익숙한 지역을 사례로 구성한다.
③ 평가 문항은 일상적인 용어를 이용하고 그들의 일상에서 경험하는 것을 위주로 한다.</td></tr>
<tr><td>2. 지리평가는 학생들의 인과적 사고를 조장할 수 있어야 한다.</td><td>⇔</td><td>① 평가문항은 단순한 사실이나 개념을 묻기 보다는 학생들이 생각할 수 있도록 원인이나 결과 혹은 그로인한 영향을 등을 묻도록 제작한다.
② 학생들이 충분히 생각할 시간을 주고 교사가 절대로 먼저 답을 말하지 않는다.
③ 학생들의 인과적 사고를 도울 수 있는 평가 자료를 충분히 제시한다.
④ 학생들에게 사고의 중요성에 대해 지속적으로 강조한다.</td></tr>
<tr><td>3. 지리평가는 지리학습에 도움이 될 수 있어야 한다.</td><td>⇔</td><td>① 평가를 통해 배울 수 있도록 학생의 활동을 학습 주제와 관련하여 조작한다.
② 학생들 스스로 자신이 무엇을 알고 있고 모르고 있으며 무엇을 할 수 있고 없는지를 판단할 수 있도록 한다.
③ 평가 시점을 해당 주제를 학습하기 전이나 후에 배치하여 학습에 활용할 수 있도록 한다.</td></tr>
<tr><td>4. 지리평가는 학생들의 능력범위 내에서 해야 한다.</td><td>⇔</td><td>① 학생들이 이해할 수 있는 용어를 사용하여 문항을 작성한다.
② 학생들이 기존에 알고 있는 개념들을 평가에 끌어들인다.
③ 답하기 어려운 문항에 대해서는 추가 설명을 하거나 힌트를 준다.
④ 활동은 학습의 한 부분이므로 지나치게 많은 활동을 포함하지 않도록 한다.</td></tr>
<tr><td>5. 평가는 학생들의 다양한 능력을 평가할 수 있어야 한다.</td><td>⇔</td><td>① 평가를 구성할 때 자료분석 및 해석력, 가치판단, 의사결정 능력, 비판적 해석력, 문제해결능력, 기능, 결론 도출 능력 등 다양한 능력이 평가되도록 적절히 배분한다.
② 학생들이 다양한 능력을 발휘할 수 있도록 교실 환경을 사전에 정비한다.</td></tr>
</table>

통념상 실천적 지식은 이론적 지식의 대비 개념이며 교사가 교육적 실천행위를 통하여 획득하는 지식이라고 생각하기 쉽다. 그러나 실천적 지식은 인간의 삶과 행위를 설명하는 역동적인 개념이면서, 이론과 무관한 것도 동일한 것도 아닌, 이론과 실천 사이를 부단히 오고 가면서 새롭게 자신의 이론을 창조해나가는 지혜로운 활동이자, 가르침과 배움의 세계를 동시에 갖는 교사의 삶을 의미하는 말이다(홍미화, 2006).

교사의 실천적 지식은 복잡한 특성을 지니고 있기 때문에 학자들에 따라 상황 지식(situated knowledge), 개인적 실천적 지식(personal practical knowledge), 실천 행위 내 지식(knowing in action), 장인 지식(craft knowledge), 개인적 이론(teacher's personal theories) 등 다양하게 지칭된다(박은혜, 2002).

실천적 지식은 학자에 따라 다양하게 명명되고 상이한 측면이 강조되고 있음에도 불구하고 다음과 같은 공통점을 가진다. 첫째, 교사는 다양한 상황에 적절하게 활용할 수 있는 지식을 가지고 있다는 것이다. 둘째, 이러한 지식은 교사가 강의나 책을 통해 배운 이론적 지식, 자신의 가치관과 현장경험 등의 요인이 통합되어 형성된 지식이라는 것이다. 셋째, 이러한 지식은 현장에서 일어나는 교사의 모든 행동과 판단의 근거로 사용된다는 것이다(김자영・김정효, 2003).

실천적 지식이란 교사의 지식에 대한 이분법적인 사고, 즉 이론과 실천, 인지적 영역과 감정적 영역, 산출로서의 경험 분석적 지식관과 과정으로서의 현상학적 지식관을 결합하는 특별한 관점이면서 지식의 영역 간에 존재하는 차이를 연결 짓는 개념이다(Elbaz, 1980, 48). 이에 본 장에서는, "실천적 지식이란, 교사 개개인이 가지고 있는 이론적 지식을, 그가 관계하는 실제 상황에 맞도록 그자신의 가치관이나 신념을 바탕으로 종합하고 재구성한 지식이며, 이러한 실천적 지식은 교사의 교수행위에 근거가 된다."는 관점에 기초한다.

교사의 실천적 지식에 대한 연구들은 개별 교사의 그것에 초점을 두고 있지만, 이들의 논의에서 보다 중시하는 것은, 교사의 실천적 지식이 주관적이라는 점을 강조하기 위한 것은 아니다. 오히려 교실에서 이루어지는 교사의 교수행위는 기술공학에 의한 단순원리를 따르는 기계적 행위가 아니라, 교실과 상호작용하면서 이루어지는 자율적이고 고유한 행위라는 점을 부각시키려는 것이다. 교사의 교수행위에 있어 자율성과 개인성을 강조하는 것은 객관적 지식의 중요성이 간과되어도 된다는 것을 의미하는 것은 아니다. 그보다는 객관적 지식이 있음을 인정하고 그것들과 개인 간에 이루어지는 상호작용도 인정해야 한다는 데 있다.

2. 실천적 지식의 내용과 Shulman의 교수내용지식

1980년을 기점으로 교사에 대한 연구는 관찰가능한 교사행동에 대한 연구에서 점차 교사행동 이면에 놓인 인지과정, 인식론 등에 대한 연구로 변화하고 있다. Shulman(1986)과 Hargreaves(1996, 106)는 이러한 연구초점의 변화를 '지식활용(knowledge utilization)'에서 '교사지식(teacher knowledge)' 패러다임으로 전환, 설명한다(김자영・김정효, 2003).

슐만(1986)은, 교사에게 필요한 지식을 내용지식(content knowledge), 교수내용지식(pedagogical content knowledge), 교육과정지식(curriculum knowledge)의 세 가지로 구분하면서, 교수내용지식을 처음으로 개념화하였다. 그는 단순한 내용지식은 교육적으로 무의미한 것이며, 그것은 학생들에게 가르치기 위한 교수내용지식으로 변환되어 제시될 때 그 의미를 찾을 수 있기 때문에 교수내용지식은 교과내용 학자와 그 교과를 잘 가르치는 유능한 교사를 구별해 주는 중요한 개념이라고 설명했다.

이어서 슐만(1987)은 교사가 잘 가르치기 위해 갖추어야 할 최소한의 지식 기반을 7가지 범주로 제시하였다. 그것은 내용지식, 일반 교육학적 지식(general pedagogical knowledge), 교육과정지식, 교수내용지식, 학습자와 그들의 특성에 대한 지식(knowledge of learners and their characteristics), 교육적 맥락에 대한 지식(knowledge of educational context), 교육의 목적, 목표, 가치 그리고 철학적·역사적 배경에 대한 지식(knowledge of educational ends, purposes and values, and their philosophical and historical grounds)이다.

이렇게 슐만은 교수내용지식을 교사가 갖추어야 할 최소한의 지식 기반중의 하나로 제시했지만, 교수내용지식에 초점을 두고 그것의 구성요소를 구분하여 제시하거나 그것의 특징을 규정짓는 논의들이 이루어지면서, 교사가 갖추어야 할 지식 기반 전체를 의미하는 통합적인 개념으로 변화하게 된다. 즉, 교사가 만들어내는 독특한 형태의 지식이라고 강조했던 슐만의 교수내용지식은 초기에는 교과내용의 교수학적 변환과 표상방식에 활용되는 개념이었으나, 후에는 지식의 구성주의적 접근을 취하는 '교수내용적 앎(pedagogical content knowing: PCKg)'의 개념으로 확장되었다.

대표적으로 Grossman(1990)은 교수내용지식의 네 가지 주요 구성요소를 '교과 내용을 가르치기 위한 목적에 관한 개념들', '구체적인 주제에 대한 학생의 이해(가능한 오개념을 포함하는)에 관한 지식', '교육과정적 지식(자료의 활용과 주제의 조직)', '구체적인 주제를 가르치기 위한 교수 전략과 표현에 관한 지식'으로 구분하여 제시하였다(남윤석·전평국, 2006).

또 한편에서는 '교수내용지식'의 개념이 '내용지식'과의 구분을 어렵게 한다는 점을 지적하면서, 확장된 개념인 '교수내용적 앎(pedagogical content knowing, PCKg)'의 개념을 제시한다. PCKg의 관점은 이에 교수과정에서 이루어지는 다양한 측면을 고려하는데 특히 교수 상황이나 맥락을 중시한다. 이들 관점에서 교수내용지식은 슐만 이후에 주요 구성 요소로 고려되어 온 내용지식, 교수법적 지식, 학습자 지식 외에 '환경맥락에 대한 지식(knowledge of environmental contexts)'을 포함하는 PCKg로 제시된다(Cochran et al., 1993: 민윤 2000).

무엇보다도 교수내용지식의 측면에서 중요한 것은 그것이 내용 특수적 혹은 영역 특수적(content-specific 혹은 domain-specific)이라는 것이다(민윤, 2000). 즉, 교과의 특정한 내용지식을 학습자를 고려하여 적절하고 효율적인 교수법으로 교수하는 교사 나름의 지식이라는 점에서 교수내용지식은 전문가 자질로 중시되고 있으며, 영역 특수적이라는 점에서 교사를 해당 교과의 학자나 일반 교육학자와 구별해 준다.

교사의 지식을 교수내용지식으로 접근하는 방식은 특히 교과내용지식의 변화 과정에 관심이 많으며, 교수내용지식이라는 개념을 교사의 전문성을 뚜렷하게 구분하는 중요한 개념으로 안내하면서 교사교육과 교사 지식의 이론화에 지속적인 영향을 미치고 있다. 교수내용지식에 대한 연구는 교사가 학생을 가르침에 있어서 교과의 내용에 따라 서로 다른 양상의 특수한 형식을 갖춘 교사 지식이 있음을 강조하였다(홍미화, 2006).

교수내용지식에 대한 논의는 크게 교과교육학의 측면, 교사(혹은 교사교육) 전문성, 그리고 교실 수업 이해 등의 측면에서 논의되어 왔지만, 특히 교사 전문성의 관점에서 보다 구체적으로 논의되었다고 할 수 있다. 교수내용지식도 실천적 지식의 경우와 마찬가지로, 실제로 이들이 지식이 명확하게 구분될 수 있는 것은 아니다. 개별적으로 구분되어 작용하는 지식이 아니라 서로 밀접한 관련을 맺고 총체적으로 결합하여 작용하는 지식이라 할 수 있다.

실천적 지식의 한 측면이자 중요한 바탕이 되는 '실천적 지식의 내용'은 교수내용지식의 구성 요소와 유사하다. 실천적 지식의 내용과 교수내용지식의 구성요소를 구분하는 범주를 비교하면 다음의 표 4-2와 같고, 이를 바탕으로 본 장(2부)에서 논의하는 실천적 지식의 내용 범주와 구성요소의 틀을 구성하면 표 4-3과 같다.

표 4-2. 실천적 지식의 내용과 교수내용지식의 구성요소

실천적 지식의 내용	교수내용지식의 구성요소	
Elbaz(1981)	Shulman (1986)	Shulman (1987)
교과에 대한 지식	내용지식	내용지식
교육과정에 대한 지식	교육과정지식	교육과정지식
수업에 대한 지식	교수내용지식	교수내용지식
교사 자신에 대한 지식	-	-
교육환경에 대한 지식		교육적 맥락에 대한 지식
-	-	학습자와 그들의 특성에 대한 지식
		일반 교육학적 지식
		교육의 목적, 목표, 가치 등에 대한 지식

표 4-3. 실천적 지식의 내용과 내용의 범주

실천적 지식의 내용	내용의 범주(구성요소)
교과 교육의 목적 및 가치에 관한 지식	- 교과 교육과 교과 수업의 목적 혹은 가치에 관한 지식 그리고 교과의 교육과정이나 교육 내용들의 정당성에 관한 인식(교과의 교수-학습에 대한 인식, 학습 목표에 대한 인식).
교육 과정에 대한 지식	- 교육과정 개발과정과 방식이나 교육과정 재구성과 관련된 지식.
교과 내용에 대한 지식	- 교과의 내용에 대한 지식이나 이해(교과의 주요 개념이나 원리 등에 대한 지식, 교과 내용의 계열과 범위에 대한 지식, 교수할 내용의 선택과 재구성, 특정 지역이나 특정 영역에 대한 지식이나 이해).
교수에 대한 지식	- 일반적인 교수법에 대한 지식, 교과-특수적인 교수법이나 전략에 대한 지식, 교사 개인의 교과 내용과 교수법의 특별한 조합 능력(교과의 다양한 수업모형 및 전략에 대한 지식, 교재의 선택 및 재구성, 교수 매체와 교수 자료의 선택과 준비, 교수 매체나 ICT 활용 능력, 교과서 및 지도서의 활용, 학생 활동 중심의 수업 구성, 대학에서 배운 지식과의 연결 등).
교사 자신에 대한 지식	- 교사 자신의 개인적 가치와 목적에 관한 이해, 전문가로서 교사 자신에 대한 이해, 타인과의 관계 속에 놓인 자신에 대한 이해와 판단, 수업시간에 경험한 개인적인 갈등이나 새로운 시도(수업에 대한 자신감, 교사 자신의 언행).
학습자에 대한 지식	- 학습자들의 교과-특수적인 인지 발달상의 특성에 관한 지식, 교과 학습과 관련해 특정 집단의 학생들이 보이는 인지적 정보 처리 과정의 특성, 주류적인 학습 유형, 오개념이나 오류 유형, 편견이나 고정 관념 등에 관한 이해, 학습자의 학습 방법이나 스타일 등에 대한 이해(인지발달상의 특성, 학생의 흥미에 대한 이해, 학습자에 대한 기본적인 이해나 수준 고려, 학습자의 사회문화적 환경이나 배경에 대한 지식, 학급별 특성에 관한 지식이나 이해).
교수-학습 환경에 대한 지식	- 학교 및 교실을 둘러싼 사회문화적 환경과 지리적 환경에 대한 이해, 모든 교육환경에 대한 신념, 사회적 공간으로서 교실에 대한 이해, 행정기관과 교육 행정 관료에 대한 이해(교실 내의 물리적 환경, 교실의 공간적 특성).
교수-학습 과정에 대한 지식	- 교수-학습 과정에 관여되는 수많은 국면들에 대한 지식이나 이해(동기유발, 학생과의 대화와 발문, 학생들의 질문, 학습활동의 조직, 선행 지식과 경험의 활성화, 학습 집단의 조직과 운영, 오류 및 오개념의 교정, 주의집중, 과제 제시, 학습 결과의 확인, 수업 진행, 수업시간, 형성평가, 차시 예고, 교수-학습 과정안의 작성).
일반 교육학적 지식	- 교실 경영과 조직에 대한 일반적인 원리와 전략

3. Schön의 반성과 반성적 실천

교육실습은 교사양성 교육과정의 마지막 단계에서 이루어진다. 교육실습은 교직과정 이수의 일부 과정으로 수행되며, 예비교사들이 교육실습생의 자격으로 교육현장에서 교사의 교육활동을 실제로 관찰, 경험하는 과정이며, 이를 통해 교육이론을 교육현장에 적용하고 실천할 수 있는 능력함양을 주요 목적으로 이루어진다.

그러나 학생들의 교육실습 경험 혹은 경험 이야기들에서는 교육실습이 목적한 바와는 다른 경우를 발견할 수 있는데, 대학에서 배운 이론이 실제에서는 무용지물이었다는 것(서경혜, 2005)과 자신이 알고 있는 이론이 실제 교실의 어떤 상황에 적용되는지 거의 알 수 없었다는 것 등이다.

학생들의 교육실습 경험 이야기에서 언급된 것처럼, 교사의 실천을 이론적 지식의 적용을 통한 문제해결로 볼 때, 교사의 전문성은 위기에 처할 수밖에 없다. 교사의 실천의 장으로써 교육현장은 이론이 그대로 적용될 수 있을 정도로 안정되고 통제된 상황이 아니기 때문이다. 교육현장은 불확실하고 불안정하며 특수하고 가치갈등을 특징으로 하는 곳이다(Schön, 1983).

기술적 합리성(technical rationality)은 교육현장의 이러한 특성을 무시한다. 따라서 기술적 합리성 패러다임에 갇힌 교사들은 자신의 지식이 현장에 적용되지 않음을 경험하고 교육현장의 복잡성 앞에서 전문성의 위기를 느끼게 된다. 교사의 전문성 개발을 위해서는 교육현장의 불확실성, 불안정성, 특수성, 가치갈등을 이해하고 다룰 수 있는 새로운 패러다임이 요구되는데, 최근 반성(reflection)과 실천이 그 대안으로 주목을 받고 있다. 반성과 실천 즉 교사 스스로의 반성을 통한 실천이자 실천을 수반한 반성을 토대로 한 실천적 지식을 교사의 전문성 개발의 핵심 개념으로 논의되고 있다.

특히 이들 논의의 이론적 근거가 되고 있는 Dewey와 Schön의 반성에 대한 본래 의도는 서로 다른 것이었다. 하지만 교사의 반성을 문제해결의 과정으로 보는 표면적 입장의 유사성은 직관적이고 예술적인 특성을 띠는 교사의 반성을 과학적이고 논리적인 과정으로 전환, 설명해 주는 토대가 되고 있다(서경혜, 2005).

쉔(1987)은 듀이가 불확실함 혹은 의심의 상태일 때 반성의 주기가 시작된다고 한 것처럼, 일상적인 행위를 이끄는 '행위 중의 앎(Knowing-in action)'을 방해하는 무언가가 있을 때 즉, 어떤 놀라움이 있을 때 의식적인 반성이 일어난다고 보고 있다. 이 의식적인 반성은 행위 후 반성(reflection-on-action)과 행위 중 반성(reflection-in-action)의 두 가지 방식으로 이루어질 수 있다고 보았다.

'행위 후 반성'은 놀라움이 왜 일어났는지를 이해하기 위하여 행위를 돌이켜 생각해 보는 것을 의미한다. 행위 후 반성이 일단 일어나면, 현상과 어떤 거리를 두게 되며 평가적이고 비판적으로 그 상황을 숙고할 수 있게 된다. 따라서 침착하고 면밀하게 무슨 일이 일어났으며, 왜 그 일이 일어났고, 그 현상을 야기했던 '행위 중 앎'의 실패 원인이 무엇인지를 재고하는 능력이 생기게 되는 것이다.

'행위 중 반성'은 개인이 문제를 구조화하고, 상황을 이해하며, 문제를 이끌어 오는 가정들의 기저를 비판적으로 평가하고 검증될 수 있는 대안적인 해결방식을 구성하도록 허용하는 하나의 의식적인 탐구이다. 이는 능동적이고 역동적인 학습 경험으로써 어떤 놀라움이 '행위 중 앎'의 흐름을 방해하면 적극적인 주의가 야기되고 의문이 일어나며, 검증되고 평가될 수 있는 하나의 해결책을 적극적으로 예언하거나 혹은 어떻게 문제가 해결될 수 있는지를 역동적으로 인식하게 된다(이진향, 2002).

교사가 자신의 교수행위에 대한 반성적 사고를 하지 않으면, 교수행위를 기계적으로 반복하게 된다. 그러므로 교사는 자신의 교수활동에 대해 반성적 사고를 해야 하지만, 반성적 사고는 결국 반성적 실천(reflective practice)을 위한 것이다. 반성적 실천으로서 행위 중의 반성과 행위 후 반성은 각각 학습 과정과 학습 결과에 대한 반성이다.

이들은 또한 Dewey가 규정한 '과정으로서의 반성(reflection as process)'과 '결과로서의 반성(reflection as product)'의 개념과 유사하다. 과정의 관점에서 볼 때, 반성은 실제 문제에 주력하여 무엇을 해야 하는지 자문하는 행동지향적 활동이자 대안적인 해결책을 탐색하고, 실행 후에 발생한 결과를 돌이켜 보는 나선형적이고 순환적인 활동이다. 이에 비해, 결과적 반성은 학습 이전과 이후에 대해 숙고하는 것이다. 즉 교사는 자신이 수행한 교수활동과 수업에서의 자신의 행동에 대해 한발 뒤로 물러나 지금까지 무엇이 진행되었고, 무엇을 경험하였는지 검토하면서, 경험의 결과로 발생한 학습을 이해하고, 학습과정에서 경험한 결정적 사건 등에 대해 되돌아보는 것이다(이흔정, 2005).

진정한 전문가로서의 능력은 행위 중 반성과 보다 밀접한 관련이 있다. 이는 전문적 행위를 하고 있는 동안 변화가 내재된 행위 방식에 대해 생각하며, 자신이 무엇을 하고 있는지를 알고 있다는 것을 의미한다. 따라서 행위 중 반성은 실천적 이론과 실험을 포함하게 되며, 이러한 과정을 통해 진정한 전문성 발달이 이루어질 수 있다. 즉 행위 중 반성을 통해 실천가로서의 교사는 전문적 실천가로 성장하게 된다.

위와 같은 논의들이 지향하는 바는, 오늘날의 교사에게 필요한 지식은 반성과 실천 그리고 실천에 대한 반성적 성찰을 통해서 얻는 실천적 지식이라는 것이다. 이론적 지식이 합리성과 객관성을 가진 이론과 명제들인 반면, 실천적 지식은 실천적 경험 속에서 반성적 성찰 과정을 통해 묵시적으로 형성되는 비형식적이고 비명제적인 형태의 지식이다. 이러한 지식은 교육적 이상이 실천 속에서 어떻게 실현되는가를 진지하게 탐구하면서 얻어지는 실천적 지식이다(이흔정, 2005). 실천적 지식은 지식이 실천에 의하여 만들어진다는 의미와 더불어 교사가 수업 과정에서 발휘하는 직관과 통찰 등 '실천의 지식'까지도 포함하는 지식이기 때문이다.

가르치는 동안 교사들은 실천을 통해 꾸준히 학생의 전인적 성장과 발달을 도모하고 이러한 과정에서 자신의 교수행위를 반성한다. 이러한 교사의 반성적 사고는 교수행위 전이나 교수행위 후에도 이루어지는데, 교사들은 이러한 기회를 통해 교사의 전문성을 개발하고 향상시키고자 노력함으로써 실천적 지식을 발전시키게 된다. 실천적 지식의 형성에 영향을 주는 각 요소가 가지는 비중에 대해 다양한 입장이 있지만, 교사의 실천적 지식의 형성에 직전교사 교육과정이 직접적으로 관여되고 있다는 점이 지적되고 있다. 왜냐하면 교사의 교육적 신념이 직전교사 교육과정에서 가장 조직적으로 다루어지기 때문이다.

4. 사회과 좋은 수업과 기술적 합리성 관점의 문제

이즈음 일상에서 흔히 사용하는 '좋은' 혹은 '더 좋은'이라는 말은 양적, 질적으로 좀 더 향상된 가치나 바람직한 상태를 희망하는 긍정적인 의미로 쓰이고 있다. 이런 점에서 최근 교과교육의 맥락에서 의미 있게 논의되고 있는 이른바 좋은 수업(good teaching)은 새로운 방식의 수업은 아니다. 좋은 수업을 위한 노력은 오래전부터 계속되었으며, 교사들은 누구나 좋은 수업을 하고 싶어 하고 또 좋은 수업을 위해 노력해 왔다.

무엇보다 좋은 수업은 좋은 교사, 즉 교사의 수업전문성을 기반으로 한다. 최근에 교사의 수업전문성이나 수업실행을 바라보는 관점은 Elbaz(1980, 1981, 1983)의 실천적 지식, Shulman(1986, 1987)의 교수내용지식, Schön(1983, 1987)의 반성과 반성적 실천 등에 의한 논의들이다. 이와 같은 논의들이 지향하는 바는, 오늘날의 교사에게 필요한 수업 전문성은 반성과 실천 그리고 실천에 대한 반성적 성찰을 통해서 얻는 실천적 지식으로 발달한다는 것이다.

그동안 교사의 수업전문성 개발을 위한 정책과 그 실제는, 일반적인 교육이론이나 연구결과를 교육현장에 그대로 적용함으로써 교사의 기술적인 능력만을 향상시키는 기술적 합리성의 관점에 기초해 왔다. 교사는 이론을 실제에 적용하는 실행가, 즉 이론적 지식을 실제에 적용하여 실제의 문제를 해결해 보는 사람이었다. 따라서 교사의 전문성 개발은 교사에게 결여된 이론을 보충해 주거나 새로운 이론을 소개해 주어 교사의 지식을 업데이트해 주고 이론의 적용에 필요한 기술을 가르쳐주는데 중점을 두었다. 결핍의 관점에서 보정적 성격의 전문성 개발이 주된 방식이었고, 전문 지식의 위계화를 통해 연구와 실천의 분리를 가져왔다(서경혜, 2005).

기술적 합리성의 관점은, 수업 혹은 수업 내용의 효율적인 전달만이 강조되는 통상적인 수업을 좀 더 완성된 시범으로 구현하는 경우를 '수업 잘하시는 선생님'의 모습으로 그려낸다. 이렇게 '수업 잘하시는 선생님'의 모습은 수업이 연구이고, 연구가 수업인 '교사 연구자'의 모습과는 다른 것이다.

좀 더 완성적인 수업 그 자체 보다는, 자신의 교육적 고민들이 진솔한 교육적 담론의 형식으로 공유되고, 일상에서의 다양한 관찰과 반성을 통한 개인이론(personal theory of action)의 발전 과정을 통해 현장 이론을 개발해 나가는 것이 교사의 전문성 함양의 모습일 것이다(조재식, 2002). 이렇게 수업을 잘하시는 선생님의 모습이 달라야 하듯이 좋은 수업의 모습도 상대성과 상황성 및 수업이 갖는 복합성과 다면성에 근거하고, 교과 영역별 특성에 따라 달라야 할 것이다.

이러한 맥락에서 교사의 전문성 발달과 관련한 최근의 연구들은 교사의 반성적 사고를 중요하게 다루고 있다. 관련 연구들은 교사교육에서 보편적인 교육이론이나 원리를 교육실제에 그대로 적용하도록 가르치는 것 보다는, 교사의 반성적 사고능력을 발달시킴으로써 교사가 교육현장에서 직면하는 복잡한 문제를 합리적으로 해결할 수 있도록 해야 한다고 주장한다. 이는 지금까지의 교사교육이나 교사의 전문성 개발을 위한 정책과 그 실제는, 일반적인 교육이론이나 연구결과를 교육현장에 그대로 적용함으로써 교사의 기술적인 능력만을 향상시키는 기술적 합리성에 기초해 왔음에 대한 반성이기도 하다.

기술적 합리성 중심의 교사교육 프로그램은 교육현장의 다양하고 복합적인 상황에 적용하는데 한계를 가질 수밖에 없기 때문에 결과적으로 교사의 전문성 신장에 지속적인 도움을 줄 수 없었다. 교사가 자신의 수업에 대한 반성적 사고 없이 이미 알고 있는 지식이나 기술적 방법에만 의존하여 교수행동을 실천하는 것은 수업 개선의 효과를 도모하지 못하며, 전문성 신장의 측면에서도 바람직하지 못하다고 할 수 있다(이진향, 2002).

교육전문가 뿐만 아니라 사회과 예비교사들도 좋은 수업에 대한 나름대로의 관점을 가지고 있다. 예비교사들의 좋은 수업에 대한 인식은 그동안 자신들이 이론적・실제적으로 학습하고 경험한 결과로 내면화된 관점인 동시에 앞으로 교실 수업에서 실행할 실천적 지식에 대한 나름대로의 시각이다. 즉, 예비 사회과 교사의 사회과 수업에 대한 인식은 교실 수업에 임하는 교사가 가져야 할 철학적 정향과 실천적 지식에 대한 나름대로의 시각으로, 사회과 교실 수업의 질적 향상을 이끄는 수업 전문성과 직접적으로 관련되는 문제이다.

교사의 실천적 지식의 형성에 영향을 주는 각 요소가 가지는 비중에 대해 다양한 입장이 있지만, 교사의 실천적 지식은 예비교사 양성과정에서부터 시작된다는 것은 일반적인 인식이다. 영국은 1980년대부터 교사 양성과정에서 예비교사의 '교수를 위한 지식기반(knowledge bases for teaching)' 역량 함양의 중요성이 연구자의 연구와 국가 수준의 교육 정책에서 동시적으로 강조되고 있다(Tunner-Bisset, 1999).

좋은 수업과 관련된 그동안의 연구들은 다양한 관점에서 다양한 방식으로 다양한 의미들을 도출하고 있지만 연구 결과로 제시되는 좋은 수업의 특징이나 조건들은 매우 유사하다. 이와 함께 이들 연구의 대부분에서 좋은 수업의 의미나 조건은 수업의 맥락(교과)에 따라 매우 다르게 규정될 수 있으며, 또한 개인적 특성이나 상황에 따라 다르게 이해될 수 있음을 밝히고 있다. 즉, 좋은 수업은 교과 영역과 특성, 학교 급, 수업 주체의 상황 등에 따라서 다양한 정의가 가능하며 그 특성도 다를 수 있다는 것이며, 이는 무엇보다 좋은 수업의 의미를 수업의 효율성보다는 교과의 영역적 특성의 적합성에 두는 것이다.

1990년대 이전의 국내의 수업 연구는 대체로 수업의 효과에 중점을 두었다. 이때 효과는 주로 학습결과 특히 학생들의 학업성취, 태도, 동기 등과 관련하여 논의되었다. 초기의 수업 연구는 학생들의 학업성취, 태도, 동기 등에 영향을 미치는 수업변인 특히 교사의 교수 행동이나 교수 방법 및 전략을 밝히는데 주력하였다(서경혜, 2004). 예를 들어 수업평가 연구도 수업을 영역별로 나누고 각 영역별로 교사가 효과적인 교수방법 및 전략을 이용했는가를 평가하는 것이 일반적이었다.

이처럼 수업에 대한 분절적, 단편적, 행동주의적 접근을 지양하고, 수업을 총체적으로 접근하는 것은 좋은 수업의 의미를 교과에의 적합성에 초점을 두는 것이다. 즉, 좋은 수업의 의미를 연구자의 이론적 정의보다는 현장의 수업 주체들의 교과 영역과 특성, 학교 급, 수업 상황 등에 따른 실제적 인식에 초점을 두는 것이다. 이 책에서는 사회과 수업이라는 교과의 맥락에서 예비교사라는 특성을 배경으로 살펴보았다.

좋은 수업에 관한 국내외 선행 연구가 '좋은 수업', '효과적인 수업', '수업 연구', '수업 평가' '수업 전문성' 등의 맥락에서 이루어진 것처럼, 사회과 좋은 수업에 대한 연구도 이들 주제어를 중심으로 한 연구에서 간접적 혹은 부분적으로 이루어졌다. 교과교육학적인 측면에서 사회과의 좋은 수업에 대한 본격적인 논의는 다음과 같이 매우 제한적으로 이루어지고 있다.

예비교사의 좋은 수업 인식에 관한 국내 연구는 이제 시작 단계에 있다. 이준 · 이성흠(2011)은 교직과정을 이수하고 있는 예비교사를 대상으로 좋은 수업에 대한 인식을 관점과 특징의 두 가지 측면에서 설문 조사하였다. 질문지는 연구대상 예비교사 자신이 초 · 중등교육에서 경험한 일반교과의 좋은 수업과 관련된 특성을 중심으로 구성되었다.

응답한 내용을 분석한 결과에 따르면, 이들 예비교사들의 좋은 수업에 대한 관점은 '전달-관계-구성-결과' 순으로 중요하게 인식하고, 좋은 수업의 특징은 교육내용, 교육방법, 교육환경 및 분위기, 평가의 측면에서 인식하고 있었으며, 이들 네 가지 관점과 네 가지 특징이 동시에 상호 역동적으로 작용하고 있는 것으로 나타났다. 그리고 이 연구에서 적용한 '수업'의 범위가 넓기 때문에 특정 교과의 적용에는 한계가 있으며, 특정 교과영역을 전공하는 예비교사를 중심으로 좋은 수업에 대한 인식 조사가 개별 교과의 예비교사 양성과정에 보다 도움이 될 것이라고 제언하였다.

수업에 대한 예비교사의 인식은 수업을 파악하는 메타인지적 반성을 가능하게 하는 틀이라는 측면에서 특별한 의미를 가진다. 어떤 특성을 가진 수업이 '좋은 수업인가'에 대한 인식은 예비교사들이 교직을 준비하고 교사로 성장하는 과정에서 수업 전문성을 함양하기 위해 습득해야 할 지식과 소양을 예비교사 스스로 지속적으로 점검하고 교정할 수 있도록 하는 하나의 '내적 지침'이 되기 때문이다(Hammerness et al., 2005).

교사가 좋은 수업에 대해 어떤 인식을 가지고 있느냐가 교사의 수업방식과 접근법에 영향을 주고 이것이 다시 학습자의 학습방식에 영향을 줌으로써 궁극적으로 학습의 성과와 직결된다는 결과가 제시되고 있다(Kember and Kwan, 2000). 교육현장에서 좋은 수업을 구체적으로 실현하는 능력은 개별교사의 전 생애과정을 통해서 개발되고 발달되어야 하지만 이에 대한 노력과 교육은 예비교사

양성과정에서 구체화되어야 한다. 엄밀히 말하면, 학생들은 언제나 양질의 수업을 받을 권리가 있으며, 수업은 교사의 시행착오를 실험하거나 수업전문성을 훈련하는 기관은 아니기 때문이다. 더욱이 좋은 수업에 대한 잘못된 선입견을 가진 예비교사의 신념과 인식을 개선하는 데는 많은 시간이 요구되기 때문에(Richardson and Placier, 2001; 이준·이성흠, 2011) 사회과 좋은 수업에 대한 사회과 예비교사들의 깊이 있는 이해와 인식 제고를 위한 노력이 시급하다.

제5장
사회과 예비교사의 좋은 수업에 대한 인식

1. 사회과 예비교사와 공통사회

본 장에서는 지리, 역사, 일반사회교육과 예비교사들의 사회과 좋은 수업에 대한 인식을 조사, 분석하였다. 사회과 예비교사들의 사회과 좋은 수업에 대한 인식은 이들의 사회과 좋은 수업에 대한 이미지와 배경이 되는 직전의 수업경험 그리고 중요하게 생각하는 실천적 지식과 반성에 대한 내용을 중심으로 이루어졌다. 본 장의 내용은 사회과 예비교사들의 사회과 좋은 수업에 대한 인식을 살펴보는 데 있다. 이것은 이들이 사회과 수업을 어떻게 인식해야 하는가를 제시하려는 것이 아니라, 특정한 행위양식으로서의 사회과 수업의 바람직한 양상이 이들에게 어떻게 인식되고 있는가를 살펴보는데 초점이 있다.

본 장의 내용은 2008학년도부터 2010학년도까지 매년 4학년 2학기에 '공통사회과 교재연구 및 지도법'을 이수하고 있는 사회과 예비교사 115명을 대상으로 이루어졌으며, 연구대상 학생들의 통계적인 구성은 표 5-1과 같다. 이들은 국립 사범대학에 재학 중인 학생들로 각각 지리교육, 역사교육, 일반사회교육을 전공하면서, 이른바 '공통사회 교사' 자격증을 취득하기 위해 '공통사회과 교재연구 및 지도법'을 연계전공 필수 과목으로 이수하는 학생들이다.

연구대상 학생들은 해당대학에서 제시한 '공통사회교육전공은 사범대학 역사교육과, 지리교육과, 사회교육과 재학생만 이수'할 수 있고, 연계전공 이수에 필요한 학점은 '3개 학과 과목을 균형 있게 이수' 해야 한다는 규정을 따르고 있으며, 이들을 둘러싼 교육환경에 변화가 없었기에 동질집단으로 고려한다.

'공통사회' 교사 자격은 1997년 교육부의 『교원자격검정령시행규칙』의 개정(교육부령 제701호)에 의거하여 시행된 이래 여러 차례 개정되었다. 개정할 때마다 자격을 취득할 수 있는 전공 및 관련 학부의 범위, 이수 학점, 기본이수과목 또는 분야, 자격증 발부기관, 개설 과정(복수전공 혹은 연계전공) 등에 대한 규정이 변경되었다.

연구대상 학생들 중, 2008학년도 수강생들은 '공통사회과교재연구'와 '공통사회과지도법'을 교직 필수 과목으로 이수하였고, 2009학년도와 2010학년도 수강생들은 2009학년도 입학생부터 적용되는 '교원자격검정령 개정령(대통령령 제20455호, 2007.12.20.)' 등에 의거, '공통사회교재연구 및 지도법'을 전공 필수과목으로 이수하였다. 이들은 모두 2009학년도 이전 입학생들로 전공 및 연계전공 교육과정 등의 교육환경에 특별한 변화가 없는 동질집단이기에 이하에서는 115명을 하나의 모집단으로 분석한다.

표 5-1. 연구대상의 구성

<table>
<tr><th rowspan="2">전공
학년도</th><th colspan="2">지리교육과</th><th colspan="2">역사교육과</th><th colspan="2">일반사회교육과</th><th colspan="2">소계(%)</th><th rowspan="2">계
(%)</th></tr>
<tr><th>여</th><th>남</th><th>여</th><th>남</th><th>여</th><th>남</th><th>여</th><th>남</th></tr>
<tr><td>2008</td><td>8</td><td>8</td><td>7</td><td>6</td><td>8</td><td>5</td><td>23</td><td>19</td><td>42
(36.52)</td></tr>
<tr><td>2009</td><td>9</td><td>5</td><td>11</td><td>8</td><td>8</td><td>3</td><td>28</td><td>16</td><td>44
(38.26)</td></tr>
<tr><td>2010</td><td>6</td><td>3</td><td>8</td><td>5</td><td>3</td><td>4</td><td>17</td><td>12</td><td>29
(25.22)</td></tr>
<tr><td>소계(%)</td><td>23</td><td>16</td><td>26</td><td>19</td><td>19</td><td>12</td><td>68
(59.65)</td><td>47
(40.35)</td><td rowspan="2">115
(100)</td></tr>
<tr><td>계(%)</td><td colspan="2">39
(33.91)</td><td colspan="2">45
(39.13)</td><td colspan="2">31
(26.96)</td><td colspan="2">115
(100)</td></tr>
</table>

본 연구의 자료는 서술형 설문조사와 반구조화된 개별 면담자료이며, 연구자의 참여관찰과 공식적인 집단 면담자료가 보조자료이다. 이들 자료는 일차적 기록의 가치를 지닐 뿐만 아니라 이차적 분석과 해석의 자료로도 활용되었다. 자료의 분석은 근거이론(Grounded theory)의 일차적 코딩단계에서 대표적으로 사용하는 개방코딩(open coding)과 인비보 코딩(in vivo coding) 및 이차적 코딩단계에서 사용되는 축코딩(axial coding)이 순차적이고 동시적이며 반복적으로 진행되는 미시분석의 과정으로 이루어졌다.

개방코딩은 근거이론의 일차적 코딩단계에서 가장 대표적으로 사용되어지는 방법으로, 자료의 근본적이고 무제한적인 코딩을 말한다. 분석자는 텍스트(현장 기록 노트, 번역물, 문헌 등)의 행간을 따라가면서 자유롭게 텍스트의 단위에 범주를 부여하게 된다. 실제로 코드를 설정 및 명명하고 속성을 부여하는 일련의 개방적 절차를 따르는 것이다.

인비보 코딩 또한 근거이론에서 출발한 개념으로 연구자가 텍스트 자체에 코드를 부여하는 코딩 기법이다. 연구자가 인터뷰 내용을 분석할 때, 인터뷰의 참여자가 사용한 용어나 단어(말과 표현) 자체를 그대로 인용하여 코드(명명화)로 지정하는 방법으로 매우 효과적인 코딩 기법이다.

축코딩의 목적은 개방코딩기간 동안에 분해되었던 자료를 재조합하는 과정을 시작하는 것이다. 반드시 순차적인 분석 단계인 것은 아니며, 이름붙이기가 개방코딩과 구별되는 것도 아니다. 축코딩은 분석자가 몇 개의 범주를 가지고 있을 것을 요하지만, 범주가 어떻게 연결될 것인가의 고민은 개방코딩 동안에 시작된다. 축코딩은 범주를 하위범주와 연결시키는 과정이다. 축이라고 불리는 이유는 코딩이 한 범주의 축을 중심으로 일어나며 속성과 차원의 수준에서 범주들을 연결시키기 때문이다.

미시분석이란, 개방코딩과 축코딩의 결합이다. 즉, 미시적 자료의 단어, 문장, 때로는 문단 단위의 분석을 통해 개념과 범주를 생성하고 이들 간의 관계를 발견하기 위해 여러 가지 코딩 유형 사이를 자유로이 이동한다. 미시분석은 연구자가 자료의 구체적 사실을 조사할 것을 요청하며, 면담자는 자신의 체험에 근거한 개념(vivo concepts)을 제공해 줄 수 있기 때문에 미시분석에서 코딩은 역동적이며, 유동적인 과정이다(Strauss and Corbin 저, 신경림 역, 2001).

2. 사회과 좋은 수업에 대한 이미지

예비교사들의 사회과 좋은 수업에 대한 인식을 사회과 좋은 수업에 대한 이미지, 이미지의 배경이 된 수업과 수업 경험, 그리고 사회과 좋은 수업을 위해 예비교사들이 갖추어야 할 실천적 지식의 구체적인 내용과 반성으로 구분하여 조사, 분석한 결과는 표 5-2와 같다.

예비교사들의 사회과 좋은 수업에 대한 이미지는, 교사와 학생의 상호작용이 활발한 수업(33.91%), 학습자 중심의 수업(20.87%), 학생들의 사고력을 길러주는 수업(14.78%), 교사가 반성하고 실천하는 수업(12.17%), 학습자의 실생활에 의미 있는 수업(9.56%), 학생들에게 흥미 있는 수업(6.09%), 통합 사회과를 실천하는 수업(2.61%) 등의 7개 범주 순으로 나타났다.

이들은 교사와 학생의 상호작용이 활발한 수업을 사회과 좋은 수업의 가장 바람직한 모습으로 인식하고 있으며, 학습자 중심의 수업, 학생들이 사고력을 길러주는 수업, 교사가 반성하고 실천하는 수업을 상대적으로 중요하게 인식하는 것으로 나타났다.

표 5-2. 사회과 좋은 수업에 대한 이미지

이미지		소계	계(%)
교사와 학생의 상호작용이 활발한 수업	- 교사와 학생의 상호작용이 활발한 수업	27	39 (33.91)
	- 교사와 학생이 함께 만들어가는 수업	6	
	- 학생과 의사소통이 활발한 수업	2	
	- 교사는 교수, 학생은 학습에 충실한 수업	2	
	- 교사와 학생이 공동 주체가 되는 수업	1	
	- 민주적인 분위기의 수업	1	
학습자 중심의 수업	- 학생들이 능동적인 주체가 되는 수업	8	24 (20.87)
	- 학생들이 자발적으로 참여하는 수업	6	
	- 학생 중심의 탐구식 수업	5	
	- 학생들의 경험을 활용하는 수업	3	
	- 학생들의 토론과 발표가 잘 이뤄지는 수업	1	
	- 학생들의 발달 수준을 고려한 수업	1	
학생들의 사고력을 길러주는 수업	- 학생들의 사고력을 길러 주는 수업	7	17 (14.78)
	- 학생들의 비판적 사고력을 길러주는 수업	3	
	- 문제해결력을 길러주는 수업	2	
	- 세상을 보는 안목을 길러주는 수업	2	
	- 학습자의 잠재 능력을 계발해 주는 수업	2	
	- 학생들의 자율적 학습 능력을 키워 주는 수업	1	
학습자의 실생활에 의미 있는 수업	- 학습자의 실생활에 의미 있는 수업	4	11 (9.56)
	- 학생들의 생활공간에서 나타나는 현상을 이해하는 수업	3	
	- 학생들의 생활공간과 사회에 대해 알게 해 주는 수업	2	
	- 실제 사례 중심의 실용적인 수업	2	
학생들에게 흥미 있는 수업	- 학생들에게 의미 있고 흥미 있는 수업	3	7 (6.09)
	- 학생들의 참여 동기를 유발하는 수업	2	
	- 학생들에게 재미있고 신나는 수업	2	
교사가 반성, 실천하는 수업	- 교사가 반성하고 실천하는 수업	5	14 (12.17)
	- 교사의 전문성이 발휘되는 수업	4	
	- 교사의 수업 준비가 잘 된 수업	2	
	- 교사의 실천적 지식이 잘 발휘되는 수업	1	
	- 다양한 자료를 활용하는 수업	1	
	- 수업이 짜임새 있고 명쾌한 수업	1	
통합 사회과를 실천하는 수업	- 역사·지리·일사가 조화와 균형을 이루는 수업	1	3 (2.61)
	- 사회과에서 목적하는 인간상을 길러 주는 수업	1	
	- 사회과에 최적화된 수업모형을 적용하는 수업	1	
계(%)		115	115 (100)

7개 범주를 수업 주체라는 의미 중심으로 유목화하면, '교사와 학생의 상호작용이 활발한 수업'은 교사-학생 중심의 수업이고, '학습자 중심의 수업 · 학생들의 사고력을 길러주는 수업 · 학습자의 실생활에 의미 있는 수업 · 학생들에게 흥미 있는 수업'은 학습자를 수업의 주체로 인식하는 경우이다. '교사가 반성하고 실천하는 수업'은 교사를 수업의 주체로 인식하는 경우이고, '통합 사회과를 실천하는 수업'은 교과로서의 사회과를 보다 중시하는 관점이라고 할 수 있다. 따라서 이들 예비교사들은 사회과 수업이 보다 좋은 수업이 되기 위해서는 학습자가 수업의 주체가 되어야 한다고 생각하는 경우(51.3%)가 대부분이고, 교사-학생인 경우(33.91), 교사인 경우(12.17%), 사회과 수업 그 자체(2.61)인 경우의 순으로 인식하고 있다고 할 수 있다.

예비교사들의 사회과 좋은 수업에 대한 이미지를 교사의 자질이라는 의미 중심으로 유목화하면, '교사가 반성하고 실천하는 수업'은 교사의 개인적 자질에 초점을 둔 것이고 나머지는 모두 수업 방법, 수업 목적, 수업 내용 등 보다 교과 전문적 자질에 초점을 두고 있다. 즉, 이들 예비교사들은 사회과 수업은 사회과 교사의 개인적 자질보다는 상대적으로 교과 전문적 자질에 의거할 때 보다 좋은 수업이 이루어질 수 있다고 인식하고 있는 것이다.

3. 좋은 수업에 대한 수업경험의 양상

예비교사들의 사회과 좋은 수업에 대한 이미지는 어떤 교과목의 수업을 배경으로 하고 있으며, 이러한 이미지에 영향을 미친 수업 경험은 어떤 것인지를 조사, 분석했다. 그 결과는 각각 표 5-3, 5-4와 같다.

이의 분석은, 내가 생각하는 '사회과 좋은 수업'의 이미지에 대한 이유나 배경을 서술한 내용이 "교사가 주도하는 수업도 어느 정도 효과가 있지만, 학습자가 자발적으로 수업에 참여하고 주도해 나갈 때, 학습자에게 더 의미 있고 효과적이라고 생각하기 때문이다."와 같이 특정 교과나 과목이 드러나지 않는 경우는 '일반적인 수업'으로 분석하였다.

또한 "대학교 4학년인 본인도 수업 중에 발표나 토론하는 것을 꺼려하는데, 사회과 수업에서는 특히 자신의 의견을 가지고 토론하는 것이 중요하다."와 같이 서술한 경우는 '사회과 수업'으로 분류하였지만, 응답 학생이 '일반사회교육과'인 경우는 개별적인 면담을 통해 통합 사회과를 의미하는 '사회과 수업'인지, 일반사회과 수업을 의미하는 '일반사회과 수업' 인지를 재확인 하였다. 본 연구를 진행하는 과정에서는 물론 평소에도 이른바 사회 3과 학생들과의 수업을 통해서 일반사회교육과 학생들이 사회교육과 일반사회교육을 같은 의미로 사용하거나 의도적으로 동일시하고 있는 경우를 일상적으로 경험할 수 있었기 때문이다.

먼저, 이들 예비교사들이 생각하는 사회과 좋은 수업의 실제 맥락(맥락적 배경)이 되는 수업은 일반적인 수업(54.78%), 사회과 수업(19.13%), 역사과 수업(11.30%), 지리과 수업(7.83%), 일반사회과 수업(6.96%)의 5개 범주 순으로 나타났다. 대부분의 예비교사들은 일반적인 수업, 즉 특정 교과목의 맥락이 아닌 수업 일반의 관점에서 사회과 좋은 수업의 이미지를 제시하고 있는 것으로 나타났다.

표 5-3. 사회과 좋은 수업에 대한 이미지의 배경 수업

배경 수업 \ 전공	지리교육	역사교육	일반사회교육	계(%)
일반적인 수업	23 (58.97)	21 (46.67)	19 (61.29)	63 (54.78)
사회과 수업	7 (17.95)	11 (24.44)	4 (12.90)	22 (19.13)
역사과 수업	.	13 (28.89)	.	13 (11.30)
지리과 수업	9 (23.08)	.	.	9 (7.83)
일반사회과 수업	.	.	8 (25.81)	8 (6.96)
계(%)	39 (100)	45 (100)	31 (100)	115명 (100)

이들 예비교사들은 공통적으로 일반적인 수업, 사회과 수업, 각 전공 교과의 수업이라는 3가지 범주에서 사회과 좋은 수업의 이미지를 표상하고 있으며, 그 비중은 각 전공 모두 일반적인 수업 → 전공 교과 수업 → 사회과 수업의 순으로 나타났다.

따라서 사회과 예비교사들은 사회과 좋은 수업에 대한 이미지를 사회과 수업이라는 영역특수적이고 구체적인 맥락보다는 수업 일반의 간접적이고 일반적인 맥락에서 인식하고 있다고 할 수 있다. 뿐만 아니라 사회과라는 한 교과의 수업을 일반적인 수업, 사회과 수업, 각 전공 교과 수업의 3가지 맥락에서 그 이미지를 표상하고 있으며, 이 중에서도 사회과 수업에 근거하고 있는 비중은 가장 낮게 나타났다.

다음으로 예비교사들의 사회과 좋은 수업에 대한 이미지 형성에 영향을 미친 수업 경험은 대학생으로서의 수업 경험(36.52%), 교육실습생으로서의 수업 경험(28.70%), 고등학생으로서의 수업 경험(25.22%), 중학생으로서의 수업 경험(8.70%), 초등학생으로서의 수업 경험(0.87%)의 5개 범주 순으로 나타났다. 대학생으로서의 수업 경험이 가장 높은 비중으로 나타났고, 교육실습생으로서의 수업 경험과 고등학생으로서의 수업 경험(25.22%)의 비중이 상대적으로 높게 나타났다.

표 5-4. 사회과 좋은 수업 이미지 형성에 영향을 준 수업 경험

<table>
<tr><th rowspan="2">전공
수업 경험</th><th colspan="2">지리교육</th><th colspan="2">역사교육</th><th colspan="2">일반사회교육</th><th colspan="2" rowspan="2">계(%)</th></tr>
<tr><th>여</th><th>남</th><th>여</th><th>남</th><th>여</th><th>남</th></tr>
<tr><td>초등학생으로서의 수업 경험</td><td>1</td><td>·</td><td>·</td><td>·</td><td>·</td><td>·</td><td>1
(0.87)</td><td rowspan="4">82
(71.30)</td></tr>
<tr><td>중학생으로서의 수업 경험</td><td>3</td><td>1</td><td>4</td><td>·</td><td>1</td><td>1</td><td>10
(8.70)</td></tr>
<tr><td>고등학생으로서의 수업 경험</td><td>5</td><td>5</td><td>10</td><td>4</td><td>3</td><td>2</td><td>29
(25.22)</td></tr>
<tr><td>대학생으로서의 수업 경험</td><td>11</td><td>3</td><td>6</td><td>7</td><td>11</td><td>4</td><td>42
(36.52)</td></tr>
<tr><td>교육실습생으로서의 수업 경험</td><td>3</td><td>7</td><td>6</td><td>8</td><td>4</td><td>5</td><td colspan="2">33
(28.70)</td></tr>
<tr><td>계(%)</td><td>23</td><td>16</td><td>26</td><td>19</td><td>19</td><td>12</td><td colspan="2">115
(100)</td></tr>
</table>

예비교사들의 사회과 좋은 수업에 대한 이미지 형성에 영향을 미친 수업 경험은 남녀 성별로 약간의 차이가 나타났다. 즉, 여학생들의 경우에는 대학생으로서의 수업경험에서 매우 큰 영향을 받았고 교육실습생으로서의 수업 경험과 고등학생으로서의 수업 경험에서 비슷한 비중으로 영향을 받은 것으로 나타났다. 반면에 남학생들의 경우에는 교육실습생으로의 수업 경험에서 매우 큰 영향을 받았고 대학생으로서의 수업 경험과 고등학생으로서의 수업 경험에서 비슷한 비중의 영향을 받은 것으로 나타났다(그림 5-1).

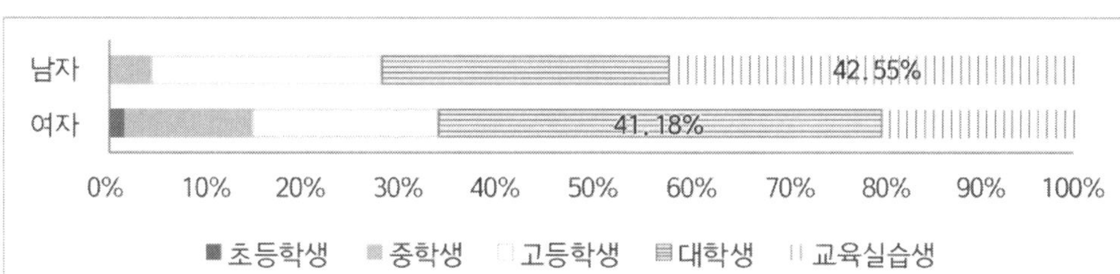

그림 5-1. 수업 경험의 성별 차이

따라서 예비교사들의 사회과 좋은 수업의 이미지에 영향을 준 수업 경험은 학습자로서의 수업 경험(71.30%)이 교수자로서의 수업 경험(28.70%)보다는 큰 영향을 미치고 있으며, 대학생으로서의 수업 경험과 교육실습생으로서의 수업 경험과 같은 현재와 직전의 수업 경험(65.22%)이 과거의 경험

(34.79%)보다는 상대적으로 큰 영향을 미치고 있음을 알 수 있다. 그리고 여학생들은 대학생으로서의 수업 경험에서 보다 큰 영향을 받았고, 남학생들은 교육실습생으로서의 수업 경험에서 보다 큰 영향을 받은 것으로 나타났다.

4. 실천적 지식과 반성에 대한 인식

반성과 실천 즉 교사 스스로의 반성을 통한 실천이자 실천을 수반한 반성을 토대로 한 실천적 지식은 교사의 수업 전문성 개발의 핵심 개념으로 논의되고 있다. 이에 예비교사들이 사회과 좋은 수업을 실행하기 위해서 중요하다고 생각하는 실천적 지식은 무엇이며 어느 단계의 반성이 중요하다고 생각하고 있는지 조사, 분석해 보았다. 그 결과는 각각 표 5-5, 5-6과 같다.

표 5-5. 사회과 교사가 갖추어야 할 실천적 지식

전공 / 실천적 지식의 내용	지리교육		역사교육		일반사회교육		계(%)
	여	남	여	남	여	남	
교과내용에 대한 지식	12	6	14	8	7	5	52 (45.22)
교수에 대한 지식	8	6	8	9	8	6	45 (39.13)
학습자에 대한 지식	2	2	1	1	2	1	9 (7.83)
교사 자신에 대한 지식	·	1	1	·	1	·	3 (2.61)
교과교육의 목적 및 가치에 대한 지식	1	·	1	1	·	·	3 (2.61)
교육과정에 대한 지식	·	1	1	·	·	·	2 (1.74)
교수-학습 환경에 대한 지식	·	·	·	·	1	·	1 (0.87)
계(%)	23	16	26	19	19	12	115 (100)

먼저, 예비교사들이 사회과 좋은 수업을 위해서 교사가 갖추어야 한다고 생각하는 실천적 지식의 내용은, 교과내용에 대한 지식(45.22%), 교수에 대한 지식(39.13%), 학습자에 대한 지식(7.83%), 교사자신에 대한 지식(83%)%), 교과교육의 목적 및 가치에 대한 지식(83%)%), 교육과정에 대한 지식(1.74%), 교수-학습 환경에 대한 지식(0.87%) 등의 7가지 내용 순으로 나타났으며, 실천적 지식의 초점은 교과내용에 대한 지식과 교수내용지식에 특히 집중되어 있다.

이들 예비교사는 교과내용에 대한 지식과 교수에 대한 지식을 매우 중요한 실천적 지식으로 인식하고 있는 것으로 나타났지만, 이들 실천적 지식에 대한 전공별, 성별 인식에는 약간의 차이가 있었다. 즉, 지리교육과 역사교육 전공 학생들은 교과내용에 대한 지식을 교수에 대한 지식보다 상대적으로 중요한 실천적 지식으로 인식하고 있지만, 일반사회교육 전공 학생들은 교수에 대한 지식을 보다 더 중요하게 인식하는 것으로 나타났다(그림 5-2). 또한 여학생들은 교과내용에 대한 지식을 특히 중요한 것으로 인식하고 있는 반면에 남학생들은 교수에 대한 지식을 보다 중요하게 인식하는 것으로 나타났다(그림 5-3).

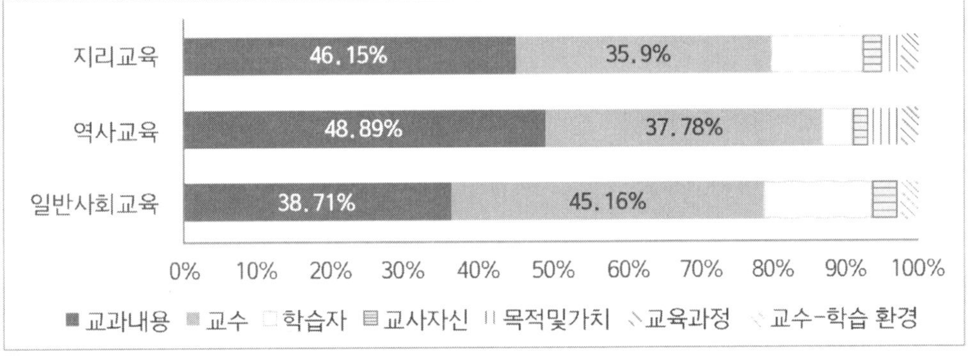

그림 5-2. 실천적 지식에 대한 전공별 차이

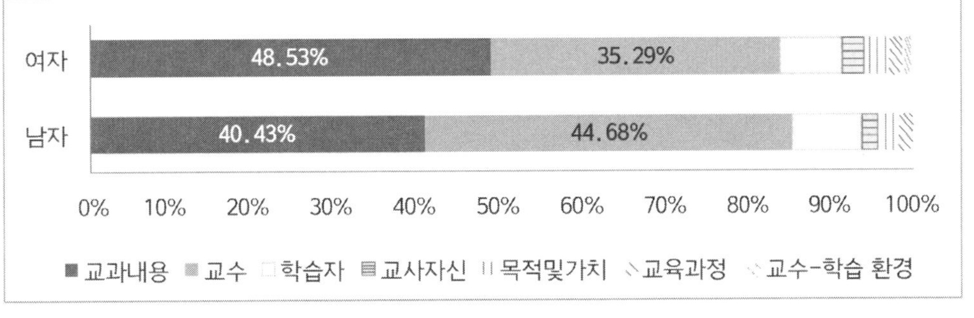

그림 5-3. 실천적 지식에 대한 성별 차이

다음으로, 사회과 예비교사들은 좋은 수업을 실현하기 위해서 중요하다고 생각하는 실천 중 반성은 수업 후 반성(53.91%), 수업 중 반성(34.78%), 수업 전 반성(11.30%)의 순으로 나타났으며, 각 전공 모두 수업 후 반성을 가장 중요한 반성의 단계로 인식하였다(표 5-6).

표 5-6. 실천 중 반성에 대한 인식

반성의 단계		소계(%)	계(%)
수업 전 반성	수업 직전 반성으로, 수업에 실질적인 영향을 줄 수 있다.	5(4.35)	13 (11.30)
	체계적인 수업실행에 영향을 준다.	3(2.61)	
	학생들에게 '좋은 수업'을 실행하는데 직접적으로 영향을 줄 수 있다.	3(2.61)	
	과거 수업을 반성하고 개선할 수 있다.	2(1.74)	
수업 중 반성	실제적, 즉각적인 반성과 실천이 가능하다.	15(13.04)	40 (34.78)
	학생들의 학습, 반응, 돌발적 상황 등에 역동적으로 영향을 줄 수 있다.	12(10.43)	
	실제 수업에서 이루어지는 반성이다.	9(7.83)	
	교사의 실천적 지식 형성에 가장 큰 영향을 줄 수 있다.	4(3.48)	
수업 후 반성	다음 수업의 준비와 실천에 반영할 수 있다.	18(15.65)	62 (53.91)
	수업 전후에 걸친 종합적 평가와 체계적 반성이 이루어진다.	16(13.91)	
	자신의 실제 수업 경험을 바탕으로 진정한 반성이 이루어진다.	10(8.70)	
	수업 회상과 진지한 반성적 고찰을 할 수 있는 시간적 여유가 있다.	7(6.09)	
	교사의 교수와 학생의 학습 모두에 대한 체계적인 반성이 가능하다.	7(6.09)	
	교사가 담당하는 여러 학급의 다양한 상황에 근거한 반성이 가능하다.	2(1.74)	
	실천적 지식을 바탕으로 한 반성이다.	2(1.74)	
계(%)		115명(100)	

가장 중요하다고 생각하는 수업 후 반성은 '다음 수업의 준비와 실천에 반영할 수 있으며, 수업 전후에 걸친 종합적 평가와 체계적 반성이 이루어질 수 있기 때문에' 특히 중요하며, '자신의 실제 수업 경험을 바탕으로 진정한 반성이 가능할 뿐만 아니라, 교수와 학습 모두에 대한 체계적인 반성과 학급의 다양한 상황에 근거한 실천적 반성'이라는 이유에서 가장 중요하고 의미 있는 반성으로 인식하였다.

수업 중 반성은 '실제적이고 즉각적인 반성과 실천이 가능하고, 학생들의 학습과 반응 및 돌발적인 상황 등에 역동적으로 영향을 줄 수 있고, 실제 수업의 맥락에서 이루어지는' 반성이라는 점에서 특히 중요하며, '교사의 실천적 지식 형성에 가장 큰 영향을 주는 수업 중 실천적 지식'이라는 점에서 중요한 것으로 인식하였다. 수업 전 반성은, '수업 직전의 반성으로 수업에 실질적으로 영향을 줄 수 있으며, 체계적인 수업 실행과 좋은 수업의 실행에 직접적으로 영향을 줄 수 있고, 과거 수업을 반성하고 개선할 수 있기 때문에' 중요한 것으로 인식하였다.

15개 하위 항목을 중심으로 반성이라는 맥락적 측면에서 이들 예비교사들이 특히 중요하게 생각하는 것은 "다음 수업의 준비와 실천에 반영할 수 있는가?, 수업 전후에 걸친 종합적 평가와 체계적 반성이 이루어질 수 있는가?, 실제적이고 즉각적인 반성과 실천이 가능한가?, 학생들의 학습, 반응, 돌발적 상황 등에 역동적으로 영향을 줄 수 있는가?"에 반성의 중요한 의미를 부여하고 있음을 알 수 있다.

5. 사회과 예비교사의 좋은 수업에 대한 인식 특성

좋은 수업에 대한 예비교사의 인식은 교사양성과정에서 본인의 수업전문성을 점검하는 스스로의 지침이 될 수 있으며, 교사교육을 위한 교육과정 개발과 현장지도를 위한 기초자료로 활용될 수 있다(이준 · 이성흠, 2011). 사회과 예비교사들의 사회과 좋은 수업에 대한 이미지와 이미지의 배경이 되는 수업과 이미지 형성에 영향을 준 수업 경험, 실천적 지식과 반성에 대한 인식 특성은 다섯 가지로 정리할 수 있으며, 이에 대해 논의하면 다음과 같다.

① 사회과 좋은 수업은 교사와 학생의 상호작용이 활발한 수업이다.

예비교사들의 사회과 좋은 수업에 대한 가장 대표적인 이미지는 교사와 학생의 상호작용이 활발한 수업이고, 전체적인 이미지는 학습자 중심의 수업을 통해 교사와 학생의 상호작용이 활발하게 이루어지도록, 교사가 반성하고 실천하는 수업으로 정리할 수 있다. 이들 예비교사의 사회과 좋은 수업에 대한 이미지를 분석하면, 무엇보다 학습자가 수업의 주체가 되는 학습자 중심의 수업과 사회과 교사의 개인적 자질보다는 보다 교과 전문적인 자질을 중시한다는 점이다.

이들이 생각하는 학습자 중심의 수업이란, 학습자 중심으로, 학생들의 사고력을 길러주며, 학습자의 실생활에 의미 있고, 학생들에게 흥미 있는 수업으로 이루어지는 수업이다. 말 그대로 '학습자에 의한, 학습자를 위한, 학습자의 수업'을 바탕으로 한 인식이다. 이러한 인식은 구성주의에 근거한 보다 종합적, 맥락적, 실천적 인식이라고 할 수 있다.

최근 국내에서 이루어진 좋은 수업과 관련한 연구들은 주로 "좋은 수업의 의미는 사회 · 문화적 집단 구성원들에 따라 그 의미가 달리 규정될 수 있다."는 입장을 취하고 있다. 즉, 수업을 보다 총체적이고 종합적으로 이해하고자 하며, 보다 구체적이고 실천적인 방안을 대안으로 제시하고 있다. 나아가 좋은 수업의 의미는 '도구적, 수단적 측면에서보다는 구조적, 내재적 측면에서, 가르치고 배우는 활동의 구조와 특징을 중심으로, 수업 활동의 두 축인 교사의 가르치는 활동, 학생의 배우는 활동, 그리고 교사와 학생 간의 상호작용 활동을 모두 포함하는 방식'으로 규정되고 있다(김재춘 · 변효종, 2005).

국내외 좋은 수업과 관련된 최근의 연구들은 교육 이론과 실천 양쪽 모두에 있어 구성주의를 바탕으로 하고 있으며, 학습과 교수에 대한 이해가 심화되면서, 좋은 수업에 대한 관점에도 큰 변화가 일어났다. 대부분의 연구들은 교사와 학생의 상호작용 혹은 교수와 학습의 상호작용과 학습자 중심의 수업을 강조한다.

예를 들어, 좋은 수업이란 '학습자가 수업에서 흥미를 느끼고 교육적으로 의미가 있는 학습경험을 제공해 주며, 교사와 학습자 간의 충실한 상호작용이 일어나 교수 · 학습의 효율을 극대화하는 수업(김주훈 외, 2003)', '교육적 사태 속에서 일어나는 상호작용 활동을 통해 학생들의 경험의 의미를 확대시켜 줄 수 있는 수업'(김재춘 · 변효종, 2005)으로 규정되고 있다. 그리고 좋은 수업에 대한 연구들은 학생의 흥미와 관심, 학생의 자기주도적 학습, 학생들의 능동적인 지식구성 활동 등을 공통적으로 강조한다(서경혜, 2004). 국외의 연구로 자주 논의되는 Zemelman 등(1998)의 연구에서도 좋은 수업은, 궁극적으로 학생들에게 의미 있는 학습을 지원하는 수업이다.

미국의 국가과학교육표준의 과학 교수 표준(science teaching standard)이 권장하는 내용도 '학생 개개인의 흥미, 감정, 경험, 필요의 이해, 학생들의 과학 지식, 아이디어, 탐구 과정 이해와 활용, 학생들의 능동적이고 확장된 과학 탐구에의 참여, 학생들의 토의와 토론 기회 제공, 학생들의 이해에 대한 지속적으로 평가' 등 이다(NRC., 1996, 52; 김찬종, 2009).

Shulman(1986, 1987) 이후 많은 학자들에 의해 교수내용지식은 재정의 되거나 확장되고 있는데, 보다 포괄적인 관점에서 교수내용지식의 기반 지식 목록을 제시하고 있는 Tunner-Bisset(1999, 43)은 대학원에 재학 중인 초등 교사들로부터 '교수를 위한 지식기반(knowledge bases for teaching)' 11개를 도출하였으며 다음과 같다. 그리고 이들 모두를 포괄하는 개념으로 교수내용지식(pedagogical content knowledge)을 제시하였다. 여기서 '학습자와 그들의 특성에 대한 지식'은 '학습자의 인지적 특성에 대한 지식'과 '학습자의 일반적 특성에 대한 지식'으로 세분되고 확장된다.

- 독립적인 교과내용지식(substantive subject knowledge)
- 과정적인 교과내용지식(syntactic subject knowledge)
- 교과에 대한 신념(beliefs about the subject)
- 교육과정 지식(curriculum knowledge)
- 일반 교육학적 지식(general pedagogical knowledge)

- 수업모형에 대한 지식(knowledge/models of teaching)
- 학습자의 인지적 특성에 대한 지식(knowledge of learners : cognitive)
- 학습자의 경험적 특성에 대한 지식(knowledge of learners : empirical)
- 자신에 대한 지식(knowledge of self)
- 교육적 맥락에 대한 지식(knowledge of educational contexts)
- 교육 목적에 대한 지식(knowledge of educational ends)

수학과 예비교사들의 '학생에 대한 지식'을 연구한 Kilic(2010)은 현재의 예비교사 양성과정의 교육과정에서는 교과내용에 대한 지식과 교육학적 지식에 큰 비중을 두고 있는데, 학생에 대한 지식도 이들 만큼이나 중요한 지식이라고 강조한다. 나아가 교사에게는 학습자 인지에 대한 지식이 학습에 대한 이론적 지식보다 훨씬 더 가치가 있다는 설명도 계속된다(Fennema & Franke, 1992; Stump, 2001).

② 사회과 좋은 수업의 맥락적 배경은 일반적인 수업이다.

예비교사들이 생각하는 사회과 좋은 수업의 맥락적 배경이 되는 수업은 일반적인 수업이었으며, 사회과 수업의 비중은 상대적으로 낮게 나타났다. 이것은 연구대상 예비교사들이 사회과 수업에 대한 이미지를 사회과 수업이라는 영역특수적이고 구체적인 맥락보다는 교과 일반의 간접적이고 포괄적인 맥락에서 인식하고 있음을 나타내는 것이다.

이렇게 예비교사들이 일반적인 수업의 맥락에서 사회과 좋은 수업의 모습을 제시하고 있는 것은, 사회과다운 수업의 모습이 어떤 것인지를 경험할 수 있는 기회가 없다는 점에서 비롯된 것이다. 교과교육학적인 관점에서 이러한 인식의 문제점은 사범대학과 같은 교원양성기관에 입학한 이후에도 교수자를 통하여 전공 교과에 대한 좋은 수업의 모형을 경험하기가 어려운 실정(노명완, 2007)이라는 일반적인 문제점을 지적할 수도 있지만, 사회과만의 보다 근본적이고 구조적인 문제에서 비롯된 것이다.

주지하다시피, 현행 사회과는 영역 특성이 매우 독특하고 체제를 달리하는 광범위한 학문 영역들이 교과내용지식의 기반을 이루고 있다. 우리나라 사회과에 많은 영향을 미치고 있는 미국의 NCSS (사회과 교육 전국 협의회)에서 제시하는 사회과 교사자질 영역 중에서 전공지식 분야에서는 "초·중등 사회과 교사들은 적어도 사회과학의 세 가지 일반적 범주 중 하나 혹은 그 이상의 학문의 탐구모형과 학문 내용을 이해하고 있어야 한다. 세 가지 일반적 범주는 공관적(synoptic), 체제적

(systematic), 총체적(holistic) 학문으로 구성된다. 공관적 학문에는 역사학과 지리학이 있고, 체제적 학문에는 경제학과 정치학이 있고, 총체적 학문에는 사회학, 인류학, 사회심리학이 있다."를 제시하고 있다(NCSS, 1971; 이종일 2000).

사회과라는 교과를 담당할 교사의 전문지식을 세 가지 일반적 범주 중에서 하나 혹은 그 이상의 학문 탐구모형과 학문 내용을 이해하고 있어야 한다고 제안하는 상황도 사회과 교사의 수업전문성과 사회과다움을 처음부터 실현 불가능한 것으로 단언한 것이다. 나아가 이와 같이 사회과 교사가 갖추어야 할 전문지식, 즉 교과내용지식은 사회과학이라는 범주 틀의 보다 상위 범주인 인문학, 자연과학, 사회과학적 학문이 그 기반이다. 이러한 학문적 기반을 한 사람의 사회과 교사가 교과내용지식으로 갖춘다고 하는 것은 이론적, 실제적으로 불가능한 사실이라는 점에서 사회과 교사의 수업전문성을 논의하는 것은 양비론(兩非論), 양시론(兩是論) 측면 모두에서 무의미하다고 할 수 있다.

더욱이 우리나라의 사회과는 교수요목기 이후 이른바 '사회과'를 지향하는 교육과정의 통합을 현재까지 계속하고 있지만 질곡의 역사만 거듭되고 있을 뿐이다. 분명한 것은 '사회과다운' 수업은 실재하지 않는다는 것이다. 이 문제에 대해 강대현(2005)은 사회과 목표 및 내용에 대한 이해 방식이 여러 갈래이기 때문이라고 설명한다. 즉, 사회과 교사가 사회과를 가르치면서 왜 가르치는지에 대한 확고한 신념이나 목표의식을 가지고 그 무엇인가를 노력해야 함에도 불구하고 사회과 교사는 '사회과 목표 및 내용'에 대한 충분한 이해나 명료한 이해가 근본적으로 어렵다는 것이다.

차현정(2011)에 의하면, 실제 교실에서 사회과 수업을 '교사로서 경험'한 초등학교 교사들의 실행적 인식은 매우 부정적이다. 부정적 인식의 핵심은 당연히 타 교과와 구분되는 사회과만의 특성 즉 '사회과다움'에 대한 이해 부족과 이해하기 어려운 구조적 특성이다.

이를 테면, 교사들은 사회과라는 교과목 내에 그 영역적 특성이 서로 다른 내용들에 대한 양적 부담과 함께 각 하위 영역 내용 특성을 잘 알기 어려울 뿐만 아니라, 각각의 학문 영역 특성에 따른 최적의 지도법도 알기가 어렵다. 또한 학습 자료를 학습자 수준은 물론 지역 수준에 맞게 재구성하기가 어렵고 번거로움 때문에 초등학교 교사들은 다른 교과에 비해 사회과 지도가 싫고, 어렵고, 재미없고, 번거롭다고 인식하고 있다는 것이다.

중등학교 사회과의 경우도 마찬가지이다. 마찬가지로 사범대학에서 이른바 공통사회 전공과정을 이수하고 있는 중등 사회과 예비교사들의 인식을 조사한 김유리(2004)에 의하면 조사대상 예비교사들의 자신의 전공영역 이외의 영역을 비전공영역으로 인식하고 있으며, 대부분이 사회과 교사로서의 정체성을 형성하지 못하고 있을 뿐만 아니라, 공통사회를 지도할 자신감이 없고 오히려 두려움을 느끼고 있는 것으로 나타났다.

게다가 사회과 예비교사들은 교원양성대학에 진학하기 이전에 사회과 교과목을 거의 이수하지 않거나 대학 입학에 필요한 최소한의 교과목만을 이수하고, 대학 입학 후에도 사회과 관련 과목을 최소한으로 선택하기 때문에, '사회과다움'에 대한 이해나 경험은 근본적으로 어렵다. 사회과의 핵심 과목 중의 하나인 지리의 경우를 예를 들면, 고등학교에서 지리를 이수하지 않고 대학에서도 전혀 지리학을 공부하지 않은 채, 중학교에서 사회과의 한 분야로 지리를 경험한 교사가 대량으로 사회과 교사가 되는 극단적인 상황이 현재 우리나라 사회과에서 진행되고 있다.

이렇게 예비교사들이 일반적인 수업의 맥락에서 사회과 좋은 수업의 모습을 제시하고 있는 것은, 관념적 인식이나 실행적 인식 양자 모두에서 사회과다운 수업의 모습을 이해하거나 경험할 수 있는 기회가 없다는 점에서 비롯된 것이다.

③ 대학생으로서의 수업 경험이 좋은 수업 이미지 형성에 가장 큰 영향을 주었다.

사회과 예비교사들의 좋은 수업에 대한 이미지 형성에 영향을 미친 수업 경험은 대학생으로서의 수업 경험이 가장 높은 비중으로 나타났고 교육실습생으로서의 수업 경험과 고등학생으로서의 수업 경험이 상대적으로 높게 나타났다. 이를 통해 예비교사들의 사회과 좋은 수업의 이미지에는 현재와 직전의 수업 경험과 학습자로서의 수업 경험이 보다 큰 영향을 미치며, 여학생들은 대학생으로서의 수업 경험에서, 남학생들은 교육실습생으로서의 수업 경험에서 보다 큰 영향을 받았음을 알 수 있다.

예비교사의 수업에 대한 인식은 일반적인 교수・학습 원리에 대한 과학적 이해에 기초하기보다는 초・중등학교의 교육을 포함하여 교육을 받은 학생으로서의 본인의 오랜 경험에 기초한 피상적인 이해에 머무는 경향이 있다(이준・이성흠, 2011). 사회과 예비교사들의 학습자로서의 수업 경험은 주로 부정적 경험이었으며, 이러한 자신의 수업 경험에서 피상적으로 이해한 문제점을 해결하는 수업 모습을 사회과 좋은 수업의 이미지로 제시하는 경우가 많았다. 반구조화된 집단면담에서도 이를 확인할 수 있었으며, 이에 대한 응답 사례를 제시하면 다음과 같다.

> "중학교 때 경험한 사회수업은 교사-학생 간 상호작용이 전혀 이뤄지지 않는 수업이었다. 선생님은 교과서에서 한 시간 동안 가르칠 부분을 한 번 읽어준 후에 교사용 지도서에 있는 내용을 칠판에 판서하여 학생들이 받아 적도록 했는데, 작은 시골학교에서 그 선생님에게 2년 동안 같은 수업이 반복되었다." (2008, 지리교육전공, 여학생).

> "내 경험에 전통적인 교사의 역할과 전통적인 학습자의 역할은 물과 기름의 관계였다." (2008, 역사교육, 남학생).

"학창시절이나 최근의 교생실습 때를 생각해 볼 때, 교사활동이 중심이 되는 수업은 학생들을 수동적으로 만들뿐 아니라 사고력을 키워낼 수 없었다고 생각된다. 교사는 물론 교과내용을 학생들에게 잘 가르쳐야 하는 게 최우선이지만, 교육의 주체로서 학생을 고려하지 않는 수업은 좋은 수업이라 생각하지 않는다." (2009, 역사교육, 여학생).

"대학교 4학년인 본인도 수업 중에 발표나 토론하는 걸 꺼려하지만, 사회과 수업에서는 특히 자신의 의견을 가지고 토론하는 것이 중요하다. 그렇기 때문에 일찍부터 이러한 것이 습관이 된다면, 학생들이 살아가는데 실질적인 도움이 될 것이다." (2009, 일반사회교육, 여학생).

"학창시절에 비추어 볼 때 교실은 교육의 장이라는 느낌보다는 교사는 교과서의 지식을 말하고, 학생들에게는 침묵이 요구되어지는 소통이 불가능한 삭막한 공간이었다." (2010, 역사교육, 남학생).

여학생들은 대학생으로서의 수업 경험에서, 남학생들은 교육실습생으로서의 수업 경험에서 보다 큰 영향을 받은 것으로 성별 차이가 있었지만, 교육실습을 통해 학습자에 대한 이해 혹은 학습자에 대한 지식의 중요성을 실제로 경험하였다는 점은 공통점으로 나타났다. 이점 역시 반 구조화된 집단면담에서도 이를 확인할 수 있었으며, 이에 대한 응답 사례를 제시하면 다음과 같다.

"교생 실습 때 실제로 수업을 해 본 결과, 일방적인 전달식 수업보다는 학생에게 학습 기회를 제공하고 학생들이 스스로 구성해 나가게 하는 것이 더 낫다는 것을 느꼈다." (2008, 지리교육, 남학생).

"실습을 나가보니 학생들은 수업에 관심조차 없었으며, 학교 교육을 불신하는 태도를 많이 보았다. 따라서 학생들에게 일단 관심 있고 흥미 있는 수업을 진행해야 한다고 생각하였다." (2009, 역사교육, 남학생).

"실제 교생실습에서도 느낀 것이지만, 학생들이 수학이나 영어보다도 사회에 대해 어렵다거나 재미없다고 느끼는 경우가 많았다. 어찌 보면 사회라는 과목이 학생들의 실생활과 가장 밀접한 관련을 맺고 있음에도 불구하고 아이러니한 현실이다. 학생들이 '사회'라는 과목에 거부감을 갖지 않는 친근한 수업이 좋은 수업이다." (2009, 사회교육, 남학생).

"교사의 일방적인 전달과 학생들의 수용만으로 이뤄지는 수업을 참관했을 때 학생들이 매우 지루해 하는 것을 알았다. 학습자의 흥미와 동기유발이 학습자의 능동적인 학습으로 이뤄지는데, 이것은 교수자와 학습자 간의 상호작용이 없으면 불가능하다고 생각한다." (2009, 지리교육, 남학생).

"실습 때 학교 현장의 사회과 수업은 학습자의 인지발달을 고려한 계열적인 수업이 진행되지 않고 계속 반복적 학습이 이루어져 저학년은 개념이해 어려움을 고학년은 지루함을 느끼게 되어 흥미를 떨어뜨리고 있었다." (2010, 지리교육, 여학생).

Ng 등(2010)의 연구 결과에 의하면, 예비교사들은 카리스마를 통한 수업 장악과 학생들과의 관계 형성을 통해서 교사의 좋은 수업을 위한 전문적 기술은 발달한다는 신념을 가지고 있다. 이러한 예비교사들의 좋은 수업에 대한 신념은 첫 번째 수업실습 경험 이후에는 학습자들에 대한 관심이나 초점이 곧바로 예비교사 '자신'에게로 그 초점이 옮겨가는 변화가 나타난다고 한다. 이러한 현상은 학습자에 대한 이해나 지식의 필요성을 실제 맥락에서 경험하게 되면, "교사로서의 나는 무엇을 어떻게 해야 하는가?" 혹은 "교사로서 나는 학습자에 대해 무엇을 얼마나 알고 있는가?" 등 또 다른 메타인지적 자각의 시작이라고 할 수 있다.

교과내용에 대한 지식에 대한 지식은 수업에 대한 학문적 차원을 보다 강조하는 지식이라면, 학습자에 대한 지식이나 교사 자신에 대한 지식은 수업을 잘 하는 이른바 좋은 교사들의 수업에서 나타나는 개인적, 사회적, 정서적 특성들에 기반한 지식들이다(Ng et al., 2010). 이러한 특성들의 실제적 이해는 교사로서의 수업 경험이 결정적이라는 점에서 예비교사들의 교육실습에 대한 제도적 정비가 시급하다.

④ 교과내용에 대한 지식과 교수에 대한 지식이 특히 중요한 실천적 지식이다.

예비교사들이 사회과의 좋은 수업을 위해서 중요하다고 생각하는 실천적 지식의 내용은 7가지로 비교적 포괄적으로 나타났으며, 실천적 지식의 초점은 교과내용에 대한 지식과 교수에 대한 지식에 특히 집중되어 있다.

지금까지 실천적 지식이나 교수내용지식의 관점에서 이들을 구분하는 범주나 구성 요소를 제시한 주요 논의들을 비교하여 실천적 지식의 내용으로 정리하면, 교과 교육의 목적 및 가치에 대한 지식, 교육 과정에 대한 지식, 교과 내용에 대한 지식, 교수에 대한 지식, 교사 자신에 대한 지식, 학습자에 대한 지식, 교수-학습 환경에 대한 지식, 교수-학습 과정에 대한 지식, 일반 교육학적 지식의 9가지로 정리할 수 있지만(강창숙, 2007b), Tunner-Bisset(1999)의 사례처럼 더 세분하여 확장하는 경우도 많다.

예비교사들이 제시한 실천적 지식의 내용 범주가 7가지라는 사실은 이들의 교수자로서의 경험이 지극히 제한적이고 일시적이었다는 점을 고려하면 이론적 이해의 범주는 다소 포괄적이라 할 수 있지만, 사회과 수업을 위해 교사가 갖추어야 할 지식에 대한 이들의 시각은 교과내용에 대한 지식과 교수에 대한 지식에 치중되어 있어 제한적이라고 할 수 있다.

사회과 예비교사들은 교과내용에 대한 지식과 교수에 대한 지식을 매우 중요한 실천적 지식으로 인식하고 있는 것으로 나타났지만, 학습자에 대한 지식을 세 번째로 중요한 지식으로 인식하고 있다는 것은 구성주의에 기반을 둔 최근의 인식을 잘 드러낸다고 할 수 있다. 이들의 실천적 지식에 대한 전공별, 성별 인식에는 약간의 차이가 나타났다. 즉, 지리교육과 역사교육 전공 학생들은 교과내용에 대한 지식을 교수에 대한 지식보다 상대적으로 중요한 실천적 지식으로 인식하고 있지만, 일반 사회교육 전공 학생들은 교수에 대한 지식을 보다 더 중요하게 인식하는 것으로 나타났다. 또한 여학생들은 교과내용에 대한 지식을 특히 중요한 것으로 인식하고 있는 반면에 남학생들은 교수에 대한 지식을 보다 중요하게 인식하는 것으로 나타났다.

이러한 인식은 연구대상 예비교사들의 교육과정이 교과 내용학과 일반 교육학에 많은 비중을 두고 있다는 점을 드러내는 것이고, 그럼에도 불구하고 교육실습을 통한 교수자로서의 경험과 교과교육학 수업을 통해 예비교사가 갖추어야 할 지식 기반에 대해서는 이론적으로 잘 이해하고 있으며, 이와 함께 이른바 사회 3과의 각기 다른 영역적 특성도 반영되고 있음을 나타내는 것이라 할 수 있다.

교과내용에 대한 지식은 보다 독립성이 강한 지식이고 교수에 대한 지식은 보다 과정적 성격이 강한 지식으로 학문적 원리를 기반으로 하는 지식(Tuner-Bisset, 1999)이며, 일찍부터 무엇보다 중요한 교사의 지식으로 인식되어 왔고, 국내외 교사양성프로그램은 대부분 내용학과 일반 교육학 중심으로 운영되고 있다(강창숙, 2009; Kilic, 2010). 그러나 교사들은 이들 학문적 차원의 지식뿐만 아니라 교육과정, 학생, 수업매체, 평가 등의 다양한 지식을 필요로 하고 있으며, 좋은 교사들의 수업에서 나타나는 개인적, 사회적, 정서적 특성의 지식들도 필요하다(Ng et al., 2010)는 점에서 예비교사들에게 이러한 지식을 실제적 맥락에서 경험할 수 있는 기회를 제공하는 것이 필요하다.

⑤ 좋은 수업을 실현하기 위해서 수업 후 반성이 가장 중요하다.

사회과 예비교사들이 좋은 수업을 실현하기 위해서 중요하다고 생각하는 반성은 수업 후 반성, 수업 중 반성, 수업 전 반성의 순으로 나타났으며, 각 전공 모두 수업 후 반성을 가장 중요한 반성의 단계로 인식하였다. 이들은 수업 후 반성을 '다음 수업의 준비와 실천에 반영할 수 있으며, 수업 전후에 걸친 종합적 평가와 체계적 반성이 이루어질 수 있기 때문에' 특히 중요하며, '자신의 실제 수업 경험을 바탕으로 진정한 반성이 가능할 뿐만 아니라, 교수와 학습 모두에 대한 체계적인 반성과 학급의 다양한 상황에 근거한 실천적 반성'이라는 이유에서 가장 중요하고 의미 있는 반성으로 인식하였다.

실천적 지식은 지식이 실천에 의하여 만들어진다는 의미와 더불어 교사가 수업 과정에서 발휘하는 직관과 통찰 등 '실천의 지식'까지도 포함하는 지식이며(강창숙, 2007b), 교사가 수업을 계획하고 실행하는 방식에 활용되는 지식이자 교사가 교실 상황이나 주변 환경에 직면한 사태에서 실천상의 갈등을 내포하게 되는 지식이다(홍미화, 2006). 이러한 관점에서 반성에 관한 최근의 논의는 공통적으로 반성은 실제 상황과 관련되어 이루어지고, 본질적으로 순환하며, 복합적인 관점에서 이루어지는 것으로 정의한다(Ward and McCotter, 2004).

전문적 실천가가 불확실하고 불안정하며 특수하고 가치갈등적인 실천 상황에서 무엇이 문제인지를 규명하고 이를 해결하는 것은 바로 실천 중 반성을 통해서 이루어진다. 전문가의 실천 중 반성은 '행위 중의 반성'과 '행위 후의 반성'의 이분법적인 이해보다는, '반성'의 의미가 '돌이켜 살핌' 이상의 것을 의미한다는 것을 이해해야 한다. 즉, '행위 중(in-action)'이란 행위에 영향을 미칠 수 있는 상황과 시간대를 의미하고, 마찬가지로 '실천 중(in-practice)'이란 실천에 영향을 미칠 수 있는 상황과 시간대를 의미한다. 특히 실천 중 반성은 실천 행위의 속도와 상황에 따라 몇 분, 몇 시간, 며칠, 몇 주 혹은 몇 달이 될 수도 있다(서경혜, 2005).

사회과 예비교사들은 반성을 수업 전-수업 중-수업 후의 단계로 구분된 관점에서는 수업 후의 반성을 가장 중요한 것으로 선택했지만, 그 이유를 "다음 수업의 준비와 실천에 반영할 수 있으며, 수업 전후에 걸친 종합적 평가와 체계적 반성이 이루어질 수 있고, 자신의 실제 수업 경험을 바탕으로 진정한 반성이 가능할 뿐만 아니라, 교수와 학습 모두에 대한 체계적인 반성과 학급의 다양한 상황에 근거한 실천적 반성"의 측면에서 제시하고 있다.

뿐만 아니라 예비교사들은 "다음 수업의 준비와 실천에 반영할 수 있는가? 수업 전후에 걸친 종합적 평가와 체계적 반성이 이루어질 수 있는가? 실제적이고 즉각적인 반성과 실천이 가능한가? 학생들의 학습, 반응, 돌발적 상황 등에 역동적으로 영향을 줄 수 있는가?"에 반성의 중요한 의미를 부여하고 있다. 따라서 이들은 교사로서의 수업경험이 지극히 제한적이었음에도 불구하고, 반성의 인식은 실제 상황과 관련되어 이루어지고, 본질적으로 순환하며, 복합적인 '실천 중 반성'의 맥락에 토대하고 있음을 알 수 있다.

수업을 실재적 대상으로 관찰한다 하더라도 수업은 '사실'이 아닌 '실천'이기 때문에 교육의지와 인식의지를 분리하는 것은 어렵다. 또한 교육적 사고의 실천적 모멘트인 참여적 반성(rèflection engagèe)은 명예로운 자기 이해이며 또한 언제나 무엇이 존재하는가에 대한 인식의 산 동기가 된다(Wolfgang Sunkel, 권민철 역, 2005). 예비교사에게는 실제 수업에의 참여적 반성이자 실천 중 반성을 경험할 수 있는 기회를 제공, 확대하는 것이 우선적으로 필요하다.

6. 정리

좋은 수업을 지향하는 것은 곧 교사 자신이 좋은 교사가 되기 위해 노력하는 과정이다. 학교교육에서 좋은 수업은 교육전문가로서 교사에게 요구되는 필수역량이 하나로 수업전문성의 핵심요소이다. 보다 총체적 관점에서 수업에 중점을 두는 수업 전문성은, 교사가 교육과정을 능동적이고 비판적으로 실천하면서 반성하는 능력을 토대로 한다.

사회과 예비교사들도 좋은 수업에 대한 나름대로의 관점을 가지고 있다. 예비교사들의 좋은 수업에 대한 인식은 그동안 자신들이 이론적·실제적으로 학습하고 경험한 결과로 내면화된 관점인 동시에 앞으로 교실 수업에서 실행할 실천적 지식에 대한 나름대로의 시각이다. 교사의 실천적 지식의 형성에 영향을 주는 각 요소가 가지는 비중에 대해 다양한 입장이 있지만, 교사의 실천적 지식은 예비교사 양성과정에서부터 시작된다. 이에 교육실습을 마친 115명의 예비교사들의 사회과 좋은 수업에 대한 인식을 조사, 분석했으며, 주요내용을 정리하면 다음과 같다.

먼저, 예비교사들의 사회과 좋은 수업에 대한 대표적인 이미지는 '교사와 학생의 상호작용이 활발한 수업'이었다. 이들은 학습자 중심의 수업으로, 학생들의 사고력을 길러주며, 교사가 반성하고 실천하는 수업을 사회과 좋은 수업으로 인식하였으며, 교사 개인의 자질보다는 교과 전문적 자질을 더 중요하게 인식하는 것으로 나타났다. 이러한 인식은 구성주의 근거한 보다 종합적, 맥락적, 실천적 인식이라고 할 수 있다.

둘째, 예비교사들이 생각하는 사회과 좋은 수업의 맥락적 배경이 되는 수업은 일반적인 수업이었으며, 사회과 수업의 비중은 상대적으로 낮게 나타났다. 이것은 사회과 예비교사들이 교사로서 사회과 수업에 대한 경험이 부족한 때문이라고 할 수도 있지만, 이론적, 실제적 맥락 모두에서 '사회과다움'을 이해하거나 경험할 수 없는 이른바 '통합 사회과'의 근본적이고 구조적인 문제에서 비롯된 것이라고 할 수 있다.

셋째, 이들의 사회과 좋은 수업에 대한 이미지 형성에는 대학생으로서의 수업 경험이 가장 큰 영향을 미쳤으며, 교육실습생으로서의 수업 경험과 고등학생으로서의 수업 경험도 상대적으로 많은 영향을 미친 것으로 나타났다. 즉 사회과 예비교사들은 현재와 직전의 수업 경험과 학습자로서의 수업 경험으로부터 많은 영향을 받는다는 것을 알 수 있다. 또한 이들의 수업 경험 정도에서는 성별 차이가 있었지만, 교육실습을 통해 학습자에 대한 이해 혹은 학습자에 대한 지식의 중요성을 인식한 점은 공통적이었다.

넷째, 예비교사들이 사회과 좋은 수업을 위해서 중요하다고 생각하는 실천적 지식의 내용은 7개 범주로 비교적 포괄적으로 나타났지만, 그 비중은 학문적 원리에 근거한 교과내용에 대한 지식과 교수에 대한 지식에 지나치게 집중되어 있었으며, 전공과 성별에 따른 인식의 차이가 나타났다.

마지막으로, 사회과 예비교사들이 좋은 수업을 실현하기 위해서 중요하다고 생각하는 실천 중 반성은 수업 후 반성, 수업 중 반성, 수업 전 반성의 순으로 나타났으며, 각 전공 모두 수업 후 반성을 가장 중요한 반성의 단계로 인식하였다. 예비교사들은 "다음 수업의 준비와 실천에 반영할 수 있는가? 수업 전후에 걸친 종합적 평가와 체계적 반성이 이루어질 수 있는가? 실제적이고 즉각적인 반성과 실천이 가능한가? 학생들의 학습, 반응, 돌발적 상황 등에 역동적으로 영향을 줄 수 있는가?"에 반성의 중요한 의미를 부여하였다. 따라서 이들 예비교사의 사회과 좋은 수업을 위한 반성의 인식은 실제 상황과 관련되어 이루어지고, 본질적으로 순환하며, 복합적인 '실천 중 반성'의 맥락에 토대하고 있음을 알 수 있다.

경력이 높아진다고 모든 교사가 좋은 교사로 성장하고, 좋은 수업을 하게 되는 것은 아니다. 예비교사에서 초보교사 시기는 교사 생애에서 가장 가소성(plasticity)이 큰 시기이며, 수업 전문성 함양의 질적 토대가 형성되는 시기이다. 예비교사들의 사회과 좋은 수업에 대한 인식과 그 특성은 이들이 필요로 하는 그리고 앞으로 함양해야 할 핵심 역량이 무엇인지를 알려주는 자료이기도 하다.

사회과 예비교사들이 좋은 수업에 대해 인식하고 있는 수준과 실행할 수 있는 수준은 다를 수 있다. 따라서 예비교사들에게 수업실습은 물론 사회과 좋은 수업이나 좋은 교사의 수업의 사례를 녹화하여 관찰하는 등 사회과 수업의 교과-영역적 특성을 경험하고 실천적 지식의 다양한 맥락을 경험하고, 그 실행을 반성적으로 성찰할 수 있는 기회 확대가 필요하다.

제6장
교육실습생의 수업경험과 실천적 지식의 내용

1. 교생의 수업실습과 실천적 지식

본 장에서는 사회과 예비교사인 교생들의 수업실습 경험을 담고 있는 '행위 후 반성' 자료들에서 나타나는 실천적 지식의 내용을 수업 전, 수업 중, 그리고 수업 후의 경우로 구분하여 실천적 지식의 내용 범주와 그 구성요소를 정량적으로 분석해 보았다. 그리고 교생 개인별로 경험했던 어려움이나 갈등은 실천적 지식의 구성요소 중심으로 질적으로 살펴보았다. 지리 교생들의 실천적 지식의 내용을 이와 같이 살펴보는 이유나 근거는 다음과 같다.

먼저, 교사의 실천적 지식은 교사가 수업을 계획하고자 할 때 그들 주위에 있는 자료를 탐색하고 그것을 어떻게 사용할 지를 고려하는데 사용된다. 교사의 수업 계획은 오직 교수 전에만 발생하는 것이 아니다. 특정한 수업계획도 교사의 스타일과 교실 상황에 적합한 것으로 수업계획을 개인화하는 경향이 있다. 수업 중에도 계속하여 계획을 수정하는 과정에서 실천적 지식이 사용된다고 볼 수 있다(김자영 · 김정효, 2003).

둘째, 전문가의 실천에 있어 핵심은 문제해결이 아니라 문제제기에 있다. 문제가 무엇인지 알아야 문제를 해결할 수 있기 때문이다. 하지만 문제가 무엇인가를 규명하는 것이 그렇게 단순하지는 않다. 실천가로서 교사의 전문성은 바로 문제가 무엇인지 모르는 혼란스런 상황에서 문제가 무엇인지를 도출해내는 데서 빛을 발한다. 아무리 이론적 지식을 많이 알고 있고 뛰어난 기술을 가지고 있다고 해도 문제가 무엇인지 제대로 보지 못한다면 그 지식과 기술은 무용지물인 것이다(서경혜,

2005). 실천적 지식이란, 교사가 수업을 계획하고 실행하는 방식에 활용되는 지식이자, 교사가 교실 상황이나 주변 환경에 직면한 사태에서 실천상의 갈등을 내포하게 되는 지식이기 때문이다(홍미화, 2006).

셋째, 전문적 실천가가 불확실하고 불안정하며 특수하고 가치갈등적인 실천 상황에서 무엇이 문제인지를 규명하고 이를 해결하는 것은 바로 실천 중 반성(reflection-in-practice)을 통해서이다. 전문가의 실천 중 반성은 '행위 중의 반성'과 '행위 후의 반성'에 대해 이분법적으로 이해하는 것보다는, '반성'의 의미가 '돌이켜 살핌' 이상의 것을 의미한다는 것을 이해해야 한다. 즉, '행위 중(in-action)'이란 행위에 영향을 미칠 수 있는 상황과 시간대를 의미하고, 마찬가지로 '실천 중(in-practice)'이란 실천에 영향을 미칠 수 있는 상황과 시간대를 의미한다. 특히 실천 중 반성은 실천 행위의 속도와 상황에 따라 몇 분, 몇 시간, 며칠, 몇 주 혹은 몇 달이 될 수도 있다.

마지막은 위에서 논의한 바와 같이 쉔이 반성적 실천을 기술적 합리성의 대안으로 주장할 때 그가 의미한 반성은 '행위 중 반성'이었다. 그럼에도 불구하고, 이에 대한 연구들은 주로 교사의 '행위 후 반성'에 초점을 두고 있다. 그 이유는 여러 가지가 있을 수 있으나, 무엇보다도 쉔의 행위 중 반성은 교사연구자를 가정한 것이다. 따라서 연구자가 외부 연구자인 경우는 교사의 '행위 후 반성' 즉 '실천 후 반성'에 초점을 둘 수밖에 없다(서경혜, 2005).

이에 본 장에서는 교사의 실천적 지식의 내용과 교수내용지식 혹은 그것의 구성요소에 대한 주요 논의들을 바탕으로 예비교사로서 지리수업을 실제로 경험한 교생들의 실천적 지식의 내용을 질적으로 분석하고 그 특성을 살펴보았다. 질적으로 분석한다고 하는 것은 질적 자료를 바탕으로, 특징적인 현상이나 경험의 양상을 교육실습이라는 실제 맥락 속에서 드러내고자 하는 것이며, 그 의미는 교생의 관점에서 살펴본다는 것으로, 일반화와는 거리가 멀다(강창숙, 2007a).

교생들의 지리수업 경험을 질적인 자료로 구성하고, 질적으로 분석한다는 것은 두 가지 중요한 의미를 추가한다. 즉 교사의 실천적 지식에 대한 담론을 구성하는 것은 교실 수업과 교육의 이야기를 '매끈한 추상'의 문제에서 '울퉁불퉁한 구체적' 현상으로 만들어가는 것이다. 교사의 실천적 지식에 대한 논의는 교사들의 숨은 이야기를 끌어내어주는 동시에 교실 수업에서 나타나는 교사들의 실천적 지식 간의 차별적 요소가 다양하게 드러남으로써 교실 수업을 보다 잘 이해할 수 있도록 해주는 과정이 된다(김민정, 2006).

또한 교생들은 자신들의 수업이나 교수행위에 대한 기록을 통해서 교사의 일상적인 교실 혹은 수업 실제를 자신의 관점은 물론 동료의 관점에서 관찰하고 문제를 느끼며 현재의 교수행위를 구체적이고 실천적인 맥락에서 숙고하고 반성하는 기회를 가지게 된다.

분석 대상은 예비 지리교사가 4학년 1학기에 이수한 교육실습에서, 9명의 여자교생들(이하 교생들)이 2주 동안 경험한 수업실습에서 나타나는 실천적 지식의 내용이다. 연구대상 교생들의 실천적 지식의 내용을 분석하기 위한 자료는 교생들이 작성한 수업일지, 교생일기, 연구자와의 면담 결과 등 수업실습 경험에 대한 기록들이다(표 6-1).

수업일지는 교생들이 자신들의 수업에 대해서 비교적 자세하게 살펴볼 수 있도록 연구자가 나름대로 항목을 구성한 것이다. 교생일기는 자유로운 형식으로 작성되었으며 일상적인 의미의 일기라기보다는 교생들의 자기수업에 대한 소감이나 반성의 내용을 주로 담고 있는 기록물이라고 할 수 있다. 연구자와의 면담은 크게 집단면담과 개별면담으로 구분되며, 집단면담은 주로 반구조화된 면담으로 이루어졌고 개별면담은 비구조화된 면담과 구조화된 면담이 병행되었다.

이하에서 이들 자료는 서술상의 편의를 위해, 수업일지는 J1에서 J9, 교생일기는 D1에서 D9, 집단면담은 G1에서 G9, 개별면담은 P1에서 P9로 각각 기술한다. 엄격한 의미에서 이들 자료는 모두 회귀적(recursive)이다. 기록물들은 수업실습이 이루어진 후에, 교생들이 자기 수업을 회상(recall)하면서 기록한 것이고, 면접 또한 회상하면서 이루어지거나 혹은 기록물에서 얻어진 정보에 의거하여 회귀적으로 이루어졌기 때문이다.

본 장에서는 특정 맥락의 의미를 좀 더 명료화하기 위해, 대부분의 교생들이 배정된 중학교에서 지리수업을 실습한 9명의 교생들을 연구대상으로 선택하였다. 결과의 객관적인 기술을 위해서 교생의 경험을 특징적으로 드러내는 용어는 기록물이나 면담에서 교생들이 사용한 용어를 최대한 이용하였으며, 연구자는 교생들의 수업 상황에 직접 참여하여 관찰하지 않았기 때문에 3인칭 관점에서 서술하였다. 분석의 대상이 된 교생과 실습 학교의 이름은 문자와 숫자로 조합된 기호로 대신하였다. 즉 교생들은 F1에서 F9로, 이들의 실습학교는 가, 나, 다, 라, 마 중학교로 구분하였으며 다음의 표 6-1과 같다.

표 6-1. 연구대상과 분석자료

수업실습 교생	수업실습 학교	수업일지	교생일기	집단면담	개별면담
F1	가 중학교	J1	D1	G1	P1
F2		J2	D2	G2	P2
F3		J3	D3	G3	P3
F4	나 중학교	J4	D4	G4	P4
F5	다 중학교	J5	D5	G5	P5
F6		J6	D6	G6	P6
F7		J7	D7	G7	P7
F8	라 중학교	J8	D8	G8	P8
F9	마 중학교	J9	D9	G9	P9

교생들이 실습한 수업주제는 주로 대단원 남부지방에서 북부지방의 도입 부분에 해당하는 내용으로, 남부지방 각 지역의 생활에 해당하는 중단원 '제주도의 자연환경과 산업' 이며, 이를 중점적으로 수업실습 하였다. 분석 대상이 된 수업은 호남지방의 위치에서 북부지방의 기후에 이르는 약 10차시 정도의 수업으로써 총 45시간이며, 각 교생이 실습한 수업은 최고 8시간에서 최저 3시간으로 개인별 수업실습 시간은 차이가 있다. 한 사람의 교생이 수업내용(주제)가 같은 수업에 대해 2회 이상을 기록한 경우도 있었는데, 이러한 경우에는 첫 수업과 마지막 수업을 중심으로 분석하였다(표 6-2).

표 6-2. 교생들의 수업실습 주제와 시수

단원 / 교생	남부지방							북부지방			수업 시수
	호남지방			영남지방		제주도		도입			
	위치	농업	공업과 수산업	농업과 수산업	남동임해 공업지역	자연 환경	산업 (관광 산업)	위치	지형	기후	
F1	·	·	·	·	·	2	2	1	·	·	5
F2	·	·	·	·	·	1	2	2	1	·	6
F3	·	·	·	·	·	2	2	2	1	1	8
F4	·	·	·	1	1	1	1	·	·	·	4
F5	2	·	·	·	2	1	·	·	·	·	5
F6	·	1	1	·	·	1	1	·	·	·	4
F7	·	2	1	·	1	·	1	·	·	·	5
F8	·	·	·	·	·	1	2	·	·	·	3
F9	·	·	·	1	1	1	2	·	·	·	5
수업 시수	2	3	2	2	5	10	13	5	2	1	45

2. 실천적 지식의 내용과 그 특성

교생들의 실천적 지식의 내용을 분석하기 위한 틀을 논의하면, '실천적 지식의 내용' 은 '교과 교육의 목적 및 가치에 관한 지식' 에서 '일반 교육학적 지식' 에 이르는 9개의 범주이고, 9개 범주 각각에 해당하는 구성요소는 '교과의 교수-학습에 대한 인식' 에서 '교실 경영과 조직에 대한 일반적인 원리와 전략' 에 이르는 39개 사례이다(표 6-3). 각 범주를 구성하는 구체적인 구성요소는 앞장에서 살펴본 선행 논의들에서 제시된 요소들을 바탕으로, 교생들의 수업실습 경험 자료에서 나타나는 요소들을 추가하여 구성한 것이다.

표 6-3. 교생들의 실천적 지식의 내용과 구성요소

실천적 지식의 내용	구성요소	수업 전 계획	수업과정	수업 후 반성	소계	계
교과 교육의 목적 및 가치에 관한 지식	1. 교과의 교수-학습에 대한 인식				0	0
	2. 학습 목표에 대한 인식				0	
교육 과정에 대한 지식	3. 교육과정 개발과정과 방식에 대한 지식				0	0
	4. 교육과정 재구성과 관련된 지식				0	
교과 내용에 대한 지식	5. 교과의 주요 개념이나 원리 등에 대한 지식		6	2	8	26
	6. 교과 내용의 계열과 범위에 대한 지식				0	
	7. 교수할 내용의 선택과 재구성	3		6	9	
	8. 특정 지역이나 특정 영역에 대한 지식이나 이해			9	9	
교수에 대한 지식	9. 교과의 다양한 수업모형 및 전략에 대한 지식	5	9	7	21	49
	10. 교재의 선택 및 재구성				0	
	11. 교수 매체와 교수 자료의 선택과 준비	8	12		20	
	12. 교수 매체나 ICT 활용 능력			2	2	
	13. 교과서 및 지도서의 활용				0	
	14. 학생 활동 중심의 수업 구성	6			6	
	15. 대학에서 배운 지식과의 연결				0	
교사 자신에 대한 지식	16. 수업에 대한 자신감			3	3	17
	17. 교사 자신의 언행		10	4	14	
학습자에 대한 지식	18. 인지발달상의 특성			4	4	28
	19. 학생의 흥미에 대한 이해	2			2	
	20. 학습자에 대한 기본적인 이해나 수준 고려		17		17	
	21. 학습자의 사회문화적 환경이나 배경에 대한 지식				0	
	22. 학급별 특성에 관한 지식이나 이해			5	5	
교수-학습 환경에 대한 지식	23. 교실 내의 물리적 환경		3	5	8	13
	24. 교실의 공간적 특성		2	3	5	
교수-학습 과정에 대한 지식	25. 동기유발				0	153
	26. 선행 지식과 경험의 활성화				0	
	27. 학생과의 대화와 발문		5		5	
	28. 학생들의 질문		12		12	
	29. 학습 집단의 조직과 운영		14		14	
	30. 오류 및 오개념의 교정				0	
	31. 주의집중		11	11	22	
	32. 수업 진행		5	4	9	
	33. 수업시간 분배		9	2	11	
	34. 과제 제시				0	
	35. 학습 결과의 확인		26		26	
	36. 형성평가		22		22	
	37. 차시 예고		20		20	
	38. 교수-학습 과정안의 작성	6	6		12	
일반 교육학적 지식	39. 교실 경영과 조직에 대한 일반적인 원리와 전략				0	0
계		30	189	67	286	

전체 9개 범주의 39개 구성요소 중에서 교생들이 수업시간의 교수행위에서 갈등이나 어려움을 겪은 실천적 지식의 내용은 '교과 교육의 목적 및 가치에 관한 지식'과 '교육 과정에 대한 지식' 및 '일반 교육학적 지식'을 제외한 6개 범주에서, 24개 구성요소로 나타났다.

'교과 교육의 목적 및 가치에 관한 지식'과 '교육 과정에 대한 지식' 및 '일반 교육학적 지식'은 교생들이 잘 알고 있거나 이에 대해서 능숙하기 때문에 어려움이나 갈등이 없었던 범주임을 의미하는 것은 아니다. 교생들은 자신들의 수업 전 계획이나 교수-학습 과정안의 작성 등을 교육과정의 재구성의 차원에서 생각해 보지 않았기 때문에 '교육 과정에 대한 지식'은 어려움이 없는 것으로 나타났다고 볼 수 있다.

'일반 교육학적 지식'의 경우는, 본 연구의 분석 대상이 수업실습 경험에 초점을 두고 있다는 점이 주된 이유로 작용했지만, 교생들이 수업을 '교실 경영이나 조직'이라는 좀 더 전략적이고 확대된 관점에서 접근하지 못했음을 의미하는 것이기도 하다. 그러나 '교과 교육의 목적 및 가치에 관한 지식'은 말 그대로 교실 수업의 목적과 정당성에 관한 것으로써, 예비교사로서 반드시 갖추어야 할 지식이며, 수업실습에서도 실제화 되어야 할 지식이다. 따라서 교생들은 '교과의 교수-학습에 대한 인식'및 '학습 목표에 대한 인식'과 관련된 어려움이나 갈등을 겪지 않은 것이 아니라, 이에 대한 기본적인 인식이 부족하거나 부재했던 것으로 볼 수 있다.

이것은 집단면담 과정에서 확인할 수 있었다. 연구자는 첫 수업 혹은 수업 전에 "나는 수업을 00식으로 진행해야 하겠다."혹은 "지리수업은 00한 수업이 되어야 한다." 등에 대해서 나름대로 생각한 것이 있는지를 질문했다. 교생들은 "실습 나가서 그런 생각은 해 본 적이 없다"고 대답했다. '학습목표'를 정하는데 어려움은 없었는가에 대해서 일부 교생들(F2와 F3)은 첫 수업을 준비하면서 학습목표를 나름대로 재구성해 보려고 했는데, 생각보다 어렵고 시간이 많이 드는 것 같아서 포기했다고 말했다. 나머지 교생들은 처음부터 교사용 지도서나 교과서에 제시되어 있는 것을 그대로 따라했기 때문에 별 문제가 없었다는 대답을 들으면서, '교과 교육의 목적 및 가치에 관한 지식'에 대한 교생들의 철학적 인식이 부재했음을 알 수 있었다.

나머지 구성요소의 경우도 마찬가지이다. 어려움이나 갈등이 없었다는 것을 의미하기 보다는, 이들 요소들은 상대적으로 좀 더 간접적이거나 메타적인 요소들이기 때문에 교생들이 미처 의식하지 못한 경우라고 볼 수 있다. 그리고 연구자의 분석 과정에서, 다른 요소들과 관련되어서 나타나거나 다른 요소에 포함되어서 나타났기 때문에 명확하게 구분되지 못한 경우도 있다.

실천적 지식의 내용에 대한 구성요소별 특징을 살펴보면, 교과의 다양한 수업모형 및 전략에 대한 지식은 수업 전 계획에서 수업 후 반성에 이르는 전 과정에서 갈등이나 어려움을 겪는 요소로 나타났다. 학생 활동 중심의 수업구성, 학생의 흥미에 대한 이해는 '수업 전 계획'에서만 나타났고, 학습자에 대한 기본적인 이해나 수준 고려는 '수업과정'에서만 나타났으며, 특정 지역이나 특정 영역에 대한 지식이나 이해, 교수 매체나 ICT 활용 능력, 수업에 대한 자신감, 인지발달상의 특성, 학급별 특성에 관한 지식이나 이해는 '수업 후 반성'에서 나타났다. 교수 매체와 교수 자료의 선택과 준비, 교수-학습 과정안의 작성은 '수업 전 계획'과 '수업과정'에서 겪는 갈등이나 어려움으로 나타났고, 교과의 주요 개념이나 원리 등에 대한 지식, 교사 자신의 언행, 교실 내의 물리적 환경, 교실의 공간적 특성, 주의집중, 수업진행, 수업시간 분배의 문제는 '수업과정'과 '수업 후 반성'에서 주로 나타났다.

지리교생들이 수업실습에서 갈등이나 어려움을 겪은 실천적 지식의 내용을 '수업 전 계획', '수업과정', 그리고 '수업 후 반성'의 단계로 구분하여 살펴보면, '수업과정'에서 겪는 어려움이나 갈등이 가장 많았고, '수업 전 계획'에서는 가장 적은 것으로 나타났다. 각 단계별로 나타나는 특징을 정리하면 다음과 같다.

먼저, '수업 전 계획'에서는 교과 내용에 대한 지식, 교수에 대한 지식, 학습자에 대한 지식, 교수-학습 과정에 대한 지식의 4개 범주 6개 구성요소에서 갈등이나 어려움을 겪는 것으로 나타났다. 특히 '교수에 대한 지식'의 부족으로 인한 어려움이 큰 것으로 나타났는데, 그중에서도 교수 매체와 교수 자료의 선택과 준비에서 가장 많은 어려움을 겪었고, 교과의 다양한 수업모형 및 전략에 대한 지식의 부족과 학생 활동 중심의 수업구성에서 어려움을 겪은 것으로 나타났다. 그리고 '교수-학습 과정에 대한 지식'에서는 교수-학습 과정안의 작성에서 어려움을 겪었으며, '교과 내용에 대한 지식'에서는 교수할 내용의 선택과 재구성, '학습자에 대한 지식'에서는 학생의 흥미에 대한 이해와 관련된 문제에서 각각 어려움이나 갈등을 겪은 것으로 나타났다.

둘째, '수업 과정'에서는 교과 내용에 대한 지식, 교수에 대한 지식, 교사 자신에 대한 지식, 학습자에 대한 지식, 교수-학습 환경에 대한 지식, 교수-학습 과정에 대한 지식의 6개 범주 17개 구성요소에서 갈등이나 어려움을 겪은 것으로 나타났다. 특히 수업 과정에서 필요한 지식을 가장 포괄적으로 구성하고 있는 '교수-학습 과정에 대한 지식'에서 많은 갈등이나 어려움을 겪은 것으로 나타났다. 그중에서도 수업의 정리 혹은 마무리 단계에서 이루어지는 학습결과의 확인, 형성평가, 차시예고에 대한 비중이 가장 높게 나타났으며, 학습집단의 조직과 운영, 학생들의 질문, 주의집중에서도 어려움이 큰 것으로 나타났다.

'학습자에 대한 지식'에서는 학습자에 대한 기본적인 이해나 수준 고려와 관련된 갈등이나 어려움이 큰 것으로 나타났다. 그 밖에 '교수에 대한 지식'에서는 교수 매체와 교수 자료의 선택과 준비, 교과의 다양한 수업모형 및 전략에 대한 지식과 관련된 문제에서 어려움이 있었으며, '교사 자신에 대한 지식'에서는 교사 자신의 언행과 관련하여, '교과 내용에 대한 지식'에서는 교과의 주요 개념이나 원리 등에 대한 지식과 관련된 갈등이나 어려움을 겪었던 것으로 나타났다. '교수-학습 환경에 대한 지식'에서는 교실 내의 물리적 환경과 교실의 공간적 특성에 따른 어려움을 겪은 것으로 나타났다.

셋째, '수업 후 반성'에서는 교과 내용에 대한 지식, 교수에 대한 지식, 교사 자신에 대한 지식, 학습자에 대한 지식, 교수-학습 환경에 대한 지식, 교수-학습 과정에 대한 지식의 6개 범주 13개 구성요소에서 갈등이나 어려움을 겪는 것으로 나타났다. '교수-학습 과정에 대한 지식'에서 주의집중, 수업 진행, 수업시간 안배와 관련된 갈등이나 어려움이 가장 많았던 것으로 나타났지만, '교과 내용에 대한 지식'에서 특정 지역이나 특정 영역에 대한 지식이나 이해, 교수할 내용의 선택과 재구성, 교과의 주요 개념이나 원리 등에 대한 지식의 문제와 관련된 어려움도 많았던 것으로 나타났다. 특히 특정 지역이나 특정 영역에 대한 지식이나 이해와 관련된 문제에 대한 반성적 성찰은 '수업 후 반성' 과정에서 그 비중이 높게 나타났다.

'교수에 대한 지식'에서 교과의 다양한 수업모형 및 전략에 대한 지식과 교수 매체나 ICT 활용 능력과 관련된 문제, '학습자에 대한 지식'에서는 인지발달상의 특성과 학급별 특성에 관한 지식이나 이해와 관련된 문제에서 갈등이나 어려움을 겪은 것으로 나타났다. 그 밖에 '교사 자신에 대한 지식'에서는 수업에 대한 자신감과 교사 자신의 언행, '교수-학습 환경에 대한 지식'에서는 교실 내의 물리적 환경과 교실의 공간적 특성에 따른 어려움이나 갈등을 겪은 것으로 나타났다.

3. 교생들의 실천적 지식의 내용과 실천의 지식

실천적 지식의 내용을 구성하고 있는 요소를 교생 개인별 특성의 관점에서 정리해 보면 표 6-4와 같다. 교생의 개인별 특성의 관점에서, 교생들이 어려움이나 갈등을 겪은 구성요소는 크게 4가지 유형으로 나타났다. 즉 교생들 중에서 1~2명만이 어려움이나 갈등을 경험한 지극히 개인적인 요소가 있고, 4~5명의 일부 교생들만이 경험한 것으로 나타나는 부분적인 요소가 있다. 그리고 6~7명 정도의 대부분 교생들이 경험한 것으로 나타나는 요소가 있고, 9명의 교생들 모두가 어려움이나 갈등을 경험한 요소가 있다. 이들 4가지 유형을 각각 '개인적인 요소', '일부에게 해당하는 요소', '대부분에게 해당하는 요소', '모두에게 해당하는 요소'로 구분하여 살펴보면 다음과 같다.

표 6-4. 교생 개인별 실천적 지식의 내용과 구성요소

실천적 지식의 내용	구성요소	F1	F2	F3	F4	F5	F6	F7	F8	F9	소계	계
교과 교육의 목적 및 가치에 관한 지식	교과의 교수-학습에 대한 인식										0	0
	학습목표에 대한 인식										0	
교육 과정에 대한 지식	교육과정 개발과정과 방식에 대한 지식										0	0
	교육과정 재구성과 관련된 지식										0	
교과 내용에 대한 지식	교과의 주요 개념이나 원리 등에 대한 지식	2	1		1	1		1		2	8	26
	교과 내용의 계열과 범위에 대한 지식										0	
	교수할 내용의 선택과 재구성	1	1			2		2		3	9	
	특정 지역이나 특정 영역에 대한 지식이나 이해		2	2		1	2	2			9	
교수에 대한 지식	교과의 다양한 수업모형 및 전략에 대한 지식	4	2	1	2	1	1	5	3	2	21	49
	교재의 선택 및 재구성										0	
	교수 매체와 교수 자료의 선택과 준비	2	2	3	2	2	2	3	1	3	20	
	교수 매체나 ICT 활용 능력	1				1					2	
	교과서 및 지도서의 활용										0	
	학생 활동 중심의 수업 구성			4				2			6	
	대학에서 배운 지식과의 연결										0	
교사 자신에 대한 지식	수업에 대한 자신감	2	1								3	17
	교사 자신의 언행	1	2	1	2	2	1	2	1	2	14	
학습자에 대한 지식	인지발달상의 특성	2	2								4	28
	학생의 흥미에 대한 이해							2			2	
	학습자에 대한 기본적인 이해나 수준 고려	2	4	2	1	1	1	2	1	3	17	
	학습자의 사회문화적 환경이나 배경에 대한 지식										0	
	학급별 특성에 관한 지식이나 이해		1	2		1		1			5	
교수-학습 환경에 대한 지식	교실 내의 물리적 환경	4	1	1		2					8	13
	교실의 공간적 특성	1	1	1		2					5	
교수-학습 과정에 대한 지식	동기유발										0	153
	선행 지식과 경험의 활성화										0	
	학생들과 대화와 발문	3	2								5	
	학생들의 질문		1	2	2	2	2	1	2		12	
	학습 집단의 조직과 운영	2	2		3	1		2	2	2	14	
	오류 및 오개념의 교정										0	
	주의집중	5	3	4	1	4	4		1		22	
	수업 진행	3	2	1		1			1	1	9	
	수업시간 안배	1	3	1			2	2		2	11	
	과제제시										0	
	학습 결과의 확인	3	1	2	4	5	3	2	2	4	26	
	형성평가	1	2	1	4	5	3	1	2	3	22	
	차시 예고	1	3			5	6	1	4		20	
	교수-학습 과정안의 작성		2	2			2	3	3		12	
일반 교육학적 지식	교실 경영과 조직에 대한 일반적인 원리와 전략										0	0
계		41	41	30	22	39	29	34	23	27	286	

1) 개인적인 요소와 실천의 지식

1~2명의 교생들에게 해당하는 '개인적인 요소'는 '교수에 대한 지식'을 비롯한 4개 범주에서, 교수 매체나 ICT 활용 능력, 학생 활동 중심의 수업 구성, 수업에 대한 자신감, 인지발달상의 특성, 학생의 흥미에 대한 이해, 학생과의 대화와 발문 등 6개 요소로 나타났다. 이들 개인적인 요소들은 서로 관련되어서 복합적으로 나타나거나 다른 범주의 구성요소들과 관련되어서 나타났다.

이들 '개인적인 요소'들로 어려움을 겪은 교생들은 F1교생(4개 요소), F2교생(3개 요소), F3교생(1개 요소), F7교생(1개 요소)으로 나타났지만, F1과 F2교생의 경우는 나머지 교생들에 비해 어려움을 겪는 요소의 전체 비중이 매우 높게 나타나고 있다. F7교생 또한 높게 나타나고 있음을 고려하면, 이들 교생들이 다른 교생들에 비해 자신들의 수업실습에 대한 경험을 드러내는 각종 질적 자료 작성에 좀 더 진지하고 성실하게 임한 결과에 따른 영향을 추론할 수 있다. 따라서 이들 요소는 개인적인 요소이지만, 다른 교생들에 비해 개인적으로 더 부족하거나 무능력함에 따른 어려움이나 갈등으로 한정지을 수는 없다.

교수 매체나 ICT 활용 능력과 관련된 문제는 교생들 자신의 기능적인 능력의 문제보다는, 그것의 활용과 관련된 준비나 예기치 못한 문제 상황에 대한 대처 능력과 관련되어서 나타났다. 이는 수업에 대한 자신감이나 학생의 흥미에 대한 이해 등의 요소와 관련되어서 나타났으며, 특히 '교수-학습 환경에 대한 지식'의 범주에 속하는 '교실 내의 물리적 환경'과 '교실의 공간적 특성'과 관련되어서 나타났다. 교생들이 경험한 상황은 교실 수업에서 일상적으로 발생하는 일들이지만, F1, F5 교생은 일반적인 교실과는 공간적 특성과 물리적 환경이 다른 ICT 교실 이라는 특별 교실에서 발생 가능한 여러 가지 상황에서 더 많은 어려움을 경험한 것으로 나타났다.

> "오늘 00반은 수업 분위기가 너무 좋지 않아서 너무나 힘들었다. 가장 시끄럽고 산만하며 수업을 방해하는 요소(수업 내내 떠드는 고정멤버, 마음대로 오고 가는 특수교육대상자)가 너무 많았다. 학생들이 늦게 들어오고, 열쇠를 가지고 있는 담당 교사는 교무실에 계시지 않았고, 10분 정도 지체되었다. 발표하는 학생은 PPT를 플로피 디스켓에 준비해 왔는데, ICT 교실 컴퓨터는 A 드라이브가 없었다. 시간이 너무 지체되어 선생님께 그냥 수업하고 발표 수업은 다음 시간에 하겠다고 했으나 그냥 발표시키라고 해서 교무실에 가서 내 USB에다 학생들 발표 내용을 옮겨 담아 오니까 20분 정도가 지났다." (D1)

> "너무나 힘든 날이었다. 오늘 수업도 모두 ICT 교실에서 발표 수업을 했는데 역시 학생들이 열심히 떠들었다. 단순히 ICT 교실이어서 떠드는 것인지, 내 수업에 문제가 있는

것인지 고민을 하게 되었고, 월요일에 있을 연구수업에 자신이 없어졌다. 교실 수업을 한 번도 안 해 본 상황이고, 00반과는 발표 수업만 한 번 해 본 상황에서 학생들 반응이 어떨지 모르는 상태이다. 그나마 오늘은 인터넷까지 갑자기 끊어졌다." (D1)

"수업을 시작하는 도입 부분이 항상 힘들었다. 오늘은 흥미 있게 잘 해 보려고 도입 부분에 활용할 사진이랑 자료를 PPT로 준비해 갔는데 교실 컴퓨터가 고장 나서 할 수 없게 되었다. 전 수업을 PPT로 준비하지 않아서 다행이었다." (D5)

"도입부분이 가장 어려웠다. 학생들이 흥미를 끌기 위해서 인도네시아 지진 자료를 준비해 갔는데, 파일이 열리지 않았다. 그때부터 컴퓨터 활용은 포기했다." (G5)

'교실 내의 물리적 환경'과 '교실의 공간적 특성'에 대한 다른 교생들의 경험이나 인식도 이들 교생과 같은 상황인 것으로 나타났다.

"교실에서 수업을 해서 수업분위기가 좋았다. 모든 학생이 집중한 것은 아니지만 … ." (J2)

"ICT 교실에서 수업을 진행했다. 빔프로젝트를 사용할 수 있어서 ICT 자료의 활용 효과는 있었으나 학생들이 마주 앉는 상태에서 수업을 듣다보니 산만함의 극치였다. 다시는 ICT 교실에서 수업을 하지 않겠다는 생각을 했다." (D3)

학생 활동 중심의 수업구성은 학습자의 흥미나 동기 유발과 학생과의 대화와 발문 등의 요소와 관련되어 나타났으며, 교생들은 자신의 일방적인 강의식 수업과 학생들에게 수업참여를 강요했다는 점을 반성했다.

"나름대로 수업을 재미있게 하려고 '성주참외 판매 홍보문구'를 제시하고 수업을 시작했는데 시작과 달리 반성해야 하는 점이 많은 수업이었다. 학생이 주인이 되는 수업을 해야 하는데, 이번 수업은 물론 질문을 많이 던지기는 했지만 나의 일방적인 수업이 아니었나 생각해 본다. 내용은 알기 쉽게 설명을 한 것 같았지만, 끝나고 난 후에 느낀 점은 마치 학원 강사처럼 지식 주입에만 너무 몰두 했다는 생각이 들었다. 학생들이 말을 더 많이 하는 수업을 해보고 싶다." (D3)

"반마다 수업 분위기가 많이 다르다, 00반은 아무리 유도해도 반응이 없고 너무 조용하고 소극적이라 힘들다. 아이들에게 발표하고 질문할 것을 너무 강요한 것 같다." (D7)

2) 교생들 '일부에게 해당하는 요소'와 실천의 지식

4~5명의 일부 교생들에게 해당하는 요소는, '교과 내용에 대한 지식' 범주를 비롯한 4개 범주에서 교수할 내용의 선택과 재구성, 특정 지역이나 특정 영역에 대한 지식이나 이해, 학급별 특성에 관한 지식이나 이해, 교실 내의 물리적 환경, 교실의 공간적 특성, 교수-학습 과정안의 작성 등 6개 요소로 나타났으며, 이중에서도 교수-학습 과정안의 작성에 대한 비중이 가장 높게 나타났다.

교수-학습 과정안의 작성과 관련된 문제는 지도 교사가 일정 분량의 차시 교수-학습 과정안을 요구하거나(F2, F3, F8), 소위 말하는 연구수업이나 대표수업을 하게 되었던 교생들(F6, F7, F8)에게서 집중적으로 나타났다. 이들 교생은 물론 나머지 교생들도 수업 준비를 위해서 자발적으로 형식을 갖춘 교수-학습 과정안을 작성한 적은 없는 것으로 나타났기 때문에, 이에 대한 논의는 제외한다.

교생들은 수업 전 계획 과정에서도 교수할 내용의 선택과 재구성의 어려움을 경험했지만, 실습이 끝난 후에 이루어진 집단면담 과정에서 "수업(혹은 실습)하면서 가장 어렵거나 힘들었던 것은 무엇인가"라는 질문에 대해서 교생들은 교수할 내용의 선택과 재구성 과정에서 겪은 어려움이나 생각들을 솔직하고 진지하게 이야기했다. 이에 대한 어려움은 '학습자에 대한 지식'의 부족과 관련되어 나타나기도 했지만, 무엇보다도 '실천적 지식의 내용' 밖의 문제들에 대해서 교생들이 나름대로 깨닫거나 반성한 것들이 많았던 것으로 나타났다.

"학생들의 선행지식이나 학생들의 발달 수준에 대한 이해가 '백지상태'였기 때문에 교과 내용의 수준을 어느 정도까지 해야 하는지가 계속 어려웠다. 지리학과 지리교육 간의 내용 격차가 크다는 것을 깨달았다. 4년 동안 배워서 교사가 된다는 것은 무리라는 생각이 든다." (G1)

"강의법이 아닌 다양한 교수-학습 방법을 나름대로 준비했지만, 교과 내용 파악에 시간이 많이 들어서 그런 것은 적용해보지도 못했다. 그냥 한 번 읽어 보면 될 줄 알았는데, 장난이 아니었다." (G2)

"교과서 내용을 보면 내용이 적은데, 문제집들을 보면 수준이 교과서보다 높은 것 같아서 내용의 양이나 수준 조절이 어려웠다." (G5)

"교과서 내용을 수준대로 진행할 것인가? 아니면 내가 중요하다고 생각하는 내용들을 선택해서 재구성할 것인가로 처음에는 고민했지만, 학생들의 교과서 의존도가 워낙 컸기 때문에 그냥 교과서 순서대로 하면서 약간만 재구성해서 수업을 했다. 마지막 정리는 꼭 교과서로 하라는 지도교사의 말씀이 있어서 그렇게 했다." (G7)

"모르는 내용이 너무 많았다. 지도교사의 수업시간에 새롭게 배운 것도 많았다. 실습 끝나고 무엇을 공부해야 하는지에 도움이 될 것 같지만, 시간이 너무 늦은 것 같다. 그동안 내가 학교 다니면서 무얼 했는지 모르겠다." (P9)

"교직에 대해서 남들처럼 쉽게 생각했다. 실제로 교재연구(교과 내용 공부)하면서 '수업'이 얼마나 어려운지 알게 되었고, 교직이 무엇인지에 대해서 실감하게 되었다." (G9)

특정 지역이나 특정 영역에 대한 지식이나 이해와 관련된 문제는 다른 구성요소들과는 달리 특히 지리교과의 내용지식 및 그에 관련된 교수내용지식의 특성을 잘 나타내는 구성요소이다. 특정 지역이나 특정 영역에 대한 지식이나 이해와 관련된 갈등이나 어려움은 북부지방의 지명, 제주도의 화산지형, 호남지방의 공업 등에서 나타났으며, 내용이 너무 많거나 어렵다는 것 그리고 특정 지역에 대한 학생들의 거부감에 대한 염려 등이었다. 이 요소는 교수할 내용의 선택과 재구성, 학생들의 흥미 유발과 원활한 수업 진행 등의 요소와 관련되어 나타났으며, 교생들은 특정 지역이나 특정 영역에 대한 자신들의 내용지식이나 이해 그리고 편견이나 고정관념을 교수내용지식으로 실제화 하거나 학습자의 학습에 그대로 투영하는 경향이 있음이 드러났다.

"북부지방 수업은 학생들이 어려워하는 것 같다. 오늘은 지명 부분이었는데, 1시간 안에 다루기에는 너무 많다. 몇 가지 알아야 할 내용만 선택하여 가르치는 것이 나을 것 같다." (D2)

"학생들이 북부지방에 대해 거부감을 가질 것 같아서 걱정했었다." (P3)

"학생들이 플래쉬 자료 '충성이의 하루'에 큰 관심을 가지고 재미있어 했다. 다행이 북한에 대해서 거부감이 없었고 많은 의견을 가지고 있었다. 내용은 많지 않았지만, 사회과부도에서 강과 산맥 등을 찾아보는 활동이 많은 부분이어서 활기찬 수업이 되었다." (D3)

"제주도 화산지형을 설명하는데 지구과학적 요소가 너무 강해서 설명하면서도 아이들이 잘 알아들을까 걱정이 되었다. 많은 사진 자료를 통해 아이들의 이해를 도우려 했는데, 잘 됐는지 모르겠다. 앞부분 화산지형으로 형성된 지형 부분을 더 쉽게 설명하려면 어떻게 해야 하는지 고민이다." (D5)

"오늘은 호남지방의 공업과 수산업에 대해서 무엇을 배울 것인지 알려 주고 수업을 시작했다. 좀 쉽게 설명한다고 하다 보니까 전개 부분에서 시간이 길어졌고, 학생들의 수업 태도는 안 좋고 떠들어서 소리를 지르면서 화를 냄." (J6)

"학생들은 호남지방을 배우면서도 남부지방인지 중부지방인지도 몰랐다. 중간 중간에 확인하면서 수업하느라 힘들었다." (D6)

"호남지방 농업부분을 다룰 때 흥미 있어 하던 학생들도 공업 부분에서는 반응이 시원찮다. 너무 많은 내용을 전달하려는 내 욕심 때문일까. … 공업 부분에서는 암기해야 할 부분이 너무 많다. 그 많은 내용을 제시하는 나조차도 설명하다 지치는데, 받아 들여야 하는 학생 입장은 어떨까. 띄어 넘고 싶은 내용도 많지만, 그럴 수 없어 안타까울 뿐이다. 사진 자료도 공업은 특산품을 제외하면 그다지 흥미 있는 것을 찾을 수 없다. 공업은 대체 어떻게 가르쳐야 학생들이 흥미 있어 할 것인지 … ." (D7)

"실제로 다녀온 제주도에 대해서 알고 있는 모든 것을 학습자 수준을 고려하여 최대한 생생하게 알려주고자 했다. 이번 수업을 통해서 정말 답사의 중요성과 고마움을 느꼈다. 실제로 가본 곳에서 찍은 사진을 제공하고 직접 촬영한 것이라고 이야기 해 주니까 학생들이 흥미로워 했고 적극적이었다." (D6)

"다른 어떤 단원보다도 아이들이 제주도 단원을 흥미 있어 했다. 제주도의 3다 3무 중 특이한 문화와 자연환경을 많이 신기 해 했다. 아이들은 자신들이 흥미 있어 하는 단원을 또 쉽게 익히고 학습한다. 수업에 있어 흥미유발이 얼마나 중요한가 새삼 느꼈다. 학습에 있어서 흥미는 그 학습의 원동력이 된다는 것을 다시 한 번 느꼈다." (D7)

학급별 특성에 관한 지식이나 이해는 교과의 다양한 수업모형 및 전략에 대한 지식과 주의집중, 수업진행 등의 요소와 관련되어서 나타났다. 이에 대한 어려움은 학생들의 성별 차이나 학습 자료에 대한 학급별 반응의 차이 등과 관련되어 나타났으며, 이에 대한 교생들 나름대로의 실천의 지식은 없는 것으로 나타났다.

"우리가 선생님의 수업을 대신하는 것이기 때문에 수행평가 발표 수업을 계속 이어서 했다. 00반, △△반은 발표 수업을 거의 하지 못했다. 남학생들이 준비를 해 오지 않았기 때문이다." (G2)

"학생들에게 맡겨 놓은 발표 수업은 사실상 효과는 없는 것 같지만, 학생들이 어떻게 준비해 오느냐에 따라 상황은 달라진다. 오늘 00반은 엉망이었지만, △△반은 상당히 잘 했다. 여학생들은 PPT 자료도 잘 만들지만, 거의 모든 내용을 외어 오기까지 한다." (D2)

"00반이 1학년 중에서 가장 산만한 반이여서 수업분위기가 엉망이다. 그래도 오늘은 꽤 괜찮은 질문을 해서 분위기가 좋았다." (J5)

"여자 아이들 반이라 그런지 조용한 분위기에서 수업이 진행되었다. 담당 선생님이 하라고 주신 학습지를 가지고 수업을 했는데, 수행평가 자료라서 그런지 학생들이 답을 꼭 써넣어야 한다는 것에 집착이 강했다. PPT의 사진이나 자료에는 크게 흥미 있어 하지 않았다. 같은 사진을 남자 반에서는 반응이 많이 달랐다. 수업이 재미도 없고 힘들었다." (D7)

3) 교생들 '대부분에게 해당하는 요소'와 실천의 지식

교생들 6~7명에게서 나타나는 '대부분에게 해당하는 요소'는, '교과 내용에 대한 지식' 범주에서는 교과의 주요 개념이나 원리에 대한 지식만 나타났고, '교수-학습 과정에 대한 지식'의 범주에서 집중적으로 나타났다. 즉, 학생들의 질문, 학습 집단의 조직과 운영, 주의집중, 수업 진행, 수업시간 분배, 차시 예고 등 6개 요소에서 어려움을 겪은 것으로 나타났으며, 주의집중과 차시예고의 비중이 상대적으로 높게 나타났다.

교과의 주요 개념이나 원리에 대한 지식은 학습자에 대한 기본적인 이해나 수준 고려, 교수할 내용의 선택이나 재구성 등의 요소와 관련되어서 나타났다. 교과의 주요 개념이나 원리에 대해서 제대로 혹은 잘 알지 못하고 있다는 것이 공통된 어려움이었다. 교수할 내용의 선택이나 재구성과 관련하여 너무 어렵게 설명하거나, 내용을 과도하게 준비했다는 반성이 있었으며, 이에 대한 실천의 지식은 주로 한자어를 풀어서 설명하거나 시청각 자료를 제시하면서 쉽게 설명하는 것이었다.

"오늘 00반 수업에서는 개념 설명을 잘못한 것 같다. 모처럼 괜찮은 질문이 있었는데 어려운 용어를 사용하여 학생들이 수업을 잘 이해하지 못한 것 같다." (J1)

“학생들의 수준 고려를 잘 하지 못했다. 개념들을 너무 어렵게 설명한 것 같다.” (J2)

“지난 시간에도 그랬지만, 주요한 내용이 많아서 수업내용을 너무 과도하게 준비한 감이 있어 너무 여유가 없는 수업이 된 것 같아 매우 아쉽다. 그래도 ‘교통과 영남도시의 발전’은 준비했는데 하지도 못했다.” (D4)

“주요개념이나 내용은 한자어가 많아서 어렵고 복잡한 것 같았다. 그래서 주로 한자어를 풀어서 중1 수준에 맞게 쉽게 설명하려고 했다.” (J5, G7)

“오늘 00반 수업을 했는데 진도를 제대로 나가지 못했다. 나도 우리 선생님처럼 전달한 내용 다 전달하면서도 할 이야기 다하고 재미있는 예도 들어 주면서 수업하고 싶다.” (D5)

“이해하지 못한 부분에 대해서 PPT를 이용하여 시청각 자료를 제시하면서 다시 설명했다.” (J7)

“반마다 수업분위기가 참 다르다. 수업 분위기와 학생들의 흥미와 수준에 맞게 그때그때 융통성 있게 수업을 할 수 있어야 하는데, 역시 아직은 미숙한 점이 많다. 배울 것 익힐 것 투성이다.” (D7)

“4학년이면서도 아직도 정확하게 수업내용을 파악하지 못한 듯해서 아쉬웠다.” (D9)

“영남지방의 공업은 부족한 수업준비로 교사의 전문성을 뼈저리게 느끼고 나온 수업시간이었다. 담당 선생님을 뵙기 창피하였고, 아이들에게는 제대로 정리되고 재미있는 수업을 전개해 주지 못해서 미안했다.” (P9, G9).

학생들의 질문은 주의집중, 수업 진행, 수업시간 분배 등의 요소와 관련되어서 나타났다. 주된 어려움은 엉뚱한 질문, 너무 많은 질문, 질문 처리에 대한 교생 자신의 미숙함, 질문에 대한 잘못된 대답 등이었으며, 이에 대한 교생들의 태도는 ‘외면하거나 다음에 대답해 준다는 것’ 등으로 나타났다.

“수업을 진행하는 가운데 학생들의 엉뚱한 질문이나 집중하지 못하고 떠들 때 대처하는 방법을 잘 모르겠다.” (J2)

"00반의 전체적인 수준과 주요 인물들은 파악하고 있어서 안심하고 수업에 임했는데, 학생들이 보통 때보다 더 산만해졌고, 수업에 관계없는 질문이 많았다. 학습에 관계없는 질문은 외면하는 방법으로 통제했는데 효과가 제법 있었다." (D3)

"질문에 대답을 잘 한 학생에 대한 칭찬과 잘못된 답을 말한 학생에 대한 격려와 같은 대응 능력이 부족해서 문제다." (D4)

"다른 반에 비해 질문이 많아 예상 진도까지 나가지 못했다. 엉뚱한 질문은 수업 내용과 관련이 있는지 되묻고 없으면 다음 쉬는 시간에 답해 준다고 처리했다." (J5)

"새만금 간척지에 대한 질문을 잘 설명했다. 그러나 면적이 서울보다 크냐는 질문에 비슷하다고 했는데 2/3 정도의 크기라는 것을 나중에 알게 되었다. 다시 정정해 주었지만 … ." (D6)

"질문이 많았는데, 엉뚱한 질문도 많아 곤혹스러웠다. 대답을 알맞게 해 준 건지 걱정스럽다. 교사는 자기 전공 지식뿐만 아니라 여러 가지 많은 배경지식도 함께 익혀야 하는 것 같다." (G7, P7)

"어떤 날은 수업 시나리오까지 작성해서 연습했기 때문에 별 어려움이 없을 것이라고 자신 있게 수업에 들어갔는데, 예기치 못한 질문들이 나와서 당황했다. 대답은 했지만 당황하고 흥분해서 학생이 이해했는지 확인도 못하고 수업을 했는데, 그때부터는 내가 무슨 말을 했는지도 모르겠고 끝날 때까지 내내 힘들었고 흥분이 가라앉지 않았다." (P8)

수업 진행, 수업시간 분배, 차시예고는 복합적으로 관련되어 나타나는 어려움이었다. 특히 수업 진행의 문제는 교생의 수업장악 능력이나 학생들과의 관계성 확보의 미숙함에서 비롯된 것으로 나타났으며, 수업시간 분배의 문제는 주로 학습자의 흥미 유발에 초점을 두고 준비한 자료로 인한 도입 부분에서의 지체로 수업의 마무리가 잘 되지 못한 것으로 나타났다.

"학생들을 조용하게 만드는데 부족함이 많다. 그렇다고 학생지적, 벌주기 등 강제적인 방법으로 조용하게 만드는 것이 어려운 일은 아니지만 … 좋은 수업을 통하여 주의집중하도록 해서 수업을 잘 진행하도록 노력해 보자!" (D1)

"수업을 시작할 때에 비해 뒤로 갈수록 집중도도 떨어지고, 점점 더 산만해져서 수업을 진행하기가 힘들어진다. 거의 매 수업시간마다 마지막 수업 정리가 잘 이루어지지 못한다." (J2)

"1학년들이 산만하긴 하지만, 00반은 워낙 산만해서 수업을 마음먹은 대로 진행을 못했다. 교생 수업시간에는 학생들이 더 그런 것 같다." (J3)

"우리 반 아이들이 1학년 중에서 수업태도 산만하고 질문도 많기로 소문이 났었는데 역시나 ... 다른 반에서는 똑같은 사진을 제시해도 질문이 많아야 5명 정도였는데, 우리 반 아이들은 반 전체가 난리도 아니다. 내가 거의 정신을 잃을 정도다. 도대체 우리 반은 수업을 어떻게 이끌어가야 할지 모르겠다." (D5, G5)

"제주도는 답사도 다녀왔고, 자료로 많아서 수업내용을 자신 있게 재구성했다. 정리 마무리 시간까지 다 계산했는데, 자료를 너무 많이 준비해서 도입 부분에서 시간이 길어져서 정리를 또 못했다." (G2, G3, J6)

"전시 학습을 확인하고 호남지방에 대한 설명에 들어가기 전에 질문으로 수업을 시작했는데, 도입에서 시간을 예정보다 많이 소모해서 수업 진행이 매끄럽게 되지 못했다." (J7, G9)

4) 교생들 '모두에게 해당하는 요소'와 실천의 지식

9명의 교생들 모두가 갈등이나 어려움을 겪었던 '모두에게 해당하는 요소'는, '교수에 대한 지식 '범주 등 4개 범주에서 6개 요소로 나타났다. 즉, 교과의 다양한 수업모형 및 전략에 대한 지식, 교수매체와 교수자료의 선택과 준비, 교사 자신의 언행, 학습자에 대한 기본적인 이해나 수준 고려, 학습결과의 확인, 형성평가 등의 요소에서 어려움을 겪은 것으로 나타났다.

먼저, 교과의 다양한 수업모형 및 전략에 대한 지식과 관련한 어려움은 주로 교생 자신의 지식이나 이해 부족에서 비롯되었으며, 학습자에 대한 기본적인 이해나 수준 고려의 문제와 관련되어서 나타났다.

"첫 수업이었다. 긴장도 많이 하고 걱정도 많이 했는데 수업 후에 느낀 점이 많았다. 가장 중요한 것은 중 1 학생들에 대한 이해가 전혀 없었다는 것이다. 학습내용을 내가 다

알고 있고 '내가' 수업을 잘 하면 된다고 생각했는데 학생들은 어려운 개념, 그리고 내가 그 개념을 설명하기 위해 '생각 없이' 말한 단어들을 이해하지 못했다. 결국 나의 첫 수업은 '지형학 강의'가 되어 버린 것 같다."(D1)

"수업을 시작할 때 '제주도에 가 본 사람 있어요? 손들어 볼까?'라고 질문을 하고 제주도에서 본 것 등을 질문했다(원래는 '제주도에 대하여 생각나는 대로 이야기해 보자.'라고 질문하려고 했는데 동료 교생 000가 그렇게 수업을 시작하여 수업내용이 계속 같아 질 것 같아서 다르게 질문한다는 것이 이렇게 질문하게 되었다.). 그런데 수업 후 제주도에 가 본 사람이라고 질문하지 말고 000처럼 질문하라고 다른 교생들이 수정해 주었다. 그 이유를 몰랐는데 뒤에 앉아 있던 교생이 말해 주길 '손 든 학생' 주변 학생들이 "좋겠다. 나도 가보고 싶은데 … " 등 부러움을 표시한 것이다. 그런 질문을 할 때 정말 이러한 생각을 못했었고, '중1 여학생'이라는 예민한 학생들은 그런 생각을 할 수 있겠구나 하는 뻔한 예측에 대해서는 내가 정말 학생들에 대하여 아무것도 모른다는 것을 깨닫게 되었다." (G1)

"ICT 교실에서 모둠별로 발표하는 수업을 했다. 학생들이 너무 떠들고 집중하지 않아서 수업을 진행하는데 힘들었다." (D2)

"학생들의 발표 수업이라 내가 할 일이 별로 없었다." (J2)

"발표하는 모둠에 대하여 사전 지식도 없이 수업을 시작해서 어려웠다." (J3)

"가장 어려웠던 점은 '교사가 학생들의 발표수업에 어느 정도 개입해야 하는가' 였다. 학생들이 틀렸다고 해서 교사가 너무 주도적으로 이끌어도 안 되고, 너무 방관하면 수업이 제대로 진행되지 않기 때문이다." (D4)

"제주도 농산물 수입개방에 대한 내용은 역할극으로 해 보면 재미있을 것 같아서 학생들에게 PPT로 간단한 방법을 언급해 주고, 준비할 내용을 알려 주었다. 그런데 역할놀이가 충분한 준비와 연습이 부족하여 학생들이 대본을 그대로 읽었으며 지루하게 진행되었다. 방청객 입장이었던 다른 학생들도 주의집중이 떨어져서 나중에는 엉망이 되었다. 방청객 질문도 잘 이루어지지 않았고 마무리 설명도 못했다. 내가 너무 쉽게 생각했나 보다." (D8)

둘째, 교수매체와 교수자료의 선택 및 준비와 관련된 문제는, '교수에 대한 지식' 범주 내의 다른 구성요소들과 관련될 뿐만 아니라 다른 범주의 여러 구성요소들과 상호 관련되어 나타나는 경향이 상대적으로 강하게 드러났다. 특히 교생들은 교수매체와 교수자료의 선택과 준비를 수업모형이나 전략과 동일시하는 경향이 있었다. 그리고 수업 전 계획에서 수업 후 반성에 이르기까지 교수매체와 교수자료의 선택이나 준비에 가장 많은 시간과 노력을 기울인 것으로 나타났다. 교생들은 교실수업에서 겪었던 어려움이나 문제는 대부분이 '좀 더 재미있고 다양한 자료'의 준비로 극복하려는 경향이 두드러졌다.

> "북부지방이 대륙을 연결하는 '관문역할'을 했다는 것을 설명할 때, 수업(자료)준비가 부족했고 교사가 알고 있는 지식으로 설명해서 학습자가 쉽게 이해하기 어려웠다고 생각한다." (D1)

> "000의 수업을 보고 '구글어스' 프로그램이 정말 좋은 교수-학습 자료라고 생각하고 구글어스를 함께 보았다. 참 애매하게도 이 모든 것을 마치니 25분가량이 지나 수업의 반이 지나가버렸기 때문에 수업을 마칠 수도 없고, 북부지방 단원을 다 나가기에도 무리인 듯했다. 그래서 어쩔 수 없이 … ." (D2)

> "새로운 단원이 시작되는 수업이고, 더욱이 북한 지형을 다루는 부분이어서 학생들이 우선 북한에 대해 쉽게 다가가도록 하기 위해 '충성이의 하루'라는 플래쉬 자료를 이용했고, 학생들에게 '북한'하면 생각나는 것에 대해 자유롭게 이야기하도록 했다." (D3)

> "나름대로 수업을 재미있게 하려고 '성주참외 판매 홍보문구'를 제시해서 수업을 시작했는데, 시작과 달리 반성해야 할 점이 많은 수업이었다." (D4)

> "포스코의 TV CF 광고 문구를 띄워 남동임해공업지역의 제철산업에 관심을 유발하고 공업지역을 설명했다." (J4)

> "만들어간 PPT는 교실 컴퓨터의 고장으로 할 수 없게 되었다. PPT에 사진이랑 도입부분에서 흥미 유발을 위해 이용하려 했던 것들이 있었는데 당황스러웠다. 판서를 하면서 설명을 한다고 했는데, 어떤 식으로 전달해야 쉽게 알아듣는지 몰라 설명하면서 나도 어지러웠다. 아이들이 산만해 지는 것을 보고도 진도를 나가야 했기 때문에 주의집중도 시키지 못하고 수업을 했다. 45분이 어떻게 끝났는지 지금도 알 수 없다." (D5)

"PPT 자료와 학습지를 이용해 교과내용을 정리했는데, 수업준비를 소홀히 해서 짜임새 있게 정리하지 못했다. 시간이 너무 많이 남아버려 학습지 문제풀이를 했는데 너무 길게 했다. 내가 너무 자신만만했던 탓으로 오늘 수업은 매끄럽지 못했다. 이 정도면 되겠지 하는 마음에 수업 준비를 소홀히 했다. 적극적이고 수업태도가 좋았던 반도 내가 엉망으로 가르치니 수업태도도 엉망이다. 크게 깨달은 게 있다. 학생들의 반응은 교사가 이끄는 것이다. 수업태도가 좋지 않다고 학생들을 탓할 게 아니란 걸 절실히 느꼈다. 한 주 수업 후 벌써 자만심에 빠진 것이 부끄럽고 창피하다. 철저한 교재연구와 수업방식의 연구와 고민은 멈추지 말아야 할 것이며, 적극적인 교사의 태도는 적극적인 학습으로 이루어 질 수 있다는 것을 느꼈다. 부끄럽지만 이번 실수를 통해 많은 걸 깨달았다." (D7)

"준비가 미흡했다. 더 철저히 준비했어야 한다. 사진과 동영상 등 재미있는 자료를 더 추가했어야 한다." (J7)

"너무 강의식으로 수업 내용을 구성한 것 같아서 사진과 동영상 자료를 이용하여 학습자의 흥미를 끌고 싶었다." (G7)

"PPT를 먼저 만들고 내용을 보태면서 수업준비를 해서 그런지 유기적으로 PPT Sheet를 연결하려고 노력은 했으나 조금 부족한 듯하였다." (D9)

셋째, 교사 자신의 언행과 관련된 갈등이나 반성은 개인에 따라 그 내용이 다르게 나타났지만, 주로 말이 빠르다는 것, 특정 언어나 행위를 반복한다는 것, 반말을 사용한다는 것, 한 시간 내내 교탁 앞에서 수업을 진행했다는 것 등이었다. 교생 자신은 물론 동료 교생의 언행에 대해서 공통적으로 '반말의 사용'에 대해서는 반드시 고쳐야 할 언행으로 지적하였다.

"말이 너무 빠르다. 그리고 000가 충고하는데 같은 제스처를 너무 많이 취하고, 수업 중간에 '이렇기 때문에'라는 말을 너무 많이 쓴다고 한다. 다음부터는 시정해야겠다." (J2)

"가끔 존칭과 비 존칭을 섞는 것이 아쉽다." (J3)

"내용을 지나치게 많이 전달하려다 말이 빨라졌다. 수업 진행이 다소 급하게 이루어졌다." (J4)

"우리 반이여서 그런지 편안한 마음에 수업 내내 반말로 수업했다." (D5, J6)

“000의 수업을 참관했다. 2주간의 교과 담임 선생님의 수업을 참관하고 난 후 실제 수업을 해서인지 선생님의 수업 방식과 유사하다는 생각이 들었다. 학생들에게 반말을 하면서 수업을 하니까 듣기가 안 좋았다.” (D6)

“문득 문득 튀어 나오는 반말 사용을 자제해야 한다.” (J7)

“한 시간 내내 교탁 앞에서만 서 있었다. 한 자리에서 수업을 진행했다.” (J8)

“나도 모르게 처음부터 반말로 수업을 해 버렸다.” (J9)

이들 요소 중에서 상대적으로 비중이 높게 나타난 요소인 학습결과의 확인과 형성평가는 그 실천에 있어서 갈등이나 어려움을 겪은 요소라기보다는, 이들 요소에 대한 교생들의 인식의 문제와 관련된 요소들이다. 충분히 인식하고 있었고 실행할 의지도 있었지만 수업과정에서 미처 실시할 시간이 없었거나, 수업과정에서는 미처 생각하지 못했지만 수업 후 반성 과정에서 학습결과를 확인하지 못했고 형성평가를 실시하지 않았음을 인식하게 된 요소들이다.

이에 비해 교과의 다양한 수업모형 및 전략에 대한 지식, 교수매체와 교수자료의 선택과 준비, 학습자에 대한 기본적인 이해나 수준 고려와 관련된 문제는 상대적으로 그 비중도 높게 나타났지만, 모든 교생들이 수업실습에서 겪은 갈등이나 어려움이라는 관점에서 그것이 주는 의미를 주의 깊게 관찰할 필요가 있다.

특히 교과의 다양한 수업모형 및 전략에 대한 지식과 관련된 문제는 수업 전 계획에서 수업 후 반성에 이르는 전 과정에서 모든 교생들이 겪은 갈등과 어려움이라는 점에서 이것이 의미하는 바를 진지하게 고려해야 할 필요가 있다. 교생들이 수업실습에서 갈등이나 어려움을 겪는 요소들 각각에 대해서 좀 더 구체적인 맥락에서 연구가 이루어지고 그것의 의미가 탐색되어야 하지만, 무엇보다도 모든 교생들이 어려움을 겪은 것으로 나타난 ‘전체적인 요소’에 대해서는 예비교사 교육과정에서 우선적으로 고려해야 할 것이다.

5) 정리

수업실습 경험은 교생들이 그동안 대학에서 이론적으로 학습한 교수내용지식을 점검해 보고, 실제 지리 수업에서 필요한 실천적 지식에 대해서 구체적으로 경험하고 숙고해 볼 수 있는 중요한 기회이다. 이에 본 장에서는 9명의 교생들이 45시간의 지리 수업실습을 통해서 어려움이나 갈등을 경험한 실천적 지식의 내용과 그에 대한 실천의 지식을 살펴보았다. 분석 대상은 교생들이 행위 후 반성 혹은 실천 후 반성으로 작성한 기록물과 면담 자료이며, 주요 내용을 정리하면 다음과 같다.

먼저, 실천적 지식의 한 측면이자 바탕이 되는 실천적 지식의 내용은 교수내용지식의 구성요소와 특히 유사하기 때문에 이들에 대한 주요 논의들을 중심으로 실천적 지식의 내용 범주와 그 구성요소를 구분하여 분석의 틀을 구성하였다. 이에 실천적 지식의 내용은 9개 범주의 39개 구성요소로 구성하였고 이를 바탕으로 교생들의 실천적 지식의 내용을 분석하였다.

둘째, 실천적 지식의 내용 범주 9개 중에서 교생들이 실제 수업에서 어려움이나 갈등을 겪은 실천적 지식은 '교과 교육의 목적과 가치에 관한 지식', '교육과정에 대한 지식' 그리고 '일반 교육학적 지식'을 제외한 6개 범주의 25개 구성요소로 나타났다. 이중에서도 '교과내용에 관한 지식' 범주의 구성요소인 '특정 지역이나 특정 영역에 대한 지식이나 이해'는 지리 교과의 영역 특수적인 실천적 지식으로 나타났다.

셋째, 교생들이 수업실습에서 갈등이나 어려움을 겪은 실천적 지식의 내용을 '수업 전 계획', '수업과정', 그리고 '수업 후 반성'으로 구분하여 살펴보면 '수업과정'에서 겪는 어려움이나 갈등이 가장 많았고, '수업 전 계획'에서는 가장 적은 것으로 나타났다. 실천적 지식의 내용 구성요소별 특징을 살펴본 결과, '교수에 대한 지식' 범주에 속하는 '교과의 다양한 수업모형 및 전략에 대한 지식'은 수업 전 계획에서 수업 후 반성에 이르는 전 과정에서 갈등이나 어려움을 겪었던 요소로 나타났다.

마지막으로, 실천적 지식의 내용을 구성하고 있는 요소를 교생 개인별 특성의 관점에서 정리해 본 결과, 교생들이 어려움이나 갈등을 겪은 구성요소는 크게 4가지 유형으로 나타났다. 즉 9명의 교생들 중에서 1~2명만이 어려움이나 갈등을 경험한 지극히 개인적인 요소와 4~5명의 일부 교생들만이 경험한 것으로 나타나는 부분적인 요소가 있었다. 그리고 6~7명 정도의 대부분 교생들이 경험한 것으로 나타나는 요소와 9명의 교생들 모두가 어려움이나 갈등을 경험한 요소가 있었다. 9명의 교생들 모두가 갈등이나 어려움을 겪었던 요소는, 교과의 다양한 수업모형 및 전략에 대한 지식, 교수매체와 교수 자료의 선택과 준비, 교사 자신의 언행, 학습자에 대한 기본적인 이해나 수준 고려, 학습 결과의 확인, 형성 평가 등의 6개 요소로 나타났다.

이상의 내용을 통해서, 교생의 실천적 지식에서 행위 중 반성과 행위 후 반성이라는 이분법적인 개념이 지극히 이론적이라는 것을 확인할 수 있었다. 물론 행위 중 반성과 행위 후 반성의 개념을 포기해야 한다거나 무의미하다고 주장하는 것은 아니다. 보다 중요한 것은 교사가 그러한 반성적 행위에 참여하거나 경험할 수 있는 시간과 장소의 의미가 더 실제적이고 교육적이라는 것이다.

교사의 일상이 학생들과 함께 하는 동안에, 종종 순간의 자극이나 동기에 반응해야만 할 때가 있다. 자리에 와서 앉거나, 생각하기 위해 멈추거나, 다음에 해야 할 것이 무엇인지를 숙고해 볼 시간은 거의 없다. 가르치고 있는 그 순간에도 교사는 행동하고 반성하는 것을 끊임없이 반복한다. 숙련된 교사는 주어진 상황의 우연성에서 현존하면서도, 특정 수준에 도달한 주의 깊음 혹은 반성적 숙고의 능숙함을 발휘한다. 교사로 하여금 '멈추어서 생각하도록 만드는 반성', 즉 상황에 따라 이루어지는 동시적인 반성은 소위 말하는 행위 중 반성이나 교사 자신의 행동을 반성적으로 자각하는 것과는 매우 다른 것이다(Roth, 2002).

교생들은 동료 교생들의 충고와 조언, 상호간의 수업관찰을 통해서도 교실 수업의 실제를 경험했다. 교생들은 가르치면서 배우고, 배우면서 가르치는 프락시스에서 나름대로의 실천적 지식을 실천하고 경험했지만, 실천의 지식은 다소 일시적이고 임시변통이었다. 무엇보다 교생들 각각은 저마다의 다른 성장 배경, 교육철학, 경험, 그리고 신념과 가치를 가지고 있었으며, 각기 다른 교실 환경 속에서 성격과 기능의 개체 특이성(idiosyncrasy)을 드러내고 있음이 관찰되었다. 즉 저마다의 특이한 관점에서 실천적 지식을 구성하고 행동하며 판단하였다.

교사는 자신들의 행위를 묘사하고 설명해 주는 이론이나 일반적인 원리의 도움 없이도, 현재 주어진 상황에서 자신이 어떻게 기능하고 개입해야 하는지에 대해서 즉각적으로 인식하고 이해할 수 있는 특별한 감각이 필요하다. 그러므로 교수의 실제에 대한 연구는, 실천적 지식의 경험적인 질에 대해서 섬세하게 밝혀야 하며, 대부분이 즉각적이고 순간적인 교사의 앎과 실제 시간에서 이루어진 행동, 그리고 교사의 몸과 바로 마주하고 있는 교실 세계에서 발생하는 이슈들을 인정할 필요가 있다.

교사의 실천적 지식은 그 교사가 이 교실과 이 복도와 이 교무실에서 생생하게 체험했던 경험이다. 실천적 지식은 한 사람의 교사로서 체험했던 경험으로써, 학생을 이해하고, 가르쳐야 할 교과의 내용을 완전하게 습득하며, 학교와 교실이라는 세계가 가지고 있는 특유의 분위기에서 체득한 경험이기 때문이다(Roth, 2002).

해석주의적 입장에서 현장교육연구의 실행을 이론화한 McCutcheon(1995)은 현장 교사가 직면한 가장 중요한 문제는 실제적인 성격을 띠고 있는 판단의 문제라고 보았다. 즉, 무엇을 선택하여 어떻게 가르칠 것인가 하는 문제는 언제나 불확실한 과정 속에 있으며, 교사의 반성적 탐구 없이는 결코 해결점에 다다를 수 없다고 역설한다. 따라서 교사들은 복잡한 교실 상황에서 보다 효과적이고 교육적인 교수-학습과 관련된 계획과 제반 의사결정의 수준을 질적으로 향상시키기 위해서는 자신의 의중과 실천이론을 사려 깊게 분석하고 반성해야 한다고 주장한다.

이에 본 장의 내용은 예비교사 교육 프로그램의 개선 및 이론과 실천의 간극에 대한 이해는 물론, 교생들로 하여금 자신들이 가지고 있는 실천적 지식을 계속적으로 반성하고 개발해 나아가는 데 필요한 참고자료가 될 것이다.

제7장
교육실습생의 수업조직과 실천적 지식의 구성

1. 상황 속에서 협력하는 교육실습

예비교사 양성과정에서 중요하면서 특별한 경험을 제공하는 교육실습에서 예비교사들은 여러 가지 어려움을 겪고 있음이 보고되고 있다. 예비교사들이 교육실습에서 겪는 어려움의 대부분은 교실수업과 관련된 것이며, 교실수업 즉 수업실습과 관련된 어려움은 교사의 전문성 발달이라는 궁극적이고 목적적인 과정에서 근본적으로 고려되어야 할 대상이다. 교육실습이 예비교사 교육에서 특히 중요한 교육과정으로서의 역할을 수행하기 위해서는 예비교사들로 하여금 자신의 수업실행에 대한 반성 및 평가 기회를 가지도록 하는 것과 함께 이들의 수업실행에 대한 교사 교육자들의 성찰과 협력이 이루어져야 한다.

교육실습에서 이루어지는 예비교사들의 수업실행 경험은 "내가 나의 실천을 어떻게 향상시킬 것인가?"에서 예비교사 양성기관의 교사 교육자들과 함께 "우리가 우리의 실천을 어떻게 향상시킬 것인가?"의 실행연구과제로 인식되고 탐구되어야 한다(Wahl, 2007 참조).

이에 본 장에서는 말 그대로 '상황 속에서의 협력적인 문제 분석과 해결'을 모색하여(Portman, 2007) 교육적 실천을 강화하는 노력을 시도해 보았다. 무엇보다 연구자는 교육실습생들의 수업실습과 그들의 반성적 실천을 함께 노력하는 동반자로 참여하여 대학과 현장의 협력적 지도를 시도했고, 이론에서 실제로의 이행을 도와주는 다리(bridge)가 되어 보려고 했다.

'다리'의 은유적 의미는 실행연구(자)의 역할로서, 이론에서 실제로의 다리, 직업적인 영역과 개인적인 영역을 함께 조합하는 다리, 교사 교육자와 현장 교사를 하나로 통합하는 다리, 노련한 교사와 새내기 교사를 함께 연결하는 다리 등을 의미한다(Wu and Tyan, 2007). 자연스러운 다리가 되고, 교생들의 교육실습을 우리들의 경험으로 공유하려 노력했지만, 교생을 대상화하여 그들의 경험으로 주시해 보는 한계는 여전하다.

교실수업 연구자는 항상 가능한 많은 수업에 직접 참여, 관찰하고 자료 수집이 포화된 상태에 이르기를 노력하지만, 언제나 소극적인 참여가 이루어진다. 교생들의 지도교수까지 교실을 관찰하는 일은 학교행정가, 지도교사, 학생들, 교생들 모두에게 번거로움을 주게 될 뿐만 아니라 학생들의 학습을 방해할 수도 있기 때문이다.

교실수업에 대한 선행연구 중에서 질적 접근으로 이루어진 연구들이 주시하는 관점과 용어의 사용은 차이가 있지만, 선택한 연구주제는 몇 가지 범주로 구분될 수 있는 공통점이 있다. 수업조직, 참여구조, 교실상호작용, 교수학적 변환, 교실 관리 등이 그 범주이다. 또한 이들 연구 범주는 실제 수업에서 이루어지는 교사의 실천적 지식이 어떻게 실행되는가와 관련되는 내용이라는 점에서 공통적이다.

이것은 수업이라는 현상을 이해하기 위해서 핵심적으로 다루어야 할 영역이나 주제가 분명히 존재한다는 것을 의미하기도 하지만(김혜숙, 2006a), 전문가로 성장해야 할 예비교사가 우선적으로 갖추어야 할 지식이 무엇이어야 하는가를 의미하기도 한다. 이에 본 장에서는 수업조직을 예비교사가 우선적으로 갖추어야 할 실천적 지식의 범주로 규정하고, 두 교생이 교육실습 기간 중에 경험하는 수업실습에서 이들이 구체적으로 어떻게 구성되며, 무엇을 어떻게 실천하고 반성하였는지에 대해 참여 관찰하였다.

본 연구주제를 선정하고 전반적인 연구계획을 수립했을 때, 질적 연구의 원활한 진행과 소기의 목적을 수행하기 위한 최소한의 필요조건이 제기되었다. 그것은 첫째, 교생들의 교육실습이 체계적으로 진행되는 학교이어야 하며, 교생들의 수업실습이 충분히 이루어질 수 있는 중학교이어야 한다. 그리고 실습학교는 특수한 경우이기보다는 일반적인 규모의 학교로, 사회과 혹은 지리과목이 정규과목으로 편제된 경우이어야 한다는 것이었다. 둘째, 지도교사는 오랜 경험을 바탕으로 교생들을 세심하고 성의 있게 지도해 줄 수 있는 지리 전공 교사이어야 한다는 것이었다. 셋째, 무엇보다도 사례 교생은 본 연구자와 어느 정도 친밀감이 형성되어 있어서, '자신들의' 이야기를 솔직하고 구체적으로 드러낼 수 있어야 했다. 그래서 연구내용에 흔쾌히 동의해 줄 수 있을 뿐만 아니라 연구자를 협력적인 관계로 인정해 줄 수 있는 경우이어야 했다.

이러한 조건을 만족하는 '준거적 선택'을 통해서, 연구대상 교생과 실습학교, 지도교사가 선정되었다. 연구대상 교생을 두 명으로 예정하지 않았지만, 서로 절친해서 '조언과 격려는 물론 쓴 소리'를 주고받으며 생각대로 잘 되지 않는 수업실습을 서로 협력해서 반성적으로 실천할 수 있는 관계이기에 두 교생으로 결정하였다.

두 교생의 지도교사는 50대 중반의 교직경력 28년차 여교사로 지리교육을 전공했고, 실습학교의 사회과 부장교사로서의 역할을 다하는 교사였으며, '수업을 노련하게 잘 하는 교사'로 인정받고 있는 교사였다. 보다 중요한 것은 실습협력학교의 교사로서 교육실습을 '귀찮은 의무' 보다는 '마땅히 잘 도와주어야 할 일'로 생각하고 있으며, 교생들에 대해서는 '내 자식과 같은 나이의 어린 학생들'로 '열심히 도와주고 가르쳐 주어야 할' 긍정적인 대상으로 인식하고 있는 교사라는 점이다. '참견과 지적'은 최소화하고 "뒤에서 말없이 지켜보고 도와주겠다."는 생각을 가지고 있는 지도교사의 교생들 지도방식은 '숙련된 교사 밑에서 경험을 쌓는' 도제식 교육실습의 기본가정을 충족하는 것이었다.

이와 같은 준거적 선택은, 교육실습 학교와 지도교사에 따라 교육실습 특히 수업실습은 다양한 양상으로 이루어지고 있다는 점과 그에 따라 교생들이 수업을 경험하는 과정 또한 다양한 양상으로 나타난다는 점에서 중요한 의미를 갖는다.

본 장에서 채택한 연구전략은 질적 사례연구이다. 사례연구는 다른 연구전략과 마찬가지로 특정 선례에 따라 경험적인 주제를 연구하는 방식으로서, 어떻게 혹은 왜라는 의문이 제기될 때, 연구자가 상황이나 사건에 대해 통제할 수 없을 때 그리고 연구의 초점이 실생활의 맥락과 관련된 현재의 현상일 때 주로 선호되는 방법이다. 특히 사례연구는 소수 또는 단일 사례에 대해 상당히 깊이 있게 탐구하여 많은 양의 정보를 가지고 연구할 수 있다.

사례연구를 질적으로 수행한다는 것은 연구의 목적이 가설을 검증하는데 있는 것이 아니라 현상을 이해하는데 있음을 뜻한다. '이해'한다는 것은 행위자의 행동 이면에 내재된 의도와 의미를 그 행위가 이루어진 상황 맥락 속에서 파악하는 것이다(박윤경, 2004). 이에 본 장에서는 두 교생을 사례로 그들의 수업실습에서 이루어지는 수업실행을 참여 관찰하여 교생들의 지리 수업조직에 대한 실천적 지식의 구성에 대해 보다 구체적이고 심층적으로 서술하고, 그 반성적 실천을 분석적으로 해석하고 이해하고자 한다.

본 장에서는 주로 참여관찰과 심층면담으로 자료를 수집하였다. 두 교생들의 수업에 대한 참여관찰은 이들의 교육실습이 이루어진 2007년 5월에 이루어졌다. 참여관찰은 Spradley(1980)가 제시한 서술관찰(descriptive observation) → 집중관찰(Focused observation) → 선별관찰(selective observation)의 순서로 이루어졌다(Spradley, 이희봉 역, 1988). 수업 관찰 자료는 동영상 녹화와 관찰 노트의 기록으로 수집하였다.

심층면담은 수업관찰 기간 동안에 중점적으로 이루어졌지만, 교육실습 이후에도 계속되었다. 연구자와 교생들 간의 심층면담은 구조화된 면담과 반구조화된 면담 형식으로, 일대일 면담과 3자 공동

면담으로 이루어졌다. 연구자와 일대일로 이루어진 지도교사와의 면담은 비구조화된 개방적인 면담으로 이루어졌다.

이렇게 수집된 자료는 크게 네 가지 유형이다. 첫째는 교생들의 내면적인 상태를 드러내는 수업일지와 면담일지이다. 둘째는 연구자가 작성한 수업 관찰노트와 수업 전사자료이다. 셋째는 교과서, 사회과부도, 학습지이고, 넷째는 지도교사의 지도 내용 메모지, 교육실습과 관련한 공식적인 유인물과 그 밖의 비공식 자료이다. 이와 같은 자료의 수집과 분석의 과정은 모든 질적 연구에서 그러하듯이, 반복적이고 순환적으로 이루어졌다.

2. 두 교생의 실천적 지식의 배경

실천적 지식이란 교사의 지식에 대한 이분법적인 사고, 즉 이론과 실천, 인지적 영역과 감정적 영역, 산출로서의 분석적 지식관과 과정으로서의 현상학적 지식관을 결합하는 특별한 관점이면서 지식 영역 간에 존재하는 차이를 연결짓는 개념이다(Elbaz, 1980, 48). 이러한 실천적 지식은 교사 자신이 가지고 있는 이론적 지식을 상황에 맞도록, 자신의 가치관이나 신념을 바탕으로 종합하고 재구성한 지식이다(Elbaz, 1981).

교사의 수업실행은 복잡한 교실 상황과 관계되는 다양한 이론이나 자신의 경험을 토대로 스스로 구성한 실천적 지식에 근거하게 된다. 이에 본 연구에서는 두 교생의 심층 동기와 그동안의 학교 생활경험과 이론적 지식의 구성 그리고 수업조직에 대한 실천적 지식의 구성과 반성적 실천의 과정을 계열적으로 살펴보고자 한다.

1) 심층 동기와 학교 경험

두 교생의 실천적 지식 구성에 중요한 영향을 미칠 수 있는 것은 여러 가지이지만, 그중에서도 많은 연구자들이 특히 동기와 신념, 그동안의 학교 경험을 강조한다(양은주 등, 2007). 이에 주목하여 두 교생의 학교 경험을 '지리교사'에 대한 동기 발달과정의 관점에서 시간 축 위에 투사하면 다음의 그림 7-1, 7-2와 같다. 두 교생의 학교경험은 면담 자료를 바탕으로 '이들 자신의 고유한' 주관적 경험에 주목하면서 주요 변화의 패턴을 시간 축으로 나타낸 것이다. 이것은 교생들의 심층 동기의 형성과정에 국한하여 경험의 본질을 이해하고 그 결과를 해석한 것이기도 하다.

◀ - - - - - - - - ▶

초등3	중2	고1	고2	고3	대학1	대학2	대학3	대학4	졸업 후
영어에 흥미	영어선생님'을 막연히 동경	공통사회(하)는 지리 선생님께 혼날까봐 공부한 교과	모의고사 점수로 인해 '영어교사' 포기	세계지리에 흥미, '지리교육과'진학을 결심. '지리올림피아드'에 자발적으로 응시	얼마나 빨리 지리교사가 되느냐에 관심	답사 동아리에서 주도적으로 활동	어떤 교사가 되어야 하는가?'를 고민	교육실습을 통해 실천적 지식, 반성과 실천 등의 중요성을 인식	교육대학원 진학

그림 7-1. 최연희 교생의 '지리교사'에 대한 동기 발달 과정

"제가 교사가 되어야겠다고 생각한 것은 중학교 2학년 이후입니다. 원래 장래희망은 TV에 나오는 아나운서나 MC가 되는 것이었지만, 발음구조상의 문제(혀가 좀 짧은 것 같음)가 있음을 느끼고 고민하던 중, 부모님과 친구들이 선생님이 잘 어울린다고 해서 막연한 동경으로 선생님이 되어야겠다고 생각했습니다. 그리고 당시에 가장 좋아했고 잘 한다고 느끼던 영어 교사가 되기로 했지만, 고등학교 2학년 때부터 영어 모의고사 점수가 더 이상 오르지 않게 되면서 영어에 대한 자신감과 흥미를 잃게 되었습니다. 그러던 중 고3이 되어 세계지리를 공부하면서 지리교사의 꿈을 키웠습니다. … 지리교육과에 입학한 후에 저의 관심은 '어떤 교사가 되어야 하는가?' 보다는 '얼마나 빨리 교사가 될 수 있느냐?'는 것이었습니다. 그러나 3학년 이후 교과교육 관련 수업을 들으면서 비로소 '어떠한 지리교사가 되어야 하는가?' 에 대한 고민을 하였습니다. … 지금 나는 '좋은 지리교사가 될 수 있을까?' 라는 물음에 대한 불확실성이나 '어떻게 잘 가르칠 것인가?'에 대한 고민은 여전합니다. 하지만 이러한 고민을 하고 있다는 그 자체가 한편으로는 뿌듯합니다. 예비지리교사로서의 나를 발견하는 것 같기 때문입니다." (최연희 면담일지-2008-8-13).

◀ - - - - - - - - ▶

초등6	중1	중3	고1	고2	고3	대학1	대학2	대학3	대학4	졸업 후
'가르치는 사람'이 꿈	사회시간을 좋아함	사회는 숙제와 발표도 열심히 했지만, 어려운 과목	수학을 잘 한다는 이유로 이과에 편성됨	국립대학 사범대학 진학을 결정함, 1순위는 국어, 2순위는 지리교육과.	국립대학교 인문대학에 진학 결정	사범대학 지리교육과로 전과 준비	답사 동아리 활동을 통해 지리교육과에 더욱 매력을 느낌	지리교육론을 수강하면서 교과에 대한 자부심이 생김	교육실습을 통해 '지리적 지식'의 부족 실감하고 반성함	교육대학원 진학

그림 7-2. 김소희 교생의 '지리교사'에 대한 동기 발달 과정

"나의 꿈은 늘 가르치는 사람이었다. 플루트를 배우면서도 플루트 연주자가 아닌 플루트란 악기를 가르칠 수 있는 사람이 되기를 꿈꾸었고, 바둑을 배우면서도 바둑을 설명해 주는 사람이 되기를 꿈꿨다. … 사범대학에 진학해야겠다고 마음먹은 것은 고2부터다. 물론 1순위는 국어교육과이고, 2순위는 지리교육과였다. 사람 냄새가 나는 교과들을 좋아했는데, 국어와 지리에서 그런 느낌을 받았었다. 고1때 수학 점수가 잘 나온다는 이유와 '네가 문과에 가서 할 수 있는 것이 뭐가 있냐?'는 담임 선생님의 단호한 한마디로, 이과를 선택했던 나는 다시 문과로 전과했고 뒤늦게 사회공부를 하게 되었다. 그래서 인터넷 학원 수업을 많이 들었는데, 문학 작품들이나 역사적 사실과 관련짓는 설명을 들으면서 지리 수업에 재미를 느꼈으며 지리에 대한 흥미가 더욱 커졌다. 고3때 최악의 수능 점수로 인해 국립대학교 사범대학에 진학할 수 없어서 인문대학에 진학하게 되었다. … 처음부터 원하는 과가 아니었기 때문에 대학생활이 즐겁지 않았다. 수능을 다시 준비하려고 했는데, 전과라는 방법을 알게 되었고 지리교육과로 전과하게 되었다. 2학년부터 '답사'를 통해 지리에 대한 매력은 더욱 강하게 느끼게 되었다. 3학년에서는 지리학과와 지리교육과가 어떻게 다른지, 지리교사가 되기 위해 필요한 지식뿐만 아니라 마음가짐을 다지게 되었다. 교육학 수업을 들으면서 수업시간에 배운 이 내용들을 실제로 어떻게 적용할지 혼란을 느꼈다. … 지금 나는 그렇기 때문에 교사가 되고 싶다는 생각보다는 그럼에도 불구하고 교사가 되고 싶다. '교사라는 직업은 이런 이점이 있어'라기 보다는 '요즘 교실이 무너지고 있대'라는 소리를 들어도 지리교사가 되고 싶다." (김소희 면담일지-2008-8-13).

예비교사들의 교직에 대한 심층 동기를 질적으로 연구한 결과(양은주 등, 2007)에 의하면, 예비교사들이 교사가 되고자 하는 동기를 형성해 가는 다양한 양상은 본질적인 동기(intrinsic motivation), 발생적 동기(generative motivation), 비본질적 동기(extrinsic motivation)의 세 가지 수준의 유형으로 나타난다.

'본질적 동기'의 수준이란 교사로서의 삶 그 자체에 절대적인 의미와 내재적인 가치를 실감하여 간절히 열망하는 상태에 이른 경우이다. 이는 직업적 안정성과 같은 외재적이고 부차적인 가치 때문에 혹은 다른 직업과 비교하여 더 낫다는 판단에서 교직의 길을 추구하는 경우와 근본적으로 다르다. 이것은 예비교사에게 가장 바람직한 심층 동기의 상태이다.

'발생적 동기'의 수준은 교사에 대한 의미와 가치를 새롭게 형성해 가고 있는 상태를 말한다. 처음에는 교사로서의 삶에 큰 의미를 부여하지 못했지만, 사범대학에서 다양한 계기를 통해 '은연중에' 그 가치를 조금씩 알아가는 상태이다. 앞으로의 경험에 따라 긍정적·부정적 변화 모두에 열려진 수준이라는 점에서 본질적 동기와 구별된다.

'비본질적 동기'란 자신이 스스로 그 본질적 가치를 실감하지 못한 채 외재적이고 수단적인 가치를 쫓는 상태를 말한다. 성적 수준이나 직업적 안정성과 같은 부차적인 가치 때문에 사범대학 혹은 학과를 선택하는 경우이고, 그것이 사범대학 교육을 통해서도 별다른 변화를 겪지 못한 경우이다.

두 교생은 예비교사에게 가장 바람직한 심층 동기인 '본질적 동기'를 가지고 있는 경우이다. 일찍부터 '지리교사'로서의 삶을 열망하거나 희망해 온 것은 아니지만 적어도 '가르치는 사람'이나 '교사'로서의 삶을 동경했고 그것을 스스로 선택하였다. 지리교육과의 '답사 동아리'나 '지리교육 관련 강좌' 수강을 통해서 '어떤 교사가 되어야 하는가?'를 고민하고 '지리교육'에 대해서 자부심을 갖게 된다. 이들에게 사범대학 지리교육과의 교사 양성과정은 긍정적인 경험으로 작용하였으며, 좀 더 '좋은 지리교사' 와 '잘 가르치는 지리교사'가 되고자 '교육대학원' 진학을 결심하는 과정을 통해 '지리교사로서의 삶'에 대한 동기는 강화되었다.

물론 이들 두 교생의 '지리교사'가 되기 위한 동기가 가장 바람직한 심층 동기인 '본질적 동기'가 본 연구에서 주목하는 지리 수업의 조직에 어떤 영향을 주거나 줄 수 있는지의 직접적인 관련은 분석하지 않았지만, '지리 수업조직'이라는 실천적 지식의 구성을 적극적이고 능동적으로 이끄는 배경으로 작용하였다는 추론적 해석은 가능하다. Catling(2003, 217-224)에 의하면, 두 교생의 교육대학원 진학은 지리교사로서 전문성 발달의 초기 과정에 입문한 것이다. 또한 전문성 발달을 저해할 수 있는 개인적 장애요인을 극복한 경우이기 때문에 두 교생은 전문성 있는 지리교사로 성장할 수 있다고 전망한다.

2) 이론적 지식의 구성과 대학 생활

두 교생은 각기 다른 도의 지방 소도시에서 일반계 고등학교를 졸업하고, 2004년 00시에 소재한 국립대학교 사범대학과 인문대학에 진학한 학생들이다. 사범대학의 역사・지리・사회학과군과 인문대학 인문Ⅲ군에서 1학년을 보낸 이들은, 2학년이 되면서 지리교육과로 진학하여 처음 만났고, 기숙사 생활을 하면서 절친해졌다. 이들은 나름대로 학과 공부를 열심히 했을 뿐만 아니라, 학과 답사동아리 회원으로 매년 4회 이루어지는 답사에 반드시 참가하였다. 3학년 때에는 답사동아리 실무자로서 답사를 계획하고 진행하는 역할을 적극적으로 수행하였다.

두 교생의 실천적 지식 구성에서 이론적 지식의 바탕이 되는 대학의 이수 과목은 표 7-1과 같다. 국립 사범대학 지리교육과를 다니면서 4년 동안 이수한 과목은 크게 교양과목, 교직과목, 제1전공(지리교육), 제2전공(공통사회)으로 구분된다. 표에서 교양과목은 생략한다. 두 교생이 이수한 과목의 수나 종류는 거의 같다. 이것은 두 교생의 이론적 지식의 구성 배경이 같다는 것을 나타내는 것이지만, 이들 지식의 내면화된 양상이나 그것의 실제나 실천도 같을 것을 전제하는 것은 아니다.

이들에게 교양 과목은 1학년에서, 교직 과목은 2·3학년과 계절 학기까지 활용해서 졸업과 교사 자격증 획득에 필요한 '필수 학점'을 이수하기에 급급했던 과목들이었다. 지성인으로서 갖추어야 할 폭 넓은 교양이나 예비교사에게 요구되는 교직 기초를 잘 이해할 수 없었을 뿐만 아니라 이에 대한 자발적인 흥미나 관심도 없었던 과목들이었다.

> "일단 이수하고 보자라는 인식이 컸던 과목이었다. 1학년은 교양과목 학점 채우느라 교직과목을 신청할 엄두를 못 냈고, 2학년 여름 계절학기부터 사정이 되는대로 수강하여 3학년 2학기에 필수 학점 이수를 마쳤다. 학점 이수에 급급하여 '내가 이 과목을 왜 공부하는가?'에 대해 생각하거나 '교육이란 무엇인가?' 등에 대한 고민은 없었고, 오히려 '이 과목은 정말 배워야 하는가?'에 대해 의문을 가졌으며, 당시에는 배우는 내용들이 별로 쓸모 있게 여겨지지 않았다." (최연희 면담일지-2008-7-25).

> "사범대생들의 필수 강좌인 교육학 강좌는 언제나 제한적으로 개설되어 첫날 오전에 수강 신청이 마감되었다. 첫날 이른 시간부터 컴퓨터 앞에 대기하고 있다가 접속되는 대로 신청하였기 때문에 먼저 들었으면 좋을 '교육철학 및 교육사'는 4학년 때 듣는 등 순서 없이 수강했다. 4학년 때 임용 시험을 준비하면서 '내가 대체 교육학 시간에 뭘 하고 있었던 것인지 의문이 드는' 강좌들이었다. 교육학 강좌들은 교수님의 설명에서 오는 따분함인지 강좌 자체에서 오는 딱딱함인지 수업 전과 후의 지식에는 차이가 없었던 시간들이었다." (김소희 면담일지-2008-7-14).

2학년부터 시작되고, 3학년이 되면서 본격적으로 공부하게 된 전공과목은 크게 지리교육 영역과 지리학 영역으로 구분된다. 지리교육 영역은 교원자격검정에 따라 매우 제한적으로 개설된 필수 과목 3개 강좌를 이수하지만, 긍정적인 동기와 자발적인 흥미를 가지고 있었기 때문에 예비 지리교사로서의 정체성이 형성되는 계기가 되었다. 지리학 영역은 지역지리, 인문지리, 자연지리별로 그 특징이나 차이를 조금씩 파악하게 되지만, 공통적으로 공부하기 어려웠던 과목들이었다. 처음 듣는 어려운 전공 용어, 깊이 있는 지식들을 이해하지도 못한 채 시험을 치른 과목들이었지만, 반복 학습과 토론 등을 통해서 조금씩 깨우치게 된다.

표 7-1. 두 교생의 이수 교과목

이수 영역		최연희		김소희	
교직 과목	교육학 일반	교육철학 및 교육사(2) 교육방법 및 교육공학(2) 교육과정 및 교육평가(2) 교육학 개론(2) 교육사회(2) 교육행정 및 교육경영(2) 교육심리(2)	7개 과목 (14학점)	교육철학 및 교육사(2) 교육방법 및 교육공학(2) 교육과정 및 교육평가(2) 교육학 개론(2) 교육사회(2) 교육행정 및 교육경영(2) 교육심리(2)	7개 과목 (14학점)
제1 전공 (지리 교육)	교과 교육학	지리교육론(3) 지리과교재연구(3) 지리과지도법(3) 교육실습(3)	4개 과목 (12학점)	지리교육론(3) 지리과교재연구(3) 지리과지도법(3) 교육실습(3)	4개 과목 (12학점)
제1 전공 (지리 교육)	교과 내용학	자연지리학 및 실습(3) 지형학 및 실습(3) 구조지형학 및 실습(3) 기후학(3) 유럽지리(3) 한국지리(3) 아시아지리(3) 인문지리학(3) 경제지리학(3) 유통·정보지리학(3) 인구지리학(3) 도시지리학(3) 촌락지리학(3) 사회지리학(3) 정치지리학(3) 지역개발론(3) 지리학사(3) 응용지리학(3)	18개 과목 (54학점)	자연지리학 및 실습(3) 지형학 및 실습(3) 구조지형학 및 실습(3) 기후학(3) 유럽지리(3) 한국지리(3) 아시아지리(3) 인문지리학(3) 경제지리학(3) 유통·정보지리학(3) 인구지리학(3) 도시지리학(3) 촌락지리학(3) 사회지리학(3) 정치지리학(3) 지역개발론(3) 지리학사(3)	17개 과목 (51학점)
제2 전공 (공통 사회)	교과 교육학	사회과교재연구(3) 사회과지도법(3) 역사과교재연구(3) 역사과지도법(3) 공통사회과교육론(3)	5개 과목 (15학점)	사회과교재연구(3) 사회과지도법(3) 역사과교재연구(3) 역사과지도법(3) 공통사회과교육론(3)	5개 과목 (15학점)
제2 전공 (공통 사회)	교과 내용학	역사학개론(3) 한국사개설(3) 서양중세사(3) 서양사개설(3) 한국사회발전사(3) 사회와정치(3) 경제원론 I (3) 문화인류학원론(3) 법학(3)	9개 과목 (27학점)	역사학개론(3) 한국사개설(3) 한국중세사(3) 서양사개설(3) 한국사회발전사(3) 사회와정치(3) 경제원론 I (3) 문화인류학원론(3) 법학(3)	9개 과목 (27학점)
		총 52개 과목 122학점		총 51개 과목 119학점	

> "나는 지리교사가 꿈이지만 단 세 강좌를 수강할 수 있었다. 예비 지리교사로서의 정체성을 조금씩 찾아가는 느낌을 가질 수 있었다. 긍정적인 생각으로 과제들도 반드시 도움이 될 것이라는 생각에 과제까지도 열심히 했다. 지리교육의 목적은 무엇이고 지리수업은 어떻게 이루어져야 하고, 지리교재는 어떻게 선택하고 재구성해야 하는지에 대해 알게 된 시간들이었다. … 내용학은 참 어려운 과목들이었다. 어떤 과목들은 한 학기가 다 끝나도 주요 주제 나 내용은 커녕 뼈대도 파악하지 못했다. 어려운 전공 용어, 고등학교와는 차원이 다른 깊이 있는 지식들, 이해도 하지 못한 채 시험을 치렀다. 3학년 말부터 임용고사를 준비하면서 내용학의 여러 과목들을 읽고 또 읽고 정리하면서 조금씩 깨우치게 되었다." (최연희 면담일지-2008-7-25).

> "지리교육론과 같은 강좌는 짧은 시간에 자기 의견을 정리해서 많은 사람들 앞에서 이야기해야 하기 때문에 항상 긴장되는 시간이었지만, 발표 공포증이 없어진 수업이었다. 그리고 '내가 예비 지리교사라는 자부심'과 '오늘 하루 배웠다는 뿌듯함'을 경험한 시간이었다. 무엇보다 지리교육과 지리교사라는 것에 대한 나의 생각이 시작되었던 시간이었다. … 2학년 때 처음 접한 유럽지리나 아시아지리와 같은 지역지리는 고등학교 때 세계지리를 배우지 않은 상태에서 어디가 어딘지를 모른 채 수강한 터라 곤욕스러웠던 시간들이었다. 지금도 지역지리는 무조건 거부 반응부터 일어난다. 자연지리는 책을 읽고 이해되지 않는 부분은 그림이나 사진을 보면 이해가 되었고, 답사 가서 직접 보면 더 잘 이해되었다." (김소희 면담일지-2008-7-14).

교양 과목과 교직 과목을 빨리 이수하고 전공 공부에 전념하겠다고 생각해 온 두 교생은 2학년과 3학년을 공통사회 연계전공(제2전공) 과목 이수에 절반의 시간을 할애한다. 교과교육 영역과 내용학 영역으로 구분되는 이들 과목 역시 제2전공이라기 보다는 임용고사에서 가산점을 받기 위해 빨리 이수해야 할 과목들이었다. 교과교육 영역은 역사과와 일반사회과의 대표적인 수업모형을 이해하게 된 시간이었지만, 내용학 영역들은 일부 사실적 지식과 '사회'라는 교과를 잘 가르칠 수 있는지에 대한 의문을 가지게 한 시간들이었다.

> "나는 지리교사가 꿈이기 때문에 가산점을 받기 위해 들어야 하는 과목으로, 빨리 이수하고 전공 공부에 매진하고 싶었던 과목이었다. 지금 생각해 보면, 학원 강사가 되든지 중·고등학교 선생님이 되든지 지리교사가 아닌 사회교사로 살아갈 가능성이 아주 크기 때문에 공통사회 연계전공은 필요한 것 같다. 일반사회나 역사과의 지도법이나 교육론은 각 교과를 가르칠 때, 어떻게 접근해야 하는 가를 알려주는 강의였으며, 각 과목들을 어떻게 통합하여 가르칠 것인가의 문제는 다루지 않았다." (최연희 면담일지-2008-7-25).

> "역사와 일반사회 영역의 교재연구나 지도법을 이수하면서 각 교과의 차이와 특성을 알게 되었는데, 특히 각 교과에서 중시하는 수업모형이 다르다는 것을 알게 되었다. 2, 3 학년 때 수강한 공통사회 내용학들은 나중에 얼마나 큰 도움이 될지 가늠이 안 된다. 좋은 지리교사가 되기에도 엄청난 노력이 필요한데, 역사와 일반사회 몇 강좌를 수강하고서 과연 '사회'라는 교과를 잘 가르칠 수 있는지에 대한 의문을 가지게 한 시간들이었다." (김소희 면담일지-2008-7-14).

두 교생에게 사범대학의 형식적인 교육과정은 졸업과 교사자격증 획득, 임용고사 응시에 필요한 가산점을 확보하는데 필요한 과정으로 기능하였다. 사범대학의 교육과정을 통해 예비 지리교사로서 갖추어야 할 이론적인 지식들을 체계적으로 발달시키기에는 구조적으로 혼잡하고 복선적인 교육과정이었다. 특히 2학년과 3학년의 4학기는 작게는 3개 과정, 실제로는 교직, 지리교육, 지리학, 공통사회 교과교육, 공통사회 내용학의 5개 과정을 넘나드는 복잡한 과정이었다.

이들 복선적인 교육과정이 어떻게 상호 유기적으로 관련을 맺으면서 교과교육지식으로 구성되거나 내면화되었는지에 대해서는 알 수 없다. 다만 예비교사로서 교생 자신이 그 교과 내용의 본질적 성격을 깊이 있게 잘 이해하고 좋아할 수 있어야 교과를 잘 가르칠 수 있다는 관점에서, 지리교육에 대한 지식의 형성과 직접적으로 관련되는 경험의 양상은 지리에 대한 이해와 지리교육에 대한 이해로 정리할 수 있다.

먼저 지리에 대한 이해는, 깊이 있는 지식과 인문학과 사회과학, 자연과학적인 특성이 공존하고 있는 지리학의 학문적 특성에 따라 지역지리, 인문지리, 자연지리 각각의 내용 특성이 다름을 파악하는 것으로 드러난다. 또한 이들 각각에 대한 접근 방법이 달라야 함과 나름대로의 공부방법이나 적성도 파악하게 되지만, 이들 영역은 공부하기 어렵고 힘든 과목, 계속해서 공부해야 하는 과목 그리고 답사가 중요한 과목들로 이해되었다.

지리교육에 대한 이해는, 예비 지리교사로서의 정체성 형성의 시작과 지리교육과 학생으로서의 자부심을 가지게 된 계기가 되었다. 더불어 이러한 인식은 공통사회 강좌를 이수하면서 '사회과 교사'로서의 살아갈 가능성이 더 높은 현실을 알게 되면서 정체성의 혼란으로 이어진다. 지리와 지리교육에 대한 두 교생의 이론적 지식의 형성 경험은 '시작'이라는 것이고, 더 많이 그리고 더 깊이 공부를 해야 한다는 필요성을 인식했다는 것이 그 경험의 의미이다.

3. 두 교생의 지리 수업조직과 실천적 지식의 구성

1) 지리 수업조직의 단계와 단락

선도적인 수업조직 연구자인 Mehan(1979)에 따르면, 수업조직은 준비단계, 수업단계, 마무리단계로 나뉘고 각 단계는 전체 수업에서 각기 다른 기능을 가진다. 조영달(2001)은 정형화된 사회 공간의 하나인 한국의 교실수업은, 수업의식의 단계, 수업확인의 단계, 교수・학습의 단계, 교수・학습의 마감 단계, 수업종료의 다섯 단계로 정형화된다고 밝힌다. 이후 교실의 수업조직을 다룬 연구들에서도 이와 같은 구분이 시도되었으며, 수업조직이란 전체 수업에서 기능상 구분이 가능한 수업의 단계이며, 수업의 흐름에 따라 역할을 달리하는 구성 부분(조영달, 2001; 박윤경, 2004)으로 정의되었다. 이들 연구는 기능을 달리하는 단계로 구성된 수업조직을 통해서 수업의 전체적인 흐름을 설명했다.

지리 수업의 조직을 본격적으로 분석한 김혜숙(2006a)은 지리수업의 조직을 계획・도입・전개・마무리의 네 단계로 구성하고, 이를 다시 '수업계획 단계'와 '수업실행(도입・전개・마무리) 단계'로 대분하였다. 그리고 수업의 가장 핵심적인 단계라고 할 수 있는 전개의 과정이 어떻게 진행되는지를 더 세밀하게 파악할 수 있는 대안으로서 수업단락(classroom segment)의 개념을 도입했다. 활동으로 표현되기도 하는 수업단락은 시간, 초점, 교수유형, 참여자의 수, 교수방법 등에 따라 구분될 수 있다.

Fien(1984, 255) 또한 지리 수업에서는 10~15분 정도 소요되는 3~4개의 활동으로 세분되는 구체적인 조직이 계획되어야 한다고 강조한다. 이 활동들은 학생들이 수업 중 한 두개의 '주요 주제들'을 성취하기 위해 해야 할 활동들이다.

이에 본 장에서는 두 교생의 지리 수업조직을 '수업계획 단계'와 '수업실행(도입・전개・마무리) 단계'로 대분하지만, 수업실행의 단계에서 이루어지는 수업단락을 중심으로 분석하였다.

2) 수업 계획하기: 수업조직을 위한 실제적 지식의 구성

두 교생의 수업을 계획하기 위한 실제적 지식의 구성은 지도교사의 수업 참관(11시간)과 지도교사가 '수업을 잘하는 다른 선생님'의 수업을 보는 것도 필요하다고 추천해 준 사회과 교사의 수업참관(2시간)을 통해서 시작된다. 두 교생의 수업일지에는 지도교사의 수업을 참관하면서 새롭게 알게 된 것이나 배우게 된 것을 기록하고 있는데, 그중에서 수업조직에 관련된 내용을 제시하면 다음과 같다.

최연희 : 핵심내용만 판서, 마무리는 핵심 내용만 짚기, 수업시작 전 정리정돈하기, 한 주제 끝난 후 핵심내용 확인하기, 수업시간 45분 맞추기(수업일지-2007-5-9 ~ 5-17).

김소희 : 도입-전개-정리가 정말 잘 이루어짐, 유연한 수업흐름이 중요함, 설명 시간을 자유자제로 조정함. 각 반마다 핵심내용은 공통적임, 차시예고도 자세히(수업일지-2007-5-9 ~ 5-17).

그리고 자신들의 수업을 계획하고 준비하는 과정에서 이러한 내용이 구체적으로 드러난다. 두 교생이 첫 수업을 준비하면서 기록한 내용은 다음과 같다.

> "수업(전개)에서 설명을 어떻게 해야 하는지가 제일 걱정되었다. EBS 방송 수업과 도 교육청 교수학습센터의 수업자료를 보면서 지도안을 작성했고 시나리오도 만들었다. PPT 자료는 000이가 만든 것을 가져다 수정했다. 3일 동안 매일 퇴근해서 11시까지 준비했다. 하여간 수업시간을 잘 맞추어야겠다." (최연희 수업일지-2007-5-18).

> "오늘 수업을 위해서 준비한 것은 지도선생님이 주신 '실력 쑥쑥!! 중1 사회학습지', '활동자료 1(제주도의 독특한 자연환경)', '활동자료 2(고도에 따른 식물분포)', '읽기자료 1 (삼다 삼무)'이다. 에듀넷, 지리교사 홈피를 3시간 정도 뒤져서 만들었다. PPT 자료는 000이가 만든 것을 바탕으로 1시간 정도 투자해서 만들었다. 정해 놓은 도입-전개-정리를 잘 지켜야겠다." (김소희 수업일지-2007-5-18).

두 교생은 수업을 잘하기 위해 많은 시간과 노력을 투자하지만, '수업시간 45분을 맞추기'와 "정해 놓은 도입-전개-정리를 잘 지켜야겠다."는 정도의 생각을 했을 뿐이다. 관련 연구에서 밝혀진 바와 같이 두 교생들의 수업계획도 자료의 선택과 준비에 많은 시간과 노력을 기울인다. 자료는 주로 전개 단계에서 설명을 보조해 줄 PPT를 구성할 자료와 도입 단계에서 학생들에게 흥미를 줄 수 있는 자료들이었다.

수업을 계획하는 단계에서 나타난 두 교생의 수업조직에 대한 초기의 지식이나 이해는 '수업시간'과 '도입-전개-정리의 3단계' 정도를 인식하는 상태에서 시작되었지만, 첫 수업을 마친 이후의 수업계획과 수업자료 준비는 단락 중심으로 구체화 된다. 이들 교생은 지도교사가 담당한 학급을 각각 3학급씩 나누어 16시간의 수업을 실습했지만, 분석 대상 수업은 각각 5시간으로 다음의 표 7-2와 같다.

표 7-2. 분석 대상 수업

교생(학급)	수업 단원 - 학습주제	일시(요일, 교시)	수업 기호
최연희(1학년 00반)	관광 산업이 발달한 제주특별자치도 - 특색이 있는 자연 환경	5월 18일 (금, 2)	수업 A1
	관광 산업이 발달한 제주특별자치도 - 자연 환경을 이용한 산업	5월 23일 (수, 4)	수업 A2
	대륙의 관문 - 대륙과 접해 있는 지역	5월 25일 (금, 6)	수업 A3
	대륙의 관문 - 산지가 많은 지역, 춥고 비가 적은 기후	5월 30일 (수, 4)	수업 A4
	북부 지방의 중심지 관서 지방 - 평양과 그 주변 지역	5월 31일 (목, 2)	수업 A5
김소희(1학년 △△반)	관광 산업이 발달한 제주특별자치도 - 특색이 있는 자연 환경	5월 18일 (금, 4)	수업 B1
	관광 산업이 발달한 제주특별자치도 - 자연 환경을 이용한 산업	5월 23일 (수, 1)	수업 B2
	대륙의 관문 - 대륙과 접해 있는 지역	5월 25일 (금, 5)	수업 B3
	대륙의 관문 - 산지가 많은 지역, 춥고 비가 적은 기후	5월 29일 (수, 4)	수업 B4
	북부 지방의 중심지 관서 지방 - 평양과 그 주변 지역	5월 31일 (목, 3)	수업 B5

분석 대상이 된 두 학급은 교생들이 담임으로 배정된 학급이다. 두 교생의 수업은 실습학교에서 사용하고 있는 교과서의 단원 구성에 따라 이루어지고 있었다. 수업에서 다루어진 대단원은 각각 Ⅲ. 남부지방의 생활과 Ⅳ. 북부 지방의 생활 이다. 이들 중에서 분석 대상 수업은 Ⅲ. 남부지방의 생활 4. 관광 산업이 발달한 제주특별자치도와 Ⅳ. 북부 지방의 생활 1. 대륙의 관문, 2. 북부 지방의 중심지 관서 지방이다. 최연희 교생의 수업실습이 먼저 시작되었기 때문에 최연희, 김소희의 순으로 내용을 서술하였다. 수업 A1과 B1은 이들의 첫 수업이고 A5와 B5는 마지막 수업이다.

두 교생의 실습학교에서 채택한 교과서와 사회과부도는 제7차 교육과정에 의거한 것으로 2000년 9월 18일 교육인적자원부 검정본으로, 이하에서는 각각 '교과서'와 '사회과부도'로 기술한다.

3) 수업 실행하기: 수업조직을 위한 실천적 지식의 구성

이들 두 교생의 가장 큰 관심사는 '수업을 잘하는 것'이었다. 무엇을 어떻게 하는 것이 수업을 잘하는 것인지에 대한 생각이 구체적이거나 명료하지 않지만, 최연희 교생은 '상호작용이 활발한 수업'으로 생각했고, 김소희 교생은 '교과내용을 체계적으로 잘 전달하는 수업'으로 생각했다. 이러한 생각은 실습초기 지도교사의 수업참관이나 동료 교생의 수업참관과 같은 직전 경험의 영향을 받은 것이다.

이들의 수업조직과 단계별 시간비중을 도입-전개-정리의 순으로 도표화한 것이 표 7-3과 7-4이다. 시각적인 비교의 편의를 위해 도입, 전개, 정리 부분의 3단계로 구분하고 각 단계에서 이루어지는 단락을 순서대로 정리하였다. ( )는 소요 시간을 분과 초단위로 표시한 것이다. 각 수업별 시간 총합은 종소리 길이나 실제 수업 시작 시간의 차이로 인해 1분 내외의 오차가 있다.

이들의 수업은 지도교사의 '학습지'를 교재로 수업을 진행하였다. 학습지는 지도교사가 1~2차시 분량의 교과서 내용을 요약 정리한 것으로, 주요 개념은 빈 칸으로 남겨 둔 '내용정리' 부분과 이에 대한 평가문항인 '확인학습' 부분으로 구성되어 있다. 학습지의 제목은 '실력 쑥쑥 !! 중1 사회학습지' 이다. 지도교사의 수업에서 학습지는 가장 중요한 교재였고, 교과서와 사회과부도는 보조교재였다.

① 최연희 교생의 수업조직

표 7-3. 최연희 교생의 수업조직

수업	도입	전개	정리	
				종친 후
수업 A1	인사나누기→학습지역확인→전시학습확인 (07:10)	→전개1→전개2→전개3 (30:00)	→형성평가→학습내용정리→차시예고→인사하기 (05:50) * 시간 2분 남음	
수업 A2	인사나누기→전시학습확인→학습주제확인→학습목표확인→학습도입 (10:39)	→전개1→전개2→전개3→전개4→전개5 (28:20)	→학습내용정리→형성평가 (05:35)	→차시예고→인사하기 (00:15)
수업 A3	인사나누기→전시학습확인→학습지역확인→학습주제확인→학습목표확인 (09:19)	→전개1→전개2→전개3 (29:29)	→학습내용정리→형성평가→차시예고 (05:29)	→차시예고→인사하기 (00:17)
수업 A4	인사나누기→전시학습확인→학습주제확인 (03:20)	→전개1→전개2 (34:39)	→학습내용정리→형성평가 (06:30)	→차시예고→인사하기 (00:25)
수업 A5	인사나누기→전시학습확인→학습주제확인→학습목표확인 (13:54)	→전개1→전개2→전개3 (29:02)	→형성평가 (01:20)	→차시예고→인사하기 (00:28)

전개 단계의 시간 비중이 가장 높고, 도입 단계, 정리 단계의 순으로 낮다. 정리 단계는 제한된 45분이 지나면 단락 활동이 생략되거나 축소되는 등 효율적인 시간 배분이 이루어지지 않는다. 각 수업은 9~14개의 단락으로 조직되었다.

도입 단계는 3~5개 정도의 단락으로 조직되었다. 인사나누기, 전시학습내용확인, 학습주제확인은 반드시 이루어지는 단락이며, 학습지역확인, 학습목표가 주요 단락으로 조직된다. 도입 단계의 단락들은 '전시학습내용확인' 단락을 제외하면 1~2분 내의 짧은 시간에 이루어지는 단락들이다.

인사나누기는 목이 아파서 목소리가 잘 나오지 않는 경우와 같이 교생 자신의 특별한 상황에 대한 학생들의 양해를 구하는 발화가 이루어지는 경우에는 시간 비중이 높다. 인사하기가 학급 반장의 구호로 이루어지는 간단하고 기계적인 의식 행위라면, 인사나누기는 교생의 발화와 학생들의 응답으로 이루어지는 친근감 있는 인사이다. 전시학습확인은 전 시간에 학습한 '지역', '주제', '주요 내용'의 확인과 복습이 모두 이루어지는 단락이다. 주로 교생 자신이 준비한 문제를 학생들이 풀어보는 과정으로 이루어지며, 도입 단계에서 시간 비중이 가장 높은 단락이다.

학습지역확인 단락에서는 학습할 지역의 지명 확인과 더불어 그 지역에 대한 학생들의 이미지나 느낌을 확인해 보는 단락이다. 이 단락은 새로운 지역을 학습하는 첫 시간(수업 A1, A3)에 조직된다. 학습주제확인은 주로 교과서에서 제목으로 제시되고 있는 하위 주제를 확인하는 단락이며, 이때 교생은 학생들로 하여금 교과서의 실제 페이지를 확인토록 함으로써 교생과 학생의 수업 출발점을 일치시킨다. 학습주제확인은 학습목표확인과 유기적으로 연계되는 단락이다. 학습목표확인은 교사의 학습목표제시-전체학생확인-교사의 설명으로 진행되는 단락이다. 제시되는 학습목표는 항상 2개였다. 이에 대해 교생들은 "지리과지도법 시간에 학습목표는 2~3개가 적당하고, 수업에서 매우 중요한 기능을 한다고 배웠기 때문에 교육과정을 참고로 김소희 교생과 함께 2개씩 만들었다."고 했다.

전개 단계는 2~5개 정도의 단락으로 조직된다. 전개 1에서는 본시학습도입이 이루어지고 그것은 주로 교과서나 사회과부도의 지도에서 '위치 찾기'나 '지역확인하기'로 시작된다. 하나의 학습주제가 2~3개의 하위 학습주제로 나뉘어져 단락으로 조직된 것에 비해, 수업 A4에서는 2개의 학습주제가 각각 하나의 단락으로 조직된다. 수업 A5에서는 전개1(평양)-전개2(평양의 주변지역)-전개3(평양과 서울의 공통점)으로 조직된다.

수업 A5의 전개 3은 교과서에서 탐구활동으로 제시하고 있는 '서울과 평양의 비교' 활동 단락이었다. 교생은 마지막 수업이기도 하고, 그동안 자신의 수업에서 학습자 활동이 부족했기 때문에 학생들의 탐구활동으로 조직하여 상대적으로 여유 있게 진행했다. 이에 대해 학생들은 "학습지에 나와 있어요." "학습지에 나와 있는 것을 왜 하는가?" "선생님 너무 느리게 해요." 등의 반응이 나타냈다. 이에 대해 교생은 "학습지가 학생들의 사고활동이나 탐구활동을 방해하고 있다는 느낌이 들었다. 학습지에 (정답이) 나와 있음을 알고 있었지만 학생들이 직접 해 보는 것이 유의미할 것이라고 생각되어 탐구활동을 시도했던 것이다. 이후로 다른 반에서는 직접 해 보는 것의 장점을 먼저 이야기하고 학생 활동을 유도했다." 고 한다.

대체로 최연희 교생은 하나의 학습주제를 3개의 하위주제로 세분하여 전개 단락으로 조직하고,

그것을 교과서에서 제시하고 있는 순서대로 전개하였다. 수업 A2의 전개 5와 수업 A5의 전개 3과 같이 학습자 활동으로 특별히 조직된 단락을 제외하면, 전개 단락들은 교생의 교과서 중심의 설명으로 진행되었다. 교생은 매 시간 수업 자료를 PPT로 구성하여 제시하였다. PPT는 흥미 유발을 위한 사진 자료와 지도를 중심으로 전개 단락 순서대로 주요 내용을 정리한 것이었다. 매 시간 화면에 제시하기는 했지만, 교생의 설명은 교과서 중심으로 이루어졌기 때문에 설명 내용과 화면은 일치하지 않고 정지되어 있는 경우가 대부분이었다.

정리단계에서는 학습내용정리-형성평가-차시예고-인사하기의 4개 단락의 활동이 이루어진다. 시간 비중은 도입과 전개 단계에 비해 적고 불안정하지만, 단락 조직은 규칙적으로 이루어진다. 학습내용정리는 학생들로 하여금 학습지의 빈칸을 채우도록 하는 것이 주된 활동인 단락이지만, 교생에게는 미처 설명하지 못한 내용을 발견하는 기회를 제공하고 이에 대한 설명을 추가하는 기능이 이루어지는 단락이다. 형성평가도 학습지의 '확인학습문제' 풀기가 주된 활동이고 교생의 추가 설명이 이루어지는 단락이다. 차시예고에서는 다음 시간 학습주제를 확인하고, 교재 준비 특히 사회과부도의 준비가 강조되는 단락이다. 마지막 단락인 인사하기는 가장 짧고 간단하게 이루어진다.

② 김소희 교생의 수업조직

표 7-4. 김소희 교생의 수업조직

수업	도입	전개	정리	
				종친 후
수업 B1	인사나누기→전시학습확인→학습지역확인→학습주제확인→학습목표확인 (09:44)	→전개1→전개2 (22:50)	→학습내용정리→형성평가 (11:56)	→차시예고 (00:30)
수업 B2	인사나누기→전시학습확인→학습주제제시→학습도입→학습목표확인 (11:53)	→전개1→전개2 (31:40)	→학습내용정리 (01:19)	→학습내용정리→차시예고 →인사하기 (00:62)
수업 B3	인사나누기→전시학습확인→학습지역과주제제시→학습지역확인→학습목표확인 (11:13)	→전개1→전개2→전개3 (33:14)	→ 형성평가 (00:30)	→형성평가→차시예고 →인사나누기 (02:42)
수업 B4	인사나누기→전시학습확인→학습주제제시→학습도입→학습목표확인 (07:46)	→전개1→전개2 (36:59)	-	→학습내용정리→차시예고 →인사하기 (01:44)
수업 B5	인사나누기→전시학습확인→학습지역과주제확인→학습도입→학습목표확인 (20:03)	→전개1→전개2 (23:33)	→ 형성평가 (01:25)	→형성평가→차시예고 →인사나누기 (00:54)

도입 단계에서는 5개 정도의 활동이 이루어지는 것에 비해 전개 단계의 단락 구분은 2~3개 정도로 간단하다. 정리 단계의 단락은 항상 3개이지만 그 구성은 가장 불규칙하게 이루어졌다. 대부분의 수업에서 정리 단계의 활동은 수업마침 종이 울린 후에 이루어졌다. 각 수업은 10~11개의 단락으로 조직되었다.

도입 단계에서는 인사나누기-전시학습확인-학습주제확인이나 제시-학습목표확인의 4개 단락은 반드시 이루어지고, 학습지역확인과 학습도입 단락은 선택적으로 조직되었다. 인사나누기, 학습주제제시, 학습목표확인은 짧은 시간에 간단히 이루어지는 단락이지만, 전시학습확인과 학습지역확인, 학습도입 단락의 시간 비중은 상대적으로 높다. 인사나누기에서는 학습자의 자리정리, 학습도구 준비에 대한 교생의 확인이 이루어졌다. 전시학습확인에서는 전시에 학습한 '지역, 주제, 주요 내용'에 대한 복습이 학생들과의 묻고 답하기로 진행되기 때문에 시간 비중이 도입 단계의 다른 단락들에 비해서 높다. 학습주제제시는 교생의 발화만으로 간단하게 이루어지고, 학습주제확인은 이에 대한 학생들의 응답과 확인이 이루어지는 단락이다. 학습주제제시는 학습지역확인과 동시에 이루어지기도 하며 학습도입과도 밀접하게 연계되는 단락이다.

학습지역확인과 학습도입은 교생과 학생들 간의 묻고 답하기나 학생 발화 중심으로 이루어지기 때문에 상대적으로 시간 비중이 높다. 특히 새로운 학습지역이 시작되는 첫 시간(수업 B1, 수업 B3)

에 이루어지는 학습지역확인에서는 교생의 학습지역 제시와 학생들의 응답은 물론 그 지역에 대한 학생들의 이미지나 느낌, 선행지식을 자유롭게 말하는 과정이 부가되어 시간 비중이 특히 높게 나타난다. 학습도입이 뚜렷하게 하나의 단락으로 조직된다는 점도 특징적이다. 수업 B2에서는 '삼다', 수업 B4에서는 '삼수갑산', 수업 B5에서는 '평양의 지하철'을 소재로 학습주제와 내용에 대한 도입 활동이 이루어진다. 학습목표확인은 교사의 학습목표제시-전체학생확인-교사의 설명으로 진행되며, 제시되는 학습목표는 항상 2개였다.

전개 단계는 대부분 2개 단락으로 조직된다. 대체로 하나의 학습주제가 2개 단락으로 조직되지만, 수업 B4에서 2개의 학습주제가 2개의 단락으로 조직되어 단락 당 시간 비중은 각각 17분 35초와 19분 24초로 매우 높다.

정리 단계에서는 학습내용정리, 형성평가, 차시예고, 인사하기와 인사나누기가 단락으로 조직되고 이 중에서 항상 3개 단락의 활동이 선택적으로 이루어진다. 차시예고를 제외한 나머지 단락들은 불규칙하게 조직된다. 학습내용정리는 학생들로 하여금 학습지의 빈칸을 채우도록 하는 기능이 주된 활동인 단락이지만, 교생에게는 미처 설명하지 못한 내용을 발견하는 기회를 제공하고 이에 대한 설명을 추가하는 기능이 이루어지는 단락이다. 형성평가도 학습지의 '확인학습' 문제 풀기가 주된 활동이고 교생의 추가 설명이 이루어지는 단락이지만, 학습내용정리와 단락의 기능이 분명하게 구분되지 않았다.

첫 수업에서는 학습내용정리와 형성평가가 각각의 단락 활동으로 이루어지지만, 이후의 수업에서는 학습지를 중심으로 학습내용정리와 형성평가가 선택적으로 이루어진다. 차시예고에서는 다음 시간에 학습할 지역과 주제를 확인하고, 교재(교과서, 학습지, 사회과부도) 준비와 과제제시가 이루어진다. 마지막 단락 활동은 반장의 구호로 이루어지는 인사하기와 교생의 발화로 이루어지는 인사나누기로 가장 짧고 간단하게 이루어진다.

③ 같으면서도 다른 수업조직

매 수업마다 다르게 조직되는 두 교생의 수업은 도입과 정리 단계에서는 기능에 따라 단락이 조직되었지만, 전개 단계는 학습주제, 학습지역, 학습활동 등에 따라 단락이 구분되었고 개인적인 차이가 두드러지는 단계였다.

최연희 교생의 수업조직은 대체로 인사나누기-전시학습확인-학습지역확인 혹은 학습주제확인-학습목표확인-전개1-전개2-전개3-학습내용정리-형성평가-차시예고-인사하기의 단락 순으로 진행되었다. 김소희 교생의 수업은 인사나누기-전시학습확인-학습지역확인・학습주제확인-학습도입-학습목표확인-전개1-전개2-학습내용정리 혹은 형성평가-차시예고-인사하기의 단락 순으로 진행되었다. 정형화된 과정은 아니지만, 수업을 조직하는 단락의 종류나 수는 거의 비슷하다. 각 단락은 교생의 발화로 전환되었으며, 두 교생은 단락이 전환될 때마다 교과서나 학습지의 페이지 확인을 통해 교수와 학습, 교생과 학생의 수업 방향을 일치시켰다

다음의 수업전사 자료에서 04:45은 4분 45초를 나타내고, /는 잠깐 멈춤, //는 보다 긴 멈춤을 의미한다. T는 교생, S는 한 한생, SS는 소수의 학생들, AS는 학급 학생 전체 혹은 대부분, S1은 특정한 한 학생을 나타낸다. 비언어적인 상황은 (　　)를 이용하여 지문으로 처리하였다.

> 37:30 T : 자 그러면 요기까지 하구요. 음~ 학습지 보세요. 학습지. 학습지로 오늘 배운 것 쭉 정리해 봅시다. 학습지에 산지가 많은 부분하고, / 그러니까 16번 뒤랑 17번 학습지 앞에. // 괄호 한번 채워 넣어 봅시다.
>
> 37:58 SS : 네~ (수업 A4)

> 13:48 T : 자. 그러면 학습목표 다 같이 큰소리로 읽어 봅시다. / 1번
>
> 13:56 AS : 제주도의 농업과 목축업의 특징에 대해 말할 수 있다. / 제주도의 관광산업이 발달한 이유를 설명할 수 있다.
>
> 14:08 T : 어 그걸 보니까 오늘, 선생님이 아까 자연환경을 이용한 산업이라고 했죠. // 산업 중에 농업, 목축업, 그리고 관광산업. 여기에 고기 잡는 수산업까지. 총 네 개. / 농업, 목축업, 수산업, 관광산업까지 기억해 두고, 이 네 가지 잊어먹으면 안돼요. 자 우리 오늘 공부하는 것은 프린트는 15번. 프린트 / 네모 2번. 그리고 교과서는 98쪽부터 100쪽 까지요. 먼저 농업. 젤 위에 1번 네모죠. 네모 1번 뭐라고 쓰여 있어요?
>
> 14:29 SS : 밭농사 중심 (수업 B2)

두 교생의 도입과 정리 단계는 전개 단계를 중심으로 그 기능을 구분할 수 있는데, 도입 단계는 본격적인 전개 단계의 진입 과정으로 기능하고, 정리 단계는 전개 단계의 마무리 과정으로 기능한다. 전개 단계를 중심으로 한 이러한 기능적 연계에서 중요한 단락은 '학습목표확인'과 '학습내용정리' 혹은 '형성평가'이다. 두 교생의 학습목표는 매 수업시간마다 2개로 구성되었다. 학습목표는 같았지만 이것의 기능과 역할은 다소 다르다. 최연희 교생의 '학습목표확인'은 학습할 내용의 전체적인 개관이나 개요를 학습자에게 안내하는 기능을 담당하는 단락이었다. 이어지는 전개 단계의 단락은 주로 교과서에서 제시되고 있는 하위주제를 중심으로 조직되었다.

13:14 T : 자. 오늘 배울 내용에 관한 학습목표가 요기 앞에 쓰여 있어요. 오늘 뭐 배우는지 한번 읽어 볼까요?

13:16 S : 평양이 북부지방의 중심지가 된 역사적 배경을 설명할 수 있다. // 평양과 서울의 역사 지리적 공통점을 비교하여 설명할 수 있다. /

13:18 T : 그래요 여기 보면 북부지방의 중심지가 평양인데. 어. 그렇게 된 역사적 배경을 알아보고 / 평양이 어떻게 지금까지 유지되고 있는가. 그리고 보면. 평양과 서울이 어떤 측면에서 공통점이 있대요. 어떤 측면? 역사적 측면 지리적 측면에서. 그 공통점을 비교해서 설명할 수 있어야 합니다. 오늘 수업 들을 때 평양을 배우면서 우리나라 서울을 떠올리면서. 같이 연결시켜서 공부를 해야 해요. (수업 A5)

반면에 김소희 교생의 '학습목표확인'은 학습의 길잡이로 강조되었고, 2개의 학습목표는 각각 전개1과 전개2로 조직되었다. 즉, 교생은 학생들에게 학습목표를 나침반과 같은 기능으로 인식할 것을 주문하였다. 이것은 1시간의 수업에서 목표하는 학습주제는 분명하고 단일하지만, 그것을 구체적으로 설명하는 과정에서 제시되는 다양한 사실들이나 예시들에 집중되거나 치우쳐서 학생들이 파편화된 지식으로 습득하게 되는 문제점을 고려한 나름대로의 전략이었다.

18:48 T : / (학생들을 둘러보면서) 다 같이 학습목표 읽어 봅시다.

18:51 AS : 평양이 북부지방의 중심지가 된 배경을 설명할 수 있다. // 평양과 서울을 역사 지리적 특징을 비교하여 설명할 수 있다.(다소 소란해진다.)

18:55 T : 북부지방의, / 자 집중. 북부지방의 중심지가 된 배경을 알 수 있어야 되고요. 그리고 서울과 평양을 공통점이 있으니까 이렇게 비교를 하겠죠. 꽤 특징이 비슷한가 봐요. 역사 지리적 특징이, 이거 비교 할 거구요. 오늘 뭘 배울지 머릿속에 기억을 해두시고 가라고 했죠.

19:03 SS : 네~

19:04 T : 학습목표 기억 못하면 길 잃어버립니다. 선생님이 들어주는 예에만 치중한다니까요 진짜. // 자 그럼 우리 먼저 평양에 대해서 알아봅시다. 저기(화면을 가리키면서) 사진을 보세요. 뭐가 보이나요? (수업 B5)

두 교생에게 학습내용정리는 학생들로 하여금 학습지의 빈칸을 채우도록 하는 기능이 주된 활동인 단락이지만, 교생들에게는 미처 설명하지 못한 내용을 발견하는 기회를 제공하고 이에 대한 설명을 추가하는 기능이 이루어지는 단락이다. 형성평가도 학습지의 '확인학습' 문제 풀기가 주된 활동이고 교생의 추가 설명이 이루어지는 단락이지만, 김소희 교생의 경우는 학습내용정리와 단락의 기능이 분명하게 구분되지 않고 선택적으로 이루어진다.

> 45:14 종이 친다. //
> 45:16 T : 자. 의식주까지 배웠는데, 형성평가도 못하겠고요. // 그래서 오늘. 기후와 지형. 지형과 기후를 배웠고. 그것에 관련된 지형. 자연. 자연환경과 연관된 주민 생활까지 알아봤어요. 오늘 배운 것 정리해 봅시다. 여러분 학습지 괄호 안에 다 쳐 아니 써 넣었어요?
> 45:28 AS : 하하~~ (크게 웃는다.) //
> 45:40 T : 써 넣었어요? 다 넣었어요? 이것만 빨리 봅시다. 개마고원은 우리나라의? //
> 45:47 SS : 지붕~
> 45:48 T : 지붕. 그리고 주요 산맥. 관서와 관북지방의 경계가 되는.
> 45:52 SS : 낭림산맥~
> 45:53 T : 낭림산맥. 하천 중에 선생님이 대부분의 하천 어디로 흐른다고 했죠?
> 45:58 SS : 황해~
> 45:59 T : 황해. / 그리고 평야지대 꼭 알아 두어야 한다고. 다섯 가지 중에 하나만. 대동강의 평양평야. 나머지도 알아두시면 더 좋죠. 해안. 자 동해안과 황해안 비교 했었구요. (수업 B4)

경력교사와 초임교사의 지리수업에서 형성평가는 거의 이루어지지 않고, 학습내용정리는 종종 생략되는 것으로 나타났지만(김혜숙, 2006a, 177) 두 교생에게는 꼭 실행해야 할 단락이었다. 학습내용정리나 형성평가 단락은 전개 단계를 마무리하는 기능을 한다는 점에서도 중요한 단락이었지만, 지도교사의 수업에서 '학습지'가 중요한 역할을 담당한다는 점에서 두 교생에게 중요한 단락이었다.

두 교생은 "교육실습 때 교생들이 다녀가면 수업을 다시 해야 한다."는 담당 선생님의 말씀을 듣고 기존의 수업 흐름에 피해가 없도록 선생님이 사용하셨던 학습지를 꼭 사용하기로 했다. 처음에는 학습내용정리와 형성평가에서 각각 활용하기로 했지만, 수업시간이 부족해서 하지 못하는 경우가 생기면서 전시학습확인이나 전개 단계에서 의도적으로 활용하게 되었다.

두 교생의 수업에서 '위치 찾기'나 '지역확인하기'는 매우 중요한 과정이었고, 지리수업의 물꼬를 트는 과정이었다. '위치 찾기'는 교과서나 사회과부도에서 위치를 찾거나 확인해 보는 간단한 활동이라면, '지역확인하기'는 그 지역의 위치는 물론 그 지역에 대한 학생들의 느낌이나 이미지를 확인해 보는 활동이다. 이와 관련하여 두 교생의 수업에서는 사회과부도가 적극적으로 활용되었고, 학생들에게는 꼭 준비해야 할 교재로 강조되었다.

이러한 활동은 '학습지역확인', '전시학습확인', '학습도입', '전개1'의 단락에서 주로 이루어진다. 최연희 교생의 경우는 새로운 지역을 학습하는 수업 A1과 A3에서는 '학습지역확인' 단락에서 간단히 이루어지기도 하지만, '전개1' 단락에서 주로 이루어진다. 김소희 교생의 수업에서도 이러한 활동은 '학습지역확인' 단락에서 이루어지지만, B2, B4, B5에서는 '학습도입' 단락에서 이루어지며 시간 비중이 높다.

전시학습확인의 경우는, 단락 구성은 물론 단락 활동의 내용도 동일하다. 전시학습확인에서 무엇이 어떻게 이루어져야 하는지에 대한 당위적 규정은 없지만, 넓게는 전체 교육과정 상의 스코프나 시퀀스를 고려하기도 하지만, 일반적으로 본시학습내용과의 연계나 관련짓기가 이루어진다. 즉, 전시학습확인에서는 이전 시간에 배운 주요 내용을 확인하는 기능이 이루어지는 동시에 이미 학습된 것이 본시 학습에 효과적으로 파지(retention)되고, 전이(transference)될 수 있도록 해야 한다.

조영달(2001, 145-147)은 이것을 '수업 확인의 단계'로 규정하면서 다음의 교수-학습 단계를 위한 사전 정지 작업의 단계이며 오늘의 과업(수업목표)을 수행하기 위한 직접적인 준비단계로 설명한다. 그리고 이 단계는 학생들이 사회과목은 예습 복습을 철저히 하지 않고, 전에 배운(이 시간 수업의 기초가 되는) 내용들을 거의 기억하지 못하기 때문에 매우 중요하다고 강조한다.

두 교생에게 전시학습확인은 정리단계에서 이루어지지 못한 학습내용정리나 형성평가 단락을 보완하거나 전시학습내용 전체를 지역-주제-주요개념 중심으로 복습하는 단락이었다. 최연희 교생의 전시학습확인은 전 시간에 학습한 '지역', '주제' '주요 내용'의 확인과 복습이 모두 이루어지는 단락이다. 주로 교생 자신이 준비한 문제를 학생들이 풀어보는 과정으로 이루어지지만, 수업 A5에서는 학습지의 '내용정리' 부분이나 '확인학습'에 대한 교생의 설명으로 이루어진다. 도입 단계에서 시간 비중이 가장 높은 단락이다.

> 02:54 T : 지난 시간에 뭐 배웠죠?
> 02:55 SS : 북부지방 기후와...
> 03:01 T : 북부지방의 지형, 기후. 자연환경에 대해서 배웠어요. 기억나요?//
> 03:07 AS : 네~
> 03:08 T : 기억나죠./ 그럼 선생님이 확인학습문제 풀어오라고 했죠?
> 03:10 SS : 네~
> 03:11 T : 그거 같이 풀면서 우리 복습해 봅시다. 그럼 확인학습 16번 학습지에서 몇 번 풀면 되죠?//
> 03:20 SS : 3번 4번 (수업 A5)

김소희 교생의 전시학습확인은 전시에 학습한 '지역, 주제, 주요 내용'에 대한 복습이 학생들과의 묻고 답하기로 진행되기 때문에 시간 비중이 도입 단계의 다른 단락들에 비해서 높다. 게다가 전 시간에 형성평가가 이루어지지 않았던 수업(수업 B3, 수업 B5)에서는 학습지의 '확인학습'에 대한 교생의 설명이 이루어지기 때문에 시간 비중이 특히 더 높게 나타난다.

> 03:31 T : 자, 우리 저번 시간에 대륙의 관문에서 북부지방의 기후까지 배웠죠.
>
> 03:32 SS : 네~ (학생들에게 자리 정리를 시키고, 학습지 준비 여부를 둘러보며 확인한다.)
>
> 03:37 T : 비가 적은 기후. 그러면 17번 학습지 풀어져 있어야 하겠네요? 지금(학습지를 손에 들고 있다.)// 자. 기후한번 선생님이 정리 해줄게요. 기후 좀 말이 빨랐죠. 다시 정리 해주면요. 기후, 한마디로 정리하면 뭐라고 했었죠?
>
> 04:04 S1 : 대륙... S2 : 대륙성 기후 ....
>
> 04:07 T : 대륙성 기후라고 했었죠. 제주도랑 비교 했었죠. 특징들, 대륙성 기후 특징들 뭐 있었죠?
>
> 04:12 S1 : 큰 연교차. S2:춥고 ... .
>
> 04:55 T : 어, 지형과 풍향의 영향 많이 받는다고 했었죠.. 그래서 산맥 선생님이 올라가는 거 열심히 설명 했었어요. 지형. 산맥이 지형, 지형 중에 산맥이 가장 영향을 많이 미치고, 바람의 방향도 영향을 준다고 했었어요. 자 그래서 다우지, 소우지 알아 봤었구요. 광량만 어디 있는지 마지막에 종 치면서 알아 봤어요.
>
> 05:17 SS : 관서
>
> 05:19 T : 찾았죠. 못 찾은 사람 없었죠? 못 찾은 사람? 그때 못 찾았던 사람 없죠? 광량만 위치가요. 어디 같아요? (수업 B5)

두 교생은 수업 A3과 수업 B3의 전개 단계에서 '우리나라의 지역구분'을 하나의 단락으로 조직한다. 최연희 교생의 수업 A3에서는 전개1(우리나라의 지역구분)-전개2(북부지방의 위치적 중요성)-전개3(북부지방의 행정구역)으로 조직된다. 김소희 교생의 수업 B3에서는 전개1(북부지방의 위치적 중요성)-전개2(우리나라의 지역구분)-전개 3(북부지방의 행정구역)의 3단락으로 조직된다. 단락의 순서와 시간 비중의 차이는 있지만, 교과서 내용과 관련하여 필요하다고 생각되는 주제는 지리 수업의 한 단락으로 구성할 수 있다는 적극적인 실천의 사례이다. 이에 대해 교생들은 "둘이니까 용기를 내서 시도했다. 만약 혼자라면 생각도 안했을 것이다."라고 했다.

4. 두 교생의 지리 수업조직에 대한 반성적 실천

1) 수업조직에서 나타나는 갈등과 반성

제주도의 '특색이 있는 자연환경'을 주제로 한 첫 수업에서 최연희 교생은 수업시간 45분이 길고도 짧은 시간이라는 것을 경험한다. 나름대로 많은 자료를 준비하고 시나리오를 짜서 연습한 수업이었지만, 준비한 자료나 내용을 모두 실행할 겨를도 없이 수업은 진행되었다. 긴장 속에 서둘러 수업을 마쳤지만 종이 울리지 않았다. 시간이 남았음을 확인한 후부터 종이 치기까지 2분 정도의 시간은 정말 긴 시간이었다. 이러한 경험은 이후의 수업조직에 영향을 미치게 된다.

> "3일 전부터 퇴근하고 11시까지 지도안도 작성하고, 설명 자료도 준비하고 시나리오 써서 연습하고 정말 열심히 준비했는데, 학생들에게 미안하기도 하고 창피하기도 하고 기다리는 종은 울리지 않고. 그때는 몰랐는데 그 길고도 힘든 시간이 2분이었다니. … 하여간 수업은 이런 것이구나를 실감했어요. 너무 긴장한 것 같아요. '학습목표'도 읽지 않고, PPT는 그냥 켜 놓기만 하고, 하여간 머릿속에 수업의 흐름을 체계적으로 기억해 두는 것이 해결책이라고 생각했어요." (최연희 면담일지-2008-8-4).

당시에 교생은 시간이 조금 남았었지만 그 시간이 생각보다 길고 힘들었다는 정도의 생각을 했지만, 수업을 참관한 지도교사의 메모지를 전달 받은 후부터 더 긴장되고 당황하게 된다. 곧 이어진 3교시 수업에서는 '학습목표확인'은 했지만, 여전히 시간을 맞추지 못했다. 이번에는 시간을 맞추기 위해 시나리오를 보면서 단계별 단락 활동(교생은 수업의 흐름이라고 표현)을 확인하면서 수업을 했지만, '한라산의 고도별 식물분포(전개3)도 못하고' 종이 울린다. 퇴근 후에 지도교사의 꼼꼼한 메모 내용을 다시 보면서 자신의 수업에 대해서 좀 더 명료하게 회상하고, 반성하게 되었는데 그 내용을 제시하면 다음의 표 7-5와 같다.

지도교사의 지도 조언은 수업 직후 지도조언으로 이루어지거나, 이와 같은 메모지로 전달되었다. 교생들은 둘 다 "바로 바로 이루어진다는 점에서도 좋았지만, 메모지는 다시 또 보고 반성하기도 좋고 다음 시간 준비할 때 참고할 수 있어서도 좋았다."고 했다. 게다가 지도 교사의 관심을 받고 있다는 것이 느껴져서 더 좋았다고 한다.

표 7-5. 최연희 교생의 1교시 수업에 대한 지도교사의 지도내용

① 단원명, 학습목표는 색분필을 이용하면 눈에 띰.
② PPT 등 학습 자료 이용 좋음.
③ 전시학습확인시 학생들의 이름을 불러주어 친근감이 있음. 문제를 푼 후에는 칭찬 필요함.
④ 학습목표 확인 안 함.
⑤ 기생화산 사진은 다시 고려?
⑥ 현무암- 다우지임에도 불구하고 - 현무암 - 지하수 - 해안 용천수(용천대) - 해안가취락발달
p.98 활동 9 : 취락은 제주도 해안에 띠를 이룸
⑦ 집중하지 않는 학생들을 두루 살펴보고 집중하도록 주의를 주어야 함
⑧ 한라산의 식물분포는 p.97 도움글을 보게 하면 학생들의 이해가 더 빠를 듯.
⑨ 학생들에게 학습지 정리할 시간을 안 줌(순서도 바뀜).
⑩ 확인학습의 문제풀이로 정리 잘 됨.
⑪ 차시예고 잘 됨.
⑫ 목소리를 잘 조절해야...(목이 아프니까)

같은 날 4교시에 이루어진 김소희 교생의 수업을 참관하면서 '형성평가'까지는 꼭 해야겠다는 생각을 다진다. 5월 18일부터 5월 30일까지 최연희 교생의 수업일지에는 수업시간과 수업조직에 관한 반성이 주된 내용으로 기록된다. 이에 대한 내용을 간략히 나열하면 "학습목표를 읽지 않았다. 수업의 흐름을 기억해 두어야겠다. 시간을 맞추지 못했다. 형성평가도 못했다. 수업 진행 순서를 잊었다. 정신 바짝 차리자. 오늘은 대체로 시간을 맞추었다. 시간 내에 형성평가까지 마치자. 시간을 항상 확인하고 시간이 없을 땐 예시를 들지 말자. 마지막 내용은 마무리도 하지 않고, 형성평가도 하지 못했다. 시간 조절하기. 시나리오에 예상 수업 진행 시간 적기. 학생들 질문에 대답하다 보면 시간에 쫓길 수 있다. 예상 소요 시간을 조절해야겠다." 등이다.

수업실습 마지막 날인 5월 31일 목요일 2교시 수업일지에는 "오늘은 시간 내에 전시확인~형성평가까지 모두 끝냈음."을 가장 잘 된 일로 기록하였다. 최연희 교생이 목표하는 것은 '수업시간을 맞추는 것'이고, 그것은 종이 울리기 전에 형성평가까지 마치는 것이었다.

연구자 : 수업시간에 꼭 해야 한다거나 해야겠다고 생각한 활동은 무엇인가?

최연희 : 교육실습 나가기 전까지는 구체적인 내용을 생각해 보지 않았어요. 실습 초기에 지도 선생님 수업을 참관하면서 도입-전개-정리가 분명하고 매끄럽게 진행되는 걸 보면서 감탄했고요. 김소희 교생 수업을 참관하면서 구체적으로 생각하게 되었는데, 인사・전시학습확인・학습목표확인・학습내용정리・형성평가는 꼭 해야겠다고 생각했어요.

연구자 : 수업시간을 맞춘다는 것은 어떤 활동(단락)까지 진행하는 것인지, 그리고 실습 중에 시간을 맞춘 수업은 몇 번 정도인지?

최연희 : 형성평가까지 하는 것이에요. 학생 때 생각하면 종치면 바로 마치는 선생님이 좋았지만, 차시예고는 종치고 해도 바로 끝낼 수 있고 학생들이 좀 산만해도 괜찮은 것 같아요. 2~3번 정도였어요.

김소희 교생은 수업을 계획하고 준비하는 과정에서 1시간의 수업을 위해서 준비할 것도 많고, 설명할 내용도 많다는 것을 실감하지만, 수업실습 16시간 대부분의 정리 단계는 항상 종이 친 다음에 이루어졌다. 수업 종료를 알리는 종이 칠 때마다 시간이 빨리 가고 짧다는 생각을 하게 된다.

김소희 : 담당 선생님 수업 참관 이후에 "나는 수업을 어떻게 할까?"에 대해 생각하게 되었고, 내가 하고자, 노력 했던 것은 '교과 내용을 체계적으로 잘 전달하는 수업'이었어요. 첫 시간 수업이 계획대로 무난히 끝나서 시간 생각은 별로 안 하고, 도입-전개-정리를 잘 해야겠다는 것과, 각 단계에서 내가 준비한 자료와 설명을 잊지 않고 하는 것에 주로 신경을 썼어요. 지금 보니까 시간 오버가 심하네요. (면담일지-2008-8-25).

이러한 김소희 교생의 수업일지에서는 "정해 놓은 도입-전개-정리 시간이 비교적 잘 지켜졌다."는 내용이 '오늘 수업에서 가장 잘 했거나 혹은 계획대로 진행된 것'으로 가장 많이 기록된다.

연구자 : 수업시간에 꼭 해야 한다거나 해야겠다고 생각한 활동은 무엇인가?
김소희 : 도입에서는 인사하기 · 전시학습확인 · 학습목표확인이고, 정리에서는 형성평가 혹은 학습내용정리 · 차시예고 · 인사하기라고 생각했어요.
연구자 : 도입-전개-정리를 잘한다는 것은 구체적으로 어떻게 하는 것인가?
김소희 : 본시학습을 중심으로 그러니까 그날 수업주제나 목표에 맞추어서 도입부터 정리까지 설명을 순서대로 잘 하는 것이지요. 왔다 갔다 하지 않고.
연구자 : 수업시간이 잘 지켜졌다고 하는 것은 어디까지 진행한 경우인가?
김소희 : 학습내용정리나 형성평가까지지요.

최연희 교생은 학습내용정리와 형성평가를 분명히 구분되는 단락으로 생각했지만, 김소희 교생은 이들 단락의 주요 기능은 학생들과 함께 그날 공부한 내용을 확인해 보는 것이라고 생각했다. 따라서 실제 수업(수업 B2, B3, B4, B5)에서 이들 단락은 수업시간의 문제와 관련하여 선택적으로 이루어졌다.

두 교생은 '교사중심의 설명식 수업'만 하는 것은 바람직하지 않고, '학생들의 활동'이나 '학생중심의 수업'을 해야 한다고 배웠지만 '시간이 많이 걸릴 것 같고', '말은 쉬운데, 막상 하려니까 자신이 없어서' 시도해 보지 못한 '학습자 활동중심의' 수업을 시도해 본다. 매번 활동지를 만들기는 했지만, 학습자 활동으로 적용해 보지 못하고 교생의 설명으로 대신했지만, A2와 B2 그리고 수업 A5와 수업 B5에서 하나의 단락으로 시도해 본다. 즉 수업 A2에서는 전개5, B2에서는 전개2에서 공동으로 '제주도를 소개하는 글쓰기'를 주제로 한 단락을 조직하고 실행했다.

> 38:14 T : 다 써 가요?
> 38:49 T : 어 안 받았어요? (학생이 활동지가 없는 것 같아서)
> 38:50 S4 : 있어요.
> 38:51 T : 있는데 안 썼어요? 숨겨 논 거예요?
> 39:11 T : 자 다 쓴 사람. 한명도 없어요?
> 39:17 S5 : 있는데 안 드는 거예요.
> 39:18 T : 있는데 안 드는 거예요? 그러면 일단 자진해서 발표해 볼 사람. 거의 다 손들고 발표 하던데 다른 반은~ 발표해 보세요. 선생님 또 강제적으로 시키는 거 싫어하는 거 알잖아요. 자 손들고. 빨리 빨리 손~ 이러기야~ 정말 없어요? 선생님 또 좌석배치도를 봐요? 빨리. 손.
> 40:02 S6 : 00이 시켜요
> 40:04 T : 누구? /
> 40:06 S6 : 00이요~ 얘 시켜요
> 40:08 S2 : 00이요~ S3 : 00이를 추천합니다. //
> 40:13 T : 00이 친구들의 추천을 받아서. 일어나세요. 다 썼어요? //
> 40:16 00 : 안 썼어요.
> 40:17 T : 아직 안 썼어요? △△이는 읽어 볼 생각 없어요? //
> 40:22 △△ : 다 못 썼어요. (수업 B2)

두 교생은 학생들로 하여금 무엇인가를 직접 하게 한다는 것, 그것도 글을 쓰게 한다는 것이 쉽지 않은 일이며 모든 학생들이 자발적으로 활동에 참여하는 것은 아니고 시간이 많이 걸리는 활동이라는 것을 경험한다. 뿐만 아니라 학생들의 발표를 자연스럽게 이끈다는 것은 더욱 어렵다는 것을 알게 된다. 그렇지만 이들의 이러한 시도에 대해 지도교사는 "매우 잘했다."는 메모지를 전한다.

지도교사의 메모 내용은, ① 전시학습내용 확인 중 PPT 문제에서 옳은 것은? 혹은 옳지 않은 것은? 에는 밑 줄 또는 다른 색으로 강조, ② 외국인에게 제주도 관광 안내 글쓰기로 흥미유발과 동시에 제주도의 특징을 파악할 수 있는 기회를 준 것을 매우 좋음, ③ 학습 내용 설명 중 중요 단어는 칠판에 써 주는 것이 좋겠다는 내용 등이다.

이에 두 교생은 수업 A5에서는 전개3, B5에서는 전개2에서 '서울과 평양의 공통점'을 주제로 한 교과서 탐구활동을 한 단락으로 조직한다. 좀 더 쉽고 간단하며 소요 시간이 짧은 활동으로 '교과서의 탐구활동'을 그대로 활용하는 시도를 해 본다.

37:51 T : 그러면 지금까지 우리. 평양에 대해서 배웠어요. 평양과 그 주변지역. 선생님이 아까 서울과 비교해가면서 들으라고 했죠. 어 / 그러면 그 활동에 관한 것이 바로 교과서 112쪽에 활동 2번이예요. 역사 지리적 공통점이 있는데, 괄호가 있죠? 괄호에 어떤 것들이 들어갈 지 써보세요. // 모르면 사회과부도 뒤져 가면서 보면, 어. /

37:57 S1 : 학습지에 나와요.

37:58 SS : 학습지에 다 나와요.

37:59 T : 학습지에 나오는 거 그냥 베낀 사람은 자기 손해야. 한번 생각해 가면서 해야지요. 그래야 공부가 되는 거예요. 학습지 가리고. 자기가 스스로 해보세요. 자 생각해서 하고 있어요?

38:35 SS : 네~~

40:14 T : 어. 위성자료, 위성 자료. 평양의 위성자료. 흐르는 강이 바로 대동강인거죠? 오늘 여기까지 했어요. 학습지 보세요. 학습지 보세요. 괄호 안 채워 넣은 사람 있죠. 생각해서 뭔지 채워 넣어 보세요. 기억. … / 이번 시간에 들은 것을 떠올려서 … // (여기저기서 딴 짓하고 있는 학생들이 많아지는 것을 보면서) 선생님이 너무 느리게 해요?

41:06 SS : 네~

41:07 T : 지난 시간에 너무 빨리 한 것 같아서. // 다 채워 넣었어요?

41:16 SS : 네~~ (수업 A5)

두 교생은 마지막 수업이기도 하고, 그동안 자신들의 수업에서 학습자 활동이 부족했다는 반성에서 학생들의 탐구활동을 상대적으로 여유 있게 진행했다. 이에 대해 학생들은 간단한 문제풀이 정도로 생각하고 "학습지에 나와 있어요."로 반문하지만, 두 교생은 '여러 가지 자료를 활용한 탐구활동', '자기주도적인 탐구활동', '배운 것을 회상하면서 정리해 보는 탐구활동'의 중요성으로 응답한다. 약 3분 정도 활동 시간이 길었던 최연희 교생의 수업에서는 "시간이 느리다."는 학생들의 반응도 이어진다. 교생은 "학생들에게 생각할 시간을 주어야 한다."는 이론적 지식을 실제적 지식으로 실행해 보았지만, 학생들은 일상적으로 익숙한 '빈 칸 채우기'나 '정답 쓰기' 정도의 간단한 활동으로 대신하고 산만해지기 시작한다.

그럼에도 불구하고 교생은 자신의 생각이 옳다고 생각했기 때문에 소요 시간을 조절하면서 학습자 중심의 탐구활동을 계속한다. 수업 A4와 B4에서 교생들은 1차시에 적절한 수업주제와 전개 단계의 단락 구성 그리고 그와 관련된 시간문제 등에 대한 경험을 하게 된다. 즉 교생들은 대부분의 수업에서 1개의 학습주제를 2~3개의 하위 주제로 구분하여 전개 단계의 단락을 구성했지만, 수업 A4와 B4에서는 2개의 학습주제를 2개의 단락으로 조직하여 실행한다.

> 김소희 : 소단원 두 개를 한 차시로 짠다는 것은 무리가 있다. 소단원은 되도록 한 차시 분량으로 짜도록 해야겠다. 차시를 나누는 것은 담당 선생님 그리고 최연희와 많이 고민한 끝에 이렇게 지형과 기후를 자연환경이라는 더 큰 주제 안에 포함시켜서 한 차시로 나누었지만 한 차시 분량으로 하기에는 무리였다. (수업일지-2007-5-30).
>
> 최연희 : 설명도 제대로 못했지만, 설명하는 것이 너무 힘들었다. 도입을 간단히 하고, 전개에다 시간을 많이 배분했지만 한계가 있었다. 잘 못하느니 여러 하위 주제로 나누어서 하는 것이 효과적이다. (수업일지-2007-5-29).

이렇게 두 교생의 수업조직에 미치는 가장 큰 영향은 수업시간이었다. 두 교생이 생각하는 수업시간은 정리단계의 형성평가 단락까지였지만, 수업조직에 미치는 수업시간에 대한 인식은 개별적으로 다르게 나타났다. 최연희 교생은 '형성평가 단락까지 진행하여 수업시간을 맞추는 것'이 중요하다고 생각했다. 그에 따라 자신이 꼭 해야 한다고 생각한 '인사・전시학습확인・학습목표확인・전개・학습내용정리・형성평가' 단락 활동의 실행 유・무가 주된 반성 대상이 되었고, 이들 활동을 잊지 않고 전개하는 것이 이후 수업의 실천 목표가 되었다. 반면에 김소희 교생은 '수업 주제나 목표에 맞추어 도입-전개-정리까지 설명을 순서대로 잘 하는 것'이 중요하다고 생각했다. 그리고 '인사하기・전시학습확인・학습목표확인・전개・형성평가 혹은 학습내용정리・차시예고・인사하기'의 단락 활동이 이루어지는 것이 중요하다고 생각했으며, 수업시간의 문제는 정리단계의 형성평가와 학습내용정리의 선택적 활동으로 조절하였다.

또한 수업시간은 두 교생이 자신들의 이론적 지식을 실제적 지식으로 실천하기 위해 조직한 '학습자 중심의 탐구활동' 단락의 구성에도 영향을 미친다. 즉, 교생들은 말 그대로 학습자가 학습한 내용을 '의미 있는 글쓰기'로 정리하고 발표하는 단락에 상당한 시간을 배분하지만, 학습자 중심의 활동 혹은 학생들의 자발적 참여를 이끄는 활동이 생각처럼 실행되지 않는다는 것을 경험한다. 이에 대한 두 교생의 갈등과 반성은 단락 활동의 내용 변경과 시간 축소로 실천된다.

2) 수업조직에 대한 반성의 수준

최근 반성에 관한 여러 관점들의 논의가 이루어지고 있지만, 이들은 공통적으로 반성은 실제 상황과 관련되어 이루어지고, 본질적으로 순환하며, 복합적인 관점에서 이루어지는 것으로 정의한다(Ward and McCotter, 2004). 이것은 오늘날 교사에게 필요한 지식은 반성과 실천 그리고 실천에 대한 반성적 성찰을 통해서 얻는 실천적 지식이라는 것을 의미한다(강창숙, 2007b).

교사교육에서 반성적 실천이 강조되고 있다고 해도, 교사가 기본적인 능력을 획득하고, 생존문제를 극복하는데 충분한 자신감을 가질 때까지 반성적 사고가 강조되어서는 안 된다는 주장도 설득력 있게 제기되고 있다. 이러한 논쟁에 대해 기계적 반성, 해석적 이해 수준 혹은 실천적 수준, 비판적 수준의 세 가지 반성적 사고수준을 제시한 Manen(1977)의 입장은 유용한 개념적 틀을 제공한다.

반성적 사고수준에 대한 대부분의 연구들은 교사가 자신의 교수행동에 대한 합리적 근거로서 제시하고 있는 내용들을 분석하고 이를 질적이며 위계적인 수준으로 분류한 Manen의 연구를 수정하고 보완한 것들이다. 그 대표적인 사례가 Ward와 McCotter(2004, 250)가 개발한 '반성적 사고 분석의 틀(reflection rubric)'이다. 이 분석 틀은 수집한 실제 자료를 근거이론에 근거하여 귀납적으로 체계화 한 것이다. 연구자는 이 분석 틀을 이용하여 두 교생의 반성적 사고 수준을 분석하였지만, 잘 이해되지 않는 부분도 있었고, 우리나라 교실 상황에서는 이해하기 어려운 설명들도 있었다. 우리 교실의 문화적 특성, 고유한 맥락이나 상황 등을 충분히 고려한 분석의 틀 개발이 필요하다.

표 7-6은 Manen이 제시한 반성적 사고의 수준을 수정・보완하여, 예비교사들의 반성적 글쓰기 내용을 통해 반성적 사고의 수준과 질을 평가하기 위해 만들어진 것이다. 예비교사들의 반성적 사고를 실행에 대한 초점, 질문, 변화의 세 차원을 고려하여 그 수준을 '즉각적인→기술적인→숙고적인→변혁적인'의 네 가지로 구분하여 이차원적으로 고려함으로써 반성적 사고가 갖는 역동적인 변화를 가시적으로 드러내는데 유용하다.

반성적 사고의 세 가지 차원 중 '초점'은 교사의 실행에 대한 관심의 초점이 어디에 있는가를 나타내고, '질문'은 왜 그러한 교수 실행이 일어나는지에 대한 의문이나 물음이며, '변화'는 이러한 과정을 통해 교사의 실행과 관점이 어떻게 변화하는가에 대한 것이다. 반성적 사고는 '즉각적인 수준'에서 '변혁적인 수준'으로 갈수록 그 수준은 높아진다. 반성적 사고의 수준이 높아짐에 따라 '초점'의 범위와 대상은 점점 더 확대되고, 장기적이고 연속적인 질문들이 이루어지며, 그에 따라 교사의 관점과 실행은 근본적인 변화와 더불어 재구조화가 이루어지게 된다.

표 7-6. 반성적 사고 분석 틀: 세 가지 차원을 고려한 반성적 사고의 수준

차원 / 수준	반성적 사고의 수준 →			
	즉각적인 (Routine)	기술적인 (Technical)	숙고적인 (Dialogue)	변혁적인 (Transformation)
초점(Focus) 실행에 대한 관심의 초점은 무엇인가?	- 자기중심적(이것이 나에게 어떻게 영향을 미칠까?)인 주제에 초점이 있다. - 주된 관심은 학생 통제, 시간, 업무량 등의 조절 에 있다.	- 초점은 수업 계획과 관리 등과 같은 특정한 교수 업무에 있다. - 그러나 가르치는 주제들 간의 관계는 고려하지 않는다.	- 초점은 학생들에게 있다. 학생들을 돕기 위해서 그들이 어떻게 또는 어떤 방법으로 학습하는지 해석하는데 있어서 학생들과의 상호작용과 평가를 사용한다.	- 초점은 근원적인 교수법적, 직업윤리적, 도덕적, 역사적인 관심과 개인적인 관계, 그리고 이러한 것이 학생들과 다른 사람들에게 어떠한 영향을 미치는지에 있다.
질문(Inquiry) 탐구의 과정은 무엇인가?	- 개인적인 변화가 필요한 질문들은 묻거나 암시하지 않는다. 비판적인 질문과 분석은 다른 사람들의 비평으로 제한된다. - 분석은 제한적이고 일반화된 경향이 있다.	- 질문은 특정한 상황에 대해 스스로 묻는다거나 혹은 실패하거나, 예상치 못한 결과나 흥미 있는 결과를 암시한다. - 문제가 한번 언급된 후에는 질문하지 않는다.	- 상황에 근거한 질문들은 새로운 질문으로 이어진다. - 질문은 다른 사람들과 함께 새로운 생각에 대해 개방된 사고로 이루어진다. .학생들, 동료들, 그리고 다른 사람들의 관점을 구한다.	- 멘토, 교재, 학생들, 학생들의 학습, 사건 등에 대하여 주의 깊은 고찰과 장기간의 탐구를 지속한다
변화(Change) 그러한 탐구가 실행과 관점을 어떻게 변화 시키는가?	- 개인적인 반응 없이 실행 그 자체에 대해 분석한다.	- 상황에 대해서 개인적으로 반응은 하지만, 상황에 맞추어서 관점을 바꾸지는 않는다.	- 교수 또는 학습자에 대해서 또는 실행의 개선에 대한 새로운 통찰을 발달시키기 위해 질문을 종합한다.	- 실행의 근본적인 변화를 이끄는 관점에 대한 변혁적인 재구조화가 이루어진다.

두 교생의 수업조직을 중심으로 한 수업실행에 대한 반성적 사고의 수준은, 이들의 16시간 수업실습에 대한 수업일지와 면담일지에 나타난 내용에 근거하여 반성적 사고의 개념 단위를 수업시간별로 추출하였다. 이 개념 단위는 수업조직 혹은 그와 관련된 특별한 주제나 사건에 대해 반성적인 사고를 한 내용으로, 하나의 문장이지만 하나의 문단인 경우도 있다. 각 개념 단위에 대한 분석이 끝난 후에 각 개념 단위 하나하나에 대해 '초점', '질문', '변화'의 세 가지 차원에 대하여 내용을 분석한 후 반성적 사고의 수준을 구분하였다.

분석 결과, 두 교생의 반성적 사고의 내용은 조금 달랐지만 반성적 사고의 수준은 '기술적인 수준'과 '숙고적인 수준'이 교차되어 나타났다. 구체적으로 살펴보면 '전형적인 기술적인 수준'은 '초점'과 '변화'의 차원에서 집중적으로 나타났고 '질문'에서도 나타났다. '전형적인 숙고적인 수준'은 '초점'에 집중되고 있지만 '질문'과 '변화'의 차원에서도 나타났다. '즉각적인 수준'은 '초점'에서만 부분적으로 나타났다. '전형적인 기술적인 수준'의 '초점'은, 수업조직을 중심으로 한 수업실행에 대한 반성적 사고의 초점이 수업 계획과 진행, 교수 전략에 집중되고 있다. 수업일지 기록 내용 중에서 이에 해당하는 것을 간략하게 제시하면 다음과 같다.

- 교사주도형 수업을 하기 때문에 학생들의 수업 참여도를 높이기가 어려웠다.
- 소단원이나 학습주제에 적절한 교수법을 찾기가 어려웠다.
- 시간 맞추어서 수업을 진행해야 하고 형성평가까지는 해야 한다. 학습목표도 읽지 않았다.
- 서해갑문에 대해서 너무 깊게 설명한 것 같다. 다른 내용은 빼 먹은 것이 있다.
- 지형하다 기후하고 다시 지형을 설명했다. 수업의 흐름을 잊지 않도록 정신을 바짝 차려야 한다.
- 수업 분량이 너무 많아서 전개 부분이 엉망이다.
- 소단원 두 개를 한 차시에 하는 것은 무리가 있다.
- 제주도 열대작물의 재배가 어려워진 이유를 설명할 때 예시가 적절하지 않았다.
- 본 수업에 어울리는 다양한 수업 형태에 대한 고민이 부족했다.

'기술적인 수준'의 '질문'은 학생들에 대한 몇 가지를 스스로에게 자문하는데, '반성적 사고 분석의 틀'에서 설명하고 있는 것과는 달리 문제가 한번 언급된 후에도 유사한 질문이 반복되어 나타났다.

- 어떻게 하면 학생들과 활발한 상호작용을 할 수 있을까?
- 오늘은 계획하고 준비한 것을 빠짐없이 설명했지만 학생들은 잘 이해했을까?
- 대답을 할 때까지 기다려 보는 것이 어떨까?

'전형적인 기술적인 수준'의 '변화'는 질문 및 초점과 관련된 상황에 대한 개인적인 반응이나 변화에 대한 것이고 대부분 실제에 적용한 사례들로써 간략하게 제시하면 다음과 같다.

- 시간배분 문제의 해결책은 지도안에 시간을 크게 써 놓고 수시로 확인하는 것이다.
- 학생들의 발표에 귀 기울이고 칭찬할 만한 요소를 찾는 것이다.
- 다른 부연 설명보다는 지도 선생님 지적대로 세운 목적에 초점을 두는 것이다.
- 학생들의 사고를 자극하는 질문을 만들어서 반응을 유도해야 한다. 질문도 머리 속에서 계획하지 말고 지도안에 다 써 놓아야겠다.
- 학생들이 졸리고 힘든 5교시에는 재미있는 이야기를 하거나 교수님 말씀처럼 몸 풀기를 해야겠다.
- 학생들에게 시간을 주고 답을 유도하니까 확실히 반응이 달라졌다.
- 집중하지 않는 아이들에게는 김소희처럼 어조를 높이거나 제스쳐를 취해야 한다.
- 최연희처럼 다음 시간 도입에서 학생들의 주의집중을 유도한 다음 잘못된 설명을 확실하게 수정해 주어야겠다.

- 이번에는 소단원 하나를 1차시에 하니까 확인학습까지 다 풀고, 학생들도 훨씬 덜 힘들어하는 것 같았다.

'전형적인 숙고적인 수준'은 '초점'에서만 나타났지만, '전형적인 기술적인 수준'의 '초점'과 약간의 수준 차이가 있거나 엄밀한 구분이 어려운 경우도 있었다. 말 그대로 반성 내용이 '학생들에' 초점을 두고 있으며 학생들의 학습을 이해하려고 하거나 그것에 도움을 주기 위한 사고에 해당하는 내용들은 '전형적인 숙고적인 수준'에서 '초점'의 차원으로 분류하였으며, 그 내용은 대략 다음과 같다.

- 학생들의 지적이 중요하지 않은 것도 '중요하다'고 말해서 집중시키려고 한다는 것이다. 김소희는 중요한 것만 딱딱 집어서 '중요하다'고 하는데, 나는 학생들 지적처럼 남발한 것 같다. 교사가 모든 것을 다 설명해 주려고 하지 말자. 그러면 학생들이 수업에 소극적일 수밖에 없다.
- 학생들이 수업을 잘 따라오고 있는지 궁금하고 걱정된다.
- 학생들의 오개념을 확인하고, 잘못 이해하고 있는 부분은 바르게 설명해 주어야 한다. 물론 나의 오개념도 신경 써야 한다.
- 학생들이 수업을 지루해 할 즈음에 교과서 만화가지고 역할놀이를 하니까 시간도 적게 들면서 학생들의 흥미나 집중도를 높였다.
- 학생들이 발표하기를 꺼려했지만, 발표할 사람이 나올 때까지 조금 기다리니까 잘 해결되었다. 또 발표에 칭찬을 해 주니까 학생들이 고무되는 것 같았다. 오늘 칭찬은 적절하게 이루어졌다.
- PPT 자료를 적극 활용해서 학생들의 참여도도 높이고, 이해를 도울 수 있도록 최신의 사진이나 동영상을 넣어야겠다.
- 제주도 답사 갔을 때의 에피소드를 설명 중간에 덧붙이니까 학생들의 집중도가 높아지고, 훨씬 쉽고 재미있게 이해하는 것 같다.
- 학생들은 언제나 개별적으로 이름을 불러 주어야 한다.

'숙고적인 수준'은 '질문'에서도 나타났는데, 학생들과 동료 교생 그리고 지도 교사에게 개방적으로 관점을 구하고 그들의 관점이나 지적에 대해 긍정적이고 적극적으로 수용하는 내용들이다. 전형적인 수준으로 나타나지 않았지만 두 교생의 '숙고적인 수준'의 '질문' 차원은 이들의 전문성 발달 과정에 무엇보다 의미 있는 반성이라고 생각한다.

- 우리는 수업이 끝나면 서로 잘했다고 하면서도 "학생들에게 오개념을 형성해 준 것 같지?", "학생들의 사적지리는 무시하고 공적지리만 엄청나게 강요하는 수업을 하고 있지?"라고 반문하면서 그날 수업을 반성했다.
- 수업이 끝나고 학생들이 '선생님이 신나 보이는 수업'이었다고 말했는데, 최연희도 내 수업을 학생들보다 내가 더 신나하는 수업이라고 했다. 매일 나만 신나는 수업이었나? 학생들은 아니었나?
- 지도 선생님이 너무 노련하셔서 어떤 지적이나 조언도 고마웠다. 그런데 지도 선생님이 지적하신 것을 바로 바로 못 고치니까 너무 죄송하고 부끄럽다.

'숙고적인 수준'의 '변화' 차원은 교생들 자신의 수업실행이나 학생들에 대한 새로운 통찰을 발달시키거나 상황과 관련된 질문들을 종합하는 변화에 대한 내용으로 다음과 같다.

- 학생들을 집중시키는 것은 교사의 노력으로 극복할 수 있다. 다른 사람의 수업을 보고 그 장점을 따라하고 연습하면 될 것 같다는 확신이 든다.
- 지리교사는 교과의 배경지식은 물론 역사, 문화, 사회에 대한 지식과 상식도 풍부해야 한다. 지리 공부를 열심히 하자!! 교과 관련 상식을 쌓자!!

가장 깊이 있는 반성 수준이고 교사의 전문성 발달에서 지향해야 할 반성 수준인 '변혁적인 수준'에 도달한 것은 아니지만, 김소희 교생의 경우 '변혁적인 수준'의 '질문' 차원에 근접하는 반성이 나타났다. 즉 김소희 교생의 수업일지에서 다음과 같은 내용이 나타났다.

- 학생들 교과서에는 소단원명이 '관광산업이 발달한 제주특별자치도'인데, 나는 내 교과서를 보고 '관광산업이 발달한 제주도'라고 칠판에 썼다. 교과서나 사회과부도를 사전에 출판일자나 오류가 없는지 꼼꼼하게 살펴봐야겠다. 학생들이 내 수업에서는 나의 설명을 전적으로 믿고 따를 수 있도록 철저하게 해야 한다.
- 나의 관점에서 교과서 내용을 어떤 주제를 중심으로 재구성해서 설명하니까 학생들이 상당히 혼란스러워 한다. 어린 학생들이니까 교과서와 학습지 순서대로 배열해서 설명하는 것이 학생들을 혼란하지 않게 한다.
- 최연희는 확실히 나보다 교과에 대한 지식이 풍부하고 깊이가 있다. 그래서 그런지 학습주제의 구분도 잘 이뤄지고 설명도 더 체계적으로 이루어진다.

'변혁적인 수준'의 '질문'은 멘토, 친구, 교재, 학생들, 사건, 학생들의 학습 등에 대해 주의 깊은 고찰을 장기간에 걸쳐 탐구하고 실행하는 것이다. 제한된 기간 동안 이루어지는 수업실습의 특성을 고려하면 지나친 해석일 수도 있고 연구자의 잘못된 분석의 결과일 수도 있지만 적어도 반성 내용 그 자체는 이 수준에서 추구하는 것들이라고 판단된다.

예비교사의 반성적 사고수준에 대한 선행 연구들에서는, 대부분의 예비교사들은 '전형적인 즉각적인 수준과 기술적인 수준'에 머무르며 '숙고적인 수준이나 변혁적인 수준'은 나타나지 않는다고 보고한다. 특히 Ward와 McCotter(2004, 253) 등의 경우에는 '숙고적인 반성 수준'은 새로운 아이디어를 고려하고 종합하는 반면에 '변혁적인 반성 수준'은 근본적인 가정에 질문을 던지고 좀 더 깊이 있는 반성을 목적으로 하는 것이므로 예비교사에게는 거의 나타날 수 없는 수준이라고 설명한다. 즉 '변혁적인 수준'은 1년 혹은 1학기 정도에서 이루어질 수 있는 변화 유형으로 기대할 수 없는 수준이고, 자신들의 연구 샘플에서도 단 한 명의 예비교사가 이 수준에 도달했다고 밝히고 있지만, 사례 교생들은 그 가능성에 진입했다고 볼 수 있다.

이와 같은 내용은, 예비교사의 반성적 사고가 대부분의 경우처럼 즉각적이고 기술적인 수준에만 국한되어 나타나는 것은 아니라는 것을 보여준다. 물론 반성적 사고가 단기간에 획득되는 것이 아니라 실제의 맥락에서 지속적인 노력이 필요한 것임에는 틀림이 없지만, 이 또한 예비교사 양성과정에서 이론적 지식으로 교육되었는가의 여부 그리고 그것이 예비교사들의 배경 지식으로 얼마나 이해되었는가도 중요하다는 것을 드러내는 것이기도 하다.

교육을 통해서 교사 혹은 예비교사들은 자신의 행위의 적절성 혹은 효과성에 대해 반성하게 되고, 자신의 행위를 유도한 목표의 적절성에 대해서도 반성할 수 있게 된다. 즉 예비교사들은 자신의 행위의 이면을 분명하게 살필 수 있을 뿐만 아니라 자신이 선택한 목표와 이에 대한 자신의 행위의 적절성을 고려할 수 있는 해석적 이해의 수준 혹은 실천적 수준에 도달할 수 있다.

5. 정리

두 교생의 지리 수업조직에 대한 실천적 지식의 구성을 그 배경이 되는 심층동기와 이론적 지식의 경험부터 교실이라는 실제 맥락에서 이루어지는 수업실행과 반성적 실천에 이르는 과정까지 질적 사례연구로 살펴보았다. 주요내용을 정리하면 다음과 같다.

먼저, 두 교생의 학교 경험을 '지리교사'에 대한 동기 발달 과정의 관점에서 시간 축 위에 투사하여 살펴 본 결과, 이들의 '지리교사'에 대한 동기는 가장 바람직한 '본질적 동기'를 가지고 있는 것으로 나타났다. 교생들의 이론적 지식의 바탕이 되는 대학 교육과정은 매우 복잡하고 혼선적인 과정이었지만, 이들의 '예비 지리교사'로서의 정체성 형성은 지리와 지리교육에 대한 긍정적인 이해에서 시작되었다.

둘째, 매 수업마다 다르게 조직되는 두 교생의 수업은 대략 9~14개의 단락으로 조직되었다. 도입과 정리 단계에서는 기능에 따라 단락이 조직되었지만, 전개 단계는 학습주제, 학습지역, 학습활동 등에 따라 단락이 구분되었고 단락의 순서나 단락을 구성하는 내용에서는 개인적인 차이가 두드러지는 단계로 나타났다. 전개 단계의 시간 비중이 가장 높았고, 시간 비중이 가장 낮은 정리 단계는 단락 활동이 생략되거나 축소되는 등 가장 불규칙하게 조직되었다. 도입 단계는 조직되는 단락의 종류가 가장 많았다.

도입 단계의 '학습목표확인'과 정리 단계의 '학습내용정리 혹은 형성평가' 단락은 수업실행의 핵심단계에 해당하는 전개 단계와 기능적으로 연계되는 단락으로 나타났다. '인사나누기'로 시작하여 '인사하기'로 마무리되는 수업조직의 각 단락은 교생의 발화로 전환되었다. 두 교생은 단락이 전환될 때마다 교과서나 학습지의 페이지 확인을 통해 교수와 학습, 교생과 학생의 수업 방향을 일치시켰다.

셋째, 두 교생의 같으면서도 다른 지리수업의 조직은 '학습목표확인'의 기능과 '학습지역확인', '전시학습확인', '학습도입', '전개1'의 단락에서 이루어지는 '위치 찾기'나 '지역 확인하기' 활동에서 특징적으로 나타났다.

넷째, 교생들의 수업조직에서 나타나는 갈등과 반성의 대부분은 수업시간과 관련된 것이었으며, 이러한 문제는 정리단계의 형성평가와 학습내용정리의 선택적 활동이나 시간 축소로 조절되었다. 대학에서 배운 이론적 지식을 바탕으로 조직한 '학습자 중심의 탐구활동' 단락과 관련된 갈등은 단락 활동의 내용 변경과 시간 축소로 실천되었다.

다섯째, 매 시간 수업을 계획하고 열심히 자료를 준비하며 수업일지 작성을 통해 자신들의 수업 실행을 회고하고 반성한 두 교생의 반성적 사고는 가장 낮은 수준보다는 발달된 '기술적인 수준'과 '숙고적인 수준'이 교차되어 나타나는 수준이었다.

수업이 항상 교사가 계획하고 의도한대로 이루어지는 것도 아니고, 의식적인 것만큼 무의식적으로 이루어지는 행위도 수없이 반복된다. 주관성과 상호주관성이 상호작용하는 교실 상황에서 교사는 미처 반성할 겨를도 없이 수업을 진행하는 경우가 많다.

그렇지만 계획은 사전에 주어지는 것이며, 세부적으로 실현되기 이전에 표상되거나 아니면 적어도 표상될 수 있다. 그 계획의 완전한 성취는 먼 미래로 미루어지거나 무한히 늦어질 수도 있지만, 그럼에도 불구하고 현재 주어진 용어를 써서 그러한 구상을 명백히 하는 일이 가능하다(베르그송, 이희영 옮김, 2008, 211). 그것이 기계론적이든 목적론적이든지 간에 의식하고, 반성적으로 실천하려고 노력할 때 실행 가능해질 뿐만 아니라 진보하고 발달할 것이다.

무엇보다 두 교생의 수업실행은 동료나 지도교사의 관찰이나 평가를 적극 반영하고, 수업을 계획하며, 이들과 의논하고 의견을 반영하며, 경험 있는 교사나 숙련된 교사의 수업을 긍정적인 태도로 관찰하고 배움으로서 자신들의 수업실행능력을 함양코자 했다는 점은 '실천가로서의 발달(practitioner development)'로 큰 의미를 갖는다(Catling, 2003 참조).

본 장의 논의를 통해서, 교사 교육자들은 '가르칠 줄 아는 것'과 '가르치는 것에 대해 아는 것' 사이의 관계를 지금까지와는 다른 방식으로 이해하는 것이 필요함을 알 수 있다. 즉, 교사의 앎이 실행되고 구성되는 것은 우리가 아는 것을 실행하고, 그리고 다른 사람들과의 관계 속에서 아는 것을 변화시키는 과정에서 이루어지는 것이다.

본 장에서는 두 교생의 수업실행을 논의했지만, 본질적으로 실행(praxis)과 실행론(praxeology)은 상호 배타적인 양극이다. 우리는 이 두 극을 하나의 단위로 생각하기 때문에 실행론은 절대 실행을 전체적으로 담아내지 못한다는 긴장이 항상 남게 된다. 그와 동시에 실행은 항상 열려 있으며, 그렇게 '이론과 실제'는 계속 진행되는 자기모순적이고 순환적 움직임 안에서 구성되고 재구성된다. 우리가 가르침을 실행할 때 바로 거기에서 실제 안의 이론이 존재한다(Roth, 2002, 157).

지리과 교실수업에 대한 우리의 경험과 이해가 증진될 때, 지리수업의 독특성과 전문성을 설명하고 이해할 수 있는 이론을 구성하고 실행할 수 있게 될 것이다.

제3부 사회과 수업과 언어상호작용

제3부는 저자의 논문 2014, 2015, 2018b를 보완하고 재구성함.

제주 가파초등학교 마라분교 전경

1958년 8월 31일 가파초등학교 마라분교로 인가, 우리나라 최남단 마라도에 위치한 학교이다(자료: 가파초등학교).

제8장
사회과 예비교사와 언어상호작용

1. 수업전문성 함양과 자기장학

교사의 수업전문성은 수업경험이 많을수록 발달할 수 있지만, 전문가(expert)로서의 교사와 숙련가(specialist)의 그것은 다르다. 전문가로서의 교사는 시간에 따른 경험의 누적으로 교실수업에 능숙해지는 것을 뛰어넘어 남다른 신념과 책무성을 가지고 자신의 수업을 끊임없이 연구하고 반성적으로 실천하는 사람이다. 이에 지리교사의 수업전문성은 단선적인 경력 개발(career development)을 뛰어넘어 수업에 대해 좀 더 폭넓은 지식과 역량을 지속적으로 향상시켜나가는 '지속적인 전문성 개발(Continuing Professional Development, CPD)'의 관점에서 접근되어 왔다(Morgan and Lambert, 2005; Kolenc K., 2010).

교사가 수업을 관찰, 분석, 반성하는 것은 수업전문성 함양의 필수적인 과정이다. 교사가 자신의 수업을 관찰, 분석하고 그 결과를 반성적으로 실천하는 '자기장학'은 수업경험이 풍부한 교사뿐만 아니라 초임교사와 예비교사들에게는 꼭 필요한 과정이다. 자기장학은 교사로서의 삶에서 계속되어야 할 책무이며, 교사가 수업전문성 향상을 위해 스스로 체계적인 계획을 세우고 실천하는 과정이다. 즉 자기장학은 자신의 수업을 녹화, 전사하여 관찰, 분석한 결과를 바탕으로 수업역량 향상을 꾀하려는 교사의 자발적이고 반성적인 실천 활동이다.

교사의 수업전문성 향상을 위한 연구는 다양한 관점에서 이루어지고 있으며, 그 중에서도 자기장학의 효과성에 관한 연구는 실제 수업을 사례로 이루어지고 있다. 수업관찰과 수업분석은 교사로 하여금 학생들의 학습에 보다 효과적인 수업을 운영할 수 있도록 해 주는 수업능력의 향상이나 수업행동의 개선을 목적으로 이루어지는 일련의 과정이다. 따라서 수업관찰과 수업분석은 자기장학의 기본도구가 되어야 하며, 그 결과가 반성적으로 실천될 때 지리교사의 수업전문성은 구체적이고 실제적으로 함양될 수 있다.

일반적으로 수업관찰은 교수방법 개선을 위해 수업과정에 대한 자료수집과 분석, 평가에 가장 보편적으로 활용되는 수단으로, 수업을 분석·진단하기 위한 제반행위를 말한다. 수업관찰자는 미리 준비된 관찰도구와 방법 및 절차에 의거하여 교사와 학생 각각의 행동과 상호작용, 수업 전개 양태, 자료의 활용 등 수업활동 전반을 체계적으로 정의할 수 있다. 이는 보다 효과적인 수업계획을 세울 수 있도록 해 주며, 교사의 교수행위 변화를 계획적·공식적·직접적으로 도와주고 교사와 학생이 상호작용하는 교육과정을 잘 마련할 수 있게 해준다(주삼환 외, 1999).

Flanders(1970)는 과학적인 수업형태 분석의 관점에서, 교사의 개인적인 수업능력을 개발하고 교실에서 이루어지는 교수행위의 조절을 돕기 위해 수업에서 발생하는 일련의 행위를 객관적, 과학적 분석기법을 통해 분석하는 행위를 '수업분석'으로 정의하였다. 이러한 수업분석은 교사로 하여금 학습자 학습에 보다 효과적인 수업을 운영할 수 있도록 해 주는 수업능력의 향상이나 수업행동을 개선할 목적으로 이루어진다. 따라서 수업관찰과 수업분석은 자기장학의 기본 도구가 되어야 하며, 그 결과가 반성적으로 실천될 때 교사의 수업전문성은 구체적이고 실제적으로 향상될 수 있다.

선행연구에서는 오디오 테이프와 비디오 녹화를 통한 피드백이 전통적인 지도교수의 피드백보다 예비교사의 언어상호작용의 '비지시적 교수' 행동에 미치는 영향이 더 크다는 것을 밝히고 있다(Leonard et al., 1971). 초임교사의 자기장학이 교수기술 향상에 보다 긍정적인 영향을 미치고(김경현, 2004), 예비교사의 수업에서 '언어상호작용'에 대한 수업분석의 피드백이 이루어진 후 교사-학생 상호작용이 활발해지며, 교사와 학생 각각의 발화 빈도 증가에 긍정적인 영향을 준다는 것을 밝혀지고 있다(이인, 2012). 교사의 수업전문성은 자기수업에 대한 체계적이고 구체적인 관찰과 분석을 통한 피드백이 꾸준히 제공될 때 향상될 수 있다는 것은 분명한 사실이다.

2. Flanders의 언어상호작용 분석과 AF 분석의 특징

수업활동의 형태적인 분석은 교사와 학생의 언어적 상호작용분석(verbal interaction analysis), 비언어적 상호작용분석(non-verbal interaction analysis), 작업분석(work analysis)의 세 가지 측면에서 이루어질 수 있다(김종서·김영찬, 1983). 이중 널리 소개된 것은 '플랜더스 언어상호작용 분석법

(Flanders' verbal interaction analysis system)'으로, 교사의 교수행위로 드러나는 수업기술 향상과 관련된 연구의 도구로 활용되어 왔다. 이 분석법은 교사와 학생의 언어상호작용에 초점을 둔 것으로, 1960년대 미국 미네소타대학교 플랜더스 교수가 교실수업을 관찰한 논문에서 비롯되었다(변영계 · 김경현, 2011). 플랜더스의 언어상호작용 분석법은 교과서를 중심으로 교사가 그 내용을 강의하고 설명하는 설명식 수업분석에 적합하다.

플랜더스의 언어상호작용 분석법은 교실수업에서 나타나는 교사와 학생의 언어상호작용에 대한 형태적인 분석법으로 널리 활용되고 있다. 이 분석법은 수업의 주요 변인인 교사와 학생의 언어적 행동에 초점을 두고 있으며, 사전에 정해진 관찰행동을 일정한 분류체계에 따라 체계적으로 누적 기록하고 분석하는 객관적 분석법이라는 점에서 과학적 수업분석 도구로 인정받고 있다. 그러나 1990년대 중반을 넘어오면서 데이터 수집과 분석 및 통계처리를 위한 교사 및 관찰자의 시간과 노력을 지나치게 많이 필요로 할 뿐만 아니라, 관찰과 측정 과정의 불편이 제기되어 이 분석법의 사용은 점차 쇠퇴하기 시작하였다(변영계 · 김경현, 2011).

근래 이러한 문제점을 대폭 개선한 컴퓨터 프로그램이 개발되면서 교사의 수업기술 향상과 관련하여 플랜더스의 분석법을 활용한 연구가 활발해지고 있으며, 교사의 수업기술 개선은 물론 예비교사의 교실수업능력 함양을 위한 도구로 주목받고 있다. 본 장에서는 원광대학교 김경현 교수가 컴퓨터 프로그램으로 개발한 'EASY 분석 프로그램 ver 3.54(베타버전)'에서 제공하는 'Advanced Flanders' Interaction Analysis(이하 AF 분석)'을 분석도구로 활용하여 연구대상 사회과 예비교사들의 수업실습에서 나타나는 '언어상호작용'을 관찰, 분석하였다.

AF 분석은 기존의 플랜더스 분석에서는 18개의 준칙을 제시하고 있으나, 5개의 분류 준칙에 의거하여 자체 개발한 AF 인공지능 알고리즘에 의해 자동으로 처리되는 실용적인 분석 환경을 제공하고 있다. 무엇보다 수업 언어분석에 있어 보다 향상된 질적 정보(예를 들면, 교사 질문의 유형과 수준, 학생 발언의 경향, 언어상호작용이 없는 경우의 수업 상황 등)와 다양한 측면의 분석 결과를 제공한다는 점에서 유용하다. 이 프로그램은 컴퓨터를 활용하여 교사의 수업관찰과 분석을 지원하기 위해 개발되었다.

최근에는 디지털형 녹화 장치가 보편화됨에 따라 시공간적 제약을 받지 않고 수업을 쉽게 촬영, 기록할 수 있게 되었으며, 수업의 일시적, 일회적 특성에 따른 어려움을 벗어날 수 있게 되었다. 또한 AF와 같은 수업분석 프로그램은 보다 쉽고, 체계적으로 수업을 분석할 수 있게 해 줄 뿐만 아니라, 개인의 수업 정보를 누적적이고 시계열적으로 저장하고 이용할 수 있으며, 다른 사람의 수업과 비교, 분석하고, 그 결과를 전국적으로 공유할 수 있는 장점이 있다.

플랜더스 분석법은 수업에서 사용되는 언어의 특성에 따라 크게 교사 발언(Teacher Talk), 학생

발언(Student Talk), 침묵(Silence)의 3개 범주로 구분되고 이들은 10개의 항목으로 분류된다. 이들 범주와 항목은 본래 플랜더스(1965)가 개발한 분석도구에서 교사 발언 항목 7~9개와 학생 발언 항목 2~3개를 수정한 것이다. 10가지 분류 항목은 다음의 표 8-1과 같다(Bondi & Ober, 1969, 5-8; Flanders, 1970; Malamah-Thomas, 1991; 이인, 2012를 참고로 구성). 이들 항목들은 상호배타적이며 교실에서 발생할 수 있는 것을 거의 모두 포함하고 있다(Lambert et al., 1965, 222)고 할 수 있다.

마지막 ⑩번은 일시적인 중단, 침묵과 혼란 등으로 교사나 학생의 언어 중 어느 항목으로 구분해야 할지 모르는 상황으로 '침묵이나 혼란'으로 구분하기도 하고, '기타'로 구분하기도 한다. 플랜더스는 '학생의 발언'으로 구분하였고 ⑩번으로 명명하였으나, AF 분석에서는 효율적인 컴퓨터 입력을 고려하여 '기타'로 구분하고 ⓞ번으로 명명하였다.

표 8-1 플랜더스의 언어상호작용 분석 항목과 언어적 행동

항목			언어적 행동
교사의 발언 (Teacher Talk)	비지시적 (Indirect)	① 감정의 수용 (*Accepts feelings*)	- 위협적이지 않은 방법으로 학생의 감정을 받아들이고 명백히 한다. 감정은 긍정적이거나 부정적일 수 있다. 학생의 감정을 예측하고 회상하는 것도 포함한다.
		② 칭찬, 격려 (*Praises or encourages*)	- 학생을 칭찬하거나 격려한다. 학생에게 창피를 주지 않고 긴장을 풀기 위한 농담도 포함한다. 고개를 끄덕이면서 '응~', '계속해'라고 말하는 행위를 포함한다.
		③ 학생의 아이디어를 수용하거나 사용 (*Accepts or uses ideas of students*)	- 학생의 말을 인정하고 그것을 명백히 한다. 학생들이 말한 생각이나 의견을 도와주거나 개발하게 한다. 그러나 교사가 학생의 말을 기반으로 자기의 생각을 보충하는 행위는 제5항목으로 간주한다.
		④ 질문 (*Asks questions*)	- 학생이 대답할 것을 기대하면서 교사의 아이디어에 기반을 두고 내용이나 절차에 대하여 질문한다.
	지시적 (Direct)	⑤ 강의 (*Lectures*)	- 교사가 내용이나 절차에 대한 사실이나 의견을 말한다. 교사 자신의 아이디어를 표현하고 설명한다.
		⑥ 지시 (*Gives directions*)	- 학생이 복종하여 행동할 것을 요구하는 지시, 지휘, 명령을 한다. 학생에게 주의집중이나 벌을 줄 의도로 특정 행동을 요구하는 교사의 언어이다.
		⑦ 학생을 비평하거나 교사의 권위를 정당화(*Criticizes student(s) or justifies authority*)	- 학생의 좋지 못한 행동을 좋은 행동으로 바꾸기 위해서 교사가 비평적인 말을 한다. 학생의 대답을 독단적으로 정정한다. 교사가 자신의 행위를 정당화시키려고 설명하거나 교사의 극단적인 자기자랑도 포함된다.
학생의 발언 (Student Talk)		⑧ 단순 반응적인 말(*Teacher-initiated student response*)	- 교사가 유도한 질문에 대해서 학생이 단순하게 답변한다. 학생의 아이디어를 표현할 자유가 제한된다. 교사가 학생의 설명을 유도하거나 이끌어낸다.
		⑨ 주도적인 말 (*Student-Initiated talk*)	- 학생이 자발적으로 이야기하거나, 교사의 유도에 의한 반응이지만 교사의 질문에 대해서 학생이 여러 가지 생각이나 의견, 이유 등을 말하는 경우이다.
기타		⑩ 침묵이나 혼란 (*Silence or confusion*)	- 머뭇거리거나 짧은 침묵 등과 같이 관찰자가 교사와 학생들 간의 의사소통 과정에서 나타나는 이해할 수 없는 상황이다.

교실에서의 언어적인 행위를 위한 기술 범주로 시작된 '플랜더스의 상호작용' 분석 전통의 토대는 교실과 학습과정을 드러내줄 수 있는 교실언어를 살펴보는데 있다. 언어사용은 관찰 가능한 것이지만, 학습은 그렇지 못하다. 많은 상황에서 교사의 말하기는 가르치는 것과 거의 동일시 되었다. 이런 전통에서 보면 수백 개의 교실 관찰 설명문들이 있다. 이들 모두는 본질적으로 플랜더스의 원래 범주를 응용, 확장 또는 단순화시킨 것들이다(Malamah-Thomas, 1991).

모두가 플랜더스 모델을 10개 항목으로만 구분한 것은 아니고, Bondi와 Ober(1969, 5-8)의 경우처럼 13개 항목으로 변형, 분석하기도 한다(표 8-2).

표 8-2. Bondi와 Ober 언어상호작용 분석 항목

		Category Number / Description of Verbal Behavior
TEACHER TALK	INDIRECT	1. ACCEPTS FEELING 2. PRAISES OR ENCOURAGES 3. ACCEPTS OR USES IDEAS OF STUDENTS 4. ASKS QUESTIONS 5. ANSWER STUDENT QUESTIONS (STUDENT-INITIATED TEACHER TALK)
	DIRECT	6. LECTURES (TEACHER-INITIATED TEACHER TALK) 7. GIVES DIRECTIONS 8. CORRECTIVE FEEDBACK 9. CRITICIZES STUDENT(S) OR JUSTIFIES AUTHORITY
STUDENT TALK		10. TEACHER-INITIATED STUDENT TALK 11. STUDENT QUESTIONS 12. STUDENT-INITIATED STUDENT TALK
		13. SILENCE OR CONFUSION

* 표에서 언어적 행동에 대한 설명은 생략함.

플랜더스는 수업형태를 크게 지시적 경향(directive influence)과 비지시적 경향(indirective influence)으로 구분하였다. 교사가 반응적 논평을 취한 경우(①, ②, ③ 항목)는 '비지시적 경향'의 교수 수업형태로, 교사가 언어적 상호작용을 주도한 경우(⑤, ⑥, ⑦)는 '지시적 경향'의 수업형태로 분석하고 평가한다. 질문(④)은 지시적인 것도 비지시적인 것도 아닌 중립적 형태로 판단한다.

지시적 경향의 수업은 교사 중심의 지배적・전제적・배제적・제한적인 의사소통이 이루어지는 것이고, 비지시적 경향의 수업은 학생 중심으로 통합적・민주적・포괄적・허용적인 의사소통이 이루어지는 것을 나타낸다. 즉, 플랜더스는 교실수업의 분위기가 교사에 의해 결정되며, 교사의 언어작용은 바로 수업분위기를 결정하는 중요한 요인이 될 수 있다고 가정하고 수업에서 일어나는 교사와 학생 상호작용을 언어를 중심으로 분류하였다(Leonard et al., 1971).

플랜더스 분석법은 10가지 항목에 따라 교실에서 이루어지는 교사와 학생의 언어를 분류하게 되는데, 보통 3초 단위로 표시한다. 예를 들어 강의를 15초 동안 하고 질문을 3초 동안 하였으며, 이에 대한 학생의 단순 답변이 6초 동안 있었다면 15초 동안 강의를 하였기 때문에 5를 다섯 번 기록하고, 질문(4번)이 3초이므로 4를 한 번 기록하며, 학생의 단순 답변이 6초이므로 8을 두 번 기록한다. 즉 5, 5, 5, 5, 5, 4, 8, 8로 기록되는 시간 선에 의한 분류기록표가 작성된다. 또한 이를 바탕으로 산출된 10개의 분류 항목별 빈도 수 뿐만 아니라 이를 행과 열로 나타내는 행렬표가 구성된다(변영계·김경현, 2011).

표 8-3. 플랜더스 언어상호작용 분석의 지수 산출

지수	지수 산출
비지시비	- 비지시비(indirect/direct ratio)는 학생이 느낌을 받아들이고 학생을 칭찬, 격려하는 등 어느 정도 비지시적인 수업을 하였는지를 의미하는 교사의 언어 비율이다. 일반적으로 50% 이상일 때 비지시적인 교사이거나 비지시적인 경향의 수업이라 할 수 있다.
수정 비지시비	- 수정 비지시비(revised indirect/direct ratio)는 비지시비의 계산 과정에서 항목 ④(교사의 질문)과 ⑤(교사의 강의)를 중립적인 것으로 간주하고, 이를 제외한 수치로 산출한 지수이다. 좀 더 정확한 비지시적 정도를 알고자 하는 의도가 담겨 있다. 이 역시 50% 이상일 때 비지시적 경향의 수업이라 할 수 있다.
계속적 비지시비	- 교사의 비지시적인 말의 계속성을 의미하며, 계속적 비지시비가 높으면 학생의 학업 성적이나 태도면에 좋은 영향을 준다고 알려져 있다. 상대적인 개념이기 때문에 "A교사가 B교사보다 높다."라고 해석할 수 있다. 본 장에서는 분석 결과를 토대로 71% 이상인 경우를 상대적으로 비지시적 경향의 수업으로 간주한다.
교사의 질문비	- 교사가 수업시간 중에 질문을 어느 정도 했는지를 알아보는 지수이다. 즉, 교사의 강의와 질문 중에서 질문이 차지하는 비율(④/④+⑤)을 나타내는 것으로 보통 20% 이상일 때 적절한 것으로 간주한다.
학생의 발언비	- 교사와 학생 간 상호작용 한 시간의 비율 중, 학생이 발언한 정도를 나타내는 비율이다. 즉, 교사의 말에 대한 학생의 말{(⑧+⑨)/①~⑩의 합}의 비율로, 보통 15% 이상일 때 적절한 것으로 간주한다.
8행 및 9행의 비지시비	- 행렬표에서 8행 및 9행의 비시지비(revised indirect/direct ratio row 8 and 9)는 학생의 발언에 대해 교사가 어떻게 반응했는지 보여주는 지수이다. 온정적, 격려적, 허용적으로 반응하였는지, 그렇지 않으면 지시적, 비평적으로 반응하였는지를 보여준다. 이 지수도 50% 이상일 때 비지시적 경향의 수업이라 할 수 있다.
8행 및 9행의 교사 질문비	- 학생의 발언(⑧과 ⑨)에 대한 교사의 피드백으로 이루어진 질문이 어느 정도인지를 보여주는 지수이다. 제시된 기준은 없지만 본 장에서는 분석 결과를 토대로 39% 이상인 경우는 상대적으로 교사질문비가 높은 것으로 간주한다.
계속적 강의 및 질문비	- 교사의 강의와 질문의 계속성 정도를 나타낸다. 제시된 기준은 없지만 본 장에서는 분석 결과를 토대로 48% 이상인 경우는 상대적으로 교사의 계속적 강의 및 질문비가 높은 수업으로 간주한다.
학생 질문 및 넓은 답변비	- 학생의 전체 발언 중에서 학생이 주도적으로 발언한 비율을 나타내는 지수이다. 보통 30% 이상일 때 적절한 것으로 간주한다.
악(惡)순환비	- 악순환비(vicious circle ratio)는 교사의 지시적 발언이 계속해서 반복되는 비율을 나타내는 지수이다. 잘못을 지적하거나 꾸짖는 과정이 반복되는 경우도 포함된다. 이 지수는 낮을수록 좋으며 적절한 지수에 대한 기준은 아직 없지만, 본 장에서는 분석 결과를 토대로 2.5%를 기준으로 지시적 경향을 판단한다.

이러한 행렬표의 영역들이 가지는 의미를 다양한 면에서 분석할 수 있는데, 행렬표의 빈도를 이용해 산출할 수 있는 대표적인 지수는 '비지시비', '수정 비시지비', '8행 및 9행의 비시지비', '악순환비' 등이다. AF에서는 이보다 더 다양한 지수 산출이 이루어지고 있으며, 이들 지수와 지수 산출 내용의 대략을 제시하면 표 8-3과 같다(Lambert et al., 1965; Bondi and Ober, 1969; 변영계 · 김경현, 2011을 참고로 구성).

3. 예비교사의 언어상호작용 형태와 특징

1) 관찰한 수업과 자료

국내에서 플랜더스의 언어상호작용 분석법을 이용하여 교실수업에서 나타나는 현상을 논의하는 연구는 수업의 언어적 상호작용에서 나타나는 대화나 의사소통의 유형을 분석한 연구, 교사 발언에 대한 연구, 수업활동의 주-부 형태(major-minor pattern)를 분석한 연구가 주로 이루어지고 있으며 일부에서는 교사의 전문성이 언어상호작용에 미치는 영향도 논의되고 있다. 이들 연구의 대부분은 초등학교를 대상으로 하거나, 영어, 수학, 과학, 국어 교과를 중심으로 논의되고 있다. 사회과 수업을 대상으로 하거나, 예비교사의 수업전문성 함양을 위한 자기장학의 도구라는 관점에서 논의된 연구는 이루어지지 않고 있다.

본 장에서는 6명의 사회과 예비교사들이 자기수업(수업실습 전의 모의수업과 교육실습에서 이루어진 수업실습)에서 나타나는 언어상호작용의 구체적인 현상을 동영상으로 녹화하여 관찰, 분석하고 반성함을 통해 '자기장학'을 연습하고, 사회과 수업능력 함양의 실천적 의미를 경험케 한다. 동시에 연구자는 예비교사들의 수업행위에서 나타나는 언어상호작용의 특성을 관찰, 분석, 해석하고, 이를 예비교사의 사회과 수업능력 향상을 위한 절대적이면서 상대적인 근거자료로 제공하고자 한다.

수업관찰자인 예비교사들은 자기수업에서 나타나는 언어상호작용의 특징을 표 8-1과 같이 10개의 항목으로 분류하는데 필요한 준칙들을 반복적으로 숙지한 후에, AF 프로그램에서 제공하는 연습 프로그램(AF 분석 맛보기, AF 분석 무작정 따라하기 등)으로 반복, 연습한 후에 본격적인 분석을 실시하였다.

이러한 준칙들은 데이터 형성과정에서 매우 중요한 준칙들로 대략 18가지 정도이다(서경범, 2007 참조). AF 프로그램에는 신뢰도 계수를 높일 수 있는 3단계 연습 프로그램이 포함되어 있으며, 연습 프로그램을 실시하여 스콧계수(scott's coefficient)가 0.85이상이 나오면 1인이 관찰하더라도 신뢰할 수 있다.

플랜더스 분석법에서는 관찰자의 관찰기록의 신뢰도 확보가 중요하다. 관찰자 신뢰도는 관찰기록과 분석의 객관도라고 할 수 있다. 동일 수업에 대한 관찰자 간의 신뢰도는 스콧계수로 산출하며, 스콧계수가 10이면 정답과 비교하여 완전 일치를 의미하며, 0.85이상이면 일반적으로 신뢰성이 있는 관찰기록으로 판정한다. 만일 한 개인이 자기 자신의 신뢰도 계수를 알고 싶으면, 동영상으로 녹화된 수업을 2회에 걸쳐 기록하고 전·후 신뢰도 계수를 산출하면 된다. 무엇보다 관찰자 신뢰도 계수는 사전에 충분히 훈련을 하는 것이 필요하다(변영계·김경현, 2008).

이 장에서는 국립사범대학 4학년 1학기 정규교육과정으로 진행되는 4주간의 교육실습을 이수하는 예비교사를 대상으로 이루어진 '수업능력 함양 프로그램'의 일부이다. 즉 일련의 과정으로 진행된 프로그램에 적극 참여하고 관련 자료(수업지도안, 동영상 녹화, 수업평가, 수업전사, 수업분석 등)를 충실하게 실행한 6명의 예비교사(여자 4명, 남자 2명)를 연구대상으로 선정하였다.

예비교사들은 모의수업도 수업실습의 경우와 같이 수업을 계획(교수-학습 지도안 작성)한 후 20분간 수업을 실연하였다. 수업실연에 대한 자기평가와 동료평가를 실시하였으며, 수업실연 동영상을 관찰하고 전사한 후, 수업을 분석하였다. 이러한 과정은 활발한 언어상호작용을 초점으로 한 반성적 실천의 경험을 목적으로 하는 동시에 체계적이고 구체적인 수업관찰과 분석의 연습과정이었다.

모의수업에서 나타난 언어상호작용도 관찰하고 분석했지만, 제한적인 시간에 동료들을 대상으로 이루어졌기 때문에 수업실습 분석 결과의 비교치는 될 수 없다. 이에 예비교사들의 수업실습에서 나타난 분석 결과를 중심으로, 이들의 언어상호작용에 의한 수업형태와 그에 대한 특징을 중심으로 무엇을 어떻게 반성하고 실천하였는가를 관찰하고 분석하였다.

2) 사회과 수업실습에서 나타나는 수업언어의 형태와 특징

분석대상 수업에서 나타난 수업언어의 항목별 빈도수의 백분율 평균은 다음의 표 8-4와 같다. 전체적으로 수업시간 50분 중 교사의 발언이 약 35분(70.55%) 동안 이루어졌고, 학생의 발언은 단지 5분 정도(10.46%) 이루어졌으며 침묵 및 혼란이 10분 정도(18.99%) 이루어졌다. 수업시간의 4/5(81.01%)는 누군가 말을 하는 언어활동이 이루어졌고, 그중의 4.4/5(87%)는 교사가 말하고 있었다. 교사 발언의 3.3/5(64.95%)는 지시적 발언이었고, 지시적 발언의 약 4.7/5(93.2%)는 교사의 '강의'였다.

표 8-4. 항목별 빈도수의 백분율(%)

항목			수업1	수업2	수업3	수업4	수업5	수업6	평균	SD	χ^2
교사의 발언 (70.55)	비지시적 (24.73)	①	0.68	0.12	0.00	0.00	0.07	0.40	0.21	0.3	1.8
		②	5.99	0.77	3.92	1.49	1.00	0.05	2.20	2.3	11.8*
		③	3.67	4.39	4.01	1.97	5.30	2.54	3.65	1.2	2.0
		④	19.64	20.40	21.91	24.91	18.39	6.78	18.67	6.2	10.4
	지시적 (45.82)	⑤	42.75	47.25	23.42	40.26	36.12	69.42	43.20	15.2	26.7**
		⑥	0.39	1.67	7.95	1.63	2.16	0.80	2.43	2.8	15.9**
		⑦	0.00	0.89	0.00	0.00	0.00	0.25	0.19	0.4	3.4
학생의 발언 (10.46)		⑧	7.90	5.22	14.33	0.00	8.74	6.26	7.08	4.7	15.6**
		⑨	0.22	1.29	1.57	15.45	1.35	0.37	3.38	5.9	52.2**
기타(18.99)		⓪	18.76	18.00	22.89	14.29	26.87	13.13	18.99	5.2	7.1
계			100.0	100.0	100.0	100.0	100.0	100.0	100		

**: 0.01수준에서 유의; *: 0.05수준에서 유의, χ^2(df=5)

분석대상 수업에서 나타난 수업언어의 비중을 항목별로 살펴보면, 교사의 '강의(⑤)'가 전체 수업의 43.2%로 가장 높게 나타났다. 다음으로 기타의 '침묵 및 혼란(ⓞ)'과 교사의 '질문(④)'이 각각 18.99%와 18.67%의 순으로 나타났다. 기타(⓪) 항목의 분석 결과는 학생사고대기(3.31%), 단순대기(4.62%), 매체활용(35.11%), 개별학습활동(31.11%), 수업과 무관한 학생발언(0.62%), 침묵 및 혼란(24.63%), 사용자의 미입력(0.28%) 등으로 나타났다. 매체활용, 개별학습활동, 침묵과 혼란이 주로 이루어졌음을 알 수 있다.

학생의 '단순 반응적인 말(⑧)'은 전체 수업에서 약 7% 정도 이루어졌고, 교사가 학생의 '아이디어를 수용(③)' 하거나 학생이 '주도적인 말(⑨)'을 하고 교사가 학생에게 '지시(⑥)' 혹은 '칭찬, 격려(②)'를 한 경우는 2.2%~3.65% 정도로 매우 적다. 학생의 '감정을 수용(①)' 하거나 '비평 혹은 교사의 권위를 정당화(⑦)'하는 행위는 거의 이루어지지 않았다.

통계 검증의 결과, 예비교사의 개인차는 교사의 '강의(⑤)'와 '지시(⑥)', 그리고 학생의 '단순 반응적인 말(⑧)'과 '주도적인 말(⑨)'의 항목에서 특히 큰 것으로 나타났다(그림 8-1). 이들 항목에 대한 통계치는 두드러지는 개인차도 반영하고 있지만, 입력 오류의 문제도 반영되어 있다.

분석대상 수업들이 예비교사의 수업실습에서 이루어진 수업이란 점을 고려하면, 항목 ⑥이나 ⑦과 같이 교사가 학생에게 무엇인가를 '지시'하거나 '비평'하는 일은 실제로 이루어지기 어렵다. 따라서 이들 항목의 비중은 매우 낮게 나타났으며, 특히 항목 ⑦의 경우는 수업1 · 수업3 · 수업4 · 수업5에서는 전혀 이루어지지 않은 것으로 나타났다. 항목 ⑥의 경우는 수업3에서 그 비중이 비교적 높게 나타났지만 이는 예외적인 경우라고 할 수 있다.

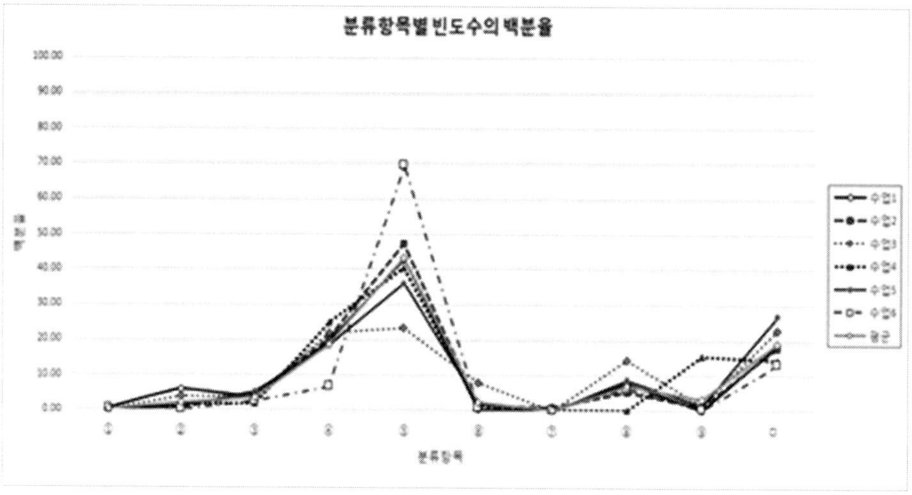

그림 8-1. 항목별 빈도수의 백분율

이러한 점들을 고려하면, 분석대상 수업들은 교사 중심의 강의와 질문이 주된 언어 행위로 교사-학생 간 언어상호작용은 양적, 질적으로 매우 부족한 수업이라고 할 수 있다. 특히 수업분위기를 조성하는데 중요한 학생의 감정을 수용하거나 칭찬 격려하는 것이 거의 이루어지지 못하고 있으므로, 학생이 자발적으로 이야기하고 생각이나 의견을 말할 수 있는 기회를 제공하고, 허용적인 분위기를 조성하는 노력이 필요하다.

플랜더스(1970)는 수업시간에 이루어지는 언어상호작용 중에서 전체의 2/3는 누군가(교사와 학생) 발언을 하고 있으며, 그것의 2/3는 교사가 말하고 있고, 교사 발언의 2/3는 지시적인 말이라는 것을 발견하였다. 이상적인 수업에서는 2/3법칙을 깨트리고, 교사의 말을 전체적으로 줄여야 하며, 지시적 발언의 비중도 줄여야 한다(김종서 · 김영찬, 1983, 119).

3) 언어상호작용의 형태: 교수활동의 주-부 형태

언어상호작용 분석법으로 수업을 관찰하고 분석하면, 수업에서 이루어지는 언어상호작용의 주요 형태를 발견할 수 있다. 이는 수업에서 나타나는 교사의 전형적이고 습관화된 교수활동이다. 즉, 항목별 빈도에 따른 100칸 행렬표가 작성되면 수업에서 가장 자주 나타나는 행동을 화살표로 연결시킨 주형태와 자주 나타나지는 않으나 주형태와 함께 상호작용의 본질과 방향을 암시하는 부형태를 도출할 수 있다. 물론 주형태나 부형태가 나타나지 않는 경우도 있다. 강의실에서 이루어진 모의수업과 교육실습 중에 이루어진 수업실습을 녹화하고 전사하여 AF 분석한 결과, 교수활동(수업)의 주-부 형태는 다음의 표 8-5와 같이 나타났다.

표 8-5. 수업실습에서 나타난 교수활동의 주-부 형태

모의수업		수업실습				
수업	주형태 (부형태)	수업	주형태 (부형태)	수업단계별 주형태(부형태)		
				도입	전개	정리
모의수업1	4→1→2 (5→4→2)	수업1	4→8→2 (5→4→0→8)	4→8→2 (5→0→5→4)	4→8→2→4 (5→4→0→8)	4→8→2 (5→0→5→4)
모의수업2	5→4→0 (5→0→5)	수업2	4→8→3 (5→4→0→4)	4→8→3→4 (4→0→4)	4→8→3→5 (5→4→9)	4→0→5→0 (4→8→3)
모의수업3	5→4→0 (4→0→3)	수업3	4→8 (5→4→6→0)	4→8 (5→4→6→0)	4→8 (5→4→6→0)	4→8 (2→4)
모의수업4	5→4→5 (5→6→5)	수업4	4→9→5→4	4→0→4→9	4→9→4→5 (5→4)	4→0→4→9
모의수업5	5→4→8 (4→8→3)	수업5	4→8→3→4 (5→4→5→0)	4→8→3 (5→0→4→5)	4→8 (5→4→5→0)	4→8→3→4
모의수업6	5→4→8→5 (4→5→6→4)	수업6	4→8→3→5 (5→0→5)	4→8→3→5 (5→0→5→4)	4→8→3→5 (5→0→5)	4→8→5→7 (5→0→5→4)

수업실습에서 이루어진 수업의 주형태는 대부분 교사가 질문하고 학생이 단순 반응적으로 대답하면, 교사가 학생의 아이디어를 수용하거나 학생을 칭찬, 격려하는 형태(4→8→3, 2)로 이루어지고 있다. 이는 교사와 학생 간의 언어상호작용이 단절되지 않고 순환적으로 진행되는 바람직한 형태라 할 수 있다.

수업4의 경우는 교사의 질문에 학생이 자발적으로 이야기하거나 아이디어를 표현하는 형태(4→9)라는 점에서 좀 더 바람직한 흐름이라 할 수 있다. 그러나 학생들의 자발적인 이야기나 아이디어 표현에 대한 교사의 칭찬, 격려(2)와 학생의 아이디어에 대한 교사의 질문(4)이나 다른 학생(들)의 반응(8) 없이 교사의 강의와 질문(4→9→5→4)으로 이어지고 있다는 점에서 교사와 학생 간의 상호작용이 순환적이라고 보기 어렵다.

수업조직을 도입, 전개, 정리의 3단계로 구분할 때, 각 단계의 기능은 각기 다르기 때문에 주된 수업형태도 다르게 나타나는 것이 일반적이다. 이러한 점에서 수업3의 경우는 전체적으로 매우 단조롭고 지루한 수업형태라고 할 수 있다. 수업5의 경우도 전개 단계에서는 도입이나 정리 단계보다 더 다양하고 많은 상호작용이 이루어져야 함에도 불구하고 교사가 질문하고 학생이 단순 반응(4→8)하는 교사중심의 단조로운 수업이 전개되고 있다는 점에서 바람직하지 않다.

수업4의 경우는 도입과 정리단계에서 교사의 질문 다음에 침묵과 혼란이 이어지고 다시 교사의 질문이 반복된 다음 학생들의 자발적인 이야기나 아이디어 표현이 이루어지는 수업형태(4→0→4→9)라는 점에서 수업이 형태상으로는 이른바 '매끄럽게' 진행되지 못한 경우라고 할 수 있다. 무엇보다 수업4에서 나타난 침묵과 혼란은 전체 시간의 9.51%로 상대적 비중이 높고, 그 구체적인 내용은 단순대기(90.85%)와 침묵 및 혼란(9.15%)이다(그림 8-2). 학생이 생각하기 위해 기다리는 시간(학생思考 대기)이거나 학생의 활동이나 수업과 무관한 발언 등이 이루어진 것이 아니라, 말 그대로 단순대기의 시간이었다는 점에서 양적, 질적으로 적극적인 개선이 필요하다.

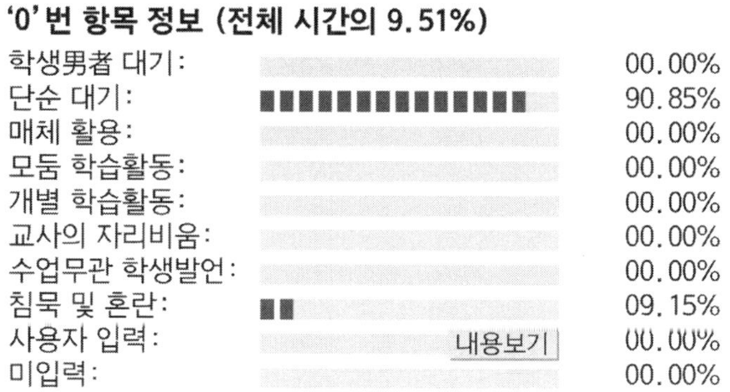

그림 8-2. 수업4의 '0'번 항목 분석 내용

이들 예비교사의 모의수업에서 나타난 수업의 주형태는 모의수업1을 제외하고, 모두 교사의 강의와 질문으로 시작되어 침묵과 혼란이나 학생의 단순 반응, 교사의 강의로 이어지는 형태(5→4→0, 8, 5)로 나타났다. 이는 학생 주도적인 발언이나 아이디어 표현을 바탕으로 한 교사와 학생의 언어적 상호작용이 거의 이루어지지 않는 수업이다. 수업실습의 수업4를 제외한 모든 수업에서 나타나는 부형태는 모의수업의 주형태와 비슷하다.

예비교사들은 교사의 강의와 질문으로 주도되는 수업형태를 반성하고, 개선하려고 노력함에 따라 수업실습에서는 어느 정도 개선되었다는 점에서 긍정적이지만, 경우에 따라서는 주형태로 전환될 수 있는 부형태로 나타났다는 것은 단기간의 노력으로 개선되기 어렵다는 것을 보여준다.

상호작용주의 연구자들은 교실 담론의 특징에 따라 의사소통의 유형을 질의-응답 유형(recitation pattern), 깔때기 유형(funnel pattern), 초점 유형(focusing pattern)으로 나누었다(Wood, 1998, 169-170; 신준식, 2007). 질의-응답 유형은 전통적인 수업에서 자주 관찰되는 유형으로, 교사가 학생들에게 질문하고(teacher initiation), 학생은 그에 대해 반응하며(student replay), 학생의 반응을 교사가 평가하는(teacher evaluation) 순서로 이루어진다고 하여 'IRE 유형'이라고 한다. 이 유형은 의사소통이 한 방향으로만 이루어진다.

질의-응답 유형은 교사가 정답 여부를 판단해 주지만, 깔때기 유형은 학생들로 하여금 스스로 문제를 해결할 수 있도록 교사가 계획적인 질문을 계속한다. 결국 교사는 의도적인 질문이라는 깔때기를 통하여 학생을 정답에 이르게 하는 것으로 유도 패턴이라 불리는 의사소통이 이루어진다. 그러나 실제로 학생은 교사와의 의사소통에 의해 학습한 것이 아니라 교사의 질문에 대답만 한 것이고, 스스로의 사고 전략을 사용할 기회는 갖지 못한다는 문제점이 있다.

초점유형은 교실 담론에 학생들이 동등한 자격으로 참여할 수 있는 상황을 마련해 주는 경우이다. 즉 교사와 학생의 상호작용은 학생 자신의 사고와 다른 학생의 추론을 반성할 기회는 물론, 학생들이 자신의 아이디어를 다른 학생 또는 교사와 자유롭게 논의할 수 있도록 학생의 사고를 존중하는 토론식 패턴이라는 의사소통 유형이다(신준식, 2007; 조영준 · 신항균, 2010).

수업에서 일어난 의사소통이 어떤 기능을 하였는가에 따라 수업에서 이루어진 언어상호작용을 특징지을 수 있다. 분석 대상의 수업은 대부분 표 8-5에서 보는 바와 같이 단방향적인 의사소통 즉, 교사의 질문(4)→학생의 단순한 반응(8)으로 이어지고 있어 언어적 상호작용으로 보기는 어렵다. 실제는 교사의 단순한 언어 자극에 대한 학생의 단순 반응으로서 마치 단순 작용-반작용의 단순 행동 반응에 가깝다고 할 수 있다. 실제로 상호작용이 이루어지는 대화적인 의사소통 즉, 교사의 질문(4)→학생들의 폭넓은 반응(9)으로 이어지는 의사소통은 거의 나타나지 않았다. 따라서 이들 수업은 교사의 말하기가 주된 수업으로 학습자의 능동적인 참여를 통한 학습보다는 전통적인 교사의 지식 전달 중심의 수업이라고 할 수 있다.

4) 언어상호작용의 지시적, 비지시적 경향

언어상호작용 분석의 주된 초점은 수업형태를 교사가 언어적 상호작용을 주도하는 지시적 경향의 수업과 교사가 학생의 발언에 긍정적인 반응을 취하는 비지시적 경향의 수업을 구분하여, 교사로 하여금 비지시적 수업을 실천케 하는데 있다. 지시적 경향의 수업은 교사 중심의 제한적인 의사소통이 이루어지는 것이다. 비지시적 경향의 수업은 학생 중심으로 허용적인 의사소통이 이루어지는 것으로 학습에 보다 바람직한 영향을 주는 수업이다.

분석 대상 수업의 지시적, 비지시적 경향과 함께 그러한 경향과 관련된 좀 더 구체적인 내용을 나타내는 주요 지수의 분석 결과는 표 8-6과 같다. 분석대상 수업 각각의 지수(비율)와 평균은 예비교사들로 하여금 자기수업의 특징을 분석하는 절대적이면서 상대적인 판단 근거로 중요한 의미를 갖는다.

분석대상 수업은 전체적으로 교사중심의 지시적 경향의 수업으로 나타났다. 일반적으로 비지시비가 50% 이상일 때, 비지시적인 교사이거나 비지시적인 경향의 수업으로 판단하는데 이들 수업의 평균 비지시비는 35.93%로 나타났다. 비지시적 발언비는 교사가 학생을 칭찬, 격려하는 등 수업을 민주적이고 허용적으로 이끌어가는 언어를 사용하는 비율을 의미한다. 과학과 1년차 초임교사들을 대상으로 한 연구(서경범, 2007, 27)에서는 비지시비가 약 15% 정도로 나타났으며, 초등학교 우수 수업을 분석한 연구(백제은, 2009, 58)에서는 41.32%로 나타났다. 이들과 비교하면 상대적으로 비지시적 수업으로 전개될 가능성은 높다고 할 수 있다.

표 8-6. AF분석 주요 10대 지수(%)

주요지수 \ 수업	수업1	수업2	수업3	수업4	수업5	수업6	평균
비지시비	40.99	34.01	48.75	40.38	39.26	12.19	35.93
수정 비지시비	96.33	67.32	49.93	67.98	74.61	74.03	71.70
계속적 비지시비	96.22	65.52	47.21	68.7	73.99	73.74	70.90
교사의 질문비	31.48	30.16	48.34	38.22	33.74	8.9	31.81
학생의 발언비	10.00	7.93	20.62	18.03	13.81	7.63	13.00
8행 및 9행의 비지시비	98.48	100	88.89	75.00	97.62	100	93.33
8행 및 9행의 교사질문비	44.44	19.82	60.71	47.83	58.14	5.56	39.42
계속적 강의 및 질문비	58.67	32.5	41.44	64.04	51.82	38.1	47.76
학생 질문 및 넓은 답변비	2.69	64.8	9.89	100	13.41	73.8	44.10
악(惡)순환비	0.35	2.37	7.65	1.55	2.01	1.0	2.49

비지시비의 계산 과정에서 교사의 질문(④)과 강의(⑤)를 중립적인 것으로 간주하고 이를 제외한 수치로 산출한 '수정 비지시비'의 평균은 71.70%로 비교적 높게 나타났다. 이 역시 50% 이상일 때 비지시적 경향의 수업으로 판단하지만, 평균값을 기준으로 수업1은 매우 비지시적이고 수업3은 여전히 지시적 경향의 수업이라 할 수 있다.

교사의 비지시적인 말의 계속성 정도를 나타내는 '계속적 비지시비'는 상대적인 개념으로 해석한다. 계속적 비지시비의 평균 70.90%를 기준으로 수업1, 수업5, 수업6은 상대적으로 비지시비의 계속성이 높고 수업3은 매우 낮다고 할 수 있다.

교사가 수업 중에 질문을 어느 정도 했는지를 나타내는 '교사의 질문비'의 평균은 31.81%로 나타났다. 교사중심의 설명식 수업에서는 보통 20% 이상이 적절하다고 판단한다면, 교사의 질문비가 지나치게 낮은 수업6을 제외한 나머지 수업은 모두 높다고 할 수 있다. 수업 중에 이루어진 교사의 모든 발언에 대한 학생의 발언 비율을 나타내는 '학생의 발언비' 평균은 13%로 나타났다. 보통 15% 이상일 때 적절한 것으로 판단한다면, 수업3과 수업4는 학생의 발언이 적절하게 이루어진 수업이고,

수업1, 수업2, 수업6은 동료들의 수업에 비해 학생의 발언이 부족한 수업이라 할 수 있다.

학생의 발언에 대해 교사가 학생의 생각이나 느낌을 수용하고 학생을 칭찬, 격려하는 등 교사의 긍정적인 피드백을 나타내는 '8행 및 9행의 비지시비'는 93.33%이다. 보통 이 지수가 50% 이상일 경우를 '비지시적 경향'의 수업이라 할 때, 분석대상 수업들은 매우 '비지시적 경향'의 수업이라 할 수 있지만, 지나치게 비지시적인 수업2와 수업6의 경우(100%)를 바람직하다고 판단할 수는 없다.

초등학교 우수 수업에서는 96.69%(백제은, 2009, 58)로 나타났지만, 과학 1년차 초임교사들의 약 90%(서경범, 2007)와 비교하면 상대적으로 높다고 할 수 있다. 이는 분석대상 수업에서 교사가 학생의 발언에 대해 긍정적인 피드백을 제공한 절대적인 비중(①, ②, ③)은 표 8-4에서 나타난 바와 같이 매우 적지만, 피드백을 제공한 경우에는 긍정적인 피드백을 제공했다는 것을 의미한다.

교사의 강의와 질문의 계속성 정도를 나타내는 '계속적 강의 및 질문비'의 평균은 47.76%로 나타났다. 이는 수업시간의 절반 정도가 교사의 강의와 질문이 계속되는 전형적인 강의식 수업형태가 이루어지고 있음을 나타낸다고 할 수 있으며, 수업1과 수업4가 특히 그러하다.

학생의 전체 발언 중에서 학생이 주도적으로 발언한 비율을 나타내는 '학생 질문 및 넓은 답변비'의 평균은 44.1%로 나타났지만 수업별로 그 격차가 특히 큰 것으로 나타났다. 보통 30% 이상을 적절한 것으로 판단하지만, 수업4의 비율(100%)은 매우 높고 수업2와 수업6도 높게 나타난 반면, 수업1, 수업3, 수업5의 경우는 매우 낮게 나타났다.

이는 비지시적 수업이라 할지라도 실제 수업에서 이루어진 학생 발언의 질적인 차이가 있음을 나타내는 지수이지만, 본 연구에서는 그 의미를 부여할 수 없다. 수업4는 가장 높은 지수(100%)로 나타났고, 가장 낮은 수업1은 2.69%로 나타나고 있으며 평균에 가까운 경우도 없어 평균치의 의미를 찾을 수 없기 때문이다.

교사의 지시적 발언이 계속해서 반복되는 비율을 나타내는 '악(惡)순환비'의 평균은 2.49%로, 분석 대상 수업들의 악순환 정도는 낮은 것으로 나타났다. 교사의 잘못을 지적하거나 꾸짖음도 포함하는 이 지수에 대한 수치 기준은 아직 없지만 낮을수록 좋다고 한다. 이에 의하면 수업1이 가장 비지시적 수업이고, 수업2・수업4・수업5・수업6도 비지시적 수업이라 할 수 있다. 초등학교 교사의 수업에서 나타난 악순환비(3.55%)와 우수교사의 수업에서 나타난 악순환비(1.40%)와 비교할 때(신영희 외, 2013), 수업3의 악순환비는 지나치게 높다고 할 수 있다.

5) 예비교사의 언어상호작용의 반성과 반성적 실천

사회과 교실수업에서 언어는 가장 기본적이고 중요한 교육 수단이다. 우리나라 사회과는 수업주제의 폭은 넓고, 수업내용의 수준은 깊다. 이에 대해 예비교사의 대부분은 이른바 '방대한 내용'을 제한적인 수업시간에 '가능한 모두 설명'해야 한다는 부담감을 갖고 빠르게 설명하기 때문에 교사의 언어가 갖는 비중과 의미가 크다. 연구대상 예비교사들은 사회과 수업전문성 증진을 위해 '교사의 질문과 학생의 발문을 통한 상호작용이 활발한 설명식 수업'을 좋은 수업으로 지향하고 이를 실천하려고 노력했다.

항목별로 개인차가 있지만 수업분석 결과, 수업언어의 대부분은 예비교사의 발언으로 이루어졌고 학생의 자발적인 발문은 거의 이루어지지 않았다. 따라서 언어상호작용은 교사의 강의와 질문에 학생이 단순 반응하는 단방향적인 의사소통(4→8) 중심의 지시적 경향의 수업으로 이루어졌다. 활발한 상호작용이 이루어져야 함에도 불구하고 수업언어의 대부분은 교사의 지시적 발언이었고, 지시적 발언의 대부분은 교사의 '강의'였다.

예비교사의 모의수업 단계부터 수업실습에 이르기까지 구체적으로 무엇을 관찰하고 반성했는지를 각자의 '수업분석지'와 '수업평가지'나 인터뷰 내용을 중심으로 살펴보면 다음과 같다. 인용 자료의 출처는 편의상 예비교사1의 수업은 모의수업1과 수업실습1, 예비교사2의 수업은 모의수업2와 수업실습2의 방식으로 표기하고, 가능한 본래의 내용을 그대로 옮겨 인용한다.

① 학습자와 상호작용하는 설명식 수업 실천의 필요성 인식

모의수업의 계획 단계에서부터 예비교사들은 교사가 학습자와 활발하게 질문하고 대답하는, 말 그대로 상호작용이 활발한 수업을 계획하였고 수업을 실연했다. 그러나 모의수업과 수업실습을 관찰하고 분석하면서 자신들의 수업이 교사의 일방적인 강의로 이루어지고 있음을 발견한다. 이러한 과정을 통해서 예비교사들은 교사의 강의와 수렴적 질문으로 주도되는 수업을 '강의식 수업'으로 반성하면서 발산적 질문으로 학습자와 상호작용하는 '설명식 수업'의 실천을 다짐한다.

> "설명식 수업인 만큼 강의가 많았는데, 강의에 비해 질문은 상대적으로 적었다. 따라서 내 수업은 설명식이 아닌 강의식 수업이 되었다. … 그동안 내가 생각하는 좋은 수업의 모습의 하나인 언어적 상호작용이 잘되는 수업이란, 학습자에게 발산적 발문을 하여 학습자의 사고력을 높이고 학습자의 이해도를 파악하며 수업에 조금 더 적극적으로 참여할 수 있도록 하는 수업으로 생각했다. 하지만 플랜더스 지수를 분석하는 과정에서 단순히 질문을 많이 하는 것이 아니라 학습자와 교사가 어떤 패턴으로 언어적 상호작용을 하느냐에 따라 상호작용이 잘되는지 혹은 그렇지 않은지를 판단할 수 있다는 생각이 들었다." (모의수업1)

"두 번째 실시한 모의수업 20분은 학생의 발언이 이루어질 수 없기 때문에, 강의 비율이 압도적으로 높고, 그 다음이 질문, 침묵, 학생의 아이디어 사용 또는 수용의 순이었다. 설명식 수업의 특성상 강의의 비율이 높을 수 있지만, 너무 높은 비율은 문제가 있다. 강의보다는 학생에게 질문한 뒤 학생의 아이디어를 사용하는 식의 수업방법이 필요함을 느꼈다." (모의수업3)

"실제로 수업을 준비하면서 염두에 둔 부분은, 설명식 수업이라도 전통적인 강의식 수업이 아닌 학습자와 상호작용을 많이 하고 학생의 사고를 이끌어내는 발산적 발문을 많이 하자고 생각하였다. 하지만 수업에 대한 미숙함과 학습자의 교육과정에 대한 이해도 부족 등 다양한 요인들로 인해 단순 사실 확인 위주의 질문이 주를 이루게 되었다." (수업실습1)

"마이크로티칭과 실제 수업의 유형이 다른 이유는 학생의 발언에 따라 수업계획과 실제 수업이 전혀 다르게 나타나기 때문이다. 학습자와의 상호작용을 통해 수업을 어느 정도 장악해 나가야 되는데, 예상치 못한 학습자의 반응에 쉽게 당황하고, 수업조직 시 생각했던 수업의 모습도 크게 흔들리기 때문에 다른 결과가 나타났다." (수업실습5)

"실습 중 나의 수업은 수업 시작 후 5분간은 거의 주의집중이나 지시가 주로 이루어졌다. 또한 질문도 단순한 반응을 이끄는 형태로 이루어졌고, 교사의 말솜씨를 자랑이라도 하려는 듯 교사중심의 수업이 이루어졌었기 때문에 창피함을 지울 수 없다." (수업실습6)

② 질문의 다양화와 수업분위기 조성의 중요성 인식

예비교사들이 교사중심의 '강의식 수업'을 반성하면서 학습자와 상호작용하는 '설명식 수업'의 필요성을 인식하는 과정은 교사의 질문과 관련된 문제에서 비롯되고 있다. 즉, 자신들의 수업에서 이루어진 질문의 대부분은 단순 사실 확인 위주의 수렴적 질문으로, 학습자의 활발한 참여는 물론 사고력 증진 등에 의미 있는 발산적 질문이 이루어지지 못했다는 것을 발견한다. 동시에 교사가 수업분위기를 어떻게 조성하는가에 따라 학습자의 활발한 참여와 적극적인 발문이 이루어질 수 있다는 문제도 인식하게 된다.

"나의 수업 대부분은 지시적인 측면이 강했으며, 특히나 수업이 전반적으로 '강의'가 주를 이루는 강의식 수업이 되었다. 수업지도안을 짤 때에는 학생의 참여를 유도하기 위해 '발문'을 계획했으나, 실제 마이크로티칭에서는 수업을 진행하는데 급급하여 '발문'을 거의하지 못했다. … 특이한 점은 질문을 수업을 진행하는 도구로 사용했다는 점이다. 학생들의 사고를 열어주기 위한 발문이 아니라는 점에서 반성할 필요가 있다." (모의수업4)

"분석 사례 외에도 교육실습 기간 동안 몇 번씩 학생들에게 발산적 발문을 했으나, 교사가 수업분위기를 잘못 주도해 나가서 그런지 대답하는 학생들이 잘 없었고, 보충해서 다시 질문을 해도 대답을 잘하지 않아서 발문의 어려움이 있었다." (수업실습1)

"나의 수업패턴은 학생들의 자유로운 사고를 폐쇄하는 것 같다. 교사가 학생들에게 미리 수업내용에 대한 원리를 제시함으로써 그 내용에 맞춰 학생들이 이야기하게 만드는 것은 학생과 교사 간의 상호작용을 위한 수업이 아니라, 교사의 편의를 위한 수업이라는 생각이 들었다. 또한 질문을 한다고 해도 사실을 확인하는 수렴형 질문이 주를 이루고 있었다는 점에서도 확연한 강의식 수업이다." (수업실습4)

실제로 이들의 수업에서 이루어진 질문(④번 항목)의 유형과 비율을 살펴보면 표 8-7과 같이 나타났다.

사회과 예비교사들의 질문은 전체 시간 중 약 10분(18.67%) 정도 이루어졌으며 총 질문 횟수는 평균 80회 정도로 나타났다. 질문의 대부분은 수렴형 질문(61.31%)이었으며, 기타(26.81%), 교사의 자문자답(15.02%), 확산형 질문은 2.61%로 나타났다. AF 분석에서 질문은 '수업 수행'의 측면에서 다음의 표 8-8과 같이 분류하였다(백제은, 2009, 40).

표 8-7. ④번 항목의 구체적인 질문의 유형과 비율(%)

질문 유형		수업1	수업2	수업3	수업4	수업5	수업6	평균
수업운영질문		26.25	12.92	8.21	3.47	0.0	1.03	8.65
보충질문		0.22	0.0	3.12	0.0	0.0	0.0	0.56
수렴형 질문 (61.30)	수렴Ⅰ	49.28	22.26	25.16	36.51	73.42	60.47	44.52
	보충질문	5.90	1.98	2.06	0.0	5.32	2.84	3.02
	수렴Ⅱ	11.12	19.81	37.11	0.65	5.11	4.65	13.08
	보충질문	0.67	01.04	0.21	0.0	1.64	0.52	0.68
확산형 질문 (2.61)	확산Ⅰ	0.0	4.15	3.22	6.87	0.72	0.0	2.49
	보충질문	0.0	0.0	0.73	0.0	0.0	0.0	0.12
	확산Ⅱ	0.0	0.0	0.0	0.0	0.0	0.0	0.0
	보충질문	0.0	0.0	0.0	0.0	0.0	0.0	0.0
기타 (26.81)	지명	5.23	35.47	0.0	0.0	12.17	3.1	9.33
	보충설명	1.33	2.36	0.0	51.86	1.64	12.66	11.64
	미입력	0.0	0.0	19.65	0.65	0.0	14.73	5.84
자문자답		0.0	76.19	0.0	8.33	5.62	0.0	15.02
전체시간에 대한 비중		19.64	20.4	21.91	24.91	18.39	6.78	18.67
총 질문횟수		104	84	120	36	89	49	80.33
학생(思考)의 평균대기 시간		0.16	0.89	0.0	0.0	0.0	0.0	0.18

표 8-8. 질문의 수준 분류

수준 I	수준 II	수준 III
진위형	수렴적 질문	변별
단답형		기억, 반복, 명명, 관찰
서술형	확산적 질문	연결 구분 분류, 재구성, 적용, 종합, 폐쇄적 예측
사고형		의견 제시, 개방적 예측, 추론 및 시사, 비판적 판단
초인지형		정당화, 계획, 정의적 행동과 연결된 판단, 인지적 행동과 연결된 판단

예비교사의 질문과 관련된 문제는 발산형 질문의 확대라는 단순 방식의 대응보다는 더 많은 학생들이 교사의 질문에 대답하고, 자발적으로 발문할 수 있도록 수업분위기를 이끌며, 질문을 정교화하고 다양화 하는 것이 바람직하다. 사회과 수업에서 주된 활동으로 이루어지는 학습자의 탐구활동에서 중요한 비판적 사고는 학습자의 미시적인 사고기능의 익숙한 사용에서 비롯되므로(이종일, 2005), 학생이 사고할 수 있는 시간(학생사고의 대기 시간)을 의도적으로 허용하는 등의 양적, 질적 노력이 필요하다. 동시에 질문의 주체에 대한 인식 전환도 이루어져야 한다. 즉, 과거에는 교사 주도의 질문이 강조되었지만, 근래에는 학생이 주도하는 질문의 중요성이 부각되면서 학생의 질문형성 기법(Question formulation technique)을 적용하는 학습이 강조되고 있다(주웅영, 2012).

③ 동영상 녹화, 수업전사, AF 분석을 통한 구체적인 관찰과 반성적 실천

사회과 예비교사들은 자신들의 수업을 동영상으로 녹화하여 관찰하면서 충격도 받고, 동료들의 수업평가로 실망도 했지만, 자기수업을 전사하면서 교사의 수업언어는 물론 학생들과의 언어적 상호작용의 구체적인 모습을 실제의 맥락에서 이해하고 반성하게 된다. 그리고 AF분석을 통해서 체계적인 관찰과 반성을 토대로 구체적인 실천 방안을 모색하게 된다.

> "플랜더스 분석법을 통해 느낀 점은, 기존에는 좋은 수업이란 교사와 학생의 상호작용이 활발한 수업이라고 생각했다. 이때 상호작용은 교사의 질문과 학생의 대답으로 수업을 이끌어가는 것이라고 보았다. 하지만 분석을 한 뒤에는, 강의나 지시보다는 비지시적 발언의 비율이 중요함을 알았다. 비지시적 발언 중에서도 학생의 감정을 수용하거나 칭찬하는 형태의 발언이 부족하다는 것을 깨달았다. 이점을 유념하여 다음 수업을 진행한다면 좀 더 상호작용이 활발한 수업이 될 수 있다고 생각한다." (모의수업3)

"강의실에서 하는 모의수업과 실제 현장에서 벌어지는 수업의 차이는 크다. 특히 교육실습생의 경우 비지시적 수업이 나올 가능성은 0%에 가깝다고 생각한다. 기회가 된다면 실제 수업에서 플랜더스 지수 산출을 통해 나의 수업 특성과 보완할 점을 정확하게 알고 싶다." (모의수업5)

"이 프로그램 분석을 통해 막연하게 내 수업이 문제가 있다고 생각한 것을 항목별로 세세하게 확인할 수 있었다. 내 수업을 분석하면서 앞으로는 진도에 급급한 수업보다는 질적으로 학생들에게 의미 있는 수업이 되기 위해 한 발짝 물러나서 학생들의 사고력을 높일 수 있는 수업을 운영해야겠다는 생각을 하게 되었다." (수업실습1)

"동영상을 보면서 너무 부끄러웠다. 당시에는 자신 있게 수업을 했는데, 너무 말이 안 되는 말이나 오개념을 말하고 있었다. 분명히 교과의 지식을 설명하고 있는데, 내가 하는 말이 전문적인 지식으로 느껴지지 않았다. … 수업전사를 하면서 무의식적인 나의 언어 습관을 알게 되었다. 평소에도 주의해야겠다는 생각이 들었다. 앞뒤가 안 맞는 말(문장)도 많았다. 나름대로 준비한 수업이었지만, 전사된 내용은 준비가 안 된 수업이었다. 학생들에게 미안하다." (수업실습3)

"수업전사하면서 느꼈던 문제점들이 계량적 수치분석을 통해 재차 낱낱이 인식할 수 있었다. 동영상 모습을 보고 큰 충격을 받았다. 수업 같은 경우에는 어디 가서 강습을 받을 수도 없고, 개인적으로 보완해야 하니 어렵다. 교사의 수업은 모범답안은 있을 수 있겠지만 정답은 없다고 생각한다. 모범답안에 근사하려면 수업에 대한 연구가 선행되어야 할 것 같다." (수업실습6)

'상황 속에서 협력적인 문제 분석과 해결'이라는 말은 단순함에도 불구하고 교육 실행연구에 대한 간결한 묘사이다. 수업에 대한 연구는 관찰과 설명을 통해서 특정 교육활동을 일반화시킬 수도 있지만, 근본적인 문제는 특정 상황과 특정 집단에 국한된다는 것이다(Portman, 2007).

예비교사의 수업능력을 증진하기 위한 실행연구는 일반화할 수 있는 지식에서 벗어나 일상생활에서 당면할 수 있는 교실 상황과 어려움을 협력적으로 해결하는데 그 의미가 있다. 연구대상 예비교사들은 사회과 교실수업의 실제 상황에서 머릿속 이론적 지식을 실천하면서 겪게 되는 어려움을 실제 맥락에서 체계적으로 관찰, 분석하고 이를 바탕으로 지향해야 할 바를 각자의 관점에서 구체적으로 모색했다는 점에서 자기장학을 통한 반성적 실천의 가능성을 갖게 되었다.

6) 정리

예비교사 6명의 사회과 수업실습에서 나타난 수업언어와 언어상호작용을 분석한 결과, 이들의 수업은 교사 중심의 강의와 질문이 주된 언어행위로 교사-학생 간 언어상호작용은 양적, 질적으로 매우 부족한 수업으로 나타났다. 무엇보다 수업분위기를 조성하는데 중요한 학생의 감정을 수용하거나 칭찬 격려하는 것이 거의 이루어지지 못하고 있어, 학생이 자발적으로 이야기하고 생각이나 의견을 말할 수 있도록 기회를 제공하고 허용적인 분위기를 조성하는 실천적 노력이 우선적으로 필요하다.

플랜더스의 언어상호작용 분석의 바탕이 되는 분류 항목은 제2언어 습득이론에 의해 입증되지 못하는 주관적인 분류라고 비판받기도 한다. 또한 일반적으로 상호작용 분석체계가 표피적 행동을 부호화 한 것으로, 의사소통에서 어떤 의도를 가지고 의미 협상을 진행하는지에 대한 질적 가치를 반영하지 못한다는 지적도 있다(이명신, 2003). 하지만 이 문제는 중요치 않다. 이는 양적 분석과 질적 분석의 상호보완의 문제이자 순서의 문제이기 때문이다. 모든 수업분석이 그러하듯 플랜더스 분석법 역시 수업의 어떤 부분들을 관찰하고 분석하는 것이지, 수업의 전체나 모든 것을 망라하는 것은 아니다.

수업에 대한 기존의 연구가 연구자의 주관에 의존한 질적 분석을 수행하고 그 결과를 선언적이고 추상적으로 제시하거나, 좋은 수업을 너무 포괄적이고 종합적인 관점으로 설명하고 있어, 개인의 교사가 자신의 수업을 개선하는데 필요한 실제적이고 구체적인 수행경로를 제공하지 못하는 경우가 많았다(백제은, 2009).

수업경험이 없는 예비교사가 언어상호작용의 관점에서 자기수업을 관찰하고 분석함으로써 수업의 형태적 의미부터 체계적으로 이해할 수 있는 수행경로를 제공했다. 동시에 자신의 수업행동에 대해 외면적으로 드러나는 구체적인 언어행위를 스스로 반성하고 실천하는 자기장학을 경험케 했다는 점에서 의미가 있다.

교사로서의 존재는 항상 자신의 수업이라는 맥락에서 의미를 가질 수 있다. 교사로서의 존재의 본질을 규정하는 수업의 맥락은 그 자체로 주체로서의 교사를 구성하는 바탕이 된다. 때문에 교사의 수업전문성 함양을 위한 노력은 교실수업의 맥락에서 스스로 깨우치고 변화하는 것이 가장 실천적이고 효과적이다. 이에 본 장의 내용은 사회과 실제 수업의 상황에서 구체적이고 세부적인 실천경로를 제공하고 있기 때문에, 교사들이 여러 가지 문제를 개선해야 하는 부담으로 인해 결국 아무것도 시도하지 못하는 악순환에서 벗어나 자기수업을 양적, 질적으로 개선할 수 있는 자료를 제공한다.

본 장에서는 '사회과'라는 교과 나름의 특성이나, '사회과 예비교사'라는 특성을 분석도구나 분석결과 해석에서 의미 있게 반영하지 못한 한계가 있다. 무엇보다 우리나라 사회과 수업의 언어상호작용 분석에 적합한 항목을 개발하여 분석도구를 재구성하는 것이 필요하다.

제9장
사회과 예비교사와 학생의 상호작용

1. 사회과 수업과 상호작용

모든 수업은 교사-학생 상호작용의 연속이다. 수업에 대한 관점이 개인의 사고과정이라는 관점에서 다른 사람과의 의사소통이라는 관계적 관점으로 전환, 확대되었고, 학생의 능동적인 참여와 활동이 교육적 의사소통의 바탕으로 강조되고 있다. 수업에서 교사와 학생, 학생과 학생의 상호작용은 교수-학습 과정의 맥박소리(Koehler & Prior, 1993; 신준식, 2007)라고 표현할 만큼 매우 중요한 수업행동이다.

좋은 수업에 대한 의미는 시대와 집단 구성원들에 의해 그 의미가 재해석되고 재정립되어 왔지만, 최근 그 논의의 초점은 학습자의 적극적인 수업 참여로 교사-학생, 학생-학생 간 상호작용이 활발한 수업에 두고 있다.

교사가 좋은 수업에 대해 어떤 인식을 가지고 있느냐가 교사의 수업방식과 접근법에 영향을 주고, 이것이 다시 학습자의 학습방식에 영향을 줌으로써 궁극적으로 학습 성과와 직결된다(Kember and Kwan, 2000). 교사는 교실수업에서 의미 있는 상호작용이 일어나도록 하는데 가장 큰 영향을 미친다. 교사 스스로 상호작용의 중요성에 대해 잘 인식하고 수업 계획에 적극적으로 반영하고 실천했을 때 보다 큰 학습효과를 가져올 수 있다. 다양한 상호작용이 역동적으로 이루어지는 교실수업이 이루어지기 위해서는 교사의 전문적인 교수역량이 요구되지만, 초임교사에게는 기대하기 어려운 일이다(남정희 외, 2010, 954).

교사와 학생 혹은 학생과 학생 간의 상호작용의 교육적 의미는 여러 관점에서 살펴볼 수 있지만, 수업행동으로 이루어지는 상호작용의 의미는 Vygotsky의 논의를 바탕으로 할 때 교실에서의 공간적, 사회적 상호작용의 의미를 더 깊이 이해할 수 있다. Raphael과 Hiebert(1996, 13; 박정진, 2006에서 재인용)는 다음의 그림 9-1과 같은 'Vygotsky 공간'을 제안하면서 아동의 학습과 다른 사람과의 상호작용의 의미를 정리하였다.

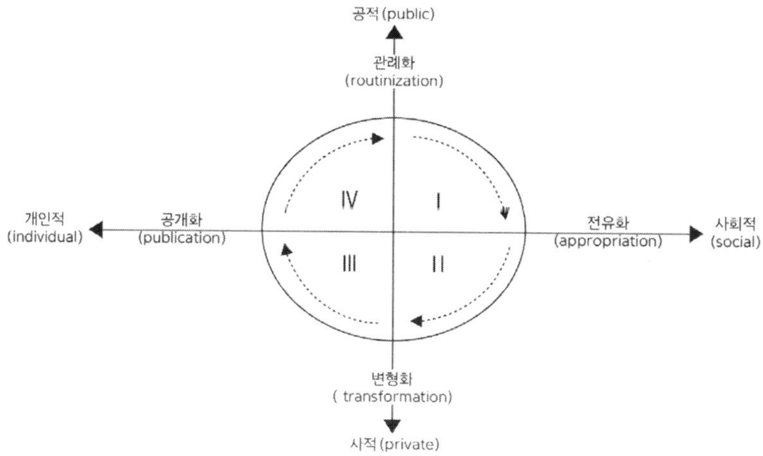

그림 9-1. 비고츠키의 사회문화적 공간과 교실 상호작용 양상

즉, Vygotsky의 공간에 의하면, 최초의 학습은 공적이고 사회적인 영역(제 I 공간)에서 시작되는데, 이것은 학습자가 속한 문화(여기서는 특정 교실)에서 교사와 같이 지식을 더 많이 가진 구성원에 의해 사회적인 방식으로 사용되는 과정에서 일어나는 것이다. 그것이 전유(專有)의 과정이다. 그렇게 전유된 지식은 학습 과정에서 사적인 것으로 변형된다(제 II 공간). 그리고 그것은 대화 속에서 말하기를 통해 내면화되면서 개인적인 것이 되는 것이다(제 III 공간). 결국 개인적인 지식은 다른 사람들과의 상호작용 속에서 관례화(慣例化)되면서 공적인 지식으로 또다시 변형하게 된다(제 IV 공간).

학습자의 이러한 모든 내면화 과정은 공적인 것과 사적인 것, 사회적인 것과 개인적인 것 사이의 상호작용을 통해서 이루어지는 순환의 과정이며, 그러한 상호작용에서 중요한 역할을 담당하는 사람이 바로 전문가로서의 교사이다. 교실수업에서 학생은 교사와 그리고 동료 학습자와의 상호작용을 통해서 사회적인 지식을 개인적인 것으로 변형시키고, 그것을 다시 공적인 지식으로 다듬어 간다.

이때 교사와 학생, 학생과 학생의 상호작용은 언어와 비언어적 활동을 통해서 이루어지며, 그중에서도 질문과 질문-반응 행동이 예비교사의 지리수업에서 가장 활발하게 이루어지는 상호작용 양상이다.

지리수업에서 상호작용은 일찍부터 교수자의 교수스타일 개선과 학생의 학습증진 및 수업참여의 문제를 개선하는 전략으로 강조되었다. 예를 들어, 1970년대 영국에서는 '학교지리 프로젝트'를 통해 지리수업의 개선을 추진하였다. 대표적으로 성취수준이 높은 학생들을 위한 학교위원회의 지리 프로젝트인 'The 14-18 Bristol Project'에서는 교실에서의 상호작용(classroom interaction)과 관련되는 세 가지 스타일을 제시하였다. 이는 전달-수용 모델(Transmission-reception model), 행동형성 모델(Behavior-shaping model), 상호작용 모델(Interactionist model)이다. 학교기반 교육과정 개발을 통해 교사의 교수스타일 개선을 주요 목적으로 한 이 프로젝트에서는, 전달-수용모델과 행동형성 모델에서 이루어지는 구조화된 학습의 단점을 지적하였다. 반면에 의사결정과정에서 가치의 의미와 상호작용모델에 내재된 보다 심층적인 학습과정을 매우 강조하면서 교수스타일의 개선을 도모하였다(Lambert and Balderstone, 2010, 89-90).

2. Hyman의 교육적 상호작용 관찰 시스템과 네 가지 수업행동

본 장에서 수업을 관찰하고 분석하는 주요 도구는 Hyman(1975, 51-74)의 교육적 상호작용 관찰 시스템(System for observing pedagogical interaction)이다. 하이만은 교사와 교사교육자가 "어떤 교사의 수업이 더 교육적인가?" "누가 교실에서 더 교육적으로 활동하는가?"에 대한 답을 찾기 위해서는 교육적 관점에서 교실 상호작용에 대한 지식을 갖추는 것이 필요하다고 보았다.

'교육적 관점에서 교실 상호작용에 대한 지식'에서 '교육적'이라는 의미는 '교실 상호작용'에 대한 교육사회학의 일반적인 관점과 구분하기 위한 것이다. 즉, 하이만(1975, 54)은 "교육 사회학자들은 오래전부터 교실 상호작용에 관심을 가지고 연구해 왔다. 이들의 일반적인 관심은 교실 내 그룹이나 그룹 내 구성원들 간의 관계에 대한 것이었다. 교사들에게 필요한 것은 이러한 '관계'보다는 교실 내 그룹들 그리고 이들 그룹을 지속적으로 형성, 유지시키는데 필요한 사회학적 데이터이다."라고 교실 상호작용의 교육적 의미를 설명하였다.

그가 말하는 교육적 교실 상호작용에 대한 지식은 교사나 교사교육자로 하여금 교실수업에서 나타나는 '학생들의 교실수업 참여 방식이나 비중', '교사가 활용하고 있는 수업전략이나 잠재적 혹은 숨겨진 의도' 등을 의미 있는 방식으로 이해할 수 있게 하는 지식이다. 이에 하이만은 "교실수업을 어떻게 관찰하고, 교육적 상호작용 패턴을 어떻게 증진할 것인가?"의 과제를 해결하는데 쉽게 활용할 수 있는 '교육적 상호작용 관찰 시스템'을 제안하고, 이를 활용하는 단계별 절차, 전략, 교육적 상호작용 관찰지 등 일련의 관찰, 분석도구를 제시하였다.

즉, 하이만은 수업에서 나타나는 수업활동을 '4개의 교육적 행동(The Four Pedagogical Moves)'로 개념화 하고, 수업 중에 이루어지는 언어는 물론 비언어적 말과 행동을 교사와 학생의 행동으로 구분하여 관찰한다. 관찰지를 토대로 "누가 활동하는가?"의 관점에서 네 가지 교육적 행동의 비중을 도출하고, 상호작용 패턴 유형을 분석한다. 이러한 분석 결과를 토대로 "계속 증진해야 할 교육적인 활동이나 패턴은 어떤 것인가?" 그리고 "앞으로 지양하거나 비중을 줄여야 할 활동이나 패턴은 무엇인가?"를 '교육적 상호작용'의 관점에서 교사에게 조언하고 조력함으로써 상황 맥락적이고 개별적으로 특수성을 지니는 교실수업에 근거하여 교사의 수업전문성 함양을 도모하는 수업관찰, 분석법이다.

하이만의 '교육적 상호작용 관찰 시스템'은 수업 중 교사와 학생의 상호작용 패턴이나 특성을 교육적 행동의 관점에서 관찰, 분석하는 방법이지만, 그동안 우리나라에서는 널리 적용되지 않았다. 일부에서는 4개의 교육적 행동을 교사의 질의와 학생의 단순한 응답 구조로 정리하여 '질의응답 분석법'으로 소개하고 있으며, 상대적으로 널리 알려진 플랜더스의 언어상호작용 분석법에 비해 수업관찰에서 산술적 통계에 이르기까지 체계적이지 못하고 비논리적인 측면이 있다고 소개하고 있다(변영계 · 김경현, 2008).

플랜더스의 언어상호작용 분석법은 수업에서 이루어지는 상호작용을 교사와 학생의 언어적 행동을 중심으로 분류하여 관찰한다. 분석의 초점은 교실수업을 교사 중심의 제한적인 의사소통이 이루어지는 지시적 경향의 수업과 학생 중심의 허용적인 의사소통이 이루어지는 비지시적 경향의 수업으로 구분하는데 있다.

이에 비해 하이만의 '교육적 상호작용 관찰 시스템'은 언어는 물론 비언어적 행동까지 포함해서 관찰하며, 분석의 초점은 교사-학생의 상호작용 패턴을 발견하고 이를 바탕으로 "어떤 상호작용 패턴이 좀 더 교육적으로 바람직한가?"를 모색하는 것이다. 무엇보다 수업관찰과 분석의 방법이 특별한 연수나 훈련을 받지 않아도 쉽게 활용할 수 있다는 특징이 있다. 즉, 예비교사나 초보교사가 수업전문성 함양을 위한 자기장학이나 동료장학의 지속가능한 방법으로 활용하기에 용이할 뿐만 아니라, '예비교사가 수업에서 학습자와의 활발한 상호작용을 도모할 수 있는 전략'으로 시도하거나 활용하기에 적절하다.

하이만의 교육적 상호작용 관찰 시스템은 수업 중 교사와 학생의 언어적, 비언어적 활동을 구조화, 요청, 응답, 반응의 네 가지 교육적 행동(이하 수업행동)으로 구분하고, 이들의 관찰을 통해 수업 중 상호작용 패턴을 분석한다. 교사의 미소 짓기, 큰 소리로 웃기, 찡그리기, 판서하기, 전자매체 사용하기, 언성 높이기, 학생의 어깨를 가볍게 두드리기 등과 같은 비언어적 활동도 학생들의 수업태도나 수업참여 의지에 영향을 미치는 등(Hyman, 1986, 99-105) 상호작용 환경 조성에 중요한 의미를 갖고 있을 뿐만 아니라, 상호작용 과정에서는 비언어적 메시지를 전달하는 수업활동이기 때문에 관찰, 분석의 대상으로 포함한다.

이러한 수업관찰과 분석의 목적은 분석 결과를 토대로 수업 전체를 '좋다'와 '나쁘다'로 평가하는 것이 아니라, '적절하거나, 적절하지 못한 상호작용패턴'의 실제를 반성하고, 구체적이고 실천적인 맥락에서 개선 방안을 모색하는데 있다. 이들 네 가지 수업행동을 간단히 설명하면 다음과 같다 (Hyman, 1975, 56-58; 변영계 · 김경현, 2008, 210-214).

첫째, 구조화 행동(structuring moves)은 '수업의 진행을 위해 사용하는 것'으로 교사와 학생 사이의 상호작용을 시작하거나 중지 혹은 배제함으로써 일련의 행동 상황을 조성하는 역할을 한다.

둘째, 요청하는 행동(soliciting moves)은 '대답 또는 특정 행동을 요구하는 것'으로 학습자의 언어 반응을 이끌어내는 것과 학습자가 어떤 일에 동참하도록 격려하거나 혹은 신체적인 반응을 유도하는 등 비언어적인 반응을 요청하는 것이 포함된다. 명령, 지시, 부탁과 같은 질문은 모두 요청하는 행동에 해당한다. 본 연구에서 나타난 교사와 학생의 요청행동 대부분은 질문이다.

셋째, 응답하는 행동(responding moves)은 '요청에 대해 응답하는 것'이다. 요청과는 상보적인 관계(reciprocal relationship)이며, 요청과 관련되어서만 나타난다. 이것의 교육적 기능은 요청언어의 기대를 만족시키는 것으로, 질문에 대해 답하는 것은 모두 응답으로 분류된다. 응답에는 언어적 반응 외에 비언어적 반응(행동적 반응)도 포함된다.

넷째, 반응하는 행동(reacting moves)은 '구조화, 요청, 응답 행동 혹은 선행 반응 행동'에 대해 반응하는 것이다. 그리고 앞서 이루어진 '반응 행동'에 대한 반응으로 발생하기도 하지만, 이러한 것들에 의해서 직접적으로 관련되어 나타나지 않는 경우도 있다. 반응은 앞에서 말한 것을 수정(설명, 종합, 보충)하고 평가(긍정적 혹은 부정적으로)하는 행동이다.

응답은 언제나 요청에 의해 발생하지만, 반응은 그 이외의 다른 선행 행동에 대해서도 자발적으로 발생한다는 점에서 응답 언어와 다른 것으로 구분한다. 본 장에서는 소수 학생들 간에 주고받는 작은 소리의 언어적 반응이나 교실 여러 곳에서 동시에 나타나는 다수 학생들의 '웅성거림' 등은 반응 행동으로 구분하였다.

3. 사회과 예비교사와 학생의 상호작용 관찰과 분석

1) 관찰한 수업과 분석자료

본 장에서는 '학습자와 상호작용이 활발한 수업'을 좋은 지리수업으로 계획한 예비교사들의 일반계 고등학교 한국지리 수업실습에서 나타나는 수업행동과 이를 바탕으로 이루어지는 교사-학생의 상호작용 양상을 관찰, 분석하고자 한다. 사회과 예비교사들의 교육실습에서 이루어진 수업 중에서 상대적으로 '상호작용'이 잘 드러나는 일부 수업을 대상으로 연구자의 관점에서 예비교사의 상호작용의 패턴을 관찰, 분석한 것이다.

이 실행연구의 궁극적인 목적은 예비교사들로 하여금 자신들의 수업활동에서 나타나는 '교사-학생의 상호작용'을 관찰, 분석하는 자기장학의 과정을 경험케 하고, 연구자는 이를 바탕으로 '학습자의 참여가 활발한 지리수업' 그리고 '교사-학생의 상호작용이 활발한 좋은 지리수업'을 위해 예비교사는 무엇을 반성하고 어떻게 개선, 실천할 것인가를 실제 수업경험의 맥락에서 관찰, 분석하는데 있다.

본 장에서 관찰, 분석한 지리수업은 각기 다른 일반계 고등학교 2학년 문과반에서 이루어진 한국지리 수업들이다. 이 수업들은 교육과학기술부가 2009년 12월 23일에 공포한(교육과학기술부, 2009) 교육과정에 의거하고, 2011년 8월 19일 검정을 거쳐 2012년 3월 1일에 초판이 발행된 교과서가 주요 교재로 활용되었다. 이들 수업은 Ⅲ. 변화하는 기후 환경 1. 우리 국토의 기후 환경'을 학습주제로, 2014년 5월에 이루어진 예비교사들의 수업 3시간이며(이하 A, B, C수업), 다음의 표 9-1과 같다.

3명의 예비교사들은 수업실습 전에 '지도안작성1→모의수업1→평가 및 반성→지도안작성2→모의수업2→평가 및 반성'으로 진행되는 프로그램을 이수하고 이어지는 수업실습 프로그램에 참여하였다. 다수의 학생들이 '수업계획→수업실습1(동영상녹화)→수업실습2(동영상녹화)→대표수업(동영상녹화)→수업관찰 및 반성'으로 이루어지는 수업실습 프로그램에 참여하였지만, 최종 과정까지 이수한 경우는 소수였다. 소수의 '수업실습 프로그램' 이수자들 중에서 수업녹화, 수업일지 등의 자료가 충실한 세 명의 예비 지리교사의 여러 수업들을 1차적으로 분석하였고, 그 중에서 상대적으로 '상호작용' 양상이 잘 관찰되는 수업 3시간을 관찰, 분석하였다.

표 9-1. 분석 대상 한국지리 수업 개관

수업구분 (대상학급)	수업주제	수업조직
A수업 (여학생, 36명)	Ⅲ. 변화하는 기후 환경 1. 우리 국토의 기후 환경 - 강수와 주민생활	- 도입: 수업분위기 조성, 전시학습확인(3분 13초) → 전개1: 학습주제제시, 우리나라 강수의 특색(44분 7초) → 전개2: 기타 기후요소(4분 12초) → 전개3: 강수와 주민생활(4분 40초) → 전개4: 기단과 바람(2분 50초) → 정리: 차시예고, 인사하기(27초)
B수업 (남학생, 45명)	Ⅲ. 변화하는 기후 환경 1. 우리 국토의 기후 환경 - 기단과 바람, 그리고 계절의 변화	- 도입: 전시학습확인, 학습목표제시(7분 36초) → 전개1: 계절에 따른 기단(7분 28초) → 전개2: 계절풍(25분 33초) → 전개3: 계절의 변화(9초) → 정리: 차시예고(20초)
C수업 (여학생, 40명)	Ⅲ. 변화하는 기후 환경 1. 기후와 주민 생활 - 우리나라 기후지역 구분과 전통가옥 구조	- 도입: 수업분위기조성, 전시학습확인, 학습주제제시(9분 6초) → 전개1: 우리나라 기후지역의 구분(2분 59초) → 전개2: 기후지역(22분 55초) → 전개3: 전통가옥구조(5분 6초) → 정리: 형성평가, 차시예고(1분 11초)

이 수업들은 모두 교과서와 지도교사가 제공한 학습지(혹은 활동지)를 주 교재로 삼고, 예비교사가 준비한 PPT나 Prezi 자료를 보조 교재로 활용하면서 학습내용을 설명하는 교사 중심의 일반적인 설명식 수업으로 이루어졌다. 3개 수업에서 학생들의 주된 학습활동은 학습지 내용을 확인하면서 빈칸에 넣을 주요 개념이나 지리적 사실들을 확인하고 쓰는 것이었다. A와 B수업에서 사용한 교과서는 같고, C수업에서는 다른 교과서를 사용했기 때문에 수업주제로 제시된 단원 구성이 다르다. A수업은 도입→전개1→전개2→전개3→전개4→정리의 과정으로, B수업은 도입→전개1→전개2→전개3→정리의 과정으로, C수업은 도입→전개1→전개2→전개3→정리의 과정으로 이루어졌다.

2) 예비교사와 학생의 주요 수업행동

본 장에서는 하이만의 네 가지 수업행동 외에 학생의 '무응답'을 한국지리 수업에서 나타나는 수업행동으로 추가하여 관찰하였다. '무응답'은 상호작용과 상반되거나 단절시키는 행동이 아니라 구조화나 요청행동에 연속되는 대응행동으로 의미를 가진다. 또한 비언어적 행동으로 고려하면 '응답'의 일부 혹은 학생들 나름의 '반응' 행동으로 고려할 수 있다. 무엇보다 학습자의 적극적인 참여를 통한 '상호작용이 활발한 지리수업'이 연구대상 예비교사들의 실천 목표라는 점에서는 학생들의 '무응답'은 양적, 질적으로 중요하게 고려해야 할 대상이기 때문에 네 가지 수업행동과 그외의 행동으로 구분하여 살펴보고자 한다.

먼저, 예비 지리교사의 A수업에서 나타난 전체 수업행동(360회) 중에서 교사의 수업행동은 63.3%이고, 학생의 수업행동은 36.7%로 나타나 교사의 수업행동 비중이 큰 것을 알 수 있다. 교사의 수업행동은 요청(27.2%), 반응(25.0%). 구조화(8.6%), 응답(2.5%)의 순으로 나타났다. 학생의 수업행동은 응답(25.8%), 반응(8.1%), 구조화(0.8%)의 순으로 나타났고 교사의 요청(질문)에 '무응답'한 경우가 7회(1.9%)로 나타났다(표 9-2). 학생들의 '무응답'은 개별학생이 응답하지 않은 경우가 4회이고, 전체 학생이 응답하지 않는 경우가 3회이다.

A수업에서 요청(100%)하고 구조화(91.2%)하며 반응(75.6%)하는 행동은 주로 교사에 의해 이루어졌으며, 학생들의 주된 수업행동은 응답(91.2%)하는 것이었고 반응하는 행동(24.4%)이 부분적으로 이루어졌음을 알 수 있다. 극히 일부 즉, 수업의 도입 단계와 정리 단계에서 비록 소수의 특정 학생(수업전사1에서 S2와 S3)이지만 학생에 의한 의미 있는 구조화행동(9.4%)이 부분적으로 나타났다.

표 9-2. A수업에서 나타난 교사와 학생의 수업행동

구분		구조화 (%)	요청 (%)	응답 (%)	반응 (%)	무응답 (%)	계 (%)
교사		31 (8.6)	98 (27.2)	9 (2.5)	90 (25.0)	-	228 (63.3)
학생	S1~S18	3	-	67	21	4 (18명 외 4명)	95
	SS	-	0	21	2	-	23
	SSS	-	0	4	3	-	7
	AS	-	0	1	3	3	7
	소계(%)	3 (0.8)	0 (0.0)	93 (25.8)	29 (8.1)	7 (1.9)	132 (36.7)
계(%)		34 (9.4)	98 (27.2)	102 (28.3)	119 (33.1)	7 (1.9)	360 (100)

S는 개별학생, SS는 소수(2~6명)의 학생, SSS는 다수 혹은 대부분 학생, AS는 거의 모든 학생.

A수업에서 학생에 의한 구조화는 도입 단계에서 교사가 수업 진행을 위해 상황을 조성하는 '구조화'에 대해 학생(S2)이 수업의 진행의 잠시 중단을 요청하는 '구조화'와 S3학생의 수업 시작 상황을 조성하는 '인사하기'의 '구조화'가 각각 1회 이루어졌다. 그리고 정리 단계에서 S3학생의 수업 마무리 상황을 조성하는 '인사하기'의 일상적인 '구조화'가 1회 이루어졌다. 다음의 수업전사1은 이에 대한 사례이다.

1) T : 강수와 주민생활 이어서 할 거니까 저번 시간, 지난 시간 프린트 준비 하고 오늘 받은 것도 같이 두 개를 준비 해주면 되요. (교사의 구조화)
2) S1 : 네~ (학생의 반응)
3) SSS : (프린트 준비, 수업 준비) (학생들의 반응)
4) S2 : 선생님 1분만요~ (학생의 구조화)
5) T : 1분만? 자, 딱 1분 뒤에 수업 시작합시다. (교사의 반응)
6) S3 : 누가 1분만 달라고 했어? 2분 달라고 그래야지. (학생의 반응)
7) SSS : (교사와 학생 다 같이 웃음) (학생들의 반응)

B수업에서 나타난 전체 수업행동(528회)중에서 교사의 수업행동은 64.2%이고, 학생의 수업행동은 35.8%로 나타나 교사의 수업행동이 차지하는 비중이 높다는 것을 알 수 있다. 교사의 수업행동은 요청(30.9%), 반응(28.2%), 구조화(3.0%), 응답(2.1%)의 순으로 나타났다. 학생의 수업행동은 응답(31.1%), 반응(2.1%), 요청(1.9%) 무응답(0.8%)의 순으로 나타났다(표 9-3).

표 9-3. B수업에서 나타난 교사와 학생의 수업행동 비중

구분		구조화 (%)	요청 (%)	응답 (%)	반응 (%)	무응답 (%)	계 (%)
교사		16 (3.0)	163 (30.9)	11 (2.1)	149 (28.2)	0 (0.0)	339 (64.2)
학생	S1~S23	-	10	75	6	1	92
	SS	-	-	78	4	-	82
	SSS	-	-	8	1	-	9
	AS	-	-	3	-	3	6
	소계(%)	0 (0.0)	10 (1.9)	164 (31.1)	11 (2.1)	4 (0.8)	189 (35.8)
계(%)		16 (3.0)	173 (32.8)	175 (33.2)	160 (30.3)	4 (0.8)	528 (100)

B수업에서 나타난 '무응답'은 개별 학생을 지명하고 질문했지만, 수업종료 종이 울리면서 호명한 학생(그림 9-3에서 S23)이 응답하지 않은 경우 1회와 전체를 향한 교사의 질문(요청)에 대한 모든 학생들이 응답하지 않은 3회이다.

B수업의 각 수업행동에서 나타나는 교사와 학생의 행동 비중을 살펴보면, 구조화(100%), 요청(94.2%), 반응(94.3%) 행동은 주로 교사에 의해 이루어졌으며, 학생들은 주로 응답(93.7%)하는 행동으로 수업에 참여했지만, 일부에서는 학생에 의한 의미 있는 질문(요청)이 이루어졌다.

다른 수업과는 달리 B수업에서는, 개별 학생 6명(S3, S12, S10, S7, S8, S14)에 의해 교육적으로 의미 있는 학생들의 자발적인 질문(요청)이 10회(1.9%) 이루어졌다. 개별 학생의 질문(요청)은 '기단'을 주제로 한 전개1 단계에서 S7 학생이 교사가 제시한 PPT 자료에 제시된 기호의 의미를 묻는 것으로 시작되었으며, 전개3 단계에서 나란히 앉아 있는 S7(3회)과 S8(3회)에 의해 주도적으로 이루어졌다(그림 9-3).

다음은 B수업의 전개2 단계에서 교사가 '전라도와 경상도 지역의 태풍 피해 차이가 발생하는 이유'를 보여주기 위해 준비한 동영상이 재생되지 않자, 칠판에 직접 개략적인 그림으로 그리면서 설명하는 과정에서 그림의 기호에 대한 개별학생들의 질문이 이어지는 상황을 전사한 사례이다(수업전사2).

> 304) T : 가항 반원이라고 하고. (칠판에 그림을 그리면서)여기 오른쪽은 위험한 곳이라고 해서, 우리 위험 반원이라고 합니다. (교사의 응답)
>
> 305) T : 아시겠어요? 이해되나요? (교사의 반응/요청)
>
> 306) S7 : 다시요~. (학생의 요청)
>
> 307) T : 다시 한 번. (다시 반복 설명한다.) (교사의 응답)
>
> 308) S3 : 선생님, 왜 반시계 방향으로 가요? (학생의 요청)
>
> 309) T : 저기압은 반시계 방향으로 들어가고, 고기압은 시계 방향으로 불어 나가요. 그거는 이제 과학에서 배우는 내용이어서, 여기에서는 자세하게 다루지는 않아요. (교사의 응답)
>
> 310) T : 그러면 여러분 활동지에 가항반원, 위험반원 그리는 곳이 있죠. 그럼 이걸 한 번 그려보시겠어요? (교사의 요청)
>
> 311) S8 : 선생님 그러면 저 원이(칠판을 가리키면서) 우리나라를 표시한 거예요? (학생의 요청)
>
> 312) T : 이거는 태풍이예요. 선생님이 발 그림을 그려서 그런데... (교사의 응답)
>
> 313) S12 : 저 원이 태풍이에요? (학생의 요청)
>
> 314) T : 네. 이렇게 태풍을 그려보면, 오른쪽은 위험반원, 왼쪽은 가항반원이 되죠. (교사의 응답)

C수업에서는 전체 수업행동(621회) 중에서 교사의 수업행동은 53.1%이고 학생의 수업행동은 46.9%로 나타났다. 교사의 수업행동은 요청(27.1%), 반응(19.2), 구조화(5.9), 응답(0.9%)의 순으로 나타났고, 학생은 응답(39.5%), 반응(6.9%)의 순으로 나타났으며, 교사의 질문에 전체 학생이 '무응답' 한 경우가 3회(0.5%) 나타났다(표 9-4). C수업에서 구조화(100%)와 요청(100%)은 오직 교사에 의해

서만 이루어졌으며, 반응(73.5%)행동도 주로 교사에 의해서 이루어졌다. 학생의 주된 행동은 응답(97.6%)이었으며, 부분적으로 반응(26.1%) 행동이 이루어졌다.

표 9-4. C수업에서 나타난 교사와 학생의 수업행동 비중

구분		구조화 (%)	요청 (%)	응답 (%)	반응 (%)	무응답 (%)	계(%)
교사		37 (5.9)	168 (27.1)	6 (0.9)	119 (19.2)	0 (0.0)	330 (53.1)
학생	S1~S16	-	0	86	22	0	108
	SS	-	0	49	3	0	52
	SSS	-	0	110	18	0	128
	AS	-	0	0	0	3	3
	소계(%)	0 (0.0)	0 (0.0)	245 (39.5)	43 (6.9)	3 (0.5)	291 (46.9)
계(%)		37 (5.9)	168 (27.1)	251 (40.4)	162 (26.1)	3 (0.5)	621 (100)

분석 대상 한국지리 수업에서 나타난 예비교사와 학생들의 수업행동을 비교하면 다음의 그림 9-2와 같다. 예비교사와 학생의 수업행동의 비교는, 각 수업에서 네 가지 수업행동별로 교사와 학생의 행동 비율을 산출한 값(%)을 비교한 것이다. 예를 들어 '교사가 행한 구조화행동의 비율'은 '교사의 구조화 언어 총량/구조화 언어 총량×100'이고, '학생이 행한 요청행동의 비율'은 '학생의 요청 언어 총량/요청 언어 총량×100'이다.

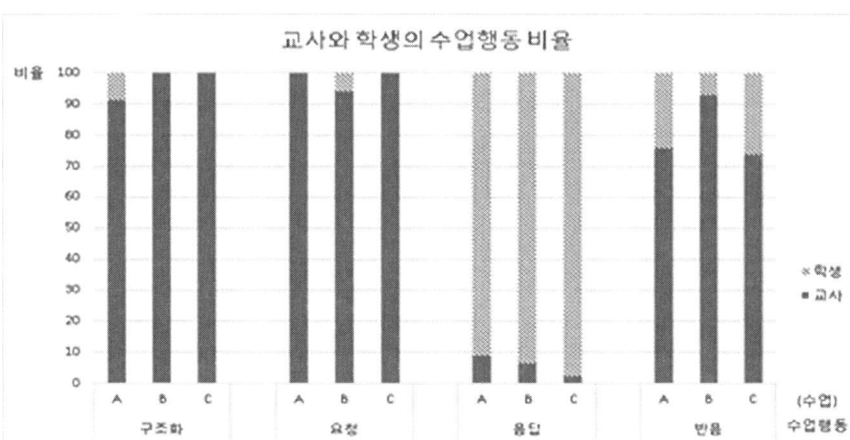

그림 9-2. 예비교사와 학생의 수업행동 비교

분석대상 한국지리 수업에서 구조화하는 행동은 교사에 의해 주도되었다. A수업에서는 교사의 구조화행동이 91.2%이고 학생은 8.8%로 나타났지만, B와 C수업에서는 100% 교사에 의해 이루어졌다. 요청행동 역시 교사에 의해 주도되었다. A와 C수업에서는 교사에 의해 요청행동이 주도되었으며(100%), B수업에서도 교사의 요청이 행동이 94.2%로 나타났다.

응답행동은 학생에 의해 주도되었다. A, B, C수업에서 나타난 학생의 응답행동은 각각 91.2%, 93.7%, 97.6%로 나타났다. 반응행동은 교사에 의해 주도되었지만, 학생의 반응행동도 각 수업에서 의미 있게 나타나고 있다. 즉, A수업에서 나타난 반응행동은 교사에 의한 것이 75.6%이고 학생에 의한 것이 24.4%로 나타났다. B수업에서는 93.1%와 6.9%로, C수업에서는 73.5%와 26.5%로 각각의 반응행동이 나타났다.

A, B, C수업에서 나타난 전체 수업행동은 각각 360회, 528회, 621회로 나타났다. A와 B수업에서는 교사행동의 비중이 각각 63.3%와 64.2%로 학생행동보다 높게 나타났지만, C수업에서는 교사행동(약 53%)에 비해 학생행동(약 47%)이 다른 수업에서보다 높게 나타났다. 이처럼 전체 수업행동이 활발할수록 학생들의 수업행동의 양적 비중이 높게 나타나고 있지만, 학생의 수업행동 비중이 가장 높은 C수업에서 학생의 수업행동은 응답과 반응의 수동적 행동만 나타나고 있어서 질적 측면의 교육적 의미는 한계점이 있다.

이에 비해 A와 B수업에서는 교사 수업행동의 양적 비중이 매우 높게 나타나는 비교육적 문제가 있지만, A수업에서는 학생에 의한 구조화행동이 나타났고 B수업에서는 학생에 의한 질문(요청)행동이 이루어지는 질적으로 의미 있는 교육적 현상이 일부 나타났다. 이와 같이 세 수업에서 나타나는 수업행동의 양적 비중과 질적 의미의 차이는 4개의 수업행동이 교사는 물론 학생들의 수업행동으로 적극 장려되어야 한다는 것을 시사한다.

3) 예비교사의 질문 대상과 응답 학생

수업에서 교사의 질문(요청)은 학생의 개별적, 직접적 참여를 이끄는 대표적인 교육적 행동이다. 학생들의 인종, 민족, 종교, 젠더, 연령 등에 있어서 상대적으로 동질 집단인 우리나라 교실에서, 교사의 질문은 개별 학생, 소수 학생집단, 다수 학생집단, 전체 학생을 대상으로 이루어진다. 예비교사들은 누구를 대상으로 질문했으며, 누가 응답하였는지, 그리고 누가 응답하지 않았는지의 관점에서 구분하여 살펴보았으며, 그 내용을 정리하면 다음과 같다.

먼저, A수업에서 예비교사는 총 98회 질문(요청)하였으며, 이는 개별 학생을 대상으로 6회, 전체 학생을 대상으로 92회 이루어졌다. 개별 학생을 대상으로 6회 질문하였지만, 지명한 학생이 응답한 경우는 2회이고 나머지 4회는 지명한 학생은 물론이고 교실 내 다른 학생(들)도 응답하지 않았다. A수업에서 전체를 대상으로 한 질문은 92회 이루어졌으며, 이에 대해 개별 학생(S1~S18) 18명이 67회 응답하였고, 소수 학생의 응답이 21회, 다수 학생의 응답은 4회 이루어졌다. 전체 학생을 대상으로 한 질문에 모든 학생이 응답한 경우는 1회이고, 학급의 전체 학생이 응답하지 않은 경우는 3회로 나타났다(표 9-5).

표 9-5. A수업에서 나타난 교사의 질문 대상과 응답 양상

구분		개별 학생 지명 (6회)	전체 대상 (92회)	계 (98회)
S	응답	2	67	69
	무응답	4	-	4
SS	응답	-	21	21
	무응답	-	-	-
SSS	응답	-	4	4
	무응답	-	-	-
AS	응답	-	1	1
	무응답	-	3	3

A수업에서 개별 학생의 응답은 교탁 앞의 2분단 앞자리에 위치한 S1에 의해 시작되었고, 1분단의 S2→3분단의 S3, S4→1분단의 S5→2분단의 S6의 순으로 이루어졌으며 4분단 학생들의 참여가 가장 늦게 이루어졌다(그림 9-3).

수업녹화 및 관찰자료 그리고 예비교사와 인터뷰한 자료에 의거하면, 수업에 활발히 참여한 소수 집단은 3개 집단이다. 첫 번째는 교사의 시선이 의식, 무의식적으로 집중된 교탁의 오른편 1, 2분단 앞줄의 S1, S2, S5 집단으로 이 학생들은 성격이 활발하고 지리 과목에 관심이 많은 학생들이다. 두 번째는 교탁 앞이면서 교실 중심부에 위치한 2분단의 S9와 S16으로 구성된 집단으로, 이 학생들은 수업태도가 바르며 어떤 수업이든 수업시간 내내 집중하는 학생들이다. 세 번째는 이 학급의 반장, 성적 우수 학생, 한국지리 성적 1등급 학생으로 구성된 3분단의 S3, S4, S6 집단이다. 이들 세 집단의 학생들은 서로 친밀해서 학생 간 상호작용도 활발하다. 나머지 학생들은 개별적으로 응답하거나 반응하지만, 옆자리나 앞 뒤 자리의 학생들과는 상호작용하지 않을 뿐만 아니라, 영향을 주고받지 않는 학생들이다.

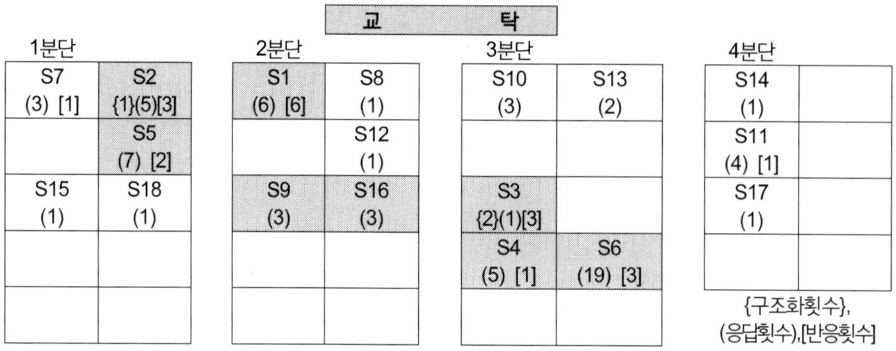

그림 9-3. A수업에 참여한 개별 학생의 위치와 수업행동 빈도

이 학급의 자리배치는 이른바 '제비뽑기'로 이루어졌으며, 시력문제, 학생 간 친밀도, 수업집중 등의 이유로 학생들이 개별적으로 자리를 바꾼 경우도 있다. 36명으로 구성된 A교실에서 수업에 참여하는 학생은 18명이다. 이 학생들은 개별적으로 그리고 소수 집단으로, 때로는 다수 집단으로 수업에 참여하였다. 실제로 36명이 모두 응답하거나 '무응답'한 경우는 없다. 대부분의 학생들이 응답하거나 응답하지 않는 경우가 있을 뿐이다.

1, 2, 3분단의 마지막 줄은 체육부 학생들로 수업시간에 출석하지 않는 경우도 있어 교실 뒷자리에 배치되어 있다. 체육부 학생들을 제외하고도 수업에 전혀 참여하지 않는 학생들이 4개 분단 곳곳에서 나타나지만, 교사의 시선이 미치지 않았던 교탁의 왼편 3, 4분단과 각 분단의 뒷자리에서 이른바 '사각지대'가 뚜렷하게 나타나고 있다. 이들 '사각지대'의 학생들이 수업에 참여하지 않는다는 것을 의식한 예비교사가 1, 2, 4분단 뒷자리의 학생들을 개별 지명하고 질문하지만, 이 학생들은 모두 '무응답'하였으며 그림 9-3에서는 빈 칸이다. 다음은 이러한 '무응답' 상황을 나타내는 사례이다(수업전사3).

300) T : 그러면 세 번째 북태평양 기단은… 00이가! 한번 말해볼까요? (~41′ 14″) (교사의 요청)

301) S : … (~41′18″) (무응답)

302) T : 좀 더운 적도에서 올라오니까 고온하고 다습! (~41′21″) (교사의 응답)

303) T : 음...적도 기단은 △△이가! 어떤 성격? (~41′24″) (교사의 요청)

304) S : … (~41′27″) (무응답)

305) T : 똑같아요, 고온다습. 그러면은 물어볼 수 있겠죠~ 북태평양기단이랑 적도기단이랑 뭐가 달라요? 라고 물어볼 수가 있는데, 차이점은…(생략) (교사의 응답)

A수업에서 개별 학생을 지명한 교사의 질문에 대해 개별 학생이 '무응답'하는 경우, 예비교사의 대응 행동은 두 가지로 나타났다. 즉, 예비교사는 개별 지명한 학생의 '무응답'에 대해 직접적인 응답이나 반응행동을 하지 않고 넘어가거나(표 9-8에서 TO1 패턴), 다른 학생에게 다시 질문하거나 교사가 직접적인 답을 제시하면서 간단히 설명하는 '교사의 응답'(표 9-8에서 TO2 패턴)으로 수업을 진행하였다.

B수업에서 예비교사는 총 163회 질문하였으며, 이는 개별 학생을 대상으로 9회, 전체 학생을 대상으로 154회 이루어졌다. 개별 학생을 지명한 질문은 3명의 학생(S20, S21, S23)을 대상으로만 이루어졌으며, 이들 3명의 학생은 각각 3회, 4회, 1회 응답하고, 1회 '무응답'하였다. 학급 전체 학생을 대상으로 한 질문은 154회 이루어졌고, 이에 대한 응답은 개별 학생들의 응답 75회, 소수 학생들의 응답 78회, 다수 학생들의 응답 8회, 전체 학생의 응답 3회로 총 164회 이루어졌다. 전체 학생을 대상으로 한 질문에 전체 학생들이 '무응답'한 경우는 3회로 나타났다(표 9-6).

표 9-6. B수업에서 나타난 교사의 질문 대상과 응답 양상

구분		개별 학생 지명 (9회)	전체 대상 (154회)	계 (163회)
S	응답	8	75	83
	무응답	1	-	1
SS	응답	-	78	78
	무응답	-	-	-
SSS	응답	-	8	8
	무응답	-	-	-
AS	응답	-	3	3
	무응답	-	3	3

B수업에서는 개별 학생을 지명한 질문이 3명의 학생에게만 집중되었다는 점이 특징적인 현상이다. 다음은 '계절풍'을 주제로 한 전개2 단계에서 S20 학생을 대상으로 집중된 교사의 질문 현상을 나타내는 사례이다(수업전사4).

243) T : 00이.
244) S20 : 네~
245) T : 그럼 00이가 우리 겨울의 특징을 한 번 얘기해 봅시다. 이건 우선, 무슨 계절풍?
246) S20 : 북서
247) T : 어. 북서 계절풍.

248) T : 그 다음에 관련 기단은 무엇일까요?
249) S20 : 시베리아
250) T : 어, 시베리아 기단.
251) T : 그럼 풍향은 어느 쪽?
252) S20 : 북서쪽
253) T : 북서쪽. 그리고 또 뭐도 되냐면 서쪽도 되요. 서쪽이나 아님 북서쪽에서 부는 바람을 북서 계절풍이라고 합니다. 잘 했어요.
254) T : 그 다음에 △△이.
255) S21 : 네
256) T : 그럼 △△가 여름을 한 번 해봅시다. 우선 무슨 계절풍?
257) S21 : 남동
258) T : 어, 남동, 남서계절풍이 되고요(…이하 생략).

B수업에 활발히 참여한 소수집단은 세 개의 집단이다. 가장 활발히 참여한 집단은 2분단의 S7과 S8과 1분단의 S10으로 구성된 집단이다. S7과 S8은 전체 성적과 한국지리 성적이 학급에서 가장 우수하며 수업시간에 자신감이 넘치는 학생들이고, S10은 얌전하지만 성적이 우수하고 S7과 절친한 사이이다. 이 학생들은 자신이 궁금한 것은 서슴없이 질문하는 공통점을 가지고 있으며, 자발적으로 질문(요청)하고 응답하며 반응하는 행동으로 수업에 활발히 참여하였다.

두 번째 집단은 2분단의 S1, S11, S15 학생들이다. S1학생은 학급 실장으로 교사의 요청에 가장 먼저 응답을 시작하는 등 학급분위기를 이끄는 역할을 하며, 옆자리 친구보다는 뒷자리의 S11 학생과 잘 소통한다. S15 학생은 교육실습생들에게 관심이 많은 학생으로 S11 학생과 잘 소통하며 주변 학생들의 응답을 듣고 반복하는 경우가 많은 학생이다. 세 번째 집단은 3분단의 S12와 4분단의 S13 학생이다. 이 학생들은 수업시간에 큰 소리로 대답하거나 적극적이지는 않지만 수업시간 내내 교사의 시선을 응시하면서 조용히 집중하는 학생들이다.

1분단의 S4와 4분단의 S5 학생은 수업에 집중하기 위해 분단의 앞자리를 선택한 학생들로, 교사의 시선이나 위치에 상관없이 수업시간에 집중하고 응답하는 학생들이다. 나머지 학생들은 교사의 시선이 머무르거나 위치를 이동해 근접하는 경우에 개별적으로 응답하거나 반응하였다. 개별 지명한 3명의 학생들은 예비교사가 수업 중에 응답이나 반응이 거의 없는 4분단의 마지막 줄이나 각 분단의 뒷자리에 위치한 학생들의 '참여'를 의도적으로 유도하기 위한 것이었다(그림 9-4).

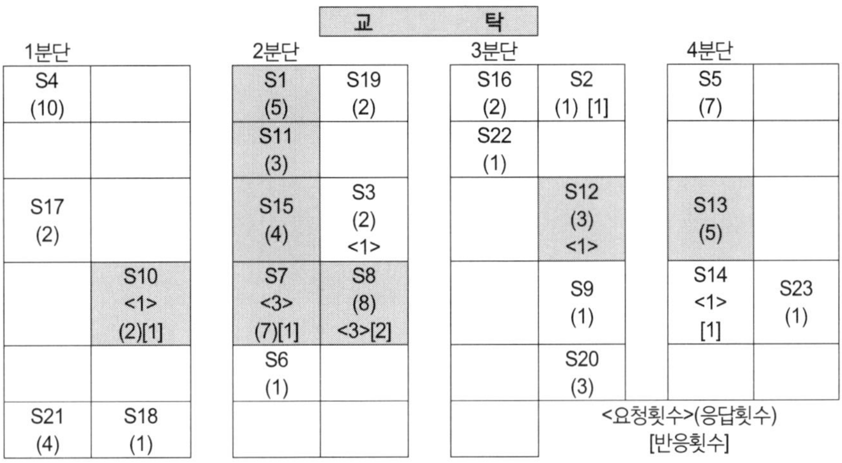

그림 9-4. B수업에 참여한 개별 학생의 위치와 수업행동 빈도

B수업에서 나타난 무응답은 전개3의 진행 중에 '수업종료 벨이 울리면서' 호명된 S23 학생이 미처 응답하지 못한 경우 1회와 전체 학생이 응답하지 않은 경우 3회이다. 예비교사는 학생의 '무응답'에 대해 '교사가 응답'하거나, '교사가 자세하게 설명하면서 다시 질문하는' 것으로 수업을 진행하였다(표 9-8에서 TO4 패턴). 다음은 B수업의 전개3 단계에서 '계절의 변화에 영향을 미치는 기단'을 설명하는 과정에서 나타난 전체 학생의 '무응답'에 대한 교사의 '질문 다시하기'의 사례이다(수업전사5).

428) T : 그래서 오늘 이렇게 바람까지 했고, 마지막으로 계절의 변화 한 번 빠르게 보도록 할게요.
429) T : 여러분! 이 계절의 변화는 왜 보냐면 … 우리 오늘 맨 처음에 배운 기후요인 뭐였죠?
430) AS : …(무응답)
431) T : 우리가 동적 기후 요인 중에서 뭘 보는 거였어요?
432) S11 : 기단
433) T : 그렇죠. 이런 기단의 영향이 바로 계절의 변화에 영향을 미치기 때문이에요. 그래서 오늘 이렇게 보는 건데, 우선 일기도랑 같이 계절을 봅시다. 봄부터 봅시다.
434) T : 봄. 봄은 첫 번째 일번, 무슨 특징이에요?

C수업에서 예비교사는 총 168회 질문하였으며, 모두 전체 학생을 대상으로 이루어졌다. 학급 전

체 학생을 대상으로 한 질문에 대해 개별 학생 16명(S1~S16)이 86회 응답하였고, 소수 학생들은 49회, 다수 학생들은 110회 응답하였다. 학급 전체 학생을 대상으로 한 교사의 질문에 대해 학생들은 총 245회 응답하였고, 3회 '무응답'하였다(표 9-7).

표 9-7. C수업에서 나타난 교사의 질문 대상과 응답 양상

구분		개별 학생 지명 (0회)	전체 대상 (168회)
S	응답	-	86
	무응답	-	-
SS	응답	-	49
	무응답	-	-
SSS	응답	-	110
	무응답	-	-
AS	응답	-	-
	무응답	-	3

C수업에서 예비 지리교사는 개별 학생을 지명하는 질문은 하지 않았지만, 특정 위치의 학생을(그림 9-5에서 S1, S2, S3) 쳐다보면서 질문하거나, 전체를 대상으로 질문하고 특정 학생을 쳐다보는 방식으로 개별 학생의 응답을 이끌어냈다. 다음은 도입 단계에서 나타난 사례이다(수업전사6).

34) T: (S2쪽을 쳐다보면서) 한여름에는 지난 시간에 고기압이 어느 쪽에 발달한다고 했죠?

35) S2: 서고동저?

36) S2: 여름?

37) SS: 여름에는...(웅성거린다.) 남쪽, 서쪽...

38) S2: 서쪽

39) T: (교탁 앞쪽의 학생들을 쳐다보며 묻는다.) 서쪽?

40) SS: (여기저기서 대답한다.) 남, 남...

C수업에 활발히 참여한 소수집단은 2개 집단이다. 가장 활발하게 참여한 집단은 2분단의 S2와 S7 및 3분단의 S3와 S4 학생들이다(그림 9-5). 이들 중에서 S3 학생은 평소에도 지리에 관심이 많았고 늘 수업에 집중하며 2분단의 S7과 옆자리의 S4의 질문에 설명을 잘 해 주며 친하게 지낸다. S7 학생은 옆자리의 S2 학생과도 사이가 좋은 학생이며, S2, S3, S4는 성적이 우수한 학생들이다.

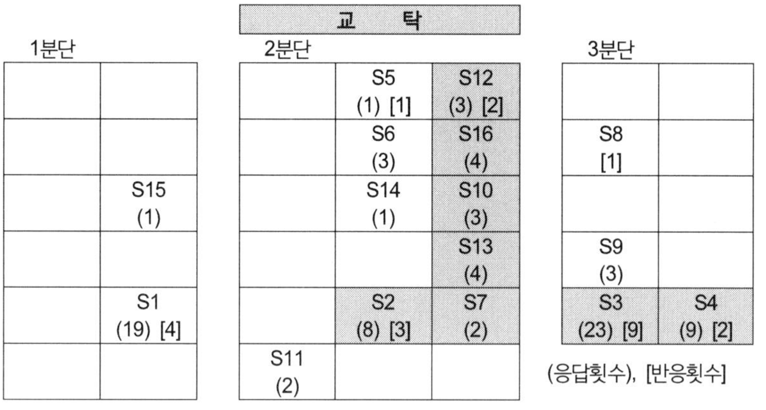

그림 9-5. C수업에 참여한 개별 학생의 위치와 수업행동 빈도

두 번째 집단은 2분단의 S12, S16, S10, S13 학생들이다. 이 학생들은 수업에 계속 집중하지는 못하지만, 성격이 활발하고 수업시간 외에도 함께 지낼 정도로 친밀도가 높은 학생들이다. 특히 S16 학생은 옆자리의 S6을 포함해 앞 뒤 학생들과도 상호작용이 활발한 학생으로 이 집단을 주도하는 학생이다. 두 번째 집단의 학생들은 개별 응답이나 반응보다는 소수집단 혹은 다수집단으로 활발하게 참여하였다.

다른 수업에 비해 C수업에서 예비교사는 가장 많이 구조화하고(37회), 질문(168회)했지만, 시선은 주로 2분단을 응시하였으며, 1분단이나 3분단으로의 위치 이동도 거의 하지 않았다. 게다가 개별 학생을 지명하는 질문도 전혀 이루어지지 않아서 이른바 학생들이 수업에 참여하지 않는 '사각지대'가 여러 곳에서 뚜렷하게 나타나고 있다.

1분단의 경우는 대부분의 학생들이 수업에 집중하는 태도를 보였지만, 개별적인 응답이나 반응행동은 S1 학생에 의해서만 이루어졌다. C수업에서 가장 먼저 응답행동으로 수업에 참여한 이 학생은 학업성적이 우수하지만, 수업시간에 다른 학생들과 시선이나 언어를 통한 상호작용을 거의 하지 않기 때문에 주변 학생들에게 미치는 영향이 없었다.

C수업에서 학급의 전체 학생을 대상으로 한 교사의 질문에 전체 학생이 '무응답'한 경우는 전개1의 '기후지역 구분'의 도입과정에서 "온량지수가 뭐예요?"라는 '뭐'가 '무엇을 묻는지' 구체적으로 명료하지 않은 질문에 '무응답'하는 상황이 나타났다. 이어지는 전개2 단계에서 '우리나라 기후지역'을 학습하는 과정에서 "우리나라 기후의 동서지역 간 차이를 반영할 때 이루어지는 기후지역 구분은 어떻게 이루어지는가?"의 내용을 "동서 차면은 어떻게 구분을 해요?"라는 교사의 질문(수업전사7에서 162번)과 "대동강 하류는 왜 소우지인가?"라는 교사의 질문에 학생들이 '무응답'하는 경우가 나타났다. 이들 질문은 '학습자가 이해한 내용'이나 '전시학습내용'을 적용해서 간단하게 설명할 것을 요

구하는 질문들이었다.

C수업에서 학생들의 '무응답'에 대한 교사의 대응은 세 가지 방식으로 나타났다. 즉, 교사는 학습자와 학습내용을 공유하면서 교수와 학습을 매개해 주는 '교과서'를 활용하여 좀 더 구체적으로 '다시 질문'하여 학습자의 응답을 이끌어 내거나(표 9-8에서 TO4 패턴), '교사의 응답'으로 대응한다(표 9-8에서 TO2 패턴). 세 번째는 교사의 간단한 응답을 단서로 학생들이 응답이나 반응이 이어지면서 학습내용을 확대, 보완해 가는 방식이다(표 9-8에서 TO3 패턴). 다음은 C수업에서 나타난 'TO3 패턴(요청→무응답→교사응답→학생응답이나 반응)'의 사례이다(수업전사7).

160) T: 다음으로 2차를 구분을 해보면 아까 2차는 동서차로 구분 한다고 했죠~?
161) SS: 네~
162) T. 동시 치면은 이렇게 구분을 해요?
163) AS: …(무응답)
164) T: 동안, 내륙…
165) SS: 서안
166) T: 그죠~ (판서한다.) 서안형, 내륙형… 마지막으로…
167) SS: 동안~
168) T: 그렇죠. 동안형이 있죠. 그리고 마지막으로 대구 특수 … 특수지역… 특수형과 울릉도형이 이렇게 있어요. 이렇게 따지면 총 몇 개로 구분되는 거예요? 우리나라 기후는?(S1쪽 학생들을 바라본다.)
169) 15:38 S: 어… / S1: 10개!

분석 대상 수업들에서 나타난 예비교사들의 질문 대상과 학생들의 응답 양상의 분석 결과를 정리하면, 먼저 예비교사들은 주로 전체 학생을 대상으로 질문하였음을 알 수 있다. 그리고 수업녹화 자료를 관찰하면 세 교사는 주로 교실 전면인 교탁에 위치해 있었으며, 시선은 교사의 오른쪽이나 특정 위치의 학생들을 응시하였다.

이에 교사의 왼편과 각 분단의 뒷줄에 위치하는 학생들의 대부분은 수업에 참여하지 않는 '사각지대'가 나타났다. '사각지대'는 관찰 카메라의 위치와도 관련이 있다. 교사의 위치나 시선의 방향과 함께 관찰 카메라가 교탁의 왼편에 설치되어서 특히 왼편에 위치한 학생들의 활동이 녹화 자료에서 잘 관찰되지 않은 경우도 있었다.

약 47%의 학생들이 개별적으로 수업에 참여하였으며, 이들이 소수집단이나 다수집단을 구성한 것으로 나타났다. 따라서 세 수업에서 모든 학생이 교사와의 상호작용 활동에 참여한 경우는 없으며 대략 절반 정도의 학생들이 수업에 참여하였음을 알 수 있다. A, B, C학급의 인원은 각각 36명, 45명, 40명이고, 각 수업에 참여한 개별학생은 18명, 23명, 16명으로 참여 비율은 각각 50%, 51%, 40%로 나타나며 전체 평균은 약 47%이다. 수업동영상을 관찰하면, 이들 개별학생들 이외에도 응답이나 반응행동으로 수업에 참여하는 학생들이 관찰되지만 그 빈도는 미미하다. 따라서 이들 세 수업에서 수업에 참여한 학생은 학급 전체의 절반 정도라고 할 수 있다.

이에 예비교사는 누구를 대상으로 어떻게 질문해야 하며, '무응답'하는 경우에는 어떻게 해야 하는가와 관련된 문제를 발견할 수 있다. 먼저, 누구를 대상으로 어떻게 질문해야 하는가의 문제는 '개별 학생'을 지명하는 질문의 중요성을 인식하고 그 양적 비중을 증대해야 함은 물론이고, 지명 학생의 공간적 분포를 고려해야 함을 시사한다. 학생들이 '무응답'하는 현상은, 교사의 질문 뒤에 이어지는 대기시간(Wait-Time)과 '무응답'을 '응답'으로 이끌어가는 교사 행동의 중요성과 필요성을 시사한다.

다음으로 교실에서 학생들의 공간적 배치와 교사의 요청(질문) 대상 학생의 분포문제이다. 교사가 얼마나 많은 학생들을 개별 지명하여 질문하는가의 문제는 반드시 교실의 공간적 배치와 함께 고려해야 한다. 수업은 매우 복잡하고 빠르게 진행되는 활동들의 연속체이며, 이러한 상황에서 한 사람의 교사가 모든 학생들의 수업참여나 상호작용 상황을 고려하기 어렵다.

대부분의 교실은 사각형의 공간이다. 사각형 교실의 전면에는 칠판이 있고 교탁이 배치되며 이를 중심으로 학생들의 분단이 수직 형태로 구성된다. 이러한 학생들의 공간적 위치는 교사의 시선을 교탁으로부터 중앙, 왼편과 오른편으로 분할한다. 그리고 학생들은 교탁을 중심으로 1분단, 2분단의 병렬형을 구성하고, 각 분단은 앞줄, 중간, 뒷줄로 위치하게 된다. 따라서 예비교사는 교탁을 중심으로 오른쪽과 왼쪽 그리고 각 분단의 앞줄, 중간, 뒷줄로 교실 공간을 분할하여 시선과 위치를 옮기면서 학생들의 수업참여를 이끄는 공간적 전략을 실행하는 것이 필요하다.

교사의 질문이나 학생의 말하기 다음에는 반드시 '대기 시간'이 필요하다. 선행연구에서(Hyman, 1986, 94)는 3초 이상(3~5초 정도)이면 비교적 바람직한 '긴 대기 시간'이고, 3초 이하(1초~3초)는 '짧은 대기 시간'이라고 설명한다. 연구대상 수업에서는 '긴 대기 시간'과 '짧은 대기 시간'이 모두 나타났다.

예비교사들은 '대기 시간'의 길고 짧음보다 '대기 시간'의 교육적 의미와 필요성에 대해 인식하는 것이 우선적으로 필요하다. 나아가 교사의 질문이나 학생의 말하기 다음에는 교사의 즉각적인 응답이나 반응보다는, 질문을 좀 더 구체적이고 명료하게 다시 질문함으로써 지명 학생의 응답을 이끌어내고, 그러한 응답에 대한 교사와 다른 학생들의 긍정적인 반응(피드백)을 요청하는 것이 교육적으로 바람직한 수업행동임을 인식하고 실천하는 것이 반성적 실천의 과제로 제시된다.

4) 예비교사와 학생의 상호작용 유형과 패턴

고등학교 한국지리 수업실습에서 나타난 예비교사와 학생의 수업행동을 구조화, 요청, 응답, 반응, 무응답으로 구분하여 살펴 본 결과 상호작용은 4개 유형의 28개 패턴으로 나타났다(표 9-8). 4개 유형은 교사의 구조화행동으로 시작된 상호작용(이하 TS유형), 교사의 요청행동으로 시작된 상호작용(이하 TO유형), 학생의 구조화행동으로 시작된 상호작용(이하 SS유형), 학생의 요청행동으로 시작된 상호작용(이하 SO유형)이다.

교사의 구조화행동으로 시작된 TS유형에서는 10개의 패턴이 나타났으며, 교사의 요청으로 시작되는 TO유형에서는 12개 패턴이 나타났다. 학생의 구조화로 시작되는 SS유형에서는 2개 패턴이 나타났고, 학생의 요청으로 시작되는 SO유형에서는 4개 패턴이 나타났다.

전체 28개 패턴 중에서 학생들이 '무응답'하거나 '무반응'한 경우에 해당하는 TS1, TS4, TO1, TO2의 4개 패턴을 제외하면, 예비 지리교사와 학생들은 24개의 비교적 다양한 패턴으로 상호작용하였음을 알 수 있다. 이러한 결과는 예비교사들의 '좋은 지리수업'을 향한 구체적인 실천 목표를 '학생들과의 활발한 상호작용'으로 인식하고 나름대로 실행한 결과라고 할 수 있다.

하이만의 선행 연구(1975, 59-63)에서는 교실수업에서 흔히 나타나는 일반적인 패턴을 교사의 요청과 구조화로 시작되는 ① 요청→응답→반응 ② 요청→응답 ③ 요청→응답→반응→추가반응 ④ 요청→응답→여러 가지 반응→추가응답→추가반응 ⑤ 요청, ⑥ 구조화→요청→응답→반응의 6가지로 제시하고 있으며, 이들 중에서도 ② 교사요청→학생응답과 ① 교사요청→학생응답→교사반응 패턴이 근간이 된다고 설명한다. 그리고 ⑤ 요청으로 제시된 유형은 '요청→무응답이나 무반응'의 경우를 나타내는 것으로 보인다. 국내 관련 연구(남정희 외, 2010; 조영준 · 신항균, 2010)에서도 교사요청(Initiate)→학생응답(Response)→교사반응(Feedback)하는 이른바 교사주도의 I-R-F 패턴이 전체 상호작용의 주를 이룬다고 보고하고 있다.

본 장의 세 수업에서도 공통적으로 나타나는 기본적인 상호작용 패턴 역시 교사의 구조화와 요청으로 시작되는 TS1(구조화→학생반응), TS5(구조화→요청→학생응답), TS6(구조화→요청→학생응답→교사반응), TO6(요청→학생응답), TO8(요청→학생응답→교사반응), TO9(요청→학생응답→교사반응→학생반응)의 6개 패턴으로 나타났으며, 이중에서도 교사의 요청으로 시작되는 TO8패턴(216회)과 TO6 패턴(137회)의 비중이 매우 높게 나타났다.

표 9-8. 예비교사와 학생의 상호작용 패턴

<table>
<tr><th>유형(빈도)</th><th colspan="2">상호작용 패턴(빈도)</th></tr>
<tr><td rowspan="10">교사의 구조화(TS)로 시작한 경우(84)</td><td>TS1</td><td>구조화→학생 반응(21)</td></tr>
<tr><td>TS2</td><td>구조화→학생반응→교사반응(3)</td></tr>
<tr><td>TS3</td><td>구조화→요청→무응답(2)</td></tr>
<tr><td>TS4</td><td>구조화→요청→무응답→학생반응(1)</td></tr>
<tr><td>TS5</td><td>구조화→요청→학생응답(16)</td></tr>
<tr><td>TS6</td><td>구조화→요청→학생응답→교사반응(26)</td></tr>
<tr><td>TS7</td><td>구조화→요청→학생응답→교사반응→학생반응(3)</td></tr>
<tr><td>TS8</td><td>구조화→요청→학생응답→학생반응→학생응답→교사반응(9)</td></tr>
<tr><td>TS9</td><td>구조화→요청→학생반응→교사반응(1)</td></tr>
<tr><td>TS10</td><td>구조화→요청→학생반응→교사반응→학생반응(...)(2)</td></tr>
<tr><td rowspan="12">교사의 요청(TO)으로 시작한 경우(429)</td><td>TO1</td><td>요청→학생무응답/무반응(2)</td></tr>
<tr><td>TO2</td><td>요청→무응답→교사응답(8)</td></tr>
<tr><td>TO3</td><td>요청→무응답→교사응답→학생응답/반응(1)</td></tr>
<tr><td>TO4</td><td>요청→무응답→교사요청→학생응답(3)</td></tr>
<tr><td>TO5</td><td>요청→교사요청→학생응답(9)</td></tr>
<tr><td>TO6</td><td>요청→학생응답(137)</td></tr>
<tr><td>TO7</td><td>요청→학생반응→학생응답(10)</td></tr>
<tr><td>TO8</td><td>요청→학생응답→교사반응(216)</td></tr>
<tr><td>TO9</td><td>요청→학생응답→교사반응→학생반응(20)</td></tr>
<tr><td>TO10</td><td>요청→학생응답→교사반응→학생응답→교사반응(10)</td></tr>
<tr><td>TO11</td><td>요청→학생응답→교사반응→학생반응→교사반응(11)</td></tr>
<tr><td>TO12</td><td>요청→학생응답→교사반응→학생반응→교사반응→학생반응(...)(2)</td></tr>
<tr><td rowspan="2">학생의 구조화(SS)로 시작한 경우(3)</td><td>SS1</td><td>구조화→교사반응→학생반응(2)</td></tr>
<tr><td>SS2</td><td>구조화→교사 반응→학생반응→교사구조화→학생반응(1)</td></tr>
<tr><td rowspan="4">학생 요청(SO)으로 시작한 경우(10)</td><td>SO1</td><td>요청→교사응답(7)</td></tr>
<tr><td>SO2</td><td>요청→교사응답→교사반응(1)</td></tr>
<tr><td>SO3</td><td>요청→교사응답→학생응답(1)</td></tr>
<tr><td>SO4</td><td>요청→교사응답→학생반응(1)</td></tr>
</table>

일부 수업에서 1~3회 정도만 나타나는 TS2, TS3, TS4, TS7, TS9, TS10, TO1, TO3, TO4, TO12, SS1, SS2, S02, S03, S04의 15개 패턴은 일반적인 상호작용 패턴으로 보기는 어렵다. 어느 정도의 양적 비중을 가지면서 교사와 학생이 수업행동이 쌍방향적으로 작용하거나 학생의 응답과 반응이 이

어지는 TS6, TS8, TO7, TO8, TO9, TO10, TO11의 7개 패턴과 학생의 구조화와 요청으로 시작되는 SS와 S0 패턴 6개는 예비교사나 초보교사의 수업에서 실천할 수 있는 바람직한 교육적 상호작용 패턴이라 할 수 있다.

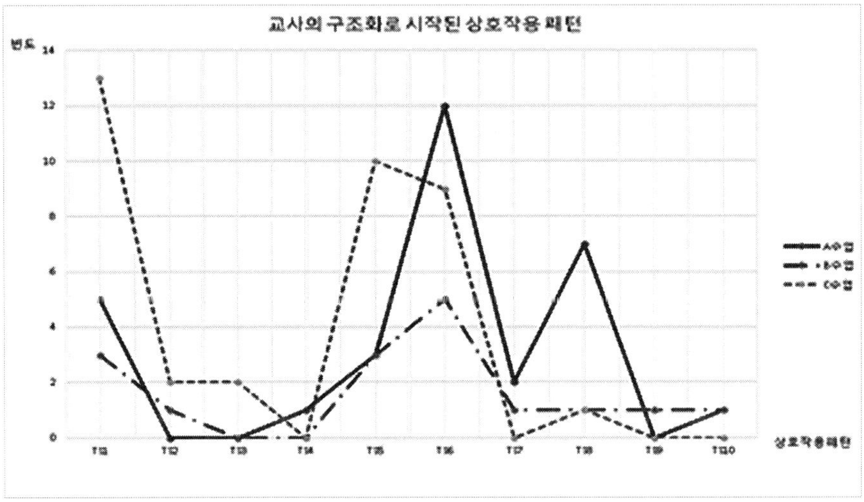

그림 9-6. 교사의 구조화로 시작된 상호작용 패턴의 비교

이에 비해 양적 비중이 상대적으로 높게 나타나지만, 상호작용이 한 방향으로 단순하게 이루어지는 TS1, TS5, TO6, TO7 패턴과 SO1 패턴은 교사의 반응을 추가하는 개선이 이루어지면 교육적으로 의미 있는 행동패턴으로 발전할 수 있다.

교사의 구조화로 시작된 상호작용 패턴이 나타나는 빈도는 각 수업별로 다르게 나타나고 있다. 일부 패턴(TS1, TS5, TS6, TS8)의 경우는 수업별로 그 편차가 매우 크게 나타나고, 나머지 6개 패턴의 빈도는 전체적으로 매우 낮게 나타나고 있다(그림 9-6).

교사의 요청으로 시작된 상호작용 패턴이 나타나는 빈도 역시 각 수업별로 다르게 나타난다. T06과 T08 패턴의 경우는 편차는 크지만 A, B, C 수업 모두에서 나머지 10개 패턴에 비해 높게 나타난다는 경향이 뚜렷하다(그림 9-7).

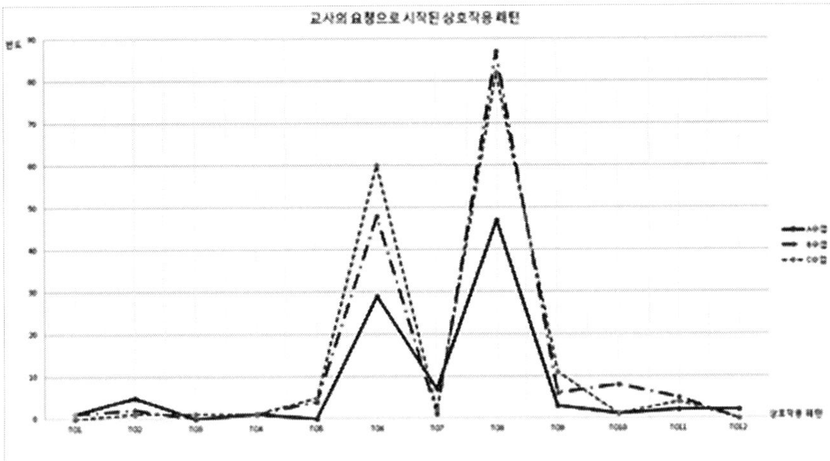

그림 9-7. 교사의 요청으로 시작된 상호작용 패턴의 비교

학생의 구조화로 시작된 SS1과 SS2 패턴은 A수업에서만 나타나고, 학생의 요청으로 시작된 S01~S04의 4개 패턴은 B수업에서 나타났기 때문에 패턴의 빈도에 대한 상대적인 비교는 의미가 없다. 하지만 S01 패턴이 B수업에서 7회 정도 나타났다는 것은 교사의 수업행동이나 수업분위기 조성 능력에 따라 학생의 수업행동으로 적극적으로 이끌 수 있음을 시사한다.

초임 중등과학교사의 수업에서 나타나는 교사와 학생 사이의 상호작용에 대한 선행연구(남정희 외, 2010)에서는 교사에 따라 차이는 있으나, 학생이 상호작용을 시작하는 비율이 증가하고, 교사와 전체 학생 간의 상호작용 형태가 교사와 개별 학생 간의 상호작용으로 변화하는 것을 초임교사의 수업에서 나타나는 교수능력의 발달로 보고하고 있다.

이와 같은 상호작용 현상을 바탕으로 학급의 모든 학생이 수업에 적극 참여하여 '상호작용이 활발한 좋은 지리수업'이 되기 위해서는 교육적으로 의미 있는 상호작용 패턴은 어떤 것인가에 대해 양적, 질적 측면의 개선을 동시에 모색하는 것이 필요하다.

5) 정리

교사가 자신의 수업을 관찰, 분석하고 그 결과를 반성적으로 실천하는 '자기장학'은 수업경험이 풍부한 교사뿐만 아니라 초임교사와 예비교사들에게는 꼭 필요한 수업전문성 함양 과정이다. 이에 본 장에서는 '학습자와 상호작용이 활발한 수업'을 좋은 지리 수업으로 계획한 예비교사들의 수업행동과 이를 바탕으로 이루어지는 교사-학생의 상호작용 양상을 관찰, 분석하였다.

수업의 계획과 실행에서 관찰, 분석, 반성에 이르는 과정과 절차는 예비교사들과 연구자가 상호

협력한 실행연구로 진행되었으며, 분석대상 수업을 관찰하고 분석한 도구는 하이만의 교육적 상호작용 관찰 시스템이다. 주요내용을 정리하면 다음과 같다.

먼저, 분석대상 한국지리 수업에서 구조화하고 요청하는 행동은 교사에 의해 주도되었고, 학생들의 주된 행동은 이에 대해 응답하는 것이었다. 반응하는 행동은 교사에 의해 주도되었지만, 학생의 반응행동도 각 수업에서 의미 있게 나타났다. 전체 수업행동에서 교사행동이 차지하는 비중이 높게 나타났지만, 일부 수업에서는 학생에 의한 구조화행동과 요청행동도 의미 있게 나타났다.

둘째, 예비교사들은 주로 전체 학생을 대상으로 질문하였고, 개별 학생을 지명하는 질문은 거의 이루어지지 않았다. 교사-학생간의 상호작용을 주도한 교사의 요청을 비롯한 네 가지 수업행동을 통해서 수업에 참여한 학생은 약 47% 정도로 나타났다. 수업시간 대부분 교사는 교실 전면인 교탁에 위치해 있었으며, 시선은 주로 교사의 오른쪽이나 특정 위치의 학생들을 응시하였다. 이에 교사의 왼편과 각 분단의 뒷줄에서는 학생들이 수업에 참여하지 않는 '사각지대'가 나타났다.

셋째, 예비교사와 학생의 상호작용은 4개 유형, 28개 패턴으로 다양하게 나타났다. 교사의 구조화 행동으로 상호작용이 시작된 경우에는 10개의 패턴이 나타났으며, 교사의 요청으로 시작되는 유형에서는 12개 패턴이 나타났다. 학생의 구조화로 시작되는 유형에서는 2개 패턴이 나타났고, 학생의 요청으로 시작되는 유형에서는 4개 패턴이 나타났다.

마지막으로, 분석대상 수업 모두에서 공통적으로 나타나는 기본적인 상호작용 패턴은 교사의 구조화와 요청으로 시작되는 6개 패턴이며, 이중에서 '교사요청→학생응답→교사반응' 패턴과 '교사요청→학생응답' 패턴의 비중이 매우 높게 나타났다.

이러한 분석결과는 예비교사들의 '좋은 지리수업'에 대한 분명한 인식과 '학생들과의 활발한 상호작용'을 실천하기 위해 노력한 결과를 반증하는 것이다. 동시에 예비교사들이 반성하고 실천해야 하는 과제를 제시하는 것이기도 하며, 그 내용은 다음과 같이 제시할 수 있다.

먼저, 수업에서 이루어질 수 있는 모든 수업행동은 교사 주도에서 벗어나 학생들의 수업행동으로 적극 장려되어야 한다는 것이다. 특히 '개별 학생을 지명해서 질문'하고, '명료하고 구체적인 내용으로 질문'하며 '교사가 질문을 다시 반복'하거나 '수정해서' 다시 질문하기도 하며, 때로는 '응답의 단서를 제공하는 것'도 예비교사들이 교실 상호작용을 활발하게 이끌 수 있는 수업전략들이다.

나아가 개별 학생을 지명하는 질문행동의 중요성과 지명 학생의 공간적 분포를 동시에 고려해야 하며, 교사의 시선과 위치의 중요성을 인식해야 한다. 또한 학생의 응답이나 반응을 기다리는 대기시간의 교육적 의미를 인식하고 수업의 기본적인 전략으로 실천해야 한다. 그리고 교사와 학생의 수업행동이 쌍방향으로 작용하거나 학생의 응답과 반응이 이어지는 상호작용 패턴과 학생의 구조화와 요청으로 시작되는 상호작용 패턴은 예비교사나 초보교사의 수업에서 실천할 수 있는 바람직한 교육적 상호작용 패턴이라는 것이다.

이와 같은 연구결과는 예비교사의 수업반성과 실천은 '나의 수업'이라는 맥락적 상황에 근거해야 한다는 점을 의미한다. 나의 수업을 잘 이해하고 반성하기 위해서는 다른 사람들의 수업을 관찰하고 분석하는 동료장학의 경험을 공유하는 것도 동시적으로 이루어져야 한다.

제10장 사회과 예비교사의 몸짓과 의사소통

1. 교실수업에서 교사의 몸짓과 의사소통

1) 신체언어와 의사소통

사람들은 일상에서 타인의 표정을 보고 같은 감정 상태를 경험한다. 웃고 있는 아기를 보면 자신도 모르게 미소가 지어지는 것과 같은 원리다. 사람들은 언어뿐만 아니라 표정, 몸짓과 같은 행동으로 의사소통하며, 이들이 어긋날 때는 의사소통에 혼란을 겪게 된다.

교사의 교수활동과 학생의 학습활동은 언어적, 비언어적 도구를 통한 의사소통과정이라 할 수 있다. 교실수업에서 교사는 말과 글의 언어와 목소리 크기, 빠르기, 높낮이, 말투 등의 준(반)언어로 이루어지는 언어적 의사소통과 손짓, 표정, 자세, 거리 조정이나 움직임 등으로 이루어지는 비언어로 학생들과 의사소통한다.

관련 연구에 따르면, 특정 상황에서 사람의 의사표현의 93%가 비언어적으로 이루어지고, 우리가 누군가와 한 번의 상호작용을 하는 과정에서 동원되는 비언어적 요소들이 무려 1000가지에 이른다고 한다. 우리 뇌의 의사소통 체계는 상대가 몇 마디 말을 하기도 전에 상대에 대해 알아야 할 정보들을 제공하는 각각의 비언어적 상호작용에 빠르게 반응한다(Reiman, 강혜정 옮김, 2011, 24).

언어교육을 중요 교육내용으로 삼고 있는 국어교육에서는 7차 교육과정 이래로, 인간의 의사소통을 언어, 반언어(혹은 준언어), 비언어의 세 차원으로 설명하고 있다. 이러한 구분에서, '비언어적 의

사소통'이라는 용어는 'non-verbal communication'을 부적절하게 번역한 것으로 '비-음성적' 혹은 '몸짓언어'나 '신체언어'라는 용어가 적절하다는 논의가 이루어지고 있다. 즉, '비언어'로 번역하는 것은 '몸짓언어'는 언어가 아닌 것으로 구분하는 모순형용이라는 것이다(유동엽, 2018, 1-2).

이와 관련하여 2015 개정 국어과 교육과정 초등학교 3-4학년군의 듣기・말하기 영역에서는 "적절한 표정, 몸짓, 말투로 말한다."는 하나의 성취기준이 제시되고 있지만(교육부, 2015b), 표정이나 손짓, 몸짓 등의 일부 현상에 관한 일회성 관심만 환기시키는 정도에 그치고 있으며, 체계적인 화법교육이나 몸짓언어 교육에 대한 논의는 충분히 이루어지지 못하고 있다(유동엽, 2018, 2-3).

최근 몸짓은 물론 얼굴표정, 눈 맞춤, 자세, 움직임 등을 포괄하여 '신체언어'로 표현하는 등(Reiman, 박지숙 옮김, 2009; 이선영, 2015), 또 하나의 언어로 그 의미와 기능이 강조되고 있다. 본 연구에서는 신체언어 중에서도 가시적으로 관찰이 용이하고 신체언어를 대표하는 몸짓언어(이하 몸짓, 제스처)에 주목한다.

몸짓(gesture)은 인간의 의사소통의 보편적인 현상이다. 언어학, 인류학 및 심리언어학에서 이에 대한 상당한 연구가 이루어졌음에도 불구하고, 교육자와 교육심리학자들은 최근에야 지식과 학습의 측면에서 몸짓의 중요성을 인식하기 시작했다(Roth, 2003, 249). 국내에서 몸짓은 언어습득 이전의 의사소통 수단이라는 점에서 영유아의 의사소통적 몸짓에 대한 연구가 집중적으로 이루어지고 있다(김의향, 2006; 김영실・신애선, 2015 등).

이들 연구에서 영아의 몸짓은 의사소통의 초기 형태로 월령이 증가함에 따라 구어발달을 돕는다는 관점에서 지시적(deictic), 관습적(conventional), 표상적(representational) 몸짓으로 구분한다. 즉 영아는 초기의 지시적 몸짓 사용을 거쳐 문화적으로 보편적인 관습적 몸짓을 사용하다가, 사물의 형태를 나타내는 표상적 몸짓 사용의 단계로 발달하며, 단어를 산출하는 시기부터 점차 몸짓과 단어를 조합하기 시작한다는 것이다(McNeill, 1992; 장유경, 2004; 김의향, 2006 등). 이들 연구는 영아의 표상적 몸짓은 구어가 숙달되었을 때 활성화되고 유창하게 사용되며 어휘발달과 관련이 있다고 설명한다.

교실수업에서 이루어지는 몸짓에 대한 연구는 교실 의사소통에서 나타나는 교사의 손짓에 대한 연구를 비롯하여 영어 학습에서 교사의 제스처 기능과 학습에 끼친 영향, 수학 수업에 활용된 교사의 제스처에 대한 연구 등이 이루어졌다. 그리고 과학 탐구나 담화에서 나타나는 초등학생들의 몸짓에 대한 연구도 이루어지고 있다. 사회과에서는, 사회과 수업에 적용할 수 있는 가설적인 의사소통 모형, 수업사례, 의사소통의 활성화 방향 등을 제시하거나, 사회과 수업에서 이루어진 의사소통에 대한 교사와 학생의 인식차이를 탐색하는 정도에 그치고 있다.

수업에 대한 관점이 개인의 사고과정 중심에서 다른 사람과의 의사소통 중심의 관계적 관점으로 전환, 확대되었고, 학생의 능동적인 참여와 활동이 교육적 의사소통의 바탕으로 강조되고 있다. 교사와 학생, 학생과 학생 간의 상호작용은 교수-학습 과정의 맥박소리라고 표현할 만큼 매우 중요한 수업행동이다(강창숙, 2014).

교사는 수업에서 의미 있는 상호작용이 일어나도록 하는데 가장 큰 영향을 미친다. 교실수업에서 다양한 상호작용이 역동적으로 이루지기 위해서는 교사의 전문적인 교수역량이 요구되지만, 초임교사나 예비교사에게는 기대하기 어려운 일이다. 교실 수업에서 다양하고, 의미 있는 상호작용의 강조는 교사-학생, 학생-학생 간의 원활한 의사소통을 위한 것이다. 학습내용에 대한 학습자의 이해를 돕기 위한 교사의 몸짓은 학생들과의 의사소통에 중요한 기능을 담당한다.

그동안 우리나라 학교 교육에서 의사소통의 중요성은 '의사소통능력의 함양'으로 강조되었다. 최근 2015 개정 교육과정에서는 국가수준에서 '추구하는 인간상'을 구현하는 데 요구되는 여섯 가지 핵심역량의 하나로 '의사소통 역량'을 제시하고 있으며, 이는 '다양한 상황에서 자신의 생각과 감정을 효과적으로 표현하고, 다른 사람의 의견을 경청하며 존중하는 것'으로 명시되고 있다(교육부, 2015a). 사회과에서는 다섯 가지 교과역량 중의 하나로 '의사소통 및 협업능력'을 제시하고 있으며, 이는 '자신의 견해를 분명하게 표현하고 타인과 효과적으로 상호작용하는 능력을 의미'하는 정도로 설명되고 있다(교육부, 2015c).

2) 시각자료와 의사소통

사회과 학습대상은 도시와 촌락, 경주와 그 일원의 유물들, 법원과 국회활동 등의 사회현상이다. 사회현상은 내・외재적 특성으로 인해 자료화 되어 교실 속으로 들어온다. 사회과 교실수업의 토대는 자료가 될 수밖에 없다(송언근 외, 2015, 11-13). 사회과 수업의 대부분은 교사가 자료를 토대로 복잡한 사회현상을 좀 더 구체적으로 설명하거나, 학생들이 자료를 읽고, 분석하며, 해석하는 탐구활동으로 이루어진다.

사회과 수업에서 가장 많이 활용되는 교과서도 문자텍스트와 함께 다양한 시각자료로 구성되어 있으며, 시각자료의 양적 비중은 점점 증가하고 그 유형은 다양해지고 있다. 오늘날 사회과 수업에서 시각자료는 학습내용이나 학습주제를 다양한 방식으로 재현하는 학습텍스트 기능을 담당한다(강창숙, 2018a, 170).

문자정보와 시각자료의 효과적인 이용을 제안했던 이중부호화 이론(The Dual Coding Theory)에서는 언어적 부호로만 읽거나 듣는 것에 비해 구체적인 이미지를 보여주는 실체, 그림, 사진 등 비언어적 부호가 제공되거나 이러한 이미지를 독자 스스로 연상하게 하면, 읽거나 들은 내용을 한층 명확하게 이해하고 더 오래 기억할 수 있다고 강조한다(Paivio, 1986; Paivio and Clark, 1991, 151; 신지선, 2011, 114).

사람의 인지처리 과정에서 언어적 측면과 함께 비언어적 측면이 똑같이 중요하다는 이중부호화 이론에 의하면, 사람들이 어떤 대상을 인식하고 이해하고 기억하는 과정은 언어적 부호를 처리하는 시스템과 비언어적 부호를 처리하는 시스템간 그리고 각 시스템 내에서 다중모드(시각, 청각, 촉각, 운동)로 연결, 처리된다고 가정한다. 즉, 언어적 자극과 비언어적 자극이 각각 언어 시스템과 비언어 시스템을 거치는 과정에서 서로 긴밀히 영향을 주고받으며, 정보를 처리하고 언어적 반응과 비언적 반응으로 나타나는 과정을 '다중모드적 이중부호화 모델'로 설명하였으며 그림 10-1과 같다(Paivio, 2014, 146).

Paivio(2014, 142-146)에 의하면, 이중부호화 모델은 언어적, 비언어적 시스템간의 상승적 상호작용(synergistic interactivity)에 초점을 두고, 인간 기능에 대해 다중모드식 이중부호화(multimodal dual coding)로 접근한다. 이 모델은 그동안 인간의 인지능력에 대해 언어적, 비언어적으로 구분되어 접근, 논의되어 온 관점에서 간과되었던 이들 시스템 간의 기능적 연결과 상호작용의 구조를 제시하고 있다.

이 모델의 구조는 일반적으로 모든 지식의 총합으로 정의되고 있는 의미기억(semantic memory)의 재현으로 특징지을 수 있다. 이러한 구조는 비언어적, 언어적 지식 양자를 모두 강조하는 것이며, 이는 학습대상이 언어일 때도 마찬가지이다. 이는 교육학에서 지식구조(knowledge structures)로 언급되고 있는 기존의 지식 기반(apperceptive mass)으로 설명하는 것이 적절하다고 보는 것으로, 지식은 새로운 경험이 과거 경험의 잔재에 동화되면서 계속 변화하고 확장되어 가는 것으로 설명하는 것이다.

그림 10-1의 logogen과 imagen의 용어는 각각 언어적, 비언어적 재현 단위를 나타내는 것이고, 이들은 의식적으로는 심상적 단어(mental words)와 이미지로 경험되고, 무의식적으로는 인지적 수행을 중개하는 기능을 할 수 있다. 그림에서 선들은 시스템 내부와 시스템 간을 연결하는 경로이고, 화살표는 양 방향 처리 과정을 상징하는 동시에 자극과 반응시스템 간의 연결을 나타낸다.

이 모델에서 logogen은 말(words)을 나타내는 것이 아니며, imagen 또한 이미지(images)가 아니다. 언어는 logogen으로, 비언어적인 것은 형상, 소리, 행동, 감정과 관련된 마음속 지각(visceral sensations) 등과 같은 imagen으로 저장된다. 이에 의거하면, 학습자는 학습내용을 언어정보와 시각정보를 인접하여 학습할 경우, 두 정보는 시스템 간 참조적 연결(referential connections)과 시스템 내 결합적 상호연결(associative interconnections)이 이루어지면서 심상적 이미지(mental images)가 구축되고 정보가 더 효과적으로 저장, 기억되며, 장기기억에 저장된 정보의 인출경로가 많아져 재생 가능성이 높아진다(Gross, 2009, 272-273; Paivio, 2014, 142-146).

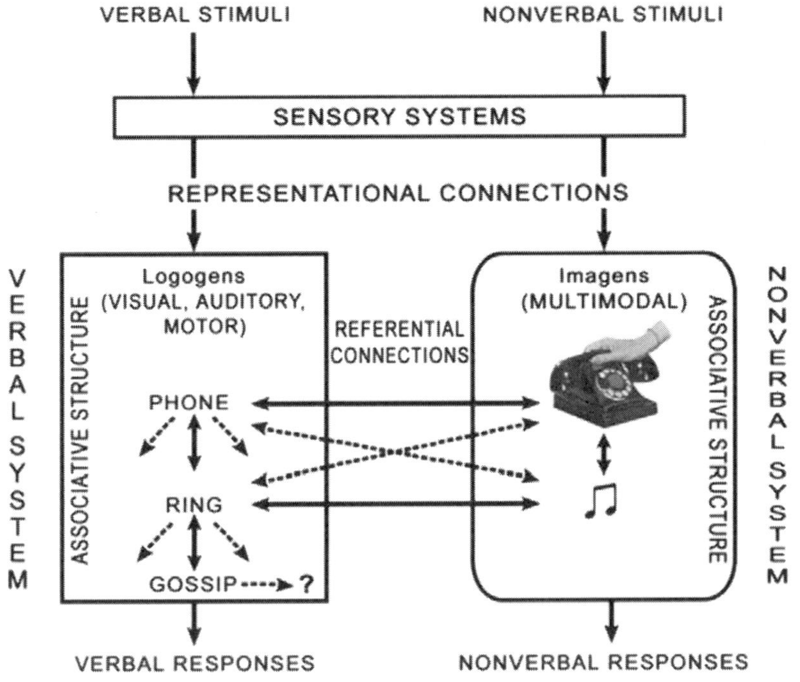

그림 10-1. 다중모드적 이중부호화 이론의 모델(Paivio, 1986, 67; 2014, 146)

이처럼 사회과 수업에서 시각자료는 언어로 구성된 텍스트와는 다른 역할을 담당하고 있으며, 학습자의 시각적이고 즉각적인 인지를 돕고, 언어텍스트와 학습대상에 대한 정보를 상호보완한다. 뿐만 아니라 시각자료는 학습내용에 대한 학습자의 이해와 기억, 그리고 학습내용에 대한 학습자의 언어적, 비언어적 재현 방식의 다양화에도 영향을 미치게 된다.

시각자료를 사용하는 수업에서 교사의 몸짓은 교사(화자)가 말과 시각적 표상(visual representation)을 조직하고 정렬하는 데 중요한 원천(resource)이 된다. 시각자료와 몸짓과 말이 전하는 내용이 불일치하는 경우 학생들(청자)은 수업내용을 이해하는 데 더 많은 어려움을 겪기 때문에 몸짓은 의미형성과정에 중요하다(Roth et al, 한재영 외 옮김, 2015, 196).

2. 예비교사의 시각자료 설명에서 나타나는 몸짓의 유형과 기능

1) 관찰한 수업과 교실환경

교사의 '지속적인 전문성 개발'은 예비교사 단계부터 시작되며, 수업에 대한 지식과 역량의 지속적인 향상 과정을 통해서 이루어질 수 있다. 이에 본 장에서는 사회과 예비교사들의 고등학교 수업실습에서, 다양한 시각자료를 설명하고 활용하는 과정에서 나타나는 손과 팔의 움직임과 몸의 위치 및 방향으로 구성되는 몸짓의 유형과 기능을 살펴보고자 한다.

본 장에서는 4명의 사회과 예비교사들이 자신의 수업에서 나타나는 몸짓의 구체적인 현상을 동영상으로 관찰, 분석하고 그 의미를 비판적으로 고찰하는 '자기장학'과 학습자와의 의사소통에서 신체언어의 중요성과 그 실천적 의미를 경험케 하는데 중요한 의미가 있다. 동시에 연구자는 예비교사들의 수업행동에서 나타나는 몸짓의 특성을 관찰, 분석하고, 이를 사회과 예비교사의 수업능력 향상을 위한 자료로 제공하는 데 그 목적이 있다.

본 장의 관찰대상은 사회과 예비교사의 수업실습 중에서 특정 수업의 전개부분으로 표 10-1과 같다. 분석대상 수업들은 고등학교 한국지리와 세계지리 과목의 '자연환경' 관련 단원들이다. 이 단원들은 학생들이 일상생활에서 관찰, 경험하기 어려운 지형 형성과정이나 기후현상이 주요 학습내용으로 구성되어 다양한 유형의 시각자료가 특히 많이 사용되며, 이에 대한 설명에서 교사의 몸짓이 학생들과의 의사소통에 중요한 역할을 하는 단원이다. 이들 수업은 모두 교사 중심의 설명식 수업으로 이루어졌으며, 관찰대상은 다양한 유형의 시각자료가 본격적으로 제시되고, 이에 대한 교사의 설명이 집중되는 전개부분이다.

표 10-1. 관찰대상 수업과 교실환경

수업	과목	수업주제	전개 시간 (분)	교실 환경과 시각자료
A	한국 지리	Ⅱ. 지형 환경과 생태계 4. 생태환경으로서의 지형 1) 화산지형과 카르스트 지형	28	- 칠판 위 스크린, 보드마카 사용 - 사진, 모식도, 그림
B		Ⅱ. 지형 환경과 생태계 4. 생태환경으로서의 지형 1) 화산지형	33	- 칠판 위 스크린, 보드마카 사용 - 사진, 동영상, 도표, 모식도, 지도, 신문기사
C		Ⅲ. 기후 환경의 변화 1. 기후특성과 주민 생활 2) 강수·바람의 특성과 주민 생활	22	- 칠판 옆 빔 프로젝트 스크린, 레이저 포인터 사용 - 사진, 모식도, 동영상, 도표, 지도
D	세계 지리	Ⅱ. 세계의 다양한 자연환경 6. 세계의 하천 및 해안 지형 2) 해안지형	20	- 칠판 옆 TV 모니터 - 사진, 모식도, 동영상

관찰대상 수업은 녹화한 동영상을 반복적으로 관찰, 분석하고 특정 부분에 대해서는 정지영상을 대상으로 해당 예비교사의 추가 설명이나 관찰자의 의견과 질문을 자유롭게 논의하는 상호작용 분석(interaction analysis) 방식으로 관찰, 분석하였다. 이러한 과정에서 몸짓은 '교사가 프로젝트 화면(칠판 스크린)에 제시된 시각자료를 설명하는 과정에서 나타나는 몸의 위치 및 방향과 손과 팔의 움직임으로 구성되는 신체의 움직임'으로 규정하고 그 외의 행동과 구분하였다. 수업에서 사용된 보드마카나 레이저포인터는 손짓을 대신하는 것으로 보았다. 이밖에 연구자는 해당 예비교사와 특정 몸짓에 대한 반구조화 면담을 진행하여 몸짓의 의도나 기능을 파악하였다.

몸짓은 정지 상태에서 특정 신체부위를 짧은 시간에 움직인 후 다시 정지 상태로 돌아온다. 따라서 움직임의 시작과 끝이 분명한 특징이 있다(Kendon, 1996; Roth, 2001, 369). 교사가 무의식적으로 특별한 의미 없이 신체를 움직이는 경우는 설명내용이나 시각자료와 관계없는 행동(off-task behavior)으로 분석에서 제외하였다.

2) 몸짓의 유형분류와 분석준거

교실수업에서 교사는 새로운 개념을 소개할 때, 쉬운 내용보다는 어렵고 추상적인 내용을 가르칠 때, 학생들의 질문에 답하여 설명할 때 더 많은 손짓을 활용한다. 학생들 역시 과제가 어려울수록 더 많은 손짓을 사용하며, 제스처를 사용하도록 허용할 때가 그렇지 않을 때보다 주어진 과제에 대해 더욱 잘 설명한다(Goldin-Meadow, 2004; 이선영, 2015).

신체언어는 표정과 손 모양새, 몸으로 취하는 자세, 여러 가지 다양한 움직임과 몸에 배인 버릇, 음조와 음성 등으로 이루어진다. 말 그대로 신체언어는 상대에게 말하고 하는 것을 나타내기 위해 몸으로 할 수 있는 모든 것을 포함한다. 때론 말하지 않으려고 하는 것까지도 신체언어를 통해서 전달되기도 한다(Reiman, 박지숙 옮김, 2009, 24).

몸짓의 유형을 구분하고 분석하는 것은 몸짓에 대한 관점에 따라 다양한 분류가 이루어질 수 있지만, 본 장에서는 교실수업이나 교육적 연구와 관련된 연구에서 많은 연구자들이 사용한 McNeill (1992, 76)의 네 가지 몸짓 유형과 교사가 칠판 위 스크린에 제시된 사진을 설명할 때 나타나는 몸짓의 기능 분류(한재영 외, 2015)를 바탕으로 분석준거를 구성하였으며 다음의 표 10-2와 같다.

McNeill(1992, 76)은 기존 연구를 검토하여 학습대상을 설명하거나 내용을 표상하는 몸짓을 비트(Beats), 지시적(Deictic), 도상적(Iconics), 은유적(Metaphoric) 유형으로 구분하였다. 이의 의미와 특징은 다음과 같다(Roth, 2001, 370; 한재영 외 옮김, 2015, 194-195).

먼저, 비트 몸짓은 '배턴(baton)'이라 언급되는 몸짓으로, 특정 주제나 내용과 관계없이 의사소통에서 일시적 혹은 강조하는 구조(emphatic structure)를 나타내는 몸짓이다. 일반적으로 비트는 손을 위, 아래로 움직이거나 특정 발화를 강조하기 위해 가볍게 톡톡 두드리는 동작 등으로 간단하고 비-모양적인 몸짓(non-pictorial gestures)이다. 비트는 상호작용적인 몸짓으로 대화의 순서를 조절하거나, 응답을 요청하거나 이해도를 확인하는 기능을 한다. 이렇게 'Beats gestures'는 '반복적 몸짓'과 같은 우리말로 번역하면 그 의미를 왜곡할 수 있기에 비트 몸짓으로 서술한다.

표 10-2. 사회과 예비교사들의 시각자료 설명에서 나타난 몸짓의 기능과 특징

유형	기능	특징
지시적	주목하기 (highlighting)	- 시각자료에서 어떤 것이 있는 부분을 대략적으로 바라보도록 지시하여, 학생들의 시선이나 주의를 시각자료로 이끄는 몸짓.
	지적하기 (pointing)	- '여기', '저것' 등이 말과 함께 시각자료에서 매우 구체적인 대상이나 현상을 직접적으로 가리키는 몸짓.
	외곽선 그리기 (outlining)	- 시각자료에 담겨 있는 어떤 실체(실재하는 대상)의 모양의 외곽을 따라 그리는 몸짓.
도상적	표상하기 (representing)	- 시각자료에 포함되어 있는 대상이나 현상을 표상하는 몸짓.
	추가 표상하기 (add-representing)	- 시각자료에서 직접 볼 수 없지만, 거기에 있을 수 있는 대상이나 현상을 추가하여 표상하는 몸짓.
	위치 짓기 (positioning)	- 시각자료, 특히 사진을 보면서 사진을 찍은 위치와 몸의 방향을 일치시킴으로서 사진을 삼차원의 공간으로 확장시키는 몸짓.
은유적	내용 은유하기 (contents metaphoring)	- 대지형 형성과정 등과 같이 추상적인 대상이나 현상을 시각적으로 은유(표상)하는 몸짓.

지시적 몸짓은 구체적이거나 추상적인 것을 지시하는데 사용되는 몸짓이다. 수업 중에 교사나 발표자가 사진과 같은 시각자료를 사용하면, 학생들은 교과서를 읽기에서는 경험할 수 없는 기호학적 자료를 제공받을 수 있다. 예를 들어, 교사가 몸짓을 사용하거나 지시봉이나 레이저 포인터로 어떤 사진의 특정 지점을 가리키면, 이를 지시적 몸짓이라고 한다.

이 몸짓은 상황에 따라 달라지는 몸짓으로 지시하려는 대상(내용)의 어떤 측면을 '지적'하여 그것을 두드러지게 드러나도록 하는 기능을 한다. 여기, 저기, 나, 너, 이것, 저것 등과 같이 특정 위치나 공간, 대상을 가리키는 지시적 몸짓은 청자(학생)-화자(교사) 간의 상호작용을 이루어지는 맥락에서 이들 간의 해석을 이끌어내기 때문에 교실 상호작용에서 중요한 역할을 한다.

도상적(圖像的) 몸짓은 표상적 몸짓(representational gestures)이라고도 하며, 구체적인 실체나 사건에 대한 지각적 관계(perceptual relation)를 드러내는 손이나 팔의 움직임이다. 황소에 대해 말하면서 손가락으로 뿔 모양을 만들어 보이는 것과 같이 몸짓이 나타내려는 모양과 그것이 묘사하는 내용이나 현상과 그 모양이 지각적으로 유사하기 때문에 도상적 몸짓이라 한다.

은유적 몸짓은 도상적 몸짓과 비슷하지만 추상적인 대상을 시각적으로 표현하는 것이다. 수학자가 왼쪽 손바닥을 움직여 정지해 있는 오른손 바닥에 가까이 대면서 수학에서의 '극한에 접근하기(approaching the limit)'를 설명하는 경우가 이의 사례이다. 은유적 몸짓에서 추상적인 내용은 대상, 공간, 움직임 등의 이미지로 구성된다.

이러한 몸짓들은 널리 알려져 있지만, 특정 발화에서 네 가지 유형이 동등하게 표상되는 것은 아니다. 예를 들어, 어떤 사건에 대한 설명에서 도상적 몸짓은 사건의 스토리를 언급하기 위한 몸짓으로 나타나지만, 나머지 세 가지 몸짓은 스토리 구조를 언급하는 몸짓으로 활용된다는 것이다. 몸짓 현상은 아직 잘 이해할 수 없는 측면도 있다. 네 가지 유형의 몸짓의 상대적인 빈도는 몸짓이 대상의 모양(figure)을 나타내느냐 혹은 관련 근거(ground)를 나타내는 것인지에 따라 달라질 수 있다.

본 장에서는 '예비교사가 시각자료를 설명할 때 나타나는 몸짓'을 분석대상으로 관찰했기 때문에 '특정 주제나 내용과 관계없이 이뤄지는' 비트 유형을 제외한 지시적, 도상적, 은유적 유형에서 7개 기능의 몸짓이 관찰되었다. 지시적 몸짓은 주목하기, 지적하기, 외곽선 그리기의 기능으로 분류하였고, 도상적 몸짓은 표상하기, 추가 표상하기, 위치 짓기의 기능으로 분류하였으며, 은유적 몸짓에서는 내용 은유하기 기능을 관찰할 수 있었다.

3) 몸짓의 유형과 기능

일찍이 Piaget(1959)는 제스처가 어린이의 학습, 발달, 의사소통에 중요한 역할을 한다고 설명했다. Vygotsky(1978, 107)는 제스처가 사회적이고 심리적인을 것을 연결하는 매개 장치(mediating devices)로 보았다. 즉, 비고츠키는 "도토리가 미래의 참나무를 포함하고 있듯, 제스처는 아동이 미래에 발현할 글쓰기를 포함하고 있는 최초의 시각적 기호다. 제스처는 허공에 쓴 글이며, 종종 문자기호는 고정시킨 제스처라는 말이 정확하다. … 표현적인 제스처가 종종 도식적(圖式的) 기호의 재생을 나타낸다. … 아동의 동작과 제스처는 기호의 기능을 사물에 적용하는 것이고 사물에 의미를 주는 것이다. 모든 상징적 활동은 그와 같이 지시하는 제스처들로 가득하다."고 설명했다(Vygotsky, 정희욱 옮김, 2009, 167-169).

그러므로 교사는 어떤 개념(내용)에 대한 설명에서 몸짓을 유용하게 활용하는 것을 중요하게 고려해야 하고, 학생들은 수업에서 제시되는 모든 정보들에 접근하기 위해서는 교사의 말 뿐만 아니라 몸짓에도 주의를 기울여야 한다. 교사와 학생들 간의 관계에서 몸짓의 역할과 기능을 이해하는 것은 교육적 연구의 중요한 측면이 되어야 한다(Roth, 2001, 377).

분석대상 수업에서 나타난 예비교사들의 몸짓의 기능과 상대적인 비중은 다음의 표 10-3과 같다. 이들 예비교사 몸짓의 대부분은 연속 혹은 결합적으로 나타났고, 지시적이면서도 도상적인 '외곽선 그리기'와 같이 두 가지 기능이 복합적으로 나타나기도 하지만, 하나의 몸짓은 움직임의 시작과 끝을 근거로, 그 기능을 구분하여 관찰, 분석하였다.

표 10-3. 예비교사 몸짓의 기능과 비중

<table>
<tr><th rowspan="2">유형</th><th rowspan="2">기능</th><th colspan="4">예비교사(%)</th><th colspan="2" rowspan="2">계(%)</th></tr>
<tr><th>A</th><th>B</th><th>C</th><th>D</th></tr>
<tr><td rowspan="3">지시적</td><td>주목하기</td><td>20(20)</td><td>56(41)</td><td>7(10)</td><td>22(28)</td><td>105(27)</td><td rowspan="3">297
(77)</td></tr>
<tr><td>지적하기</td><td>42(42)</td><td>39(28)</td><td>42(57)</td><td>33(42)</td><td>156(41)</td></tr>
<tr><td>외곽선 그리기</td><td>21(21)</td><td>8(6)</td><td>0</td><td>7(9)</td><td>36(9)</td></tr>
<tr><td rowspan="3">도상적</td><td>표상하기</td><td>3(3)</td><td>2(1)</td><td>3(4)</td><td>2(3)</td><td>10(3)</td><td rowspan="3">76
(20)</td></tr>
<tr><td>추가 표상하기</td><td>11(11)</td><td>31(23)</td><td>9(12)</td><td>14(18)</td><td>65(17)</td></tr>
<tr><td>위치 짓기</td><td>1(1)</td><td>0</td><td>0</td><td>0</td><td>1(0)</td></tr>
<tr><td>은유적</td><td>내용 은유하기</td><td>0</td><td>0</td><td>12(16)</td><td>0</td><td>12(3)</td><td>12
(3)</td></tr>
<tr><td colspan="2">계(%)</td><td>98(100)</td><td>136(100)</td><td>73(100)</td><td>78(100)</td><td colspan="2">385(100)</td></tr>
</table>

사회과 예비교사들의 시각자료 설명에서 나타나는 몸짓은 지시적 유형의 비중이 전체의 약 77%로 매우 높게 나타났다. 몸짓의 기능별 비중은 지적하기(41%)의 비중이 매우 높게 나타났고, 주목하기(27%), 추가 표상하기(17%), 외곽선 그리기(9%), 내용 은유하기(3%), 표상하기(3%), 위치 짓기의 순으로 나타났다. 비중의 상대적 정도를 고려하면, 지시적 몸짓에서는 지적하기와 주목하기, 도상적 몸짓에서는 추가 표상하기가 일반적인 몸짓이고, 나머지는 특수한 몸짓이라 할 수 있다.

각 예비교사별로 살펴보면, A교사 수업에서는 지적하기, 외곽선 그리기, 주목하기 기능의 비중이 높게 나타났지만, 유일하게 위치 짓기 기능이 1회 관찰되었다. B교사는 주목하기, 지적하기, 추가 표상하기 기능의 비중이 높게 나타났다. C교사 수업에서는 지적하기 기능의 비중이 매우 높고, 유일하게 내용 은유하기 기능이 12회로 집중 관찰되었다. D교사의 수업에서는 지적하기, 주목하기, 추가 표상하기 기능의 비중이 높게 나타났다. A, C, D교사의 몸짓에서는 '지적하기'가, B교사는 '주목하기'가 탁월하게 나타났다. 이를 통해서 교사에 따라 특히 많이 활용하는 몸짓이 나타난다는 점을 관찰할 수 있으나, 이러한 특성이 교사 개인의 특성에서 비롯된 것인지, 수업내용(표상 대상)에 따른 것인지는 판단하기 어렵다.

분석대상 수업시간이 33분으로 가장 길고, 제시된 시각자료도 사진, 동영상, 도표, 모식도, 지도, 신문기사 등으로 그 유형이 가장 다양한 B수업에서는 예비교사의 몸짓도 136회로 가장 많이 관찰되었다. A수업은 28분 동안 사진, 모식도, 그림의 세 가지 시각자료를 활용했으며, 교사의 몸짓은 98회 관찰되었다. C수업은 22분 동안 사진, 모식도, 동영상, 도표, 지도를 활용했으며 몸짓은 73회 관찰되었고, D수업은 20분 동안 사진, 모식도, 동영상을 활용했으며, 몸짓은 78회 관찰되었다. A수업에서는 6개 기능의 몸짓이 관찰되었고, 나머지 수업에서는 5개 기능의 몸짓이 관찰되었다. 이를 통해서 수업시간에 따라 교사 몸짓의 양적 비중은 달라 질 수 있지만 개인차가 있으며, 제시된 시각자료의 다양함이 교사 몸짓의 기능이 다양해지는 데 미치는 영향은 뚜렷하지 않다는 것을 알 수 있다.

4) 예비교사 몸짓의 기능별 사례와 움직임의 특징

분석대상 수업에서 나타난 몸짓의 기능별 사례와 움직임의 특징을 살펴보면 다음과 같다. 먼저, 지시적 유형의 '주목하기'는 교사가 몸의 방향을 시각자료를 향하면서 손(가락)이나 레이저 포인터 등으로 어떤 것을 가리키지만 뚜렷한 경계를 지정하지 않기 때문에 학생들이 어떤 것을 정확하게 찾거나 보도록 지시하지는 못한다. 주목하기 기능이 가장 많이 관찰된 B교사의 사례를 제시하면 다음의 표 10-4와 같다.

표 10-4. B교사의 '주목하기' 기능의 몸짓

	사례 가	사례 나
영상 화면		
담화 (몸짓)	T: (몸의 방향을 칠판 위 스크린으로 향하고 팔을 뻗어 현무암질 용암의 분출 장면을 담은 동영상을 보드마카로 가리키면서) 이렇게 제주도 아랫부분이 형성이 되고, 갑자기 또 다시 용암이 폭발을 하네! AS: …	T: (몸의 방향은 학생들을 향하고 팔을 길게 뻗어 철원의 용암대지, 주상절리, 오대쌀 포장지가 제시된 사진을 가리키면서) 여기서는 논농사를 할까? 밭농사를 할까? S: 쌀 T: 그럼 제주도는 논농사를 할까? 밭농사를 할까? S: 밭농사

** T는 예비교사, S는 학생 1-2명, SS는 여러 학생, AS는 거의 모든 학생, AS: …는 학생들의 반응이 없는 경우를 나타내고, 밑줄 부분은 연구자 표시.

사례 가에서 B교사는 제시된 시각자료(제주도 형성과정에 대한 동영상)를 향해 몸과 팔의 방향과 움직임으로 학생들을 주목시키는 비교적 단순하고 일반적인 몸짓을 수행하고 있다. 사례 나에서도 몸과 팔의 방향과 움직임으로 주목하기 기능을 수행하고 있지만, 학생들에게 '주목하기'와 함께 응답을 요청하는 경우에 몸의 방향은 학생들을 향한다는 특징이 나타난다.

'지적하기'는 손가락이나 레이저 포인터 등으로 시각자료에 담겨 있는 구체적인 대상이나 현상을 '이것', '저것' 등의 말과 함께 명확하게 가리키는 몸짓으로, 학생들은 지시대상을 눈으로 확인할 수 있다. 본 장에서 지적하기는 교사가 말이나 시각자료에서 이미 지적한 대상이나 현상을 반복함으로써 강조하기(emphasizing) 기능도 복합적으로 수행하는 몸짓으로 관찰되었다.

D교사의 지적하기 몸짓의 사례를 제시하면 표 10-5와 같다. 사례에서 D교사는 스크린 보다 화면 크기가 작은 TV 모니터 바로 앞으로 이동하여 '코끼리 바위'라는 구체적인 대상을 손가락으로 지적하면서 설명을 이어간다. 사례에서 D교사는 매우 적극적인 몸짓과 '이것'이라는 구체적인 지시어를 사용하여 지적하기 기능을 수행하고 있지만, 칠판의 오른쪽 끝에 치우쳐 있고, 스크린보다 작은 모니터에 제시된 여러 장의 사진 중의 하나를 지적하고 있다는 점에서 학생들이 명확하게 확인할 수 있다고 보기 어렵다. 이에 대한 학생들의 반응은 나타나지 않았다.

'외곽선 그리기'는 교사의 손, 손가락, 레이저 포인터 등으로 시각자료에 제시된 어떤 실체의 모양을 따라 그리는 몸짓이다. 이러한 몸짓이 이루어지는 시간 동안 지시하려는 대상과 거의 동일한 모양을 따라가기 때문에 도상적이지만, 설명하려는 대상을 전체나 배경으로부터 분리하여 명확하게 지시하려는 의도가 우선이라는 점에서 지시적 몸짓으로 구분하였다. 외곽선 그리기의 기능이 가장 많이 관찰된 A교사의 사례를 제시하면 표 10-5와 같다.

표 10-5. '지적하기'와 '외곽선 그리기' 기능의 몸짓

	D교사의 '지적하기' 사례	A교사의 '외곽선 그리기' 사례
영상 화면		
담화 (몸짓)	T: (화면에서 코끼리 바위를 손가락으로 지적하면서) 얘도 울릉도에서 찍은 시스택, 울릉도에 있는 코끼리 바위예요. 자세히 보면 코끼리를 조금 닮았어요. 몸, 꼬리. 좀 닮았는데, 어쨌든 이것은 시스택 또는 시아치예요. AS: …	T: (몸의 방향은 스크린을 향하고, 사진에 제시된 돌리네의 상부를 지적하면서) 이게 돌리네에요. S: 어디가요? T: (보드마카로 돌리네 외곽선을 따라 둥글게 그린다). SS: 예? 잘 모르겠는데요. T: (보드마카로 돌리네 상부와 하부의 한 곳을 지적하면서) 여기가. 조금 위 지역이고 여기가 조금 아래 지역이에요. SS: 아~

제시된 사례에서 A교사는 돌리네와 싱크홀을 관찰할 수 있는 사진을 제시하고, 몸의 방향은 사진을 향하면서 "이게 돌리네에요."라는 설명과 함께 돌리네 상부 위치를 지적하지만, 학생들은 명확하게 확인할 수 없다는 응답을 한다. 이에 교사는 좀 더 적극적인 '외곽선 그리기' 기능을 수행하지만, 학생들의 반응은 "잘 모르겠다."는 것이고, 이에 대한 교사의 응답은 '여기', '위 지역', '아래 지역'이라는 지시용어와 함께 사진에서 해당 위치를 '지적하는' 몸짓을 반복한다.

이 사례를 통해 교사의 '외곽선 그리기'는 시각자료에 제시된 학습대상의 구체적인 모양을 직접적으로 표상하는 도상적인 몸짓이지만, 학생들이 항상 지시대상을 명확하게 분리하여 인식하지 못한다는 것을 알 수 있다. 이는 '지적하기' 기능과 연속 혹은 복합적으로 수행할 때 학생들과의 의사소통에 도움을 줄 수 있음을 알 수 있다. 예비교사들의 지시적 몸짓은 대부분 시각자료를 향하거나 시각자료 가까이로 이동하는 특징이 나타났다.

도상적 유형의 '표상하기'는 교사가 시각자료에 포함되어 있는 대상이나 현상을 그것의 실제 형상이나 움직임과 유사하게 재현하는 몸짓이다. 교사는 말과 함께 표상하기 몸짓을 하면서 몸의 방향을 학생들을 향해 이동함으로써 학생들의 시선이나 주의를 시각자료에서 교사로 이동시킨다. 일반적이면서 간단한 몸짓이지만, 출현 빈도가 매우 낮게 나타났다.

B교사의 '표상하기' 사례를 제시하면 다음의 표 10-6과 같다. 사례에서 B교사는 울릉도의 종상화산과 칼데라의 형성과정과 지형경관을 스크린에 제시된 나리분지 일반지형도의 등고선으로 설명한다. 이후, 학생들을 향해 양 팔로 고도가 올라가는 형상과 움푹 파인 칼데라 분지 지형의 모양을 표상하고 있다. 교사의 '표상하기' 몸짓으로 시각자료에 제시된 내용을 반복 설명하면서 응답을 요청하지만, 학생들의 응답이나 긍정적인 반응은 나타나지 않았다.

표 10-6. '표상하기'와 '추가 표상하기' 기능의 몸짓

<table>
<tr><th></th><th>B교사의 '표상하기' 사례</th><th>D교사의 '추가 표상하기' 사례</th></tr>
<tr><td>영상 화면</td><td></td><td></td></tr>
<tr><td>담화
(몸짓)</td><td>T: (스크린에 제시된 울릉도 지형도에서 등고선을 따라 '외곽선 그리기'로 고도와 지형을 설명한 다음) 울릉도는 화산지형이죠.
T: (학생들을 향해 양 팔로 고도가 올라가는 것처럼 들어 올린 다음, 양손을 사선 방향으로 내려 칼데라분지의 푹 파인 모양으로 멈추고) 화산지형인데 고도가 올라갔다가 갑자기 푹 파인 곳이 생겼어요. 왜? 이건 무슨 지형이야?
AS: ....
T: 옆에는 종상화산인데 갑자기 푹 파였어
AS: ....
T: (지형도에서 나리분지를 지적하면서) 여기 이런 지형이 칼데라 분지예요. 칼데라 분지.</td><td>T: (모식도에서 곶을 손으로 지적하면서) 여기가 곶이에요? 만이에요?
AS: 곶
T: 곶이죠! 곶으로 파랑이 집중되면서 퇴적물이 쌓이겠죠. (모식도에서 파랑이 곶으로 집중되고, 퇴적물이 이동하는 방향을 손으로 표상하면서) 이 퇴적물들이 연안류에 의해 이동해요. 얘가 이렇게 이동하고... 파도가 치면 퇴적물을 안쪽으로 옮겨놔요. 그게 사빈이에요.</td></tr>
</table>

'추가 표상하기'는 제시된 시각자료에서 직접 볼 수는 없지만, 거기에 있을 수 있는 대상이나 현상을 교사가 가상의 이미지로 추가하여 표상하는 몸짓이다. D교사의 사례를 제시하면 표 10-6과 같다. 사례에서 교사는 먼저, 제시된 해안지형 모식도에서 곶의 위치를 '지적'한 다음, 모식도에서 파랑에너지가 곶으로 집중되고, 연안류에 의해 퇴적물이 만 입구의 사빈으로 이동하는 방향을 손으로 추가하여 표상하는 몸짓으로 사빈의 형성과정을 설명하고 있다.

'위치 짓기'는 시각자료, 특히 사진을 보면서 사진을 찍은 위치와 몸의 방향을 일치시킴으로서 평면 사진을 3차원의 공간으로 확장시키는 몸짓이다. 즉, 교사는 어떤 위치와 각도에서 찍혔는지를 흉내 낼 수 있는 곳에 위치함으로써, 학생들이 시각자료에 제시된 대상을 실제 세계와 직접 연결하여 이해하도록 이끄는 몸짓이다.

위치탐색은 사진가의 신체적 움직임에서 두드러지게 나타나는 몸짓이다. 사진가의 위치탐색은, 상황을 관찰할 수 있는 어떤 시점이나 위치를 찾는 것, 이 상황을 선택된 위치에 맞도록 조성하는 것 등의 몸짓으로 이루어진다. 이러한 사진가의 몸짓이 찾는 위치는 시공간 속의 어떤 지점이고, 상황에 따라 최선의 위치는 달라 질 수 있지만, 그 위치의 질(質)은 상황 자체만이 아니라 사진가(관찰자)의 의도에 따라 좌우된다. 사진가의 사진 촬영의 몸짓은 그것이 어떤 방식의 보기와 관련되어 있는지를 구체적으로 보여준다. 즉, 사진가의 몸짓은 어떤 '장소'와 관련된 상태(사진)로 남고, 우리는 그 상황을 '더 잘' 보는 것이 아니라, 상호주관적으로 보게 되는 것이다(Vilém Flusser, 안규철 옮김, 2018).

따라서 교사의 '위치 짓기'는 학생들로 하여금 제시된 시각자료를 어떤 위치에서 어떻게 바라보아야 하는가의 시각 초점과 그것을 어떻게 읽고 해석해야 하는가의 도해력과 관련되는 중요한 몸짓이 된다.

표 10-7. A교사의 '위치 짓기' 기능의 몸짓

영상 화면	
담화 (몸짓)	T: 하천이 원래 흐르던 곳이 어디였어? 여기였지. (모식도에서 하천의 위치를 손으로 '지적'하고, 침식하는 과정을 모식도 위에 화살표로 '추가 표상'하면서) 그럼 이 하천은 계속해서 침식을 합니다. 이 침식을 뭐라고 해요? SS: 하방침식 T: 하방침식을 계속하면은.... 이건 위에서 본 모양이에요. (하천 양안의 용암대지 윗부분에 양 손을 위치시키면서) 여기가 평평한 땅이고 이 사이로 강이 흐르는 것을 확인할 수 있어요.

위치 짓기의 기능이 유일하게 관찰된 A교사의 사례를 제시하면 표 10-7과 같다. 사례에서 교사는 철원지역 용암대지를 나타낸 모식도를 제시하고, 용암대지에서 이루어지는 하천형성과 하방침식 과정을 설명하면서, 학생들에게 모식도를 바라보는 방식의 하나를 안내하는 '위치 짓기' 기능의 몸짓을 수행한다.

사회과 시각자료 중에서 가장 많이 활용되는 사진은 학습자가 관찰, 경험할 수 있는 실제 세계 혹은 구체적인 내용을 담고 있다면, 대규모 지각변동에 따른 지형 형성과정이나 일상에서 그 형상을 시각적으로 관찰할 수 없는 기단형성, 기압배치 등과 같은 기후현상을 나타낸 그림이나 모식도는 매우 추상적이다. 이에 본 연구에서는 지형 형성과정이나 기후현상과 같은 추상적인 내용이나 대상을 시각화하는 몸짓을 내용 은유하기 기능으로 구분, 관찰하였다.

표상하기와 추가 표상하기는 설명하려는 내용이나 대상의 실제 모양과 유사하게 표상하는 몸짓이라면, 내용 은유하기는 실제 모양을 일상에서 관찰, 경험하기 어려운 대상의 이해를 돕기 위한 은유(표상)적 몸짓이라는 점에서 차이가 있다. '내용 은유하기'가 집중적으로 관찰된 C교사의 사례를 제시하면 다음의 표 10-8과 같다. 사례에서 교사는 해륙풍 발생과정에 대한 모식도를 제시한 스크린 옆에서 몸의 방향은 학생들을 향하고, 모식도에 표기된 국지풍(해풍)의 발생 원리를 두 손의 위치와 움직임으로 은유(표상)하고 있다.

표 10-8. C교사의 '내용 은유하기' 기능의 몸짓

영상 화면	
담화 (몸짓)	T: 온도 변화는 육지와 바다 어디가 크다? SS: 육지 T: 육지가 큽니다. 낮에는 당연히 육지가 더 뜨거워집니다. 바다는 차가워집니다. 자 그러면, (육지를 나타내는 왼손을 위로 올리는 동작의 반복으로 낮의 상승기류를 표현하고, 하강기류는 바다를 나타내는 오른손을 내리는 동작을 반복하면서) 뜨거워진 곳에서 상승하는 기류가 만들어지고 바다는 상대적으로 차가우니까 하강하는 기류가 만들어 질 거예요. 그럼 육지가 무슨 기압을 가진 거죠? AS: 저기압 T: 저기압. 바다는? AS: 고기압! T: 바람은 어디서 어디로 분다고요? AS: 고기압에서 저기압 T: (해풍 모식도를 가리키면서) 그럼 바다 쪽에서 육지 쪽으로 바람이 불어나가겠죠.

내용 은유하기가 C교사의 몸짓에서 특히 많이 나타나는 이유는 학습내용과 관련된다. 나머지 세 수업과 달리 C수업의 학습주제는 '기후특성과 주민생활'이고, 이중에서도 우리나라와 관련된 기단형성이나, 기압배치를 설명하는 과정에서 내용 은유하기의 몸짓이 많이 관찰되었다. 이와 관련하여 교사가 제시한 시각자료 또한 도표나 모식도와 같이 정적인 자료였기 때문에 교사의 내용 은유하기 몸짓이 수반될 수밖에 없었다.

이렇게 예비교사들은 학습자들의 이해를 돕기 위해 다양한 유형의 시각자료를 제시하고, 학습대상의 위치, 형상, 방향, 특성 등을 몸의 방향과 위치 및 손과 팔의 움직임을 통해 다양한 기능의 몸짓으로 학습내용이나 대상을 지시, 도상, 은유적으로 표상하였지만, 학생들의 적극적 반응이나 긍정적 응답은 부진하였다. 이에 학생들과의 활발한 상호작용을 통해 학습자와 보다 효과적으로 의사소통할 수 있는 몸짓에 대한 숙고와 반성적 실천의 필요성이 제기된다.

5) 예비교사의 몸짓과 상호작용의 양상

교실수업에서 교사와 학생의 의사소통은 교과서에 국한되는 것은 아니다. 교사는 언어 이외에도 억양, 몸짓, 움직임 등의 다양한 의미 형성 자료를 활용하여 학생의 이해를 돕는다. 이러한 의사소통의 대부분은 시각자료에 대해서 혹은 시각자료와 관련하여 이루어지며, 이것은 새로운 차원의 도해력을 형성한다. 즉, 교사(화자)의 측면에서는 시각자료의 특징을 강조하여 나타내는 기호학적(의미형성) 자료들을 표현하게 되고, 학생(청자)의 측면에서는 이러한 기호학적 자료를 활용하여 시각자료를 이해하는 데 능숙한 지적능력(knowledgeability)을 형성하게 된다(한재영 외 옮김, 2015, 190).

본 장에서 관찰, 분석된 교사의 몸짓은 모두 교사의 발화와 함께 이루어졌다. 시각자료를 설명하는 교사의 발화에 따른 학생들의 반응을 각 교사의 몸짓 기능별로 정리하면 다음의 표 10-9와 같다.

학생들의 반응 정도는 '외곽선 그리기'를 제외하면 대부분 교사의 몸짓 비중에 비례해서 나타났다. 교사의 몸짓과 마찬가지로 학생들도 교사의 '지적하기' 몸짓에 대한 반응 비중이 42% 정도로 매우 높게 나타났고, 주목하기, 외곽선 그리기, 추가 표상하기, 내용 은유하기, 표상하기 순으로 나타났다. 관찰된 교사 몸짓(385회)에 대한 학생들의 반응(110회) 비중은 약 29% 정도이다. A교사와 B교사의 몸짓 정도는 각각 98회와 136회로 상당한 차이가 있지만, 학생들의 반응 정도는 비슷하게 나타났고, C교사와 D교사의 몸짓 정도는 비슷했지만 학생들의 반응 정도는 차이가 있다.

표 10-9. 교사의 몸짓에 대한 학생들의 반응 비중

기능	수업(%)					교사몸짓
	A	B	C	D	계	
주목하기	8(20)	14(30)	4(26)	2(22)	28(25)	105(27)
지적하기	17(42)	18(39)	6(40)	5(55)	46(42)	156(41)
외곽선 그리기	12(30)	5(10)	0(0)	0(0)	17(15)	36(9)
표상하기	0	1(2)	0(0)	0(0)	1(1)	10(3)
추가 표상하기	3(7)	8(17)	1(6)	2(22)	14(13)	65(17)
위치 짓기	0	0	0	0	0	1(0)
내용 은유하기	0	0	4(26)	0	4(4)	12(3)
계(%)	40 (100)	46 (100)	15 (100)	9 (100)	110 (100)	385 (100)

이렇게 예비교사들의 다양한 몸짓은 학생들의 이해를 돕고 효과적인 의사소통을 위해 이루어졌지만, 학생들과의 상호작용은 상대적으로 부진하게 나타났다. 이는 분석대상 수업이 모두 교사 중심의 설명식 수업으로 이루어졌다는 수업방법에서 비롯된 것이기도 하지만, 각 교사의 시각자료 설명방식에서 비롯된 문제이기도 하다. 즉, 표 10-8에서 제시된 사례처럼 교사의 설명이 학생들의 응답을 요청하는 발화와 몸짓으로 이루어진 경우에는 대부분 학생의 응답이 이루어졌지만, 교사의 일방적 설명이 계속된 수업에서는 학생들의 응답이나 반응이 나타나지 않았다.

분석대상 수업에서 이루어진 의사소통의 대부분은 전통적인 설명식 수업에서 관찰되는 단순 질의-응답(recitation) 유형으로 나타났다. 이는 교사가 단순하게 질문하면, 학생은 그에 대해 단순하게 반응하고, 교사가 간단하게 평가하는 순서로 이루어지는 한 방향 의사소통 유형이다. 교사의 계획적이고 탐구적인 질문으로 학생들의 문제해결능력이나 사고력 함양을 이끌거나, 학생들이 자신의 생각이나 의견을 자유롭고 주도적으로 제시하거나 학생들 간의 활발한 상호작용으로 의사소통하는 유형은 거의 관찰되지 않았다.

분석대상 수업에서 학생들 응답의 대부분은 단순 응답으로 나타났지만, 교사의 발화와 몸짓이 학생들의 폭넓은 반응으로 이어지는 실제적인 상호작용의 사례는 교사의 '지적하기' 몸짓에서 뚜렷하게 관찰되었다. 표 10-10에서 제시된 것과 같이 교사의 '지적하기' 몸짓에서 '여기', '어디', '첫 번째와 네 번째', '어떻게' 등과 같이 시각자료에서 제시된 학습대상의 위치나 비교하기, 형성과정 등을 구체적이고 분석적으로 지적하는 발화가 질문으로 연결될 때 학생들의 반응은 좀 더 적극적으로 이루어졌다. 즉, 교사의 '지적하기' 몸짓이 시각자료 및 질문과 유기적으로 연계될 때 좀 더 많은 학생들이 좀 더 적극적이고 구체적인 반응으로 상호작용하였다.

표 10-10. 교사-학생 상호작용의 사례

수업	담화(몸짓)
A	T: (제주도 산방산 사진을 가리키면서) 수학여행 갔을 때 여기 갔다 왔나요? SS: 여기가 어디야? T: (다시 사진에서 산방산을 지적하면서) 여기. AS: 웅성웅성. 기억이 안나요. T: 기억이 안나요? 산방산인데. 경사가 어떤 것 같아요? SS: 완만해요. T: 어. 여기 올라가려면 거의 기어 올라가는데.
B	T: (울릉도와 독도 화산체 사진을 가리키면서) 어디가 울릉도 일까? SS: 웅성웅성. S: 왼쪽에 큰 거요. T: (다시 사진에서 울릉도를 지적하면서) 여기 큰 거? 어. 여기가 울릉도고 여기가 독도예요. T: 울릉도와 독도 중에 무엇이 먼저 형성되었을까요? SS: 울릉도. T: 그렇게 생각하는데, 독도가 먼저 형성되었어요.
C	T: (우리나라 1월, 8월 강수량 분포도를 각각 지적하면서) 선생님이 1월과 8월 강수량을 비교해 보았어요. 파란색일수록 강수가 많은 겁니다. 그럼 이 둘의 차이를 비교할 수 있나요? SS: 네~~ T: 어떻게 설명할 수 있나요? SS: 여름에 강수가 많아요. S: 여름에 강수가 집중해요. T: 여러분! 지금 강수의 계절 차이만 존재하나요. 지금? AS: 아니요.~ T: 어떤 차이도 존재할까요? SS: 지역 차.
D	T: (채석강 사진에서 파식대와 해식애를 지적하면서) 파식대, 해식애 구체적으로 어떻게 형성되었을까요? 파도가 어떻게 했기에? SS: 웅성웅성. S: 응! 파도가 계속 쳐요. T: (해안단구 사진을 지적하면서) 얘는 해안단구인데. 해안단구도 과거에는 파식대였어요. 이 해안단구가 바다보다 고도가 높아요. 어떻게 과거 파식대였는데 고도가 높을까요? SS: 웅성웅성. S: 얕아져서.

6) 정리

교사의 교수활동과 학생의 학습활동은 언어적, 비언어적 도구를 통한 의사소통과정이다. 교사의 몸짓은 대표적인 신체언어로 학습자와의 의사소통에 중요한 영향을 미친다. 이에 사회과 예비교사들의 고등학교 수업실습을 대상으로, 다양한 시각자료를 설명하고 내용을 표상하는 과정에서 나타나는 몸짓의 유형과 기능을 관찰, 분석하였다. 이는 예비교사들의 몸짓이 학습자의 이해를 향상시키는 데 영향을 미친다는 인지적 기능에 초점을 둔 것으로, 분석결과를 정리하면 다음과 같다.

먼저, 4명의 예비교사들은 지리수업에서 사진, 동영상, 도표, 모식도, 지도, 신문기사 등 다양한 시각자료를 제시하고, 학습대상의 위치, 형상, 방향, 특성 등을 몸의 방향과 위치 및 손과 팔의 움직임을 통해 다양한 기능의 몸짓으로 학습내용이나 대상을 설명하였다.

둘째, 사회과 예비교사들의 시각자료 설명에서 나타나는 몸짓은 지시적, 도상적, 은유적 유형에서 나타나는 7개 기능의 몸짓으로 구분되었고, 지시적 유형과 지적하기 기능의 비중이 매우 높게 나타났다.

셋째, 예비교사별로 개인차는 있지만, 상대적 비중의 관점에서 지시적 유형의 지적하기와 주목하기, 도상적 유형의 추가 표상하기는 일반적으로 관찰되는 몸짓이고, 은유적 유형의 내용 은유하기를 비롯한 나머지는 상대적으로 활용 비중이 낮은 특수한 몸짓으로 관찰되었다.

마지막으로, 사례 수업이 모두 설명식 수업으로 이루어졌기 때문에 학생들과의 상호작용은 상대적으로 부진하게 나타났으며, 의사소통의 대부분은 단순 질의-응답 유형으로 나타났다. 하지만, 교사의 '지적하기' 몸짓이 시각자료 및 질문과 유기적으로 연계될 때 학생들이 좀 더 적극적이고 구체적으로 반응하는 실제적인 상호작용의 사례가 관찰되었다.

이와 같은 연구결과는 여러 가지를 시사하지만, 무엇보다 학습자의 학습에 더욱 효과적인 몸짓과 학습내용에 적절한 시각자료의 유형 및 이에 대한 교사의 설명과 몸짓은 어떻게 이루어져야 하는가에 대한 교육적 인식의 필요성을 제기한다.

교사의 몸짓은 체계적이고 일관성이 있어야 한다. 교실수업에서만 사용될 수 있는 교수 제스처(pedagogic gesture)는 일상의 의사소통에서는 관찰하기 어려운 것으로(노경희・배현명, 2011) 교과 특성에 따른 독특한 몸짓이다. 사회과 수업에서 나타나는 독특한 몸짓에 대한 관찰과 분석 및 학습자와의 원활한 상호작용을 이끌어내는 몸짓, 학습자를 격려하거나 자신감을 갖도록 하는 데 영향을 미치는 몸짓의 정의적 기능 등 교사의 몸짓에 대한 학습자의 이해나 인식에 대한 양적, 질적 연구가 후속되어야 한다.

혁신은 기술이 아닌 관점의 문제이다. 교사의 수업전문성 함양을 위한 노력은 다양한 관점에서 이루어져야 하지만, 현재 우리가 당연하다고 생각하는 것들에 대한 관점의 변화가 우선 필요하다. 폐쇄적인 신체언어는 글자 그대로 폐쇄로 이어진다(Reiman, 강혜정 옮김, 2011, 27). 상황과 맥락에 따라 달라지는 것이지만, 수업에서 교사의 몸짓은 의식적, 무의식적으로 많은 것을 말하게 된다. 교사는 신체언어의 중요성을 이해하고, 학습자와의 의사소통을 위해 적극적이고 개방적으로 활용하는 것이 필요하다.

제4부 교사 전문성 발달과 실행연구

제4부의 일부 내용은 저자의 논문 2006을 보완하고 재구성함.

경기 대성동 초등학교 전경

대성동 초등학교는 1954년 2월 1일 대성동 마을 자치학교로 개설, 비무장지대에 위치한 유일한 학교이다(자료: 대성동 초등학교 홈페이지).

제11장
교사 전문성과 지속적인 전문성 발달

교사는 매우 어려운 직업이다. 다양한 시선과 입장들의 압력에 직면해도, 교사는 자신의 교직 동기와 자존감을 유지하기 위해 고군분투해야 한다. 상당히 많은 교사들이 그렇게 하고 있다는 사실은 교사들의 남다른 헌신과 추진력을 증명하는 것이다(Kincheloe and Steinberg, 1998, 1).

우리는 늘 변화하는 세계에 살고 있고, 사람들은 항상 변화하는 교사를 원하고 있다는 것은 공리(公理, truism)이다. 오늘날 세계는 점점 더 빠르게 압축되고, 복잡하고 불확실해 지고 있다(Hargreaver, 1994). 점점 가속화되는 변화와 과학적 불확실성이 특성화되고 있는 세계에서 미해결된 사회문제와 해결할 수 없는 문제에 대한 해결책을 찾는 임무가 교사에게 주어지고 있다. 세계 모든 곳에서 교사는, 언제나 미래 세대를 교육하고 미래를 준비하는 방법을 가르치는 중대한 임무를 지닌다(Lidstone, 1996, 152).

최고 수준의 교육과정도 학습자의 동기를 이끌어낼 수 있는 스킬과 흥미로운 방식으로 학습내용을 가르칠 수 있는 전문 지식을 가진 교사가 없다면 효과적인 실행은 이루어질 수 없다(Lambert and Balderstone, 2010, 411). 그래서 교사는 전문가로서, 전문성 함양을 평생학습으로 계속하는 학습자이면서 연구자로서의 삶이 자기책무로 주어지고, 교사의 전문성(Professionalism)은 특히 중요한 것으로 강조된다.

한때는 지리를 가르친다는 것이, 학생들과 이 세계 모두에게 학문적인 측면과 개인적인 측면에서 의미를 갖는 전문직으로 인정받았고, 자부심을 가질만한 직업으로 생각되었다. 공적으로 인정된 학교에서 교과를 담당하는 교사의 전문성은 점점 더 강조되고 있지만, 호주와 영국 등지에서는 1990년대 후반부터 지리뿐만 아니라 모든 교과에서 교사의 전문성이 위협받는 아이러니한 현상이 나타났다(Lidstone, 1996, 151).

Lacey(1985)는 Schön(1983)의 반성적 실천가에 근거하여 교육 관료와 전문가의 결정적인 차이점은 직업 수행에서 나타나는 개개인의 자율성에 있으며, 개별 실천가들은 주어진 범위 내에서 자신의 기능과 판단에 따른 반성적 실천을 최대화한다고 주장하였다. 교육 관료가 된다는 것은 교사의 지위를 전문직으로 향상시키기도 하지만, 교사 전문성과 교육 관료의 그것은 다른 것이다.

즉, 교육 관료로서 개인적 업무 수행은 명백하게 제한적이며, 특정 영역의 능력만을 필요로 한다. 교육 관료의 책무성은 사무적 업무 능력과 해당 영역에의 적합성의 두 측면에서 측정된다. 이러한 점에서 교사들이 관료로 변화하는 것은 전문적인 직업인이 되어 가는 겉치레 과정이라 할 수 있다. 그러므로 교사의 전문성은 자신들이 이해하고 있는 상황에서 현명하게 실행하고, 재량껏 판단하는 것이라고 정의할 수 있으며, 교사 자신의 노력 결과에 달려 있다고 할 수 있다(Lidstone, 1996, 152).

우리가 교사로서의 정체성을 상실하게 되면, 우리는 독단적인 교육과정의 단순 전달자로 전락하게 될 것이다. 그리고 교과 전문가가 아닌 단순 직업인이 될 것이며, 학생들은 글로벌 문화의 문맹자(global cultural illiteracy)가 될 것이다. 사회과 교사는 변화하는 세계의 모습을 설명하고 기술하는 새로운 방법을 탐구하는 생동적이고 흥미진진한 학문공동체의 일원이라는 자부심을 가지고 있으며, 무엇을 어떻게 하는 것이 학생들에게 최선의 것인지에 대한 지혜를 가지고 있고, 그것에 대해 독자적인 판단과 실행을 할 수 있는 전문성을 갖고 있는 전문가이다(Lidstone, 1996, 161).

이 장에서는 사회과 교사의 전문성을 직업적 발달과 개인적 발달의 관점, 그리고 반성적 실천과 실행연구의 관점에서 구체적이고 실제적인 사례 중심으로 살펴보고자 한다. 교사의 실행연구는 구체적인 맥락에서 교사의 자기반성과 전문성 발달을 이끄는 실천 행위이다. 사례 중심으로 간단하게 소개하는 정도이지만, 이들 논의가 사회과 예비교사나 초임교사들이 전문성 함양의 평생학습을 설계하고 실행하는 데 밑거름이 될 것이다.

1. 교직 전문성과 교사 전문성에 대한 소고

교사 전문성에 관한 논의는 크게 두 차원에서 이루어지고 있다. 하나는 교사가 하는 일을 직업적 견지에서 다루는 전문직(profession)으로서의 교직에 관한 논의이고, 다른 하나는 교사에게 요구되는 능력이나 자질에 관한 전문가(expert)로서의 교사에 대한 논의이다.

전자는 교직의 '전문 직업성(Professionalism)'에 관해 논의하며, 주로 직업적 관점에서 다른 전문직과 구별되는 교직의 전문적인 특성에 관한 것이다. 교직은 전문직종인가? 비전문직종인가? 교직이 전문직이 되기 위해 무엇을 가져야 하는가? 교원은 전문가인가 아마추어인가? 와 같은 물음에 대한 연구들이다(김대훈, 2014, 8).

국제노동기구(ILO)와 유네스코(UNESCO)가 공동으로 제정한 「교원의 지위에 관한 권고안(Recommendation Concerning the Status of Teacher, 1966)」 제 6항에서 교직을 전문직으로 간주하고 있고, 우리나라 「표준 직업 분류」에도 교원을 전문직으로 분류하고 있으며, 「교육법 제2장 14조」에서도 교원의 전문성을 강조하고 있다. 무엇보다 교사는 복잡한 인간을 대상으로 가치 지향적인 활동을 수행한다는 당위적인 측면에서 교직은 전문직으로 규정된다(허병기, 1994; 곽병선, 1995; 김대훈, 2014).

반면, 후자는 '교사 전문성(expertise)' 논의로 전문가로서 교사가 지녀야 할 능력이나 자질을 탐구한다. 주로 전문가로서의 교사는 어떠한 지식과 기능 혹은 성품이나 태도를 갖춰야 하는가?, 초임교사와 경력교사는 어떻게 다른가? 교사 전문성은 어떤 종류의 경험과 학습을 통해 심화되는가? 와 같은 질문에 답하는 연구들이다.

관련 연구에 의하면, 전문성은 선천적으로 타고나는 것이 아니라 후천적으로 발달하며, 궁극적으로 도달해야 될 완성태로 존재하는 것이 아니라 다양한 경험과 성찰이 지속적이고 복합적으로 발생하면서 발달하는 능력이다. 성인은 발달의 완성이 아니라 아동과 같이 지속적으로 발달하는 존재인 것처럼 교사 또한 직전 교육을 통해 교사로서 완성되는 것이 아니라 교직 생활 내내 발달한다. 교사의 발달은 지식과 기능의 변화뿐만 아니라 교육관, 학생관, 교사관 등의 신념적인 측면 등 교사가 전문성을 발휘할 수 있는 전 분야에 걸쳐 나타난다. 이러한 교사의 변화는 예비교사 시절부터 일어나며 더 넓게 보면 전 생애에 걸친 발달 과정으로 볼 수 있다.

이처럼 교사 전문성은 크게 교직 전문성과 교사 전문성으로 구분할 수 있다. 전자는 다른 직업과 구분되는 특정 직업의 배타성에 기반 한다면, 후자는 전문가 개인의 능력이나 자질에 중점을 둔다. 이런 의미에서 교직 전문성이 전문성의 외부적 조건이라면 교사 개인의 전문성은 내부적 조건으로 볼 수 있다. 전자의 연구는 주로 사회문화적 차원에서, 후자의 연구는 인지심리학적 차원에서 접근이 이루어졌다.

교직이 전문직이라는 것은 교직에 종사하는 교사가 전문가라 불릴만한 모종의 능력이나 자질을 지니고 있어야한다는 것을 전제하기 때문에 교사의 전문성에 대한 논의는 전문성 연구의 핵심에 위치한다. 그럼에도 불구하고 그동안 학문공동체에서 전문성 연구는 교직의 전문 직업성에 대한 연구가 주류를 이루었고, 교사 개인의 전문성 연구는 상대적으로 부진했다. 이는 교사를 실행가, 실천가, 예술가, 임상의학자, 기술자, 연구자, 전문가 등으로 비유하는 다양한 은유에서 보듯이, 교사의 일이 상당히 복잡하고, 예측 불가능하며 국지적이기 때문이다.

교사의 전문성은 이론적 지식보다는 주로 그들이 오랜 세월의 실천과 성찰, 넓게는 경험의 과정을 통해 암묵적으로 획득한 지식에 근거하여 구성되는 경우가 많다. 이것은 이론적 세계에서 비롯되는 기술적인 측면에서의 능력보다는 실제 상황에서 유연하게 적응할 수 있는 능력이 교사에게 요구된다는 것을 의미한다. 그리고 그 능력은 선천적으로 주어지거나 도달되어야 할 상태가 아니라 지속적으로 변화하며 발달한다. 결국 교사는 지속적으로 발달하는 생성적인 존재이며 교사의 전문성은 경력과 연령이 증가함에 따라 자연스럽게 발달하는 것이 아니라 다양한 변인들과의 관계 속에서 성장한다.

전문직에 대한 개념이 본래 고정되거나 절대적인 것이 아니라 오랜 기간에 걸친 전문직화의 산물인 것처럼, 교사 전문성도 시대와 교육관의 변화에 따라 변화한다(김대훈, 2014, 9-11).

2. 지리교사의 지속적인 전문성 발달과 반성적 실천

교사교육은 교사가 되기를 희망하는 예비교사를 대상으로 한 직전교육(pre-service education, initial teacher education)과 현직교사를 대상으로 한 현직교육(in-service education, continuing teacher education)으로 구분된다. 전문가로서 교사가 지녀야 할 전문성은 직전교육에서 출발하여 여타의 전문직처럼 오랜 기간의 경험과 학습 그리고 집중적이고 의도적인 실천 과정을 통해 지속적으로 발달한다. 따라서 지리교사의 전문성은 교과를 중심으로 한 학습과 경험 및 이에 대한 반성적 실천을 통한 지속적인 전문성 발달(CPD)로 이루어진다.

따라서 좋은 교사는 태어나는 것이 아니라 만들어지는 것이며, 좋은 교사가 된다는 것은 자신을 학습자로 위치지우는 것에서 시작된다(Morgan and Lambert, 2005, 153). 교사는 학교와 교실이라는 맥락성을 기반으로 교사가 학습의 주체가 되어 자신의 전문성을 지속적으로 발달시켜 나가야 한다. 교사의 전문성 발달은 동료교사와 더불어 자신이 교육자인 동시에 학습자가 되는 과정이며, 평생 지속되는 평생학습 과정이다(김대훈, 2014).

전통적으로 교사학습은 개인의 몫이었다. 교사는 자신과 독립된 외부에 실재하는 지식을 습득하여 수업에 적용하거나, 교실에서 혼자 실천하고 반성하여 암묵적 지식을 축적해가는 외로운 사람이었다(서경혜, 2010). 하지만 개인적인 교사지식이 반드시 전문성을 향상시키는 방향으로 작용하는 것만은 아니었다. 그릇된 교사지식을 형성하거나 교사학습을 방해하는 지식을 소유할 수도 있으며, 자신이 지닌 지식이 최선인 양 착각하며 교육에 임할 수도 있다(김두정, 2009).

근래에 각광받고 있는 사회문화주의 교사학습 이론은 이러한 교사학습에 대한 개인주의적 접근에 반대한다. 사회문화주의에 의하면 지식은 실재하기보다는 구성되는 것이며, 인식은 개인적이기보다는 사회적이고, 상황적이며, 분배적인 성격을 지닌 것으로 간주된다(소경희, 2009). 즉 교사지식은 동료교사들 간의 공유와 토론의 과정을 통해 형성될 수 있으며, 개인의 암묵적인 교사지식도 밖으로 드러내 타인의 검증을 받을 때 정당화될 수 있다(Nonaka and Takeuchi, 1995).

또 개인적 반성은 자아 밖으로 나오기 어렵지만 협력적인 반성은 다양한 경험과 생각을 가진 동료들과 함께 반성함으로써 교사의 지식과 실천을 폭넓고 풍부하게 해줄 수 있다. 특히 교사학습의 공동체적 접근은 일대일 혹은 한 방향 형태의 협력학습인 멘토링 보다는 양 방향 혹은 다 방향적인 교사학습을 가능하게 하여 지속적인 전문성 발달에 강력한 공헌을 할 수 있다(Wenger, 1998; Duncombe and Armour, 2004, 147).

이러한 이유로 최근 학습공동체 논의가 경영학을 넘어 교육 및 교과교육학계에서 활발하게 전개되고 있다. 그러나 국내외 지리교육학계에서 교사학습공동체에 대한 관심은 아직까지 미미하다. Morgan과 Lambert(2005)는 지속적인 지리교사의 전문성 개발을 위해 GA(Geographical Association)와 같은 교사학습공동체의 역할을 강조하였다. 다행히 우리나라에는 '지리교사모임' 혹은 '지리교육연구회' 등의 여러 교사학습공동체가 전국적으로 분포하고 있다(김대훈, 2014, 4-5).

협력적인 반성은 구체적인 맥락에서의 실천되었을 때 실제적인 의미를 갖는다. Schön이 주장한 반성적 실천은 교사 교육프로그램이나 교사 전문성 발달과정을 재개념화하고 재평가 할 정도로 중요한 영향을 미쳤다. 지리교육에서는 지리교사의 전문성 발달을 교육과정 개선의 문제와 연계하여 Schön의 반성적 실천을 중심으로 그 방법을 모색할 수 있다. 지리교육과정에 대한 반성적 실천은, 교수와 학습 과정에서 발생하는 사회적, 문화적, 정치적 맥락의 변화를 이해하고 비판적으로 성찰하려는 지리교사의 정교하고, 체계적인 노력과 학교 및 교실 차원에서 교육과정 개선을 위해 반성적 성찰하고 행동할 때 지속될 수 있다.

지리수업에서 이루어지는 반성적 교육과정의 실천은 저절로 이루어질 수 있는 것이 아니며, 기존의 교사 전문성 발달 프로그램에 '반성'을 하나의 전략으로 단순하게 추가하는 정도로 이루어질 수 있는 것도 아니다. 그러므로 지리교사 교육프로그램은 반성적 교육과정 실천이 교사의 성장과 발달 과정에서 하나의 습관으로 양성될 수 있도록 재개념화 되어야 한다는 것이다(Parry, 1996, 53).

한편, Lambert와 Balderstone(2010, 414-416)은 '반성'이라는 개념이 교사교육에서 어떤 두려움을 주는 단어가 되고 있음을 지적한다. 즉, 반성은 그 자체로 위험한 것이 될 수도 있고, 지능적인 행동으로 오해받을 수도 있으며, 어떤 경우에는 전혀 생각하지 않는 것보다 더 위험할 수도 있다. 그럼에도 불구하고 반성이라는 단어가 교사가 되는 데 이론적 토대가 되는 것처럼 그 의미가 종종 남용되고 있다는 것이다. 반성이라는 개념은 교사의 발달을 설명하는 이론적 토대가 될 수는 없지만, 그것은 교사의 참여와 도전에 초점을 둔 매우 중요한 활동으로 강조되어야 한다.

교사의 교수행위 중에 이루어지는 좋은 반성(good reflection-in-action)은 교사로 하여금 적절하고 효과적인 방책을 도출하도록 이끈다. 이러한 교사의 행위 중 반성의 대부분은 그러한 상황에 대한 경험을 통해서 얻어진 것이다. 교실은 일반적이고 일상적이다. 대부분의 교실에서는 예측가능한 일들을 이야기하고, 학생들에게 별로 쓸모 있지도 않으면서 일단 확립되면 바꾸기 어려운 그런 것들을 목표로 학생들을 이끌기도 한다. 이러한 교실 상황에서는 '행위 중 반성'이라는 준-기능적인(the quasi-technical) 용어로 이루어질 수 있는 즉각적인 대응 그 이상의 것을 요구한다. 즉, 교실에서는 과거 행위(reflection-on-action)에 대한 철저하고 비판적인 반성의 결과로 획득된 상당히 숙고적인 반응이나 대응을 요구하기 때문이다.

3. 사례탐구: 지리교사의 평생에 걸친 교직 전문성 발달 과정

지리교사의 평생에 걸친 전문성 발달의 과정에 대한 사례는 Catling(2003, 215-234)의 논의에서 일부를 발췌, 정리한 것이다.

중등학교의 지리교사는 시간에 따른 교육경력을 떠나 자신의 전문성 발달을 위해 노력할 책임이 있다. 지리교사의 전문성 발달은 개인적, 직업적 태도와 가치를 토대로 하며, 이는 유능한 지리교사가 되기 위한 본질적 동기로 간주된다. 지리교사의 교직 전문성 발달의 대부분은 개인적인 독서나 크고 작은 연수는 물론 상위 자격 취득이나 동료교사와 토론 등으로 이루어진다.

지리교사로서의 발달은, 전공의 중요성을 교육하는 것에 대한 애정, 교사로서 역할모델을 제공하는 태도, 교육 향상을 위해 새로운 생각, 새로운 시도의 필요성 인식, 교사개인의 학습이 전문적인 발달 경력으로 진전됨을 인지하는 등의 개인적이고 전문적인 태도와 가치에 근거하며, 이는 교직 경력 초기단계에서 시작되는 것이 중요하다.

Catling(2003)은 Berliner(2001)의 논의를 기초로 지리교사의 평생에 걸친 교직 전문성의 발달과정에서 나타나는 주요 국면을 초임교사, 경력이 적은 초보교사, 경력을 쌓은 유능한 교사, 능숙한 교사, 전문가 교사의 다섯 가지 수준으로 구분하고, 각 수준에서 나타날 수 있는 특성들을 표 11-1과 같이 제시하였다.

표 11-1. 지리교사 경력의 발달과정

수준	교사로서의 발달과정	지리교사에게 나타나는 특징들의 사례
1	초임교사 (Novice teacher)	- 수업의 도입과정과 명확한 안내 및 지원에 대한 필요성 - 지리수업 방법에 대한 학습 욕구 - '정보'를 습득: 교과목에 대한 사실과 특성 및 학습상황에 적절한 교수(법) - 최초의 지리수업 경험을 통해 학습이 이루어지고, 수업능력 발달이 시작 - 자신의 수업에서 안정감을 희구하면서, 지리적 이해와 교수에 대한 새로운 접근을 시도
2	초보교사 (Advanced beginner teacher)	- 지리수업에 대한 초기의 단편적인 경험 지식을 일관된 경험 '스토리'로 구성하기 시작 - 지리수업과 학급운영 및 학생지도에 좀 더 적절하고 전략적인 지식 발달 - 지리수업을 담당하고 있지만, 지리과 교육과정에 대한 의사결정이나 활동에 대해 책임 있는 위치는 아님 - 수업에 대한 경험, 스킬, 이해의 발달을 지속할 수 있는 고무적인 동기 부여
3	유능한 교사 (Competent teacher)	- 지리수업시간, 전략, 적절한 내용 등에 대한 의도적인 선택 등 수업계획에 대한 개인적인 책임을 바탕으로 지리수업을 진행 - 교실에서 발생하는 사건에 대한 개인적인 책임을 인식하고, 지리수업에서 이뤄지는 활동과 성과의 성공 혹은 실패를 수용 - 교수(법)에 대한 계속적인 학습의 필요성을 자각하고, 실천가로서 효과적으로 반성하기 시작
4	능숙한 교사 (Proficient teacher)	- 지리수업(교수)에 대한 경험, 지식, 이해와 스킬 등에서 상당한 발달이 이루어졌으며, 상황에 따라 잘 활용함 - 지리수업 계획과 수업 중 학생들에 대한 대응 대부분이 직관적으로 이루어짐 - 분석적이고 반성적인 접근 태도를 가지며, 수업전략의 계획과 선택 및 수업내용도 학생들의 경험, 요구, 성취정도를 고려하여 신중하게 결정함
5	전문가 교사 (Expert teacher)	- 겉보기에는 별다른 노력과 시간을 투자하지 않는 것처럼 보이지만, 지리수업 (교수)을 위한 설계, 조직, 준비가 잘 이루어짐 - 학생들의 요구에 대한 이해, 학생들의 수업참여와 동기유발을 이끄는 방식이 사려 깊고 적절함 - 이루어질 필요가 있는 것을 명료하게 도출하고, 이를 학생들과 동료들에게 효과적으로 의사소통 할 수 있음 - 지리수업 내, 외부의 상황에 대해 유연하고 적절하게 대응할 수 있는 능력을 가짐 - 예상치 못한 일이 발생한 상황에서도, 분석적이고 창의적으로 대응하며, 문제해결 과정에 동료들이나 학생들의 참여와 책임의식을 이끌어 냄.

지리교사 자격을 취득하고, 학교에서 지리수업을 담당하는 교사로서 직업적 삶을 시작했더라도, 입문단계의 초보수준을 벗어날 수 있을 것인지의 여부는 초임교사 시절부터 시작된다. 초임교사는 몇 년 정도 짧은 경력을 가진 교사(경력이 적은 교사) 수준에서 보다 많은 경력을 쌓은 경력교사의 단계를 거쳐 풍부한 경력에 따른 경험적 지식과 전문성을 갖춘 능숙하고 유능한 교사(능숙한 교사) 수준으로 발달하게 된다. 초임교사의 전문성 발달은 몇 년 간의 경력을 쌓은 '경력이 적은 교사'의 단계에서 자신감을 확립하고 지리교사 전문성 발달을 위해 학습자로서 얼마나 많은 노력을 시도하고 계속하느냐에 따라 능숙한 교사의 수준으로 발달할 수 있다.

지리교사들은 자신의 교사 경력발달(Career Development)을 위해 희망적인 도전을 시도하더라도, 여러 현실적인 장애에 직면하게 된다. 당연히 이들 장애들은 여러 시기에 다양한 모습으로 나타날 수 있지만, 전문성 발달을 위해 노력하고 극복해야 할 대상들로 표 11-2와 같이 정리할 수 있다. 비록 다른 나라의 상황을 근거로 한 사례이지만, 지리교사로서 충분히 공감하고 공유할 수 있는 경험적 사례들이다. 무엇보다 이들 사례는 지금까지 우리나라에서는 개인적으로 감당하고 해결해야 할 문제들로 인식되었고, 일부에서 사적으로 공유되었던 내용들로써 멘토 없이 고군분투하는 예비 혹은 초임교사에게 좋은 조언이 될 수 있다.

표 11-2 지리교사 경력발달의 잠재적 장애들

발달을 저해할 수 있는 장애들	장애들을 극복할 수 있는 방법들
개인적 장애들 - 대학원 진학과 같은 상위 자격과정이나 협회참가에 따른 재정적 어려움 - 가족 부양 의무로 개인적 발전을 위한 시간 부족	- 수업료나 협회참가비를 위한 저축 - 학교, 관련기관, 지역단체 등의 지원을 받을 수 있는 방안 모색 - 상위과정 진학이나 협회참가를 위한 시기를 가족과 함께 계획하기
수업 장애들 - 다양한 수업전략이나 기법에 대한 경험 부족 - 학생들의 연령이나 능력의 다양함에 따른 수업 범위의 제한 - 수업자료의 양적, 질적 제한 - 자신의 교수(법)를 분석하거나 개발할 수 있는 연구나 접근법에 대한 지식 부족	- 동료들과 교수(법)에 대해 토론하고, 시도함을 통해 경험 축적하기 - 교장 혹은 교감선생님 등과 의논, 도움받기 - 수업에 필요한 자료의 종류와 수효를 조사하고, 교장 등 행정 관료와 협의하여 구매 - 교육적 연구 문헌들 특히 실행연구 관련 문헌을 탐독하고, 교실수업에 관한 학습이나 연구를 수행할 수 있는 대학원 과정에 진학하기
맥락적 장애들 - 결혼 등 개인사정으로 교사경력의 공백기 발생 - 학교 내 지리과 입지의 취약, 지리교사 등의 자부심 저조 - 현직 교사들의 퇴임이 거의 없어 승진 가능성이 낮음 - 지리교육에 활용 가능한 연수나 자격과정의 제도적 미비	- 지리교육 분야의 발달에 항상 관심을 갖도록 노력하고; 복직을 대비해서 최신의 스킬이나 지식을 향상시킬 수 있는 연수과정을 이수하며; 자신의 과거 경험을 긍정적으로 인식할 것 - 다른 학교에 지원 - 지역교육청과 같은 관련 기관의 전문가나 지리학이나 지리교육 전공 교수 등에게 맥락적 장애를 대비할 수 있는 방안이나 기관에 대해 조언 구함
대인관계상의 장애들 - 멘토의 지원을 받을 수 있는 시간과 조건의 부족 - 대인관계의 문제로 어려움이 있는 경우	- 멘토와 먼저 상의하고, 효과가 없는 경우 교장이나 교감 등과 직면한 문제에 대해 조언을 구하며, 멘토의 교체를 요구함 - 어려워도 직장 내 전문적(이성적인) 인관관계를 유지를 위해 항상 노력하고, 나의 관심이나 생각을 토론할 수 있는 동료를 만들기

지금까지 간단하게 살펴 본 전문성 발달의 과정을 전체적으로 개관하면 다음의 표 11-3과 같다. 표에서 제시하는 내용은, 지리교사로서의 경력을 강화하고 진보하기 위해 초임교사 시기에 세운 계획과 지속적인 전문성 발달의 과정을 반성하고 성찰하는데 도움을 줄 수 있는 요점 사항들이다.

즉, 초임 경력 시기에 이루어질 수 있는 초보적인 전문성 발달(Initial professional development, IPD), 어느 정도의 초임 경력을 쌓은 경력 확립기에 이루어질 수 있는 초기 전문성 발달(Early professional development, EPD), 경력이 발달된 시기에 이루어지는 지속적인 전문성 발달(CPD)의 세 가지 시기로 대분하여 지리교사의 경력을 IPD → EPD → CPD로 평생 지속되는 전문성 발달의 시기와 과정의 사례를 대략적으로 개관하고 있다. 이러한 과정을 통해 지리교사는 초임교사 → 초보교사 → 유능한 교사 → 능숙한 교사 → 전문가 교사로 성장하고 지리교사로서의 전문성을 갖추게 된다.

표 11-3. 지리교사의 평생에 걸친 교직 전문성 발달과정

경력 발달 시기 및 전문성 발달 단계	경력 포인트	교사로서의 발달 단계	지리교사 경력 발달의 사례
- 초임 경력 시기 - 초보적인 전문성 발달	- 경력 1년 내에 이루어지는 교사교육	- 초임 지리교사 - 초보 지리교사	- 지리교사 자격 취득 - 지리교사로서의 전문성 발달 과정에 진입 - 경력 1년차 지리교사가 됨 - 학교로부터 전문성 발달의 지원 시작 - 지리교사 연수에 최초로 참가
- 경력 확립기 - 초기 전문성 발달	- 교사 경력 1/2년에서 5/10년	- 초보 지리교사 - 유능한 지리교사 - 능숙한 지리교사	- 학교로부터 전문성 발달을 위한 더 많은 지원 - 지리교사로서의 경험 확립 - 지리교육과정 개발에 참여 - 지리교사로서의 차기단계 경력개발에 대해 숙고 (예를 들면, 학교 내 역할 확대, 교사경 험을 확대할 수 있는 학교나 기관으로의 전근 등) - 상급 지리교사 자격 취득에 대한 숙고
- 경력 발달 시기 - 지속적인 전문성 발달	- 교사경력 5년 이상에서 은퇴까지	- 능숙한 지리교사 - 전문가 지리교사	- 지리교사로서 전문성 발달 계속 ⓐ 지리교사로서 발전된 기능 개발 ⓑ 지리수업에 대한 멘토링과 같은 지원이나 수준 높은 스킬 개발 - 상급 지리교사 자격 취득 - 학교, 지역, 국가 수준의 지리교육과정 개발에 참여하거나 공헌 - 정기적으로(3～5년 마다) 차기 단계의 경력개발에 대해 숙고하고 의사 결정 ⓐ 일반 지리교사로 계속 근무하기 ⓑ 부장교사 등 학교 내 역할 확대하기 ⓒ 지리교육 관련 분야로 이직하기 ⓓ 지리교재 집필 등의 경력 개발하기 - 고급수준의 연수나 교육이수를 통해 전문성 발달을 확대, 강화하기

전문성 개발은 지리교사의 즐겁고 성공적인 경력 발달의 기본이다. 전문성 개발은 초임교사 시기부터 시작되고, 초기에는 인내심이 요구되며 지속적인 의식고취와 자극이 필요하다. 전문성 개발의 기회와 이에 대한 의사결정은 교사 개인은 물론 학교에서 지리교과를 담당하는 교사생활 모두에서 중요한 문제가 될 것이다. 때문에 고도로 전문화된 경력개발 계획이 아니더라도, 자신에게 필요한 지원, 연수과정, 더 높은 수준의 자격취득에 적절한 시기 등에 대한 방향을 설계하는 것은 중요하다. 전문성 개발을 위해서는 지속적으로 그리고 매순간 개인적, 직업적 전문성 개발을 우선시해야 하며,

남다른 소명의식이 필요하다.

지리교사는 전문성 개발을 위해서는 한 사람의 학습자로서, 자신을 긍정적으로 인식하고 매사 융통성 있게 접근하며, 전문적 책임감을 갖고 가치 있다고 판단되는 일이나 다른 사람을 위한 일을 기꺼이 수행할 수 있으며, 남다른 공감 능력과 겸손한 태도를 가져야 한다. 전문성 개발을 위해 열심히 노력하는 지리교사는 자신의 주변에 항상 관심을 기울이며, 개인적 차원과 직업적 차원 모두에서 자신의 전문성 발달의 현재와 미래에 책무성을 갖고 현명하게 결정한다. 그리고 지리교사는 자신의 경력발달과 전문적 학습은 항상 다음 단계의 발달을 위한 시작점으로 생각한다.

4. 지리교육에서 전문가란?

각 분야별로 전문가의 모습이나 자질은 다양하게 설명될 수 있다. 이 장에서는 한 사람의 전문가로서 지리교육자를 '자신이 몸담고 있는 분야가 지속적으로 전문화되고 있는 세계임을 인식하는 사람'으로 정의하고, 이에 대해 설명하는 사례를 소개한다. 이 사례는 Gerber(1988, 3-8)의 'The geographical educator as an expert'에 대한 논의를 정리한 것이다.

Gerber는 "전문가는 훈련과 경험을 바탕으로 한다."는 Johnson(1983, 78-79)의 논의를 빌어 지리교육 전문가의 자질을 다음과 같이 종합하였다. 이러한 논의는 지리교사가 지리교육 전문가로 성장하고, 그래서 한 사람의 전문가로서 당당한 삶을 지속하며, 자신의 권리를 정당하게 주장할 수 있게 되는 데 그 목적이 있다.

① 무엇을 배워야 하는지 알고 있으며,
② 대부분의 사람들이 할 수 없는 것을 할 수 있으며, 정보를 일반화하는 데 능숙하고,
③ 언행이 매끄럽고, 유창하며 효율적이고,
④ 당면한 문제해결에 필요한 요령과 방책을 많이 알고 있으며,
⑤ 기본적인 쟁점을 해결하는 데 부적절한 정보를 스마트하게 처리하고,
⑥ 직면한 문제를 비슷한 유형의 경험 사례로 익숙하게 인식하며,
⑦ 특정 과제 상황을 넘어서는 수행능력을 가진 사람.

1) 지리교육자들이 배워야 할 지식

지리교육 분야에서 요구되는 전문화된 지식은 광범위 하지만 80년대 영미권에서 출판된 주요 지리교육 문헌들의 내용을 바탕으로 할 때, 지리교과의 전문화된 지식은 다음과 같은 내용을 포함한다.

① 사회적, 정치적, 경제적 그리고 환경적 이슈들의 광범위한 다양성은 인간과 삶의 세계 간의 상호작용과 관련된 것이란 점,
② 교사들의 각기 다른 이데올로기와 철학에 대한 이해는 지리를 가르칠 때 갖게 되는 접근법의 밑바탕이 된다는 것,
③ 교실에서 이루어지는 형식적인 수업 및 실제 현장에서 지리 교수와 학습에 필요한 일련의 방법들,
④ 특정 지역 혹은 국가적 환경에서 효과적인 지리교육과정을 개발하는 데 필요한 테크닉,
⑤ 지리교육의 모든 측면(교육과정 계획, 교수방법, 수업단원과 자료, 학생들의 수행능력에 대한 진단과 평정 등)에서 그 효율성을 평가할 수 있는 테크닉.
⑥ 삶을 효과적으로 향상시킬 수 있는 일련의 스킬들.

이러한 지식의 획득은 지속적이며, 형식적이고 비형식적인 환경에서 발생할 수 있는 매우 정교한 경험을 통해서 이루어질 수 있다. 그리고 이러한 지식들은 다양한 교육경험의 지속, 개인적 연구 및 독서, 동료들과의 토론 등을 통해서 명료화 된다.

2) 정보를 능숙하게 일반화하는 능력

자신의 분야에서 지도자로 인정받는 지리교육자들은 다음과 같은 정보를 일반화하는 능력이 발달된 사람들이다. 이들의 능숙함은 지리교육자들이 지리학과 교육학(혹은 교과교육학)의 지식과 방법론을 기본 바탕으로 학습하고, 이들 양자의 측면에서 정교한 연구와 학습을 지속적으로 수행함으로써 발달된 것으로, 대부분의 사람들이 할 수 없는 일을 할 수 있는 능숙함이다.

① 지리학 지식의 구조의 토대가 되는 개념, 일반화, 원리들,
② 핵심 질문(key questions), 즉 지리학자들이 환경적 이슈를 연구할 때 일반적으로 제기하는 질문들에 대답하기 위해 의사를 결정하는 데 포함되는 과정,

③ 어떤 지리적 연구를 수행할 때 활용되는 물리적, 인지적, 사회적 스킬의 범위,
④ 지리적 연구와 문제해결의 입장에 영향을 미치는 사람들의 감정, 지각, 태도 및 가치관.

3) 매끄럽고, 유창하며 효율적인 언행

전문가의 자질이나 소양은 지리교육에 대한 지식을 획득하고 정보를 일반화하는 능숙함을 통해서 발달하며 이는 전문가의 언행에 반영된다. 전문가의 언행에서 나타나는 매끄러움은 지리교육자들이 다음과 같은 핵심 질문에 근거한 연구를 수행하는 방식에서 잘 드러난다.

① 지리적 현상이란 무엇인가?
② 지리적 현상은 지정된 지역(혹은 특정 지역)에서만 나타나는가?
③ 이러한 패턴/관련성이 나타나는 이유는 무엇인가?
④ 이러한 패턴/관련성의 환경적 영향이나 결과는 무엇인가?
⑤ 이러한 환경 상황/이슈는 어떻게 개선될 수 있는가?

이와 같이 지리적 이슈를 논리적으로 다루는 훈련과 경험은 교육에 대해 좀 더 유연하고 효과적으로 접근하는 능력을 길러준다. 위와 같은 추론은 모두 지리적 탐구의 초점과 밀접하게 관련되어 있다. 그러므로 이러한 과정을 따르는 지리교육자들은 "도시는 사람들이 살기에 좋은 곳인가?"와 같이 특정 관점에서 어떤 지리적 이슈를 다루는 교육과정을 개발할 때 상당히 숙련된 결정을 하게 될 것이다. 나아가 지리교육자들은 지리적 정보에 적절한 언어적 설명, 지도, 인터뷰, 통계자료, 야외조사활동, 팝송 혹은 흐름도와 같은 도표 등을 능숙하게 활용하여 좀 더 효과적인 의사소통을 이끌 수 있다.

4) 문제해결에 필요한 요령과 방책에 대한 지식

위에서 언급한 바와 같이, 지리교육자들은 사회적이고 환경적인 이슈에 초점을 둔 지리과 교실활동을 독특하게 구성된 핵심 질문을 활용하여 효과적으로 전개할 수 있다. 이러한 핵심 질문과 관련된 지리교육자들의 의사결정은 마땅히 학생들의 스킬, 능력, 사적지리, 그들이 살고 있는 곳의 환경 등을 바탕으로 이루어지게 된다.

지리교육자들 나름의 비결이나 요령은 학급관리 스킬, 학생 능력에 대한 진단, 학생들의 선호도와

삶에 대한 포부 등에 대한 지식의 획득과 교육과정 개발 및 평가와 관련된 협력적 활동을 통한 경험과 동료들로부터의 학습과 같은 지속적인 교육경험을 통해서 학습된 것이다.

지리교육자들이 갖고 있는 요령이나 비결이 세계의 각기 다른 문화와 교육제도를 가로지르는 개념이듯이 방책 역시 특정 국가 혹은 특정 교육정책에 따라 다양하게 전개될 수 있다. 특정 국가에서 실현가능한 방책은 다른 나라 지리교사들에게는 하나의 사례를 소개하는 정도에 그칠 수 있다. 예를 들어, 지리수업에서 이루어지는 컴퓨터 보조학습에 대한 지도서는 영국의 지리교사들에게는 구성주의적 설명서로 인식되지만, 교실에 컴퓨터가 없는 다른 나라의 교사들에게는 하나의 충고일 뿐이다.

이처럼 다양한 맥락에도 불구하고, 숙련된 지리교육자들은 그러한 충고를 깨닫고, 자신들이 처한 상황에서 그와 같은 문제를 해결하기 위해 노력한다. 아프리카의 한 교사는 원격탐사의 활용에 대해서 논할 때, 자기 나라의 지리교육 상황에 대해 다음과 같이 말했다.

> "우리나라는 원격탐사와 같은 것은 가르치지 않는다. 그것은 새로운 테크놀로지이며, 학교는 그와 같은 것을 가르치는데 필요한 도구를 구입할 예산이 없다. 그러나 나는 이것의 가치를 알고 있으며, 지리교육에서 갖는 타당성도 알고 있다. 아마도 10년 후에는, 우리도 지리교육에서 그러한 자원을 활용할 수 있게 될 것이고, 나는 우리 정부가 그러한 교육 기자재를 도입하도록 노력할 것이다."

5) 기본적인 이슈를 파악하는 데 필요한 전문성

숙련된 지리교육자들은 우선적으로 고려해야 할 이슈들을 분별하고 선정할 수 있으며, 기본적인 이슈들을 설명할 수 있다. 지리교육자들이 고려해야 할 기본적인 이슈들은 다음과 같다.

① 지리에서 학습해야 할 것은 무엇인가?
② 학습은 어떻게 이루어져야 하는가?
③ 학습된 내용을(정도를) 어떻게 알 수 있는가?
④ 지리수업에서 학습하거나 정교화 된 스킬, 개념, 일반화 등이 얼마나 유용한가?

이러한 이슈들에 대해서 말하는 것은 쉽지만, 대부분의 지리교사들은 기본적인 이슈들의 바탕이 되는 요소들과 실현가능한 해결책 등을 명료하게 제시하는 데 어려움을 겪고 있지만, 전문가들은 문제의 본질을 이해하는 데 능숙하다. 예를 들면, 지리수업에서 시뮬레이션 활용을 고려할 때, 전문가들은 그동안의 교육적 경험을 바탕으로 시뮬레이션 활용의 장단점, 평가방법, 수업설계 등에 대해 능숙하게 접근한다.

6) 지리교육에서 나타나는 문제들을 유목화하고 분류하는 능력

지리교육자들은 자신의 직업적 삶에서 광범위한 문제나 도전을 직면할 수 있다. 이러한 문제들의 일부는 지리를 가르치고 배우는 것과 관련되어 있다. 그 외의 문제들은 지리를 학습하는 데 참여한 교육적 경험들과 관련된 것들이다.

경험이 풍부한 지리교사들은 이러한 문제를 몇 가지 하위 범주로 세분화하고, 각 문제들을 과거에 학습한 기본적인 지침이나 안내에 따라 해결한다. 지리교사들이 직면하게 되는 교육적 문제들을 좀 더 세분하면, 개인적인 특징과 관련된 것으로 주로 교수법이나 교수학적 방법, 교육과정 개발, 지속적인 교육이나 연수, 스킬 개발 등이라 할 수 있다. 숙련된 지리교사들은 이러한 교육적 문제들을 각 유형별로 해결하는 데 적절한 방법을 알고 있다.

7) 상황이 다른 과제도 수행할 수 있는 능력

지리교육자들은 일반적으로 다양한 교육제도와 정치 상황에 처한 학생들을 가르치게 된다. 우리가 전문가로 칭하는 교사들은 각기 다른 여러 교수법을 알고 있는 사람들이다. 그들은 문헌 연구에서 논의되는 활동들과는 대조적인 설명식 수업에 필요한 전략들을 잘 알고 있다. 전문가들은 일반적인 교수 스킬, 지리적 능력, 관련분야의 지식 등이 내면화 된 사람들이다. 전문가들은 자신에게 친숙하거나 전혀 친숙하지 않은 상황에서 발생한 특정 상황에도 자신들의 스킬과 능력을 전이, 적용할 수 있으며, 도움을 요청한 교사에게 구성주의적 해결책을 직관적으로 제공해 줄 수 있다.

8) 지리교육에서 전문성 발달

위와 같은 지리교육자들은 어떻게 전문가가 되었을까? Gerber는 Johnson(1983, 79)의 논의에 근거, 다음과 같이 전문가의 발달단계를 3단계로 제시하였다.

① '수업 경험 혹은 수행과정에 대한 관찰'을 통해서 학습하게 되는 인지단계
② 1단계에서 학습한 것을 정확하고, 효율적이며, 능숙해 질 때까지 실제로 실행해 보는 적용단계
③ 반복적인 실제 적용의 결과로 '특별한 생각을 하지 않고도' 실행할 수 있는 자율단계

인지단계(The cognitive stage)에서 지리교육자들은 교과를 가르치는 데 필요한 바람직한 전략들 즉, 학생들이 지리수업에서 배워야 할 개념적 이해와 능력들, 교육과정 개발과정과 평가, 학생과 학

생들이 학습하는 방식을 이해하는 데 필요한 전략과 방식들, 교수에 필요한 교재 선정 등에 대해서 학습하게 된다.

이러한 인지단계에서 이루어지는 발달은 예비교사 교육에서 시작되며, 개개인이 전문적으로 성장하는 동안 계속된다. 예비교사 교육과정은 전문성 발달에 필요한 기초적인 토대를 구축하는 정도의 의미를 갖는다. 개인적으로 필요한 학습은 대학원 진학, 수업경험, 전문서적 탐독, 동료들과의 토론 활동 등과 같은 지속적이고 정교한 프로그램 수행을 통해서 이루어질 수 있다.

지리교육자들은 자신들이 익힌 여러 기본적인 학습내용을 실제 맥락에서 연습할 때 적용단계(The associative stage)에 진입할 수 있다. 지리교육자들에게서 나타나는 정확함이나 능숙함의 증진은 상급학년을 담당한 선임교사 경우에 좀 더 잘 나타난다. 즉, 지리수업 경험의 계속이나 교육과정 개발에의 참여 등을 통해서 효율성과 능숙함은 증진되고, 이것은 교사들이 학교에서 지리과 부장이나 지리교육 워크숍 등을 주도하는 정도의 위치로 승급하게 되면 더욱 증진된다.

자율단계(The automatic stage)는 지리교사들이 그동안 연마해 온 지식과 스킬 등을 어떠한 교육적 상황에서도 적용할 수 있는 준비가 되어 있는 단계이다. 이 단계에 도달한 지리교육자들은 특정 문제와 관련된 요인들을 파악하고, 효과적으로 의사결정 할 수 있는 시기이다. 이 단계에 도달한 교사들은 인지단계 교사들의 교육 프로그램 강사로 활동할 수 있다. 자율단계로의 발달은 오랜 기간에 걸친 개인적인 학습, 실천, 현장경험을 통해서 이루어 질 수 있다.

5. 사례탐구: 학습공동체 참여를 통한 지리교사 전문성 발달

김대훈(2014)은 지리교사의 전문성은 직업적 관점보다는 평생 동안 지속적인 학습을 통해 내재적 자질이나 능력의 발달로 이루어진다는 관점에서, 지속적인 전문성 개발(CPD)을 위해 교사학습공동체에 참여하고 있는 11명의 현직 지리교사를 참여 관찰하였다. 관찰결과로 제시하고 있는 지리교사의 전문성 발달 유형과 과정을 간단히 소개하면 다음과 같다.

1) 전문성 발달 유형

관찰 대상 지리교사들의 전문성 발달은 상호 배타성에 기반하는 '도전가 형', '역량증대 형', '자기위안 형', '자기반성 형'이라는 4가지 형태로 유형화되었다. 이러한 유형 간 차이는 주로 인과적 조건에서 수업에 대한 열망과 지리에 대한 열정 정도, 맥락적 조건에서 교육정책, 근접성, 외부와의 관계에 대한 반응과 태도, 중재적 조건에서 비전의 공유와 구성원의 다양성 인식 정도, 작용과 상호작용에서 토론과 비판, 지식과 정보의 공유에 대한 태도 등에서 나타났다. 전문성 발달의 결과는 크게 역량증대, 자존감 획득, 성찰의 세 부분에서 나타났다.

'도전가' 유형은 다른 유형보다 수업 잘하는 교사에 대한 열망이 강하고, 적극적이고 능동적이었으며 협력학습에 영향을 주는 미시적 요인뿐만 아니라 거시적 요인에 대해서도 민감했다. 또 개인적 측면과 함께 집단적 측면에 대한 고민도 놓지 않았다. '역량증대' 유형은 수업에 대한 열의가 강했으며, 교사학습공동체에 영향을 미치는 거시적 요인에 대해서 인지하고 있었지만 도전적이지는 않았다. 개인적 역량은 크게 증대되었지만 그것이 집단적 차원으로 승화되지는 못했다.

'자기위안' 형은 지리수업에 대한 열의가 강했지만 교사학습공동체에 영향을 미치는 거시적 요인에 대해서는 둔감했으며, 토론과 비판에도 적극적이지 않았다. 하지만 연구하는 교사라는 자기 만족감이 강했다. '자기반성' 형은 개인적인 열망과 열정을 바탕으로 교사학습공동체에 참여한 것이 아니었기 때문에 적극적이거나 능동적이지는 않았지만 깊은 성찰 과정을 통해 점차 협력적 교사학습으로 몰입해 갔다.

한편 다수의 전문성 발달 유형에서 공통적으로 강조된 것은 수업에 대한 열망, 협력적 교사학습으로의 몰입, 공동 과제 수행, 자발적 배움, 역할분담, 지리수업능력 향상, 지리교사 정체성 강화, 지리교육에 대한 관점의 변화였다. 결국 교사학습공동체에 참여하여 협력학습에 몰입한 지리교사들은 수업에 대한 열망이 강한 교사들이었다. 이들의 교사학습 양상은 공동체 내에서 협력을 통해 이루어졌고, 구체적인 모습은 자발성과 역할분담을 통한 공동 과제 수행이었다. 그 결과 지리수업능력 향상, 지리교사 정체성 강화, 지리교육에 대한 관점의 변화가 나타났다.

2) 전문성 발달 과정

상황학습론자들은 전통적인 심리학자들과 달리 학습을 지식과 기능만의 습득으로 생각하지 않는다. 그들은 상황과 학습은 분리될 수 없는 학습의 본질적 구성요소로, "어디에서 어떻게 학습하느냐?"가 "무엇을 학습하는가?"를 의미 있게 결정한다고 본다(Putnam, 2002, 2470; 김대훈, 2014, 257). 때문에 무엇을 배운다는 것은 어떤 공동체에 참여하여 공동체의 맥락을 이해하는 것이며, 발달은 지식의 학습이 아니라 지식이 담겨져 있는 공동체 구성원들과 상호참여라는 특정한 실천양식을 익히는 과정이다(Lave and Wenger, 1991, 14-15).

결국 학습은 공동체에서 공유하는 사회적 실천에 참여하는 과정이며, 발달은 공동체의 주변적인 참여자에서 중심적인 역할을 수행하는 완전한 참여자가 되는 것이다. 완전한 참여자는 사회적, 문화적으로 동화되어 그 집단의 완전한 성원으로서 정체성이 확립된 상태를 의미한다(Lave and Wenger, 1991, 53, 111). 이때 참여는 공동체 구성원들과 모종의 관계를 맺는다는 것으로 쌍방향적인 소통이 중요한 기준이 되며 소통한다는 것은 서로의 정체성을 인정한다는 의미이다(Wenger, 1998, 96-97).

관찰 대상 지리교사들의 전문성 발달과정은 '갈등 단계', '다가감 단계', '어울림 단계' 등 일련의 과정을 통해 교사학습공동체의 사회적 실천에 참여하고, 공동체의 성원으로서 정체성을 형성해 나아 간 것으로 나타났다.

먼저, 갈등 단계이다. 참여자들은 형식 교육을 넘어 무형식 교육의 장인 교사학습공동체에 발을 내딛지만 공동체 내에서 수행하는 공동의 과제는 초임자가 감당하기에 어려웠다. 공동의 과제에 대한 논의의 장에서는 소극적으로 임하거나 비판을 받는 경우도 있었으며, 구성원들과의 낯선 관계는 공동체 참여를 더욱 어렵게 했다. 물론 그 과정에서 참여자들은 자신의 부족함과 나태함을 반성하며 동년배의 구성원과 동병상련을 느끼며 적응해 보려고 애썼다. 하지만 공동체 비전이 공유되지 못하고 정서적 유대감을 형성하지 못하거나, 공동의 과제에 대한 부담감을 크게 느끼는 구성원은 개인적인 열망과 열정에도 불구하고 공동체 참여를 지속하지 못했다.

둘째, 다가감 단계다. 협력적 교사학습은 지식의 생산자로 거듭나는 고통의 과정이었으며, 스스로 뱉어낸 것에 대한 책임과 오랜 시간 타협을 필요로 하는 인내의 과정이었다. 즉 공동체에서의 학습은 개인적 차원의 배움이 아니라 타인과의 관계를 맺는 과정이었다. 참여자들은 개인적인 노력과 경력자로부터의 도움을 통해 협력적인 과제 수행에서 비판보다는 격려를 받게 되고, 다양한 구성원으로부터 지식과 정보를 공유 받으면서 자신이 성장하고 있다는 것을 인지하였다.

이 무렵 참여자들은 공동체에서 총무나 회장 역할을 부여받는다. 이런 역할은 과거보다 참여자들에게 더 많은 희생을 요구하지만 공동체에 대한 소속감이 증대되고, 구성원과의 빈번한 접촉으로 인간적 신뢰관계도 형성되었다. 또 공동 과제의 기획자로 공동체의 비전에 대한 공유도 증가하게 되었다. 이러한 과정을 통해 참여자들은 점차 공동체에 대한 동일시 정도가 높아지고, 공동체 내 자신의 자리를 마련하기 시작했다.

셋째, 어울림 단계다. 참여자들은 수년의 시간이 흐르면서 교사학습공동체의 실천양식에 익숙해지고 구성원 간의 정서적 유대관계도 돈독해졌다. 이러한 정서적 안정감은 지식의 습득을 용이하게 했으며, 자연스러운 질의응답을 통해 지식과 정보의 공유를 촉진시켰다. 또 토론 과정에서 좀 더 적극적으로 자신의 의견을 개진하고 때로는 격론을 벌이기도 했지만 구성원들과의 정서적 유대감으로 상처를 받거나 모임을 탈퇴하는 일은 일어나지 않았다.

이 무렵 공동체에 새로운 구성원이 등장하자 이들에게 멘토의 역할을 담당하기도 하고, 신임 구성원에 의해 다양성이 강화되면서 참여자들은 새로운 시각에 자극받기도 하였다. 이처럼 참여자들은 교사학습공동체에 더욱 더 몰입하여 공동체 참여가 자신의 삶의 일부가 되며, 공동체 성원뿐만 아니라 공동체 밖 타인들에게 자신의 역량을 인정받게 된다.

이와 같은 사례는 지리교사의 전문성 발달 과정은 개인의 내면화 과정이 아니라 공동체의 사회적 실천에 참여하는 활동이며, 사회화와 문화화의 과정으로 설명하는 것이다. 이러한 활동과정을 통해 참여자들은 공동체의 완전한 참여자로서 정체성을 획득하게 되고 전문성 발달을 경험하게 된다.

제12장 지리교육에서 실행연구와 질적 탐구

1. 지리교육과 교육적 실행연구

지리교육 연구는 연구에 적용된 방법들의 발전과 다양한 범주의 개발을 계속해 왔다. 최근 지리교육에서 이루어지고 있는 여러 가지 질적 연구방법들의 도입과 적용이 이러한 발달의 직접적인 결과라고 할 수 있다. Fien(1992)은 그동안 지리교육에서 이루어진 연구의 대부분이 경험적이고 과정-산출식(process-product type)이라는 점을 지적하였다. 경험적이고 과정-산출적인 연구에서는, 경험적 상황을 통제하는 환경에서 검증된 가설을 주장한다. 경험적인 연구는 형식에 있어서 긍정적이고 교수와 학습의 과정과 그러한 과정의 결과에 관심을 두기 때문에 해석적인 양상이 부족하다.

질적 관점의 해석적인 연구에서는 우리가 접하게 되는 문제를 잘 설명해 줄 수 있는 증거와 정보를 탐색하기 때문에, '교사의 사고와 실제 그리고 문제에 대한 풍부한 묘사와 설명'을 가능케 한다. 그중에서도 교육적 실행연구(educational action research)는 교사와 학생의 필요에 좀 더 즉각적으로 타당성을 가질 수 있고 그래서 교사의 전문성 확보와 학생 교육의 향상에 공헌할 수 있는 가능성을 열어 준다는 점에서 주목된다(Naish, 2002).

우리나라에서는 최근 들어 실행연구에 대한 관심과 연구 성과들이 본격화되고 있지만, 지리교육에서는 이에 대한 관심이 상대적으로 부족하다. 송언근(2001)은 레지오 접근법이라는 구성주의적 접근법이 지리교육에 현실적 적합성을 갖기 위해서 어떤 방법적 · 절차적 토대가 필요한지에 대해 교육대학교 수업을 사례로 실행연구를 수행하였다. 즉, 1차 실행연구 결과를 토대로 수정한 학습절차를 수업에 재투입하여 보다 현실적 적합성과 적실성을 갖는 구성주의적 학습절차와 방법을 재구성한 결과를 보고하였다. 또한 송언근(2003)은 지도교수와 협력교사의 동반자적 협력 지도가 교생들의 실습에 미치는 영향과 그 변화를 분석하는 실행연구를 실천하여 지리교육에서 실행연구의 대상, 방법 등에 대한 구체적인 사례를 제시해 주었다.

이처럼 우리나라 지리교육에서 실행연구에 대한 구체적인 관심과 실행은 최근의 일이지만, 이에 대한 이론적이고 방법론적인 논의는 상당히 성숙되어 있다. 특히 영국을 중심으로 지리교육에서의 논의도 꾸준히 이루어지고 있으며, 구체적이고 모범이 되는 실천 사례를 제시하고 있다. 실행연구는 그 자체가 하나의 연구방법이지만, 그동안 경험적으로 실행되고 그 장단점이 고려된 나름대로의 연구방법들이 다양하게 제시되고 있다. 지리교육에서는 기존의 연구에서 제시되고 있는 실행연구의 장점과 단점을 잘 고려하는 일이 후속 연구의 실천 과제이다.

실행연구가 반성적 실천을 목적으로 하는 연구이지만, 이론적 고찰은 연구 진행의 체계화와 실천의 효율성 도모를 위해서 선행되어야 할 일이다. 이에 질적 연구의 관점에서 실행연구의 특징과 그 실천에서 예상되는 장벽 그리고 이론과 실제에서 문제가 되는 이슈에 대해서 이론적으로 고찰해 보고자 한다. 지리교사의 전문성, 지리과 교실수업의 이해와 지리수업의 영역 특수성, 학습자의 지리학습 향상 등의 문제는 실행연구 전반에 관련되는 것이지만, 본 장에서는 지리교사의 전문성 함양을 위한 실천적 방법론의 관점에서 그 특징을 살펴보고자 한다.

2. 질적 연구의 필요성과 특징

지리교육자들은 왜 질적 연구를 하려고 하는가? 이 질문에 대답이 될 만한 사례를 소개하면 다음과 같다(Gerber, 1996).

> "삶을 위한 지리학습의 개선과 증진을 계속하기 위해서, 지리교육에 대해 질적으로 연구하는 것이다. 질적 연구는 지리교육자들이 필요로 하는 하나의 기준선이고, 어린 학생들이 지리를 어떻게 학습하는가를 고려하는 데 필요한 관점의 하나이다."

지리교육헌장에서는 이러한 아이디어를 다음과 같이 선언하고 있다(IGU · CGE, 1992, 14).

> "지리교육에서 연구는 초등, 중등, 대학교육, 직업교육과 성인교육에서 지리 교수·학습을 개선하는데 초점을 두고 있다. 또한 보다 일반적인 교수·학습 이론의 개발에도 기여하고 있다. 이러한 목적을 성취하기 위해서, 기본적인 것과 응용적인 연구를 함께 추구할 필요가 있다."

여기서 말하는 기본적인 연구는, 아동의 공간적 이해, 환경 지각 그리고 다른 사람들에 대한 태도의 발달과 같은 기본적인 측면에 초점을 둔 지리교육 이론의 발달로 이해할 수 있다. 응용적인 연구는, '지리교육에 적절한 실제에 관심'을 가지고 연구하는 것으로 정의할 수 있으며, 교수방법과 교수자료의 개발과 평가 등을 포함한다.

Lidstone(1988)은 1960년대 이후에 이루어진 지리교육 연구물들을 메타-분석한 결과, 지리교육 연구가 학습자 및 교수방법과 같은 특정 측면에 집중되고 있음을 밝히면서, 지리교육의 대안적인 연구 분야를 다음과 같이 제안하였다.

① 기본적인 사회과학적 연구
② 전략적인 교육적 연구
③ 특정 문제-해결 연구
④ 실행연구
⑤ 관련 지식을 수집하고 연구 동향을 점검하는 연구

물론 이들 연구 분야는 무엇보다도 교실 세계와 밀접한 관련을 가지고 있다. 그는 또한 교육적 연구(educational research)와 교육에 관한 연구(research on education)의 차이점을 설명하였다. 교육에 관한 연구는 주로 결과에 관심을 가지는 반면에 교육적 연구는 교육적 경험에 관심을 두는 것이므로, 지리교육 연구가 보다 교육적인 연구를 지향해야 한다는 것이다.

이러한 논의들은 지리교육에서 이루어지는 연구가 단일한 목적으로 이루어지지 않음을 의미할 뿐만 아니라 다양한 관점에서 다양한 방법론으로 접근되어야 함을 시사하는 것이다. 지리교육에서 이루어지는 연구는 분명한 목표와 연구 맥락 그리고 특정 목표를 위해 선택된 연구방법 등을 다면적으로 고려해야 한다는 것이다. Gerber(1996)는 13개국 23명의 지리교육자들의 연구에 근거하여, 지리교육자들의 질적 연구 경험의 본질을 다음과 같이 정리하였다.

① 자연적인 상황에서 비-이원적이고, 비-단정적이며, 인간적인 접근.
② 풍부하고, 복잡하며 '소프트한' 데이터.
③ 국지적이고, 사람들의 구체적인 경험의 의미를 설명.
④ 기술적이고, 비-통계적인 서술적 탐구.
⑤ 과정의 연결과 분석을 바탕으로 만들어진 이론.
⑥ 독특한 맥락에서 이루어진 인간적 경험의 내용에 대한 이해.
⑦ 연구자의 실천적 역할.

질적 연구의 역사적 근원은 다양하나, 기본적으로 두 가지 뿌리를 원천으로 한다. 미국과 영국에서 발달한 인류학적 전통과 유럽 대륙에서 한 세기 이상 발전해 온 해석학적 전통이 그것이다. 이들은 모두 질적 사료를 분석하는 주요한 양식으로 '해석'이라는 활동을 강조한다.

질적 연구의 특징을 양적 연구와 비교하면, 양적 연구는 소수의 변수들과 많은 사례를 대상으로 하는 반면에, 질적 연구는 소수의 사례와 많은 변수들에 의존한다. 또 실험적인 양적 연구의 설계는 구체적인 통계 절차를 따라서 완성된 자료를 분석하고 합의된 원리에 따라 구성된다. 반면에 질적 접근 방법은 일정한 규칙의 엄격한 적용을 강조하지 않는다. 질적 연구는 연구자의 구체적인 필요에 따라 이론을 강조하는 수준이 달라지며, 실질적으로 자료수집 과정이 연구설계를 통제하기 때문이다. 또한 어떤 자료가 수집되느냐에 따라 연구방법론과 연구에 적용되는 절차가 달라지기도 한다.

주관적인 이해와 해석을 인정하는 질적인 연구는 양적인 연구처럼 일반화된 방법이나 전제가 있다고 볼 수 없다. 그것은 질적 연구 분야 자체가 급격한 이론적·방법론적 변화를 계속하고 있으며, 동시에 질적 연구의 포섭 범위를 어디까지 확장할 것인가에 대한 합의를 도출하기 쉽지 않기 때문이다. 극단적인 경우 질적 연구는 연구자의 수만큼 방법적 전통이 있다고 일컬어지기도 한다(이혁규, 2005; 김혜숙, 2005).

지금까지 질적 연구는 주로 양적 연구와 대비되는 관점에서 논의되어 왔다. 보통 연구자들은 자신의 연구주제를 탐구하는 과정에서 질적 방법론이나 양적 방법론 중에서 하나를 선택했기 때문에, 이들 방법론은 연구 패러다임으로 인식되었다. 즉, 양적 연구와 질적 연구는 사회현상이나 지식의 본질을 이해하는 방식에 근본적인 차이가 존재한다고 인식했으며, 이에 양적 연구와 질적 연구의 특징은 서로 대비되는 것으로 논의되었고, 서로 다른 패러다임으로 불가공약성을 갖는 것으로 인식되었다.

표 12-1. 실행연구에서 양적 연구와 질적 연구의 특성

구분	양적 연구	질적 연구
이론적 배경	- (논리) 실증주의 - 경험주의	- 자연주의(구성주의) - 현상학, 해석학
기본 가정 (존재론, 인식론)	- 단일 실재가 객관적으로 존재 - 인식주체와 객체가 분리, 독립적 - 연구자는 외부자적 관점 - 가치 중립적	- 여러 구성된 실재 존재(국지적이며 일상 경험으로부터 인식되는 다양한 현실) - 연구자는 내부 참여자로 상호작용함 - 가치 구속적, 함축적
목적	- 변인들 간의 관계 결정 - 이론 검증 - 객관적 실체 규명 - 일반화, 예측	- 참여자의 관점 이해 - 의미 생성(이론 개발) - 실재의 구성 - 상황성, 해석
조사, 설계	- 사전 설계, 정적 설계 - 명세적, 구조화 - 형식적	- 연구과정에서 생성적, 즉각적으로 범주 확인 - 일반적, 직관적, 융통성
표본 추출	- 확률적, 무선적 선발 - 주로 대규모 - 일반화, 표본의 대표성 추구	- 유목적적 - 주로 소규모 - 설명력, 변이와 풍부성 추구 - 표본의 비대표성, 편의적 선택
도구, 자료	- 재생가능한 양적 자료 - 양적 의미 부여, 계량화 - 조작된 변수들 - 통계적이고 규모가 큰 표본 - 통제집단 존재, 외생변수 통제 - 측정, 질문지, 척도, 검사, 구조화된 면접과 관찰 - 자료의 타당성이 보다 중요	- 자연발생적, 일상적 질적 자료 - 질적 의미 생성, 해석 - 개인적, 기술적(descriptive) 기록 - 작은 표본 - 현장, 노트, 사진, 녹음, 진술, 문화기술적 면접과 관찰, 종종 연구자 자신 - 자료의 신뢰성이 보다 중요
절차, 방법	- 연역적, 실험적, 상관적 - 미리 설정된 가설의 검증 - 가설과 이론이 선행 - 일치와 규준 추구 - 객관적 기술	- 귀납적, 분석적 - 현장에서 수집된 자료의 해석을 통한 근거 있는 이론화(grounded theory) - 가설과 기초 이론의 발견 - 문화기술적 현장연구 - 다원성과 복합성 추구, 공감적 이해
일반화, 인과관계 설명	- 일반적인 것에서 특수한 사례로 논지를 전개하고 선행가설이나 이론을 강조 - 탈시간적 탈맥락적 일반화가 가능 - 법칙정립적 접근, 정적인 변수들 간의 관계 - 결과에 대해 시간적으로 선행하거나 동시에 발생한 원인이 실재	- 특수한 사례에서 일반적인 것으로 논지를 전개하고, 현실 기반의 '근거이론(grounded theory)'을 강조 - 탈시간적 탈맥락적 일반화는 불가능 - 개별기술적 접근, 상호연계된 행위의 창발적이고 전개적인(unfolding) 과정 - 원인과 결과의 구분이 불가능

최근에 양적 연구와 질적 연구는 어느 것이 더 우월하거나 배타적인 연구 패러다임이기 보다는 서로 상대적이며 보완적으로 결합될 수 있다는 것으로 논의되고 있다. 즉, 어느 하나의 방법론에 의지함에 따른 내재적 한계를 극복하기 위한 대안적 연구방법으로 연구방법론의 다각화를 모색하며(심준섭, 2008, 5), 질적·양적 접근방법의 혼합적 연구 설계 혹은 통합적 접근(mixed method)이 모색되고 있다. 따라서 질적 연구가 지리교육과 교실수업 개선 등을 목적으로 하는 실행연구의 기본특성에 적합성을 갖지만, 양적 연구의 장점을 상호 보완적으로 활용하는 것이 바람직하다.

질적 연구를 바탕으로 한 실행연구에서 양적 연구의 장점을 상호보완적으로 모색한다는 관점에서 두 가지 연구의 특징을 정리하면 표 12-1과 같다. 표 12-1은 Goodwin과 Goodwin(1996), Johnson과 Christensen(2000)이 교육적 연구의 관점에서 이들 방법에 대해 제시한 특성과 Creswell(2003, 2009)이 서로 보완적으로 결합될 수 있다는 관점에서 제시한 특성을 바탕으로 재구성한 것이다.

3. 사례탐구: 지리교사의 실행연구

실행연구는 교사의 관심 사안을 연구 주제로 실제 실천가인 교사나 전문 연구자가 수행하는 연구이다. 실행연구는 연구자로서의 교사(teacher as research)가 교사와 학생의 필요에 좀 더 직접적으로 관련되는 연구를 수행하며, 교사의 실천적 반성 행위를 이끌어 교사의 전문성 함양과 교실수업 개선에 기여하려는 연구라고 할 수 있다.

지리교사들은 교육적 연구의 대부분을 인위적이며 교실수업에는 적절하지 않는 것으로 생각한다(Fien, 1992). 이것은 대학의 연구자들이 교사들과는 다른 관점에서 수업과정과 교실수업을 연구한다고 생각하는 것에서 비롯된 것이다. 지리교육에서 실행연구는 이러한 관점에 대한 반향이자 교사에게 유용하고 가치 있는 교수역량 증진을 위한 연구이며(Bright and Leat, 2000, 254-255), 교실에서 직면하는 이슈나 문제 해결을 위한 연구를 수행해 온 실천적인 교사들의 교육적 연구이다(Naish, 2002, 306).

교육적 실행연구는 교사들이 관심을 가지고 있는 이슈 혹은 문제에 대한 응답으로, 교사가 실제로 참여하는 연구이다. 연구를 수행하는 목적은 이슈 혹은 문제의 본질에서 문제의 원인과 결과를 탐구하고 그것을 다룰 수 있는 가능한 방식이나 수단을 계획하기 위한 것이다. 이러한 방식과 수단으로 이행된 결과는 평가되고, 그러한 평가는 교사의 행위를 좀 더 정교화하기 위한 더 많은 시도와 그 밖의 여러 가지에 대해 더 많은 반성을 하도록 한다. 그러므로 교육적 실행연구의 기본적인 특성은 실제 실천가에 의해 수행된다는 것이며, 그것은 주로 상황 혹은 환경을 고려한 효과적인 실행 계획에 주된 관심이 있다는 것이다. 교육적 실행연구의 이러한 특성은 다음 사례에서 잘 드러난다. 다음은 '수업단원(teaching unit) 개발' 실행연구의 사례이다(Naish, 2002, 307).

실행연구에 대한 결정적인 특성을 Cohen과 Manion(1998, 186)은 다음과 같이 말한다.

“실행연구는 Small-Scale에서 실재 세계에 대해 기능적으로 개입하고 중재하지만, 그러한 개입이나 중재의 효과에 대한 실험은 하지 않는다. … 실행연구자들은 여러 실체적인 특징들을 확인하고 밝힐 수도 있다. … 그것은 특정한 맥락에서 나타나는 문제를 규명하고 그리고 그러한 맥락에서 나타나는 문제를 해결하려고 시도하는 것에 관심을 가지기 때문이다. 그래서 실행연구는 보통 연구자와 실천가가 팀을 구성하여 상호 협력적으로 함께 진행하는 하나의 프로젝트로 진행된다. 팀 구성원들은 연구에 직접적, 간접적으로 참여하거나 과제를 분담한다. 그리고 자기평가와 프로젝트 수정은 주어진 상황에서 계속되며, 궁극적인 목적은 어떤 방식 혹은 그 외의 방식으로 교실에서의 실천을 개선해 가는데 있다.”

표 12-2. ‘수업단원 개발’ 실행연구의 사례

1) 영국(1992)의 여교사 Kayes는 14-16세를 대상으로 한 GCSE(General Certificate of Secondary Education) 교육과정에 대해 불만을 가졌다. 특히 일과 직업에 대한 교육과정이 제조업과 남성 중심의 전통적인 직업에 집중되어 있는 점에 불만이 많았다. 그리고 교육과정이 학문적인 관점에서 구성되어서 학생들의 개인적인 관심이나 흥미를 거의 반영하고 있지 않다는 점이 불만이었다. 그래서 교사와 학생 모두에게 좀 더 흥미 있고 좀 더 현실적인 직업을 포함하는 단원 개발을 위해 단원의 초점을 ‘글로벌 경제에서 여성의 직업’이라는 주제로 결정하였다.

2) 교사는 새로 개발한 단원을 교수-학습 하면서 다음과 같은 질문으로 학생들의 반응을 조사하고 자신의 경험을 계속 점검하였다. 그 질문은 다음과 같다.
   ① 학생 측면에서
   - 학생들은 학습을 통해 여성들의 일과 직업에 대해서 더 많은 것을 인식하게 되었는가?
   - 학생들은 페미니스트적인 교과내용에 대해 어떤 반응을 나타내고, 그러한 반응에서 남녀 간의 차이는 나타나는가?
   - 페미니스트적인 교과내용의 수업을 시작할 때와 끝마쳤을 때, 학생들의 반응에는 차이가 있는가?
   - 교과내용이 학생들의 정기평가에 영향을 미치는가?
   ② 단원 측면에서
   - 이 단원은 학생의 학습결과 측면에서 성공적이며, 학습결과에서 젠더별 패턴이 나타나는가?
   - 이 단원은 학생들의 관심과 흥미 측면에서 성공적인가?
   ③ 교육과정 측면에서
   - GCSE 교육과정의 나머지 부분, 특히 ‘일과 직업 부분’의 개선을 위해서 어떤 충고나 권고를 제안할 수 있는가?
   - 우리 학교에 적용한 페미니스트 지리 교과내용이 정기평가와 국가교육과정에 반영될 수 있는가?

3) 조사 방법: 학생들의 수행평가에 대한 분석, 질문지 조사, 교사 일기, 학생에 대한 설문과 인터뷰.
4) 조사 결과
   ① 학생들이 여성의 일과 직업에 대해 좀 더 많은 것을 알게 되었다.
   ② 20명 중에서 4명은 이 단원을 공부하는 동안 일과 직업에 대한 관점이 변화 되었다.
   ③ 3명의 남학생은 직업 세계에서 여성의 역할에 대해 좀 더 긍정적인 태도를 가지게 되었고, 1명의 여학생은 기회의 평등이라는 이슈에 대해 부정적인 태도를 가지게 되었다.
   ④ 대부분 남학생의 학습결과는 긍정적으로 나타났으며, 여학생들은 직업에 따른 지위에 대해 신뢰감이 증진되었다.
5) 연구 결과의 의의 : 연구자가 자신의 교수-학습 전략을 좀 더 탐구적인 접근법을 활용하여 개발하였다는 점, 그리고 페미니스트 지리의 일부 측면을 GCSE 교육과정으로 통합할 수 있는 자신감을 가지게 되었다는 점 등이다.

이러한 맥락에서 Eliott(1991)은 ‘실행연구의 기본적인 목표는 지식의 생산보다는 실천의 증진’이라고 설명한다. 실행연구의 주요한 동기는 실천의 증진이지만, 실행연구의 결과는 지식의 생산으로 귀결될 수 있다(Bright and Leat, 2000, 255). 실행연구(자)는 실제 상황의 변화와 성장을 지향한다는 믿음과 새로운 지식이나 이론의 개발을 지향한다는 두 가지 믿음을 가지고 실제 상황에 참여하여 심층적인 통찰을 얻어낸다(이용숙 외, 2005).

교실수업 연구에서 이론과 실제의 문제는 별개의 것이 아니다. 실행연구는 실천의 향상을 목적으로 하지만, 실천은 이론과 실제를 바탕으로 하며, 이론과 실제는 가위의 양날이나 동전의 양면과 같은 관계이다. 교실수업 연구에서 이론과 실제는 교실에서의 실천이라는 맥락에서 논의되고 적용되며, 연구의 내용과 결과는 교실수업을 설명하고 이해하는 이론적 토대로 재생산된다.

그러므로 좋은 지리교사가 되기 위한 예비교사의 반성은 실제 수업경험에서 이루어져야 하며(Lambert and Balderstone, 2010, 412-416), 예비 지리교사의 교육과 훈련은 실제 수업활동에 대해 비평적으로 반성하고 실천하는 사람으로 성장하도록 지원(Butt, 2002, 195)하는데 초점을 두어야 한다. 이에 Lambert(1996, 238-239)는 예비 지리교사 교육과 훈련은 좀 더 많은 예비교사를 학교 지리수업 연구와 전문성 개발 프로젝트에 참여시키는 '학교 지향적 시스템'이어야 하고, 학교 지리(수업)는 '비평적으로 반성하는 패러다임'으로 전환되어야 한다고 주장하였다.

4. 실행연구의 특징

'실행연구'라는 용어는 Lewin이 1934년 즈음에 창안한 것으로 알려져 있다. 그는 1940년대 초반 일련의 실천적 경험을 거친 후, 실행연구를 '공통적으로 가지고 있는 사적인 문제를 해결하기 위해 협동 연구에 참여한 보통 사람들이 반성적 사고, 논의, 의사결정, 그리고 실행의 힘을 개발하도록 보장하는' 과정으로 인식하게 되었다. 초기의 실행연구자들은 다양한 학파의 실행연구 사상을 따르게 되었는데, 그중 미국의 실행연구 집단은 진보주의 교육운동, 특히 Dewey의 저작에 그 뿌리를 두고 있다. 영국에서는 교육과정 개혁과 교직의 전문화에 더 비중을 두고 있으며, 호주에서는 협동 교육과정 계획을 위한 운동으로 폭넓게 이루어지고 있다(제프리 E. 밀스, 강성우 외 옮김, 2005).

지리교육의 경우는 영국을 중심으로 실행연구가 지리과 교실수업 연구의 중요한 전통으로 자리 잡았다는 점에서 주목된다. 최근 영국의 TTG 그룹은 실행연구 방법론을 적용한 연구 성과를 연속 출판하여 실행연구의 성과를 실증하고 있다(Leat, 2002; Nichols et al., 2003). 출판물들은 전국적으로 보급되었는데, 교실 수업의 실제 맥락에 적합한 형식과 내용으로 구성되어서 매우 의미 있는 것으로 평가되고 있다(Butt, 2003; 강창숙, 2005a, 2005b 참고).

'action research'가 우리나라에 도입된 초창기에는 주로 '현장연구'로 번역되어 사용되었다. 이 번역은 나름대로 타당성을 가지고 있으나, 이후의 우리나라 현장연구는 교사들의 승진을 위한 수단이 되고, 현장 개선과 관계없는 과학성에 얽매여 화석화되면서 부정적인 이미지를 갖게 되었다. 이와 차별화하기 위해서 '실행연구'라는 새로운 개념이 등장하였다. 여기에는 우리나라의 현장연구가 현장 실천연구의 성격에 적합하게 계속해서 변신을 거듭하고 있는 서구의 전통과는 달리, 실증주의적 연구 전통에 여전히 사로잡혀 있다는 반성도 작용하고 있다(이용숙 외, 2005; 강성우 외 옮김, 2005).

실행연구를 간단하게 정의하는 것은 어려운 일이지만, "실재 세계의 기능에 소규모로 간섭하는 것이고, 그러한 간섭의 영향에 대해 조사하는 것으로 그 자체가 상황적이다. 실행연구는 특정 맥락에서 문제를 진단하는데 관심을 가지며, 그러한 맥락 내에서 문제를 해결하려고 시도한다. 실행연구는 보통 연구자들이 상보적인 관계로 팀을 이루고, 실천가들은 하나의 프로젝트에 함께 참여한다. 실제실천가가 팀의 구성원이 되어 연구에 직·간접적으로 도움을 제공하면서, 자기를 평가하고 행위를 수정하고 변경하는 상황을 계속한다."는 것으로 설명할 수 있다(Hillcoat, 1996).

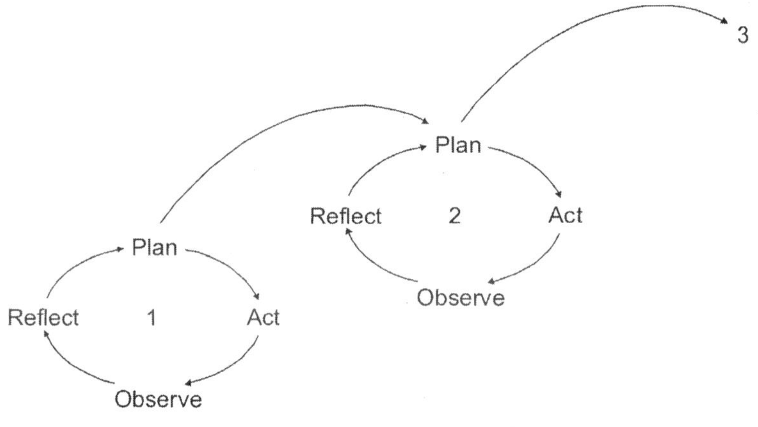

그림 12-1. Lewin's action research Cycles

많은 학자들이 실행연구를 어떻게 수행해야 하는가에 대해 의견을 제시하고 있지만, 그중에서도 가장 유용한 사례는 Elliot(1991)와 McNiff(1988)의 안내가 실제적이다. 실행연구에 대한 세밀한 모델이 다양하게 제시되고 있지만, 대부분이 Lewin(1948, 1952)의 설명을 단순화 한 McNiff(1988)의 시도에서 좀 더 복잡하게 표현한 Elliot(1991)의 모델에 이르기까지 공통적으로 실행연구의 순환적인 특성을 강조하고 있다. McNiff(1988)에 의하면, Lewin의 4개 기본활동으로 이루어지는 접근법은 그림 12-1과 같이 계획-실행-관찰-반성의 4개 기본활동으로 이루어지며, 이는 다음 단계의 계획-좀 더 개선된 실행-관찰-반성으로 계속, 순환된다. 현상을 대상으로 하는 모든 연구의 시작은 관찰에서 시작된다. 실행연구의 계획도 그림 12-2와 같이 당연히 교육현상에 대한 맥락적이고 지속적인 관찰에서 시작된다(McNiff and Whitehead, 2011, 9).

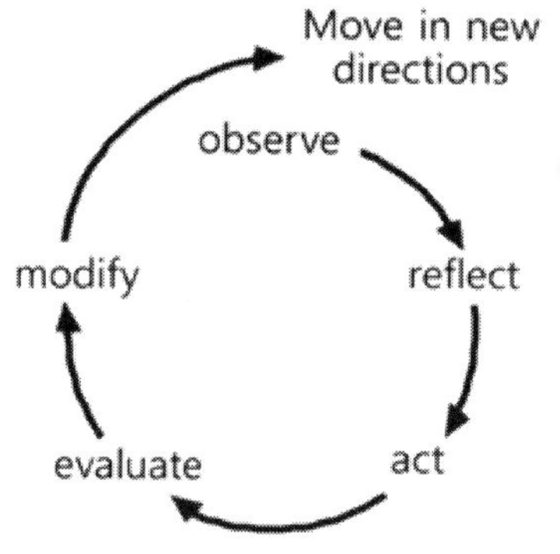

그림 12-2. McNiff and Whitehead's action reflection cycle

Lewin의 설명을 상세화한 Kemmis(1980)의 모델도 순환적이고 나선형적인 과정으로 반복된다. 그는 최초의 아이디어로부터 연구가 시작되는 것은, 사실을 발견하는 예비조사(reconnaissance)의 단계라고 주장한다. 이러한 생각을 바탕으로 일반적인 계획의 과정을 일련의 실행 단계로 구분하였다. 첫 번째 실행단계는 1차 실행과 그에 대한 평가가 이루어지고 그리고 이것은 다음 단계의 수정된 계획으로 이어진다. 연구자들은 계속해서 실행단계 2, 평가단계 2로 이어지는 나선형으로 연구를 진행하게 된다. 즉 순환적이고 나선형적인 과정으로 연구가 계속되어야 한다는 것이다.

Elliot(1991) 역시 최초의 생각 혹은 일반적인 생각에서 시작된 첫 번째 순환을 인정하는 모델을 제시했다. 그 또한 예비조사가 분석적이어야 함은 물론 사실 발견과 관련된 것이어야 한다고 생각했다. 그래서 각 실행 단계는 그것의 수행뿐만 아니라, 결과로서의 평가를 고려하는 것이어야 한다고 주장한다(Naish, 2002에서 재인용).

이렇게 실행연구는 계획하고, 계획을 실행하고, 실행한 결과를 관찰하고, 반성하는 국면을 순환하고 반복하는 분명한 체계를 가지며, 이러한 순환적 반복이 무엇보다 강조된다. 그것은 연구 과정을 이해하고 계획의 장단점을 이해하기 위한 것이며, '연구의 질에 대한 합리적 분석과 분석의 결과에 근거한 행위'를 이끌기 위한 것이다(Hillcoat, 1996).

실행연구의 근본적인 목적은 연구결과와 실행 양자 모두의 성취이다. 그것은 '한 연구 집단의 연구기법이 연구과정의 직접적인 결과가 되도록 변화를 가져오는 것'이라고 정의할 수 있다. 실행연구는 연구자 자신의 실제 실천으로 이루어진다. 다른 사람의 문제에 대해 실천적 연구를 지도하는 '외부자'는 적절치 않은 것이며, 연구자가 다른 사람의 실행연구를 지원한다는 것도 온당치 않은 것이다. 가장 바람직한 것은 교사와 학생 양자 모두의 필요에 타당한 것이어야 하며, 교사의 전문성 개발과 학생의 학습에 직접적으로 공헌할 수 있는 것이어야 한다. 실행연구는 일상적인 이슈에 대해 보다 현명하게 대응하고, 단순한 결과보다는 질적인 연구에 근거한 정보의 창출을 모색하는 것이 중요하다.

5. 실행연구의 방법

실행연구는 그 자체가 하나의 연구방법이다. 이 장에서는 연구방법이라는 일반적인 개념으로 기술하고 있지만, 한편에서는 '질적 자료의 수집방법'으로 설명되기도 한다. 실행연구는 질적 연구의 하나로서 자료의 수집과 그것의 해석이 연구의 모든 것이라고 할 만큼 중요하기 때문이다. 그동안 경험적으로 실행되고 그 장·단점이 고려된 나름대로의 연구방법으로 고려되는 일반적인 방법은 크게 참여관찰(participant observe), 서술적 관찰(narrative observation), 심층면담(in-depth interview), 서술형 설문조사의 네 가지로 구분할 수 있으며, 그 특징은 다음과 같다(이용숙 외, 2005).

먼저, 질적 연구를 대표하는 연구방법의 하나로서 참여관찰은 현장관찰과 자료기록을 위하여 요구되는, 관찰자로서 전문적인 거리를 유지하면서 연구현장에 있는 사람들의 삶에 참여하는 현장 활동을 의미한다. 이때 연구자는 특정한 연구 현장에서 장기간의 참여관찰과 접촉을 통하여 현장 사람들의 언어를 배우고, 행동 패턴을 관찰하고 나아가 그들의 다양한 생활양식과 의식, 감정, 신념의 특성을 밝힐 수 있는 자료를 획득하게 된다. 참여관찰은 주로 ① 전체적인 기술방식 ② 관찰 프로토콜이나 체크목록에 의한 체계화된 관찰 ③ 지도그리기 ④ 사진과 비디오 녹화의 네 가지 방식으로 관찰한다.

둘째, 서술적 관찰은 참여관찰의 한 종류라고 할 수 있다. 연구자가 관찰 상황이 일어나는 공간에 존재는 하되, 참여는 최소화하는 '소극적 참여'를 통해 관찰에만 집중하며, 구체적으로 기록하는 것이 서술적 관찰이다. 따라서 일반적인 참여관찰과 비교하였을 때, 연구자가 객관적이며, 세밀하게 관찰하는 것을 매우 중시한다. 또한 가능하면 녹음기를 사용해 현장에서의 대화나 강의 내용을 완벽하게 기록하도록 노력한다. 수업연구에서는 연구자의 참여는 최소화되어야 하며, 전체 수업의 흐름이 구체적으로 기록되어야 분석이 가능한 경우가 많다. 따라서 서술적 관찰의 방법이 반드시 필요하다.

셋째, 심층면담은 제보자가 정보나 의견, 신념 등에 대한 자신의 관점을 표현하도록 유도하는 '언어적 의사교환' 또는 '목적을 가진 대화'이다. 면담은 참여관찰과 함께 질적 연구를 대표하는 연구방법이다. 대화가 인간과 사회에 대한 우리의 지각과 해석을 획득하는 가장 효과적이고 기본적인 인간

상호작용의 방식이라는 점을 감안하면, 대화가 전제되는 면담은 제보자들의 관점과 생활 세계, 그들의 의식, 주관성, 감정 등을 이해하기 위한 자연스럽고 목적적인 연구방법이고, 연구 대상에 대한 심층적 정보와 이해를 획득하기 위한 적극적인 연구방법이라 할 수 있다.

심층면담은 공식화의 수준이나 질문 구조화의 정도에 따라서 유형화할 수 있으며, 이들 각각은 다시 면담에 참여하는 제보자의 수에 따라 개별면담과 2명 이상의 집단면담으로 구분할 수도 있다. 공식적인 심층면담은 제보자에게 면담을 하겠다는 양해를 구하고 시간과 장소를 약속하여, 미리 준비한 면담계획에 따라 이루어진다. 비공식적 면담은 특정한 목적(연구문제)을 가지고 자연스럽게 만나서 나누게 되는 대화이다.

연구자가 면담지에 있는 모든 질문들을 정확하게 순서대로 질문해 나가는 '구조화된 면담' 방식은 바람직하지 않다. 이보다는 '비구조화된 면담'이나 '반구조화된 면담' 방식을 사용하면, 질문하는 방식이나 내용에서 융통성을 가지게 된다. 개별면담은 일반 제보자 면담과 엘리트 면담으로 나눌 수 있다. 집단면담 중에서 '핵심집단 면담(focused group interview)'은 심층적 분석을 위한 심화단계에서 사용된다. 핵심집단 면담은 개별면담 또는 집단면담에서 논의에 대해 상당한 양의 지식과 안목 그리고 정보를 소유하고 있는 소수의 제보자를 선정하여 다시 한 번 면담 하는 것을 말한다.

마지막으로 서술형 설문조사는 참여관찰이나 심층면담을 통하여 발견한 사항들을 확인하고, 연구결과의 해석을 뒷받침할 수 있는 계량화된 자료를 얻는데 사용할 수 있다. 반대로 간단한 서술형 설문조사를 실시한 후, 답변 내용에서 더 깊이 있는 심층면담을 실시할 필요가 있는 제보자가 누구인지 선정할 수도 있다. 가장 이상적인 것은 '심층면담→서술형 설문조사→설문조사의 분석 결과 선정된 사람과의 더 깊이 있는 심층면담'의 순서를 따르는 것이 바람직하지만, 모든 연구에서 이와 같은 시간 여유가 있는 것은 아니다. 무엇보다 서술형 설문조사를 심층면담과 함께 사용하는 경우, 심층면담과 설문조사의 장점을 모두 살리는 것이 가능하다.

이와 같은 방법들은 실행연구뿐만 아니라 질적 연구라면 어떤 연구에서도 유용하게 사용될 수 있다. 네 가지 자료 수집방법이라고는 하지만, 서술적 관찰과 서술형 설문조사의 두 가지 방법으로 대별할 수 있다. 서술적 관찰은 '특별한 종류의 참여관찰'이라고 할 수 있으며, 서술형 설문조사는 응답자의 수가 많을 때 면담 대용으로 사용하기 위해서 '말 대신에 글로 응답하도록 만든 면담'이기 때문이다.

한편 Slater(1996)는 지리교육의 관점에서 실행연구에 대한 네 가지 서로 다른 관점의 패러다임을 제시하면서, 각각의 경우를 목표와 방법론 그리고 구체적인 기법으로 구성되는 하나의 연구 체제로 설명하는데, 다음의 표 12-3과 같다.

표 12-3. 실행연구 패러다임에 관한 개관

Framework	목표	방법론	기법
과학적	- 변수들 간의 관련성을 조사하는 것 - 상호관련성을 이해하는 것 - 기술하고, 설명하고, 예견하는 것	- 연역적 혹은 귀납적 - 가설의 형식화	- 경험적, 시험적, 선 조사, 후 조사, 가설 검증, 관찰과 조사
해석적	- 의미 찾기 - 글과 말의 의미를 설명하기 - 과거와 현재, 사건과 상황 그리고 사람들 간의 상호작용을 설명하기 - 상세히 묘사하기 - 풍경이나 장면을 그리기	- 인류학적 - 문화기술지적 - 현상학적 - 사례 연구 - 맥락지향적	- 관찰, 기록, 인터뷰, 구조화된 혹은 비구조화된 면담, 일지기록, 설명적인 묘사, 심층적인 기술
실천적	- 혼자 혹은 다른 사람과 실천함으로써 어떤 것의 향상이나 개선을 도모하는 것	- 비평적인 입장 - 상황 내에서 연구하기	- 실천하기, 관찰하기, 정교화 하고 그리고 재계획하기
포스트모던	- 지식의 '구성성' 혹은 가능성을 강조하기 - 지식 승인 이면에 숨겨진 의제에 관심을 유도하기	- 상황 지향적 연구 - 사례 연구 - 문화기술지적 - 비평적 입장 - 자기 반성적인 - 연구의 주관성 드러내기	- 사실과 허구 사이의 경계를 희미하게 하는 글쓰기를 시도 - 상호협력적인 연구 그리고 연구 문헌의 원저자와의 공동연구

Butt(2003)는 연구기법이 다양할수록 연구자가 실행연구 각 단계의 에피소드를 점검하고 분석하며 평가하는데 더욱 유용할 수 있다고 제안하면서, 실행연구의 방법을 다음의 표 12-4와 같이 분류하였다.

표 12-4. 실행연구 방법에 대한 개관

관찰, 서술적 방법	비 관찰적, 조사 및 자기 보고식 방법	담론 분석적이고 문제해결식 방법	비판적-반성적이고 평가적인 방법
- 참여 관찰 - 외부자적 관찰 - 사례 연구 - 일기 쓰기 - 일지 쓰기, 사진 - 비디오-오디오 테이프 - 규모별 등급정하기	- 질문지 - 인터뷰 - 태도척도 - 체크리스트 - 조사 목록 작성	- 내용 분석 - 기록물 분석 - 에피소드 분석 - 브레인스토밍 - 그룹 토의	- 삼각검증법 - 수업프로파일 - 학생, 교사 평가 - 비평적 평가조사

실행연구에서 중요한 요소는 동료들과 함께 경험하고 발견하는 것을 공유하는 것이며, 이것은 연구자가 처해 있는 상황에서 비형식적으로 이루어질 수 있고, 출판물이나 발표와 같이 좀 더 형식적인 절차를 통해서 이루어질 수도 있다. 테이프, 사진, 비디오 혹은 기록물 보고서가 교사와의 상담,

자문이나 당사자의 직접 발견을 돕는데 특히 유용한 기법이다(Naish, 2002). 다양한 기법 중에서도 반성적인 일기와 일지쓰기는 실행연구의 주요한 증거 자료가 되어 왔으며, 연구자와 실천가들이 가장 선호했던 자료이기도 하다. 이러한 자료들은 연구 전반을 진행하는데 매우 유용하지만, 연구자들이 관찰하고자 하는 실제에 파괴적인 영향은 거의 미치지 않기 때문이다.

연구방법과 기법의 다양성은 실행연구의 장점이자 단점이다(Butt, 2003). 질적 연구에서는 분석과 자료의 수집이라는 활동이 동시에 이루어지거나 순환적으로 이루어지므로, 분석과 자료의 수집은 상호보완적이고 통합적인 관계에 있다는 특징을 바탕으로 연구의 방법과 기법은 고려되어야 한다. 분석과 관련하여 정확하게 따라야 하는 규범적이고 규정적인 방법이나 기법은 존재하지 않는 경우가 많기 때문에 자료의 수집과 분석의 과정은 기계적이거나 체계적이지 않다. 더불어 연구자에 따라서 다양한 아이디어들이 적용될 수 있다는 점과 절충적인 과정으로 이루어진다는 점을 융통성 있게 고려하는 것이 중요하다.

6. 실행연구의 장점과 장벽

1) 실행연구의 장점

실행연구의 첫 번째 장점은 학습자의 삶을 향상시킬 수 있다는 것이다. 실행연구는 교수-학습 상황에서 교사 연구자, 교장, 장학사, 그 밖의 관련 인사가 학교가 어떻게 운영되는지, 그들이 어떻게 가르치는지, 그리고 학생들이 얼마나 잘 배우는지에 대한 정보를 수집하기 위해 행하는 모든 체계적인 탐구활동이다. 이러한 정보는 통찰을 얻거나 반성적 실천을 전개하기 위해서 혹은 학교 환경에 바람직한 변화를 일으키거나 학생들의 성취를 향상시키고 관련된 사람들의 삶을 향상시키기 위해 수집되는 것이다.

특히 실행연구는 교사에 의한, 교사를 위한 연구로서 다른 누군가에 의해 부과되는 것이 아니다. 실행연구가 여러 상이한 철학적 입장에 따라 이루어지지만, 참여하는 모든 연구자들에게 학생들의 삶을 개선하고 교수기법에 관해 배울 수 있는 기회를 마련해 준다. 자신의 학파나 이론적 입장에 관계없이 모든 실행연구자들은 교실수업의 원리와 교사들의 행동이 자신의 학생들에게 미치는 효과를 비판적으로 검토하려고 노력한다. 다시 말해, 학생들의 삶을 향상시키는 교육적 변화가 실행연구의 주된 목적이라고 할 수 있다.

두 번째는 지리교사의 전문성을 함양할 수 있다는 것이다. 무엇보다 실행연구의 시작과 실행에서 계속 강조되는 '반성적 실천가'와 '연구자로서의 교사'의 개념은 우리들에게 지리교육의 영역 특수성과 그에 근거한 지리교사의 전문성에 대한 통찰의 기회와 바탕을 제시한다는 점에서 의미가 있다.

특정 분야의 전문가는 해당 분야의 특정 문제를 잘 해결하는 지식을 가지고 있는 사람이며, 지리교육의 전문가는 아래와 같은 하부주제 탐구를 영역 전문가의 중요한 역할로 수행해 온 사람들이다(Gerber, 1988).

① 지리에서의 교수 스타일
② 학습자의 기능과 능력의 발달
③ 삶을 위한 기능의 개발
④ 미래지향적인 교육과정 개발
⑤ 지리교사들의 지속적인 교육
⑥ 지리교육에서 기능에 대한 연구

위와 같은 주제들은 지리교육자들이 하나의 영역 전문가로서 갖추어야 할 선행 필수요건들이다. 이와 같은 능력들은 지리교육에서 여러 가지 전문성을 확대하기 위해 장려되어야 하며, 전 세계 지리교육을 통해서 하나의 이슈로 고려되어야 한다. 전문가란 '어떤 특정 분야에서 발생할 수 있는 모든 문제를 해결할 수 있는 사람'이기 때문이다.

위와 같은 전문가 자질은 훈련과 경험을 통해서 획득될 수 있는데, 실행연구는 지리교사로 하여금 교육적 실행을 통해서 이러한 자질을 훈련하고 경험할 수 있는 직접적인 기회를 제공한다. 지리교육에서 이루어진 교육적 실행의 사례들에서 나타나는 여러 가지 특성들을 정리해 보면, 대부분의 실행연구가 협력적인 공동연구이며, 비판적이고, 사회적 상황에 대한 관심에서 시작되고, 무엇보다 반성적인 교사의 사고를 잘 설명해 주며, 연구가 체계적이라는 것이다(Naish, 2002). 이러한 특성들은 실행연구가 지리교사의 전문성을 효과적으로 발달시키는데 어떻게 공헌할 할 수 있는가를 직·간접적으로 설명해 준다.

우리가 살고 있는 세계가 변화한다는 것은 자명한 이치이며, 사람들은 항상 교사들이 변화하기를 바란다. 1960년대 정보사회의 시작에서 기원하는 포스트모던의 세계는 빠르고, 압축적이며, 복잡하고 불확실하다는 것이다. 이러한 맥락에서, 교사의 전문성은 자신들이 이해하고 있는 상황에서 현명하게 실행하고 문제해결을 위한 의사결정의 재량에 의거한다고 정의할 수 있으며, 자신의 노력 결과에 달려 있다고 할 수 있다. Lidstone(1996)에 의하면, 포스트모던의 세계에서 지리교사는 자신이 알고 있고 가지고 있는 지식에 대해서 탐구하고, 학생들의 지식 탐구를 고무시킬 수 있을 때 교사로서의 전문성은 회복되고 개선될 수 있다.

지리를 가르치는 목적은 우리가 가르치는 세계의 변화에 따라 변해 왔다. 전문성의 본질적 특성에 관심을 두고 있는 일부 학자들은, 실행연구의 잠재력은 전문적인 행위 능력을 신장하는데 있음을 강조한다. 오늘날 많은 연구자들이 '가르치는 것'과 같은 직업에서 요구하는 능력은 복합적인 상황에서 요구하는 문제해결과 의사결정능력이라고 분석한다.

실행연구는 그러한 능력을 신장할 수 있으며, 그러한 능력의 신장은 교사의 전문적 지위를 유지하고 발전시키는 활력적인 요소가 된다. 교사의 전문적인 역할은, 교육이 진정으로 자율적인 사고의 발달 기회를 제공하는 것으로 재인식 되면서, 시급하게 재고되고 있다. 새로운 전문성의 발달 도구로서 실행연구는 상당한 역할을 수행할 수 있으며, 지리가 진정한 교육적 잠재력을 다시 한번 성취할 수 있는 기회를 제공하는 데 기여할 수 있을 것이다(Naish, 2002).

2) 실행연구의 장벽

실행연구의 첫 번째 장벽은 학교 현실과 교사의 시각이다. 실행연구의 중요한 약점 중의 하나는, 교사가 실행연구를 수행할 수 있는 기회와 시간을 찾는 것이 어렵다는 것이다. 과도한 일과로 인한 시간 부족, 연구기법에 대한 미숙함 그리고 근무 학교에서 연구에 필요한 지원을 기대할 수 없으며 관리자의 인식 또한 무지하다는 것이다.

게다가 교사들은 연구에 대해서 상당히 회의적인 입장(scepticism)을 취한다(Naish, 2002). 즉, 교과교육 관련 연구물들이 학교와 학교 밖 어디에서나 계속될 수 있는 내용을 담고 있는가, 그리고 전문가인 교사가 이해할 수 있었던 내용들인가, 그리고 학교에서 학생들이 받아들일 수 있었던 내용들인가에 대해 회의적인 시각을 가지고 있다는 것이다. 이제까지의 연구가 현실을 제대로 반영하지 못하였거나 반영하였다고 하더라도 현장에 적용하기에는 너무 이상 시 되어 온 것이 사실이다. 지리교육 역시 '연구를 위한 연구', '현실과 유리된 연구'의 문제가 계속되고 있는 것이 현실이다.

두 번째 장벽은 이론과 실제의 문제이다. '이론'이 불가피하게 실행연구의 방법론을 구성하는데 포함되어 왔지만, 많은 사람들이 실행연구의 전체 목적은 실제적인 것에 있다고 강조한다. 즉, 실재의 문제를 실제적으로 해결하기 위한 실천적 행동에 있다는 것이다. 실행연구는 기본적으로 이론적 구조에 의해 이루어지는 것이 아니라, 교육적 이론을 탐구하거나 창출하기 위한 어떤 심층적인 욕구에 의해 이루어지는 것이다. 이론적인 틀은 교사가 이러한 문제를 이해하고, 이러한 문제를 조사하고 해결하는데 도움을 줄 수 있는 적절한 연구방법을 제시하는 구조를 제공하는데 필요한 부분일 뿐이다. 많은 실행연구 프로젝트 이론들은 실제의 결과로 얻어진 것들이지, 연구 과정의 출발이 철학적 추론을 통해서 창출된 것은 아니다.

Hillcoat(1996)는 지리교육에서 이루어진 실행연구들의 영향을 다음과 같이 제시하였다.

- 특정한 상황에 관련된 발전적 실제 지식
- 연구에 포함되어 있는 고양된 의식과 부여된 능력
- 연구에 포함되어 있는 모든 대상의 필요를 연구내용으로 고려하기
- 연구에 포함되어 있는 모든 것에 대해 전문가의 의견과 기능을 존중하고 활용하기
- 연구에서 제기되는 질문에 대한 조절과 제어를 연구자와 참여자 양자가 함께 공유하고 분담하는 체제로 연구를 수행하기

이것은 실행연구의 결과들이 이른바 '전통적인' 연구들이라고 볼 수 있는 일반적인 연구결과들과는 어떻게 다른 것인가를 통해서 이론과 실제의 문제에 대한 관점을 제시하는 것이다.

세 번째 장벽은 자료의 수집 및 자료의 타당도와 신뢰도 문제이다. 단정적인 연구자들이 제기하는 질적인 연구의 주요 비평은 질적인 접근 방법이 타당하지 않고 신뢰할 수 없다는 것이다. 이 문제는 자신들의 논리적이고 경험적인 규칙을 맥락적, 일시적, 상황적이며 상호작용적인 것에 바탕을 두고 있는 질적 연구에 적용하려는 시도에서 발생하는 것이다.

많은 연구자들이 질적 연구 방법의 신뢰성은 타당성보다는 좀 더 호감이 가는 매력적인 주제에서 찾아야 한다고 주장한다. 왜냐하면 질적인 연구와 연구에서 가지는 관심은 지극히 정상적인 것이며 변호할 수 있는 방식으로 이루어지고, 연구과정이 진행되는 동안 가장 타당한 접근법을 활용하여 데이터가 수집되도록 규칙적인 점검이 이루어지기 때문이다. 그리고 데이터 분석을 위한 여러 가지 기법들이 연구의 바탕이 되는 접근법으로 지속되기 때문이다.

실행연구를 실천한 송언근(2000)은 이론과 실용의 관점에서 이론과 현실을 접목시키는 실용적 이론은 어떤 이론이고 또 어떻게 만들어지는가? 그것을 위해 대학은 무엇을 해야 하는가? 에 대해 자문하면서, 의문과 혼돈만이 남아 있다고 고백한다. 실행연구의 장벽으로 위의 세 가지를 제시했지만, 잠재된 장벽은 대학의 연구자 특히 교원양성대학의 연구자라고 생각한다. 물론 모든 연구자가 그렇다는 것은 아니며, 본 연구자에게만 한정된 문제일 수도 있다. 실행연구 관련 문헌에서 연구자는 항상 전문가로 전제된다. 지리교육에서도 과연 그러한가? 스스로에게 반문해 본다.

7. 실행연구의 쟁점

1) 연구결과의 일반화 문제

역사적으로 교육연구는 일반화 가능성, 즉 어떤 연구의 발견이 원래 연구된 환경과 다른 환경, 다른 맥락에 어느 정도로 적용 가능한가를 문제 삼았다. 그래서 연구자들은 자신들의 연구결과가 다른 맥락 혹은 다른 그룹에서도 통용될 수 있는 것인지에 대해 상당한 관심을 가졌다. 이처럼 일반화에 대한 깊은 관심은 계량적인 혁신과 교과교육 연구에서 나타난 논리적 경험주의 확산의 직접적인 영향에서 비롯된 것이다. 이에 인과관계에 대한 연구 그리고 이러한 관계의 광범위한 전이성 등이 연구자들의 주의를 끌었다.

이러한 경향이 오늘날에도 교육연구의 주요 초점이 되고 있는 것은 아니다. 지금은 '일반화'라는 개념에 대한 대안적인 관점을 모색할 때이다. 질적인 연구는 연구가 이루어졌던 맥락의 중요성을 존중해야 하지만, 연구결과가 비슷한 교육적 맥락 모두를 일반화하는 것은 아니다. 대신에 연구에서 제시되었던 주제에서 나타나는 일반적 혹은 공통적 속성을 해석하는 것이 오히려 효과적이라고 할 수 있다(Gerber, 1996).

실행연구의 목적은 학교나 교실에서 일어나는 일을 이해하는 것이며, 바로 그 맥락에서 무엇이 사태를 개선시킬 것인가를 결정하는데 있다. 실행연구가 '과학적'인지 아닌지는 과학이 정의되는 방식에 따라 다르다. 분명 어떤 의미에서 과학은 엄격히 경험적이다. 실행연구는 더 많은 사람들에게 일반화될 수 있는 연구만이 과학적이며 믿을 수 있는 연구라고 단정하는 실험실 연구자의 관점에 도전하고 있다. 연구자로서의 교사들이 행한 많은 연구사례가 다른 교실 환경에 일반화될 수 있지만, 실행연구의 위력은 그 일반화 가능성에 있는 것이 아니다. 연구결과와 연구자 혹은 연구 대상자와의 적절성을 발견하는데 있는 것이다(제프리 E. 밀스, 강성우 외 옮김, 2005).

결과적으로 연구자들은 일반화에 대한 또 다른 관점을 모색하고 있는데, 그것은 자신들의 연구에서 구성주의적으로 활용될 수 있는 일반화라고 할 수 있다. 이것은 개념적 일반화, 자연적 혹은 분석적 일반화에서 찾을 수 있다(Gerber, 1996). 개념적 일반화는, 계량적인 연구 방법에서 나타난 사실들인 통계적 일반화에 대응되는 것으로, 질적인 연구방법이 정당하게 실제 개념적 일반화를 연구자 자신의 연구결과로 주제화할 수 있다고 생각하는 것이다. 따라서 질적인 실행연구는 연구가 이루어졌던 맥락의 중요성을 존중해야 하지만, 연구 결과가 비슷한 교육적 맥락 모두를 일반화하는 것은 아니다. 대신에 연구에서 제시되었던 주제에서 나타나는 일반적 혹은 공통적 속성을 해석하는 것은 가능할 수 있다.

이와 같이 맥락에서 공존하는 규칙성에 대한 탐구는 또 다른 일반화의 과정을 이끌게 되는데. 그것은 자연적 일반화(natural generalization)와 분석적 일반화(analytic generalization)이다. 자연적 일반화는 좀 더 직관적이고 경험적인 일반화로서, 지극히 개인적인 경험에 근거한다. 자연적 일반화는 "자연적인 거주 공간 혹은 삶의 환경에서 살고 있는 사람들의 마음속에 존재한다."고 선언한다. 분석적 일반화는, 통계적 일반화가 '모집단의 표본' 에 근거하고 있는 것과는 다른 것이다. 질적인 형식의 일반화에 근거하는 이들의 상이한 형식은 양적인 연구에서 사용된 것과는 상당히 다른 것인데, 그것은 통계적 계산의 결과보다는 직관적이고 주관적인 해석에 근거하기 때문이다.

한편 '교육에 관한 연구'와 '교육적 연구'의 관점에서 일반화는 교육행정 차원에서 계획과 정책을 수립하는데 기본적일 수 있지만, 이러한 활동들은 교실 밖의 장소에서 항상 이루어질 수 있다. 교사는 교실에서, 특정하고 지속적인 상황과 사람 그리고 사건의 변화에 따라 행동하고 반복 행동해야 한다. 그러므로 교사는 자신들의 독특한 상황을 이해할 필요가 있다. 그러한 이해는 직접적인 경험에 대한 주의 깊은 고려 혹은 사례연구를 통한 다양한 경험을 통해서 이루어질 수 있다(Lidstone, 1988).

2) 전문적인 지식과 실제적 지식 간의 차이

대부분의 실행연구는 서로 다른 지식을 지향하는 사람들의 공동연구로 진행된다. 이론 혹은 전문적인 지식(expert knowledge)에 관심이 있는 연구자는 다양한 이론들이 견지하는 논리성을 추구하는 반면에, 실제실천가 혹은 공동연구자는 연구를 수행함에 따라 얻게 되는 실제적 지식(practical knowledge)에 관심을 가지게 된다.

전문적인 지식과 실제적인 지식간의 이분법적인 특성은, 실행연구의 딜레마가 될 수 있다. 실제적 지식이 반드시 논리성을 확보해야 할 필요는 없으며, 전문적 지식 또한 반드시 실제적이어야 할 필요는 없다. 전문적 지식과 실제적 지식은 서로 상당히 다른 것이고 그리고 종종 서로 상당히 배타적이다(Hillcoat, 1996). 그러므로 이 두 지식을 하나의 연구과정으로 연계하려고 하면 내부적 갈등을 유발하게 되고 한 구성원이 다른 구성원에게 종속되는 문제가 발생하게 되므로, 주의 깊은 고려가 필요하다.

전문적인 지식과 실제적인 지식간의 이분법적인 특성 그리고 이와 관련하여 나타나는 연구자와 참여자 간의 서로 다른 관심에서 초래된 갈등은 실행연구의 주요 문제점 중의 하나이다. 전문적인 지식과 실제적인 지식간의 이분법적인 특성 그 자체는 대부분 잠재된 문제로 연구과정에서 의식하지도 못한 채 진행될 수도 있지만, 연구자와 참여자간의 갈등 문제는 연구과정에서 연구자의 역할에 영향을 미치는 문제로 구체화된다.

3) 연구자와 참여자의 역할 문제

실행연구는 지리교육자와 연구자들에게 연구과정에 적절한 사람들을 참여시킴으로써 국지적 차원에서 사회적 변화의 수단으로 활용될 수 있다. 연구는 연구에 참여한 사람들에게 권한을 부여하고, 공동체에 중요한 질문을 제기함으로써 하나의 도구가 될 것이다. 실행연구 연구자들은 연구과정에 대한 지식에서 기인하는 자신의 권한에 대해 항상 개방적인 태도를 견지해야 한다. 그리고 연구자들이 그룹 연구과정과 미팅 활성화에 매우 숙달되어 있는 것이 중요하다(Hillcoat, 1996).

참여가 본질인 연구 과정에서 서로 다른 역할과 책임감, 전문성 그리고 상황 등은 중요한 문제이다. 연구과정에 모두가 진실로 참여하기 위해서 이러한 차이는 허용되어야 하며, 그 누구도 방관자가 되지 않도록 해야 한다. 외부 연구자는 비판적인 동료로서의 역할을 할 수 있는데, 그것은 실천가인 교사 자신의 실제 수행을 지원하는 것이기 때문이다. 외부 연구자 경우, 자신의 연구주제가 추구하는 바를 연구과정에서 조절하고 주도하는 것이 쉽지 않다는 것을 느낄 수 있다. 이러한 사실은 연구과정이 진실로 민주적이라고 할지라도 피할 수 없는 것이다. 연구자와 참여자간의 의사소통의 용이성, 영향력 그리고 자율성 등은 자연히 발생하는 문제이지만, 가장 신중하게 고려할 문제이기도 하다.

8. 정리

지리교육에서 이루어진 질적인 실행연구에 관한 논의들에서, 실행연구의 방법과 장・단점들을 살펴보았다. 지리교육에서 실행연구의 장점과 단점이라고 기술했지만, 연구자와 접근 방법에 따라서 장점과 단점이 달라질 수 있다. 실행연구의 다양한 방법론은 그 자체가 장점이자 단점이기 때문이다. 실행연구에서 쟁점이 되고 있는 문제들도 마찬가지이다.

보다 중요한 것은 실행연구를 일상적인 교수 실천의 한 부분으로 만드는 것이며, 지리교육자 스스로 일상생활 속에서 얼마나 많은 실행연구를 수행해 왔는가를 인식하고 반성하는 것이다. 사실 지리수업에 남다른 열정으로 임하고 있는 많은 지리교사들이 일상적으로 실행연구를 해 왔다고 볼 수도 있다. 지금부터는 좀 더 전문적이고 체계적으로 실행해 보고, 그 결과를 공유해 보자는 것이 이러한 논의의 숨겨진 의도이기도 하다.

좀 더 전문적이고 체계적인 실행연구를 시도한다는 것은, 너무 어렵고 시간이 많이 걸리는 일이며 역량 밖의 일로 생각할 수도 있다. 실행연구 과정이 수업의 기본을 방해하지 않고 이루어질 수 없다면, 행해져서는 안 될 일이다. 그렇지만 처음에는 실행연구 과정을 배우기 위해 시간과 노력을 들여야 한다. 그 시간과 노력은 우리가 가르치고 배우는 지리수업의 전문성을 회복하는데 필요한 일이며, 학습자의 삶을 향상시키기 위한 투자이기 때문이다.

이에 '지리교육 향상을 위해 연구결과를 극대화' 하고, 이를 위해서는 '차이 만들기와 익숙한 것을 낯설게 보기'를 시도해 볼 것을 제안한다.

지리교육 연구의 궁극적인 기여는 연구 성과가 이론과 실제의 증진으로 이어지는 것이다. 대부분의 연구자들은 지리교육이 유용한 실제로 전환되도록 하는 것이 연구결과를 극대화하는 것이라고 생각한다. 상대적으로 지리교육자들은 응용적이거나 혹은 실제적인 것을 좀 더 지향한다. 무엇보다 실행연구의 가치는 지리교육자들이 자신의 연구를 얼마나 심각하게 전문가로서의 삶 속에서 반성적으로 실천하는가에 달려 있다고 할 수 있다.

실행연구가 지리교육의 모든 문제를 해결하는 것은 아니다. 그러나 교실에서 실제실천가들이 자신들의 교육적 상황, 구조 그리고 이상에 대해 직접 질문하고 해석하는 권한을 부여함으로써, 방법론을 넘어서는 희망을 갖도록 해 준다. 실행연구는 연구과정이 일반화할 수 있는 결과를 도출하는 것 보다는 교사의 전문적인 발달을 위한 또 하나의 수단이다. 근본적으로 실행연구는, 연구란 실재 문제를 실제적으로 해결하고자 노력함을 통해서 '하나의 차이 만들기'를 할 수 있다는 생각에서 비롯되었다. 실행연구는 실재 문제에 대한 현재적 가정과 유용한 연구형식을 제공할 수 있기 때문이다.

실행연구는 지리교사들로 하여금 교실의 실제에서 일상적으로 접하게 되는 문제에 대해 도전할 수 있는 권한을 부여한다. 그래서 교사들이 수행하는 연구의 재개념화를 이끌기도 한다. 반성적이고 실천적인 것은 매우 복잡한 환경인 교실에서 지리교사들이 전문적인 지위를 유지하고 신장하는데 필수적인 것이다. 지리교육 연구자는 물론, 교사로 하여금 서로 비슷하다고 생각하거나 늘 같다고 생각해 온 지리수업이나 교과 나름의 현상을 '낯설게 보고, 다양한 관점에서 차이를 발견하도록' 해 준다는 점에서 그 의미가 크다.

| 부 록 |

** 부록

1. 지리교사 자격기준

2008년까지 교원 양성과 관련하여 국가 수준의 교원 자격이 없었고, 교원 양성기관마다 서로 다른 교육과정이 운영되어 교원 양성과 임용에 어려움이 많았다. 그리고 그동안 교원자격검정의 기준과 교원 임용시험의 평가 기준으로 활용되었던 기본이수과목 및 분야의 내용에 대한 상세화나 설명이 없어 여러 어려움과 문제점도 많이 발생하였다.

이에 교육과학기술부에서 제시한 '신규교사의 자질과 능력에 관한 일반기준'을 각 전공과목별로 과목별 특성에 맞게 구체화하여 ① 표시과목별 교사자격기준을 연구 개발하고, ② 각 전공과목별 기본이수과목 및 분야에 대한 평가영역 및 이에 따른 내용요소를 상세화하며, ③ 2009학년도(2008년 하반기)부터 교육공무원임용후보자선정경쟁시험의 규칙이 일부 개정되어 2단계 전형에서 3단계 전형(1단계 필기시험을 1차 선택형 필기시험과 2차 논술형 필기시험으로 개편)으로 확대되고 3단계 전형에서 수업능력평가가 확대됨에 따라, 각 전공과목별로 1, 2차 시험의 예시문항과 3차 수업능력 평가의 요소 및 평가기준과 예시 평가도구를 개발하여 출제 문항의 타당성과 공정성을 확보할 수 있는 방안에 대한 연구가 관련 학회를 중심으로 대대적으로 이루어졌다(한국교육과정평가원, 2008a).

지리교사 자격기준은 '신규교사의 자질과 능력에 관한 일반기준'을 바탕으로, 국내·외 연구사례와 지리교육의 교육과정, 수업관련 직무 등을 고려하였다. 지리교사의 전문성은 교과의 내용지식과 교수내용지식의 전문성이 중요한 요체로, 교과지식능력(교과내용지식, 교과수업지식), 지리과 수행능력(학습지도능력, 업무수행능력), 인간적 능력(교육자 품성과 자세, 교직적성과 인성, 교사의 소명의식)을 통해서 지리교사의 전문성을 구체화 한 것이다.

이를 토대로 지리교사 전문성의 범주는 지식의 차원에서 교과내용지식과 교수내용지식의 전문성, 실천의 전문성은 교실수업 수행능력, 학습자 이해와 학습환경 조성 능력이다. 그 외 지원체제로 협력적 전문성 신장을 위한 공동체 구성과 중등교육과정과 대학교육과정과의 연계, 그리고 신규교사의 자질과 능력에 관한 일반기준을 중심으로 역량 있는 지리교사의 전문성을 개념화하여 지리교사 자격기준을 14개의 일반기준과 46개의 세부기준으로 제시한 것이 다음의 표 1과 표 2이다(한국교육과정평가원, 2008b).

표 1. 지리교사 자격기준(1)

자격기준	세부자격기준	
1. 지리교사는 지리교육을 전문적으로 받은 교사로서 지리교육에 헌신한다.	1.1	지리교사는 중등학교 지리교육을 담당하는데 필요한 전문적 교육을 받아야 한다.
	1.2	지리교사는 현재와 미래의 지리교육을 위해 열정을 갖는다.
	1.3	지리교사는 학생들이 지리 지식을 배우고 실천하도록 사명감을 갖고 지리교육에 헌신한다.
2. 지리교사는 지리교육이 갖고 있는 다양한 목적과 의의를 이해하고 실천한다.	2.1	지리교사는 지리교육을 통해서 자연의 아름다움과 다양한 생활양식을 파악하도록 가르친다.
	2.2	지리교사는 세계가 직면한 주요 쟁점들과 문제들을 지리적 관점에서 인식하고 가르친다.
	2.3	지리교사는 다른 국가, 인종과 종교 등에 대한 이해를 통해 다른 문화에 대한 관용과 배려의 태도를 지니도록 가르친다.
	2.4	지리교사는 우리 삶터에 대한 이해를 통해 지역애와 국토애를 지니도록 가르친다.
3. 지리교사는 지리교육에서 학생을 존중하고 공정하게 대하는 태도를 지닌다.	3.1	지리교사는 학생들의 지리 학습의 발달 단계를 이해한다.
	3.2	지리교사는 지리 학습에서 학생들의 개인차와 다양성을 존중하고 배려한다.
	3.3	지리교사는 학생들의 지리 학습에 대한 태도와 신념을 파악하고 평가하며, 진단한다
4. 지리교사는 지리교육에서 학습자의 심리적 내적과정을 이해한다.	4.1	지리교사는 지리 학습을 계획할 때 학생들의 사전 학습 이해 수준, 동기 수준, 경험 등을 고려한다.
	4.2	지리교사는 인지적 발달 단계에 따른 지리 개념 및 개념 간 관계에 대한 이해 수준과 표현 능력의 수준을 파악한다.
	4.3	지리교사는 학생들의 다양한 요구를 고려하여 설계한 지리 수업을 제공한다.
5. 지리교사는 지리교과의 기반이 되는 제반 지리학적 지식을 갖는다.	5.1	지리교사는 지리교과의 기반이 되는 지리학의 발달과정, 핵심개념, 개념들 간의 관계를 이해한다.
	5.2	지리교사는 인간이 살아가는 장소 및 지역을 탐구하는 방식에 대해서 이해한다.
	5.3	지리교사는 지리학적 지식의 가치를 스스로 찾으려고 하는 동시에 새로운 지리학의 전문지식을 수용하기 위해서 지속적으로 노력한다.
6. 지리교사는 가르치는 지리교과의 내용과 교수과정에 대한 지식을 갖는다.	6.1	지리교사는 지리교육목적, 내용, 교수과정의 계획과 관련된 지식과 기능을 갖는다.
	6.2	지리교사는 지리교육의 목표 달성에 효과적인 적절한 교수·학습 활동을 설계하고 실행할 수 있는 능력을 갖는다.
	6.3	지리교사는 학생들의 일상생활과 지리 수업 내용 간의 관련성을 가르친다.
7. 지리교사는 지리교육과정의 원리를 이해하고 교육적 상황에 맞게 적절하게 재구성을 한다.	7.1	지리교사는 국가수준과 학교수준의 지리교육과정의 원리와 구성을 이해한다.
	7.2	지리교사는 지리교육과정을 지역사회와 학생, 학교 실정에 맞게 재구성한다.
	7.3	지리교사는 지리교육 목표와 내용을 성취하는데 필요한 교수-학습 자료를 개발한다.
	7.4	지리교사는 학교중심교육과정의 원리와 구성을 이해하고 조직하는데 함께 노력한다.

표 2. 지리교사 자격기준(2)

자격기준	세부자격기준	
8. 지리교사는 지리교육 목표와 내용, 학습자의 수준과 요구에 적합한 수업을 설계하고 운영한다.	8.1	지리교사는 지리 지식을 단순하게 전달하여 기억하게 하는 수업방법은 지양한다.
	8.2	지리교사는 지리교육의 목표와 학습과제를 분석하고 상세화하여 지리수업의 내용과 활동을 설계하고 운영한다.
	8.3	지리교사는 지리학습의 효율적인 전이를 위해 학습자와 언어적, 비언어적 상호의 의사소통 능력을 갖는다.
9. 지리교사는 지리교육을 통해 학생들의 다양한 지리적 능력을 길러주는 수업을 설계하고 운영한다.	9.1	지리교사는 지리적 문해력, 표현력, 도해력과 같은 기능을 길러줄 수 있도록 수업을 설계하고 운영한다.
	9.2	지리교사는 지리 문제를 탐구하고, 지리정보를 수집, 가공, 해석하는 능력을 길러주도록 수업을 설계하고 운영한다.
	9.3	지리교사는 장소에 대한 총체적 지식과 인식을 통하여 지리적 상상력을 키워주는 수업을 설계하고 운영한다.
10. 지리교사는 지리학습의 요구를 진단하여 지원하고, 관련 교수자원을 활용한다.	10.1	지리교사는 지리학습의 과정과 학습을 촉진하기 위하여 학생들의 요구를 진단하고 필요한 지원을 한다.
	10.2	지리교사는 현장체험학습이나 수학여행을 통해서 적절한 지도화용 학습, 야외학습 등을 계획하고 지원한다.
	10.3	지리교사는 학습에 대한 규정된 수업 요건과 현실적 시간 및 공간자원을 적절하게 활용할 줄 안다.
	10.4	지리교사는 지리를 가르치는데 도움을 줄 학생들을 참여시키거나, 전문적 지식이나 동료의 지식을 활용하여 수업을 한다.
11. 지리교사는 지리평가의 목적에 적합한 평가계획을 수립하고 실천한다.	11.1	지리교사는 지리과 평가에 대한 목적과 평가계획을 수립하여 평가를 실시한다.
	11.2	지리교사는 평가하는 방법과 체계적인 평가기준이 제시된 지리 평가 도구를 선택하고 개발한다.
	11.3	지리교사는 평가도구가 목표, 내용, 방법과의 일관성을 유지하여 신뢰도와 타당도를 높인다.
12. 지리교사는 지리평가목적에 맞는 평가방법과 도구를 활용하여 종합적으로 평가한다.	12.1	지리교사는 지리 지식영역뿐만 아니라 지리 자료의 분석 및 추론, 지도화 및 도표화 등 기능영역도 평가한다.
	12.2	지리교사는 학생들의 흥미와 탐구심을 위해 지리적 사고나 상상력을 말이나 글, 지도, 그림으로 표현할 수 있는 평가방법도 활용한다.
	12.3	지리교사는 지리학습 과정의 평가를 위한 지필고사나 야외조사와 같은 양적, 질적 평가방법을 활용한다.
13. 지리교사는 지리평가의 결과에 대해 타당한 분석하여 효과적으로 의사소통을 한다.	13.1	지리교사는 문항양호도 분석, 문항반응분석, 점수 해석 등 지리평가 결과를 신뢰롭고 타당하게 분석한다.
	13.2	지리교사는 지리 평과 결과를 가지고 자신의 교수·학습 방법 및 평가방법에 대한 개선을 한다.
	13.3	지리교사는 지리 평가 결과의 분석을 통해 관련 학생, 학부모, 동료교사 등과 의견을 교환하여 평가에 대한 평가를 한다.
14. 지리교사는 지리교육을 위한 공동체에 참여하고 구성원들과 협력관계를 구축한다.	14.1	지리교사는 지리교육에서 수업 방법, 교육과정개발, 그리고 직무개발에 대한 다른 전문가들과 공조함으로서 지리교육의 효율성에 기여한다.
	14.2	지리교사는 대학과의 연계나 교사간의 협동을 통해 다양한 지리 정보를 습득하고, 가공하고, 활용할 수 있는 기능을 연마한다.
	14.3	지리교사는 지리교육공동체에 자발적인 참여와 상호 구성원들과의 협력과 효과적 의사소통을 하는 능력을 지닌다.
	14.4	지리교사는 학생들의 지역사회 학습과 참여를 위해 지역사회의 구성원 및 기관과 협력한다.

- 한국교육과정평가원, 2008a, 2009학년도 개편 중등교사신규임용후보자선정경쟁시험의 『표시과목』의 교사 자격 기준 개발과 평가 영역 상세화 및 수업 능력 평가 연구(CRE 2008-9-5).
- 한국교육과정평가원, 2008b, 2009학년도 개편 중등교사신규임용후보자선정경쟁시험의 표시과목 『지리』의 교사 자격 기준 개발과 평가 영역 상세화 및 수업 능력 평가 연구(CRE 2008-6-11).

2. 수업전문성 일반기준과 평가

수업전문성 일반기준은 한국교육과정평가원에서 2004～2006년에 걸쳐 수행한 수업평가 일반기준이다(한국교육과정평가원, 2006a). 이는 '좋은 수업'을 정의하는 교수기준(Teaching standards)으로써, 학교급, 교과영역을 막론하고 모든 교사들에게 적용되는 지식과 기술을 정의한다는 점에서 일반기준이라고 할 수 있다. 수업전문성 일반기준이 추구하는 목적은 다음과 같다.

◦ 교사에게 수업개선을 위해 필요한 전문성 발달 영역을 확인해 준다.
◦ 교사가 전문성 발달을 위해 지속적인 노력을 할 수 있는 기반을 제공한다.
◦ 수업연구나 동료장학 시에 반성하고 탐구할 주제를 제공한다.
◦ 직전 및 현직 교육을 위한 연수 프로그램 개발을 위한 준거를 제공한다.

이는 많은 교사들이 현행 수업장학 및 평가의 가장 큰 문제점으로 지적한 '형식적인 평가 관행 및 제도'와 '타당한 평가기준 부재'를 개선하고, 나아가 '좋은 수업', '효과적인 수업'을 도모하기 위한 기준을 설정하기 위해 수업일반 및 교과영역을 중심으로 개발한 수업전문성 기준이다.

수업전문성 기준은 '좋은 수업과 그렇지 않은 수업', '효과적인 수업과 그렇지 못한 수업'을 구분하는 일종의 잣대에 해당하는 것으로서, 수업관찰, 분석 활동에서 관찰 관점으로 적용할 수 있다.

우리나라 초중등교사의 의견과 외국의 '좋은 수업' 및 교수기준 연구를 참조하고, 수업관찰과 교사 및 전문가 면담을 실시하여 구성한 수업전문성 일반기준은 다음의 표 3과 같다.

표 3. 수업전문성 일반 기준

대영역	중영역	기준 요소
지식	내용 지식 및 내용 교수법	내용 지식의 이해
		내용 교수법 및 오개념 인지
	학생 이해	발달, 인지학습
		개인차
계획 (지식과 실천의 연계)	수업 설계	학습목표 설정 및 진술
		일관성 있는 수업 설계
실천	학습 환경 조성 및 학급운영	안전하고 효율적인 물리적 환경
		생동감 있는 학급 분위기와 학습문화 조성
		효율적인 학급운영과 학생지도
	수업실행	사전 지식 활성화와 동기유발
		이해와 사고를 촉진하는 수업전략
		유의미한 학습활동 및 과제 수행
		효과적인 자료 활용
		명료한 의사소통 및 적절한 언어 사용
		효과적인 질문 사용
		이해 점검 모니터링 및 피드백
		유연한 상황 대처
		구조화된 수업 전개와 효율적인 시간 관리
전문성	수업반성 및 전문성 발달	교사의 수업반성
		동료 교사와의 협력
		학부모와의 협조
		전문성 발달 노력

대영역을 4 수준(지식-계획-실천-전문성)으로 나눈 근거는 교사가 좋은 수업을 위해서 갖추어야 요건을 1) 교사가 알아야 할 것, 2) 교사가 해야 하는 것, 3) 교사가 전문성 발달 위해 해야 할 것으로 범주화한데 기초한다. 이 세 범주에 4) 수업 설계와 같이 지식과 실천을 연계하는 활동을 더하여 제안한 것이다.

중영역은 대영역 내에서 질적으로 구분되는 하위 범주를 구분한 것으로, 실제로 교육 현장에서 용이하게 효과적으로 구분할 수 있는 활동이다. 기준요소는 중영역 내에서 구분되는 교사의 교수 수행활동을 중심으로 구분한 것이다.

수업전문성 일반기준의 특징은 다음과 같다.

◦ 발달 단계, 학교급, 교과 및 영역을 막론하고 공통적으로 적용할 수 있는 일반적인 기준이다.

◦ 교사의 수업전.수업중.수업후 활동을 망라하는 포괄적인 기준이다.

수업전문성 일반기준은 교사가 수업을 준비하기 위한 과정(지식, 설계), 실제 수업 실행(실천), 수업 후 반성과 평가, 개선(전문성) 활동을 아우르는 포괄적인 기준을 제시한다. 이는 '좋은 수업'을 한다는 것은 단지 교실이라는 무대에서 '멋진 연기'를 하는 것 이상의 노력과 학습, 실천 및 반성이 요구된다는 믿음에 기초한다.

◦ 구체적인 교수 행동 발생 여부를 확인하는 점검표가 아니다.

여기에서 제안하는 기준은 교수 기준을 구체적인 행동으로 환원하지는 않는다. 교사수행을 중심으로 기준을 작성하는 것을 원칙으로 하되, 기준 항목을 구성하는 것은 구체적인 특정 행동이 아니라, 행위들 사이에 공통적으로 나타나는 특성[구인]들이다.

예컨대, '교사는 교과 내용 및 다양한 학습자의 특성을 고려하여 수업전략을 구안한다.'라는 기준이 있다고 할 때, 이 기준은 획일적인 어떤 특정한 수업전략을 구사할 것을 요구하지 않는다. 우선 교사 자신의 교수 양식, 가르치는 교과, 그리고 다양한 개인차를 지닌 학생들의 특성 등의 맥락적 상황을 고려하여 최적의 수업전략을 선정 또는 개발해 내는 교사의 능력을 평가하는 데 그 목적을 둔다.

◦ 일반 기준을 구성하는 영역과 요소들은 상호의존적이다.

각 기준에 대해 비교적 독립적으로 평가하되, 기준간의 상호 연계 관계를 고려하며 교사와 수업을 이해하고자 할 때 보다 의미 있는 평가 활동을 수행할 수 있다. 예를 들어, 교사의 지식이 충분하지 않으면 바람직한 수업 설계가 어려우며, 그 실천의 질 또한 크게 기대할 수 없다. 요소별로 접근하되, 보다 포괄적인 관점에서 총체적으로 수업을 이해하려는 접근(관찰, 평가)이 필요하다.

◦ 일반 기준의 적용은 상황 의존적이다.

특정 기준은 적용되는 상황에 따라 달리 해석되고 평가되어야 할 것이다. 즉, 평가자는 주어진 상황에 따라 기준에 따른 수행을 나타내는 방식은 매우 다양하다는 점을 명심해야 한다.

◦ 일반 기준은 다양한 방식으로 평가되어야 한다.

수업 전문성 일반 기준은 '수업 전-중-후' 활동을 포괄한다. 특정 기준이 달성된 정도를 판단하는 증거 기준은 평가 영역, 구성 요소별로 다양할 수밖에 없다. 영역별, 요소별로 다양한 정보원(자료)을 활용하여 평가해야 한다(한국교육과정평가원, 2006a, 1-9).

- 한국교육과정평가원, 2006a, 수업 전문성 일반 기준과 활용 방안, 연구자료 ORM 2006-24-1.

3. 사회과 수업평가 기준과 수업관찰지

사회과 수업전문성(평가) 기준은 교사 스스로가 자신의 수업을 반성하고 동료 교사의 수업을 비평하고 '가르치면서 배우고, 배우면서 가르치는데' 일조하기를 기대하면서, 주로 미국의 NBPTS의 '사회-역사 수업전문성(평가) 기준'을 참고하여 개발된 것이다(NBPTS, 2001). 그 배경을 간단히 제시하면 다음과 같다(한국교육과정평가원, 2006b).

◦ 현행 교육과정 및 교과서 개정의 문제점과 한계: 교육의 표준화에 기여하는 반면, 교사의 자율성이나 전문성을 제한하는 교육과정 및 교과서 개정.
◦ 현행 예비교사 교육 및 임용시스템의 문제점과 한계: 학교현장에 대한 체계적인 고민이나 활발한 교류 없이 이루어지는 예비교사 교육과 단편적인 지식을 테스트하는 임용시험.
◦ 행정 업무 중심 학교문화의 문제점과 한계: 교사의 수업과 수업전문성보다는 행정업무 중시 풍토
◦ 현행 교사연수의 문제점과 한계: 교사 자격연수나 직무연수의 비체계적이고 비전문적인 운영과 일부 교사의 점수따기 경쟁이나 통과의례로 전락.
◦ 현장 교사 재교육의 필요성과 방향(자기반성과 동료장학): 교사가 학교 현장에서 동료교사와 함께 스스로 자신의 수업전문성 향상을 위해 노력하는 방향의 필요성.

2006년에 개발된 기준의 내용을 정리하면 크게 기본 지식과 능력, 수업 기획 능력, 수업 실행 능력, 전문성 제고 노력 등 네 가지 부분(대영역)으로 나눌 수 있으며 다음의 표 4, 표 5와 같다.

기본 지식과 능력 부분은 사회과 교사가 수업 전문가로서 갖추어야 할 지식이나 능력을 교과 목표 및 내용, 교수학습 및 평가, 학습자, 내용 교수법 등 네 가지 중영역으로 나누고, 각 영역별로 1-3

가지 정도의 세부 평가 요소를 제시하고 있다.

수업 기획 능력 부분은 사회과 교사가 수업을 기획하는데 필요한 지식이나 능력을 교육과정 재구성 및 수업 설계, 수업 전략 및 자료 개발 등 두 가지 중영역으로 나누고, 각 영역별로 2-3가지 정도의 세부 평가 요소를 제시하고 있다.

수업 실행 능력 부분은 사회과 교사가 수업을 실행하는데 필요한 지식이나 능력을 수업 조직 및 전개, 학습 집단 조직 및 환경 조성, 수업 결과 확인(반성/회고) 등 세 가지 중영역으로 나누고, 각 영역별로 2-4가지 정도의 세부 평가 요소를 제시하고 있다.

전문성 제고 노력 부분은 사회과 교사가 평소 자신의 수업 전문성을 높이기 위해 어떤 노력을 기울이고 있는지를 전문성 발달이라는 한 가지 중영역을 설정하고 자기반성, 동료장학, 자기개발 등 세 가지 평가 요소로 나누어 제시하고 있다.

표 4. 사회과 수업평가 기준(1)

대영역	중영역	사회과 수업평가 요소 및 기준
영역1. 기본 지식과 능력	Ⅰ. 사회과 목표 및 내용에 대한 이해	Ⅰ-1. [교과관] 사회과 교사는 사회과 목표에 대한 충분한 이해를 토대로 체계적이면서도 균형감 있는 교과관을 지니고 있다.
		Ⅰ-2. [교과내용지식] 사회과 교사는 사회과 내용을 구성하고 있는 지리, 역사, 일반사회 영역에 대해 체계적인 지식을 지니고 있다.
		Ⅰ-3. [교과내용경험] 사회과 교사는 사회과 내용을 구성하고 있는 지리, 역사, 일반사회 영역의 내용을 일상생활과 관련시켜 가르칠 수 있다.
	Ⅱ. 사회과 교수학습 및 평가방법에 대한 이해	Ⅱ-1. [교수학습방법] 사회과 교사는 사회과에서 강조하는 다양한 교수학습방법에 대한 지식과 이를 활용할 줄 아는 기본 능력을 지니고 있다.
		Ⅱ-2. [평가방법] 사회과 교사는 사회과에서 강조하는 다양한 평가방법에 대한 지식과 이를 활용할 줄 아는 기본 능력을 지니고 있다.
	Ⅲ. 학습자의 발달에 대한 이해	Ⅲ-1. [학습자발달] 사회과 교사는 사회과 수업에 앞서 자신이 가르치는 학생들의 인지적, 정서적 발달 정도를 충분히 이해하고, 학생들과 민주적으로 상호 작용할 수 있는 유대 관계를 형성할 수 있다.
		Ⅲ-2. [선지식·오개념] 사회과 교사는 사회과 내용과 관련해서 학생들의 선지식이나 오개념을 파악하고 이를 활용할 수 있는 능력을 지니고 있다.
	Ⅳ. 사회과 내용교수법 지식	Ⅳ-1. [내용교수법] 사회과 교사는 사회과 내용을 다양한 교수학습방법을 활용하고 학습자의 발달과 흥미를 고려하여, 유의미한 학습 경험으로 변환시키는 데 필요한 실천 지식을 지니고 있다.
영역2. 수업 기획 능력	Ⅴ. 교육과정 재구성 및 수업 설계	Ⅴ-1. [교육과정 재구성] 사회과 교사는 국가수준 교육과정 및 교과서를 자신의 수업상황에 맞게 구체적으로 재구성할 수 있다.
		Ⅴ-2. [수업설계] 사회과 교사는 자신이 재구성한 교육과정을 구체적인 수업을 통해 실현할 수 있도록 수업을 기획·설계할 수 있다.
	Ⅵ. 수업 전략 및 자료 개발	Ⅵ-1. [교수학습방법개발] 사회과 교사는 사회과 수업과 관련된 교수학습방법들을 종합하여 수업을 위해 적절한 교수학습방법으로 개발·재구성할 수있다.
		Ⅵ-2. [평가방법 개발] 사회과 교사는 사회과 수업과 관련된 각종 평가방법과 지표들에 대한 검토를 통해 학생들의 학습 정도를 파악하기 위한 적절한 평가 방법을 개발·재구성 할 수 있다.
		Ⅵ-3. [수업자료 개발] 사회과 교사는 사회과 수업과 관련된 교과서 및 각종 관련 자료들을 종합하여 의미 있는 수업자료로 개발·재구성할 수 있다.

표 5. 사회과 수업평가 기준(2)

대영역	중영역	사회과 수업평가 요소 및 기준
영역3. 수업 실행 능력	Ⅶ. 수업 조직 및 전개	Ⅶ-1. [수업목표·의도] 사회과 교사는 수업을 실행함에 있어 수업목표나 의도를 의미 있는 내용으로 적절하게 제시할 수 있다.
		Ⅶ-2. [수업내용] 사회과 교사는 수업 목표를 달성하기 위하여 수업내용을 효과적으로 구성하여 제시할 수 있다.
		Ⅶ-3. [교수학습방법] 사회과 교사는 수업을 실행함에 있어 수업 내용에 따라 학생들의 흥미를 유도할 수 있는 적절한 수업 방법을 활용할 수 있다.
		Ⅶ-4. [평가] 사회과 교사는 수업의 실행 과정에서 진단, 형성, 총괄평가를 잘 활용하여 학생들의 학습 정도를 정확하게 파악하고 그 결과를 수업에 반영할 수 있다.
	Ⅷ. 학습 집단 조직 및 환경 조성	Ⅷ-1. [학습 집단 조직] 사회과 교사는 수업을 실행함에 있어 적절한 학습 집단을 조직하고 학습 분위기를 조성할 수 있다.
		Ⅷ-2. [상호작용] 사회과 교사는 교사와 학생, 학생과 학생간의 상호작용이 활발하게 이루어지고 상호 존중하는 학습 환경을 조성할 수 있다.
	Ⅸ. 수업 결과 확인(반성/회고)	Ⅸ-1. [수업목표·의도달성] 사회과 교사는 일련의 수업 실행 과정을 통해서 자신이 제시한 수업 목표나 의도를 달성할 수 있다.
		Ⅸ-2. [수업 일관성 유지] 사회과 교사는 수업의 조직 및 전개 과정에서 일관성을 가지고 수업을 진행할 수 있다.
		Ⅸ-3. [교육적 변환] 사회과 교사는 교과서 내용을 전달하는데 그치는 것이 아니라 교과 목표나 내용, 학생 관심과 흥미, 수업모형이나 전략에 맞추어 교육적으로 의미있게 변환시킬 수 있다.
영역 4. 전문성 제고 노력	Ⅹ. 전문성 발달	Ⅹ-1. [자기반성] 사회과 교사는 수업에 대한 지속적인 자기 반성과 학생 반응을 토대로 수업을 개선하여 사회과 교사로서의 수업 전문성을 기른다.
		Ⅹ-2. [동료장학] 사회과 교사는 동료 교사들과의 협력과 장학을 통하여 수업을 개선하여 사회과 교사로서의 전문성을 기른다.
		Ⅹ-3. [자기개발] 사회과 교사는 교과 관련 연수나 다양한 자기 연찬 활동을 통해 교과 전문가로서의 전문성을 함양한다.

수업관찰지는 수업 기획 및 실행 부분에 대해서 수행 수준을 네 단계로 평가하고 그 평가 근거와 추가 의견을 제시하는 형태로 구성되었으며 표 6과 같다. 수업관찰지에서 수행 수준은 해당 수업평가 요소 및 기준에 도달한 지식, 실행 수준을 나타내는 것으로 4개 수준으로 구분하며, 각 수준의 의미는 다음과 같다(한국교육과정평가원, 2006a를 참고로 수정).

- 탁월 : (예비)교사의 수행 수준이 일관되게 기대 수준 이상이다.
- 우수 : (예비)교사의 수행 수준이 일관되게 기대 수준을 충족시킨다.
- 기초 : (예비)교사의 수행 수준이 어느 정도 기대 수준에 도달하지만, 일부 영역에서 수행 수준 개선이 요구된다.
- 미흡 : (예비)교사의 수행 수준이 기대 수준에 거의 도달하지 못한다. 수행 수준 개선이 반드시 요구된다.
- 不 : 관찰 혹은 평가가 불가능하거나 관찰하지 못한 경우.

표 6. 사회과 수업관찰지

대영역	중영역	사회과 수업평가 요소 및 기준	수행 수준					근거 및 의견
			미흡	기초	우수	탁월	不	
영역2 수업 기획 능력	Ⅴ. 교육과정 재구성 및 수업 설계	Ⅴ-1. [교육과정 재구성] 사회과 교사는 국가수준 교육과정 및 교과서를 자신의 수업상황에 맞게 구체적으로 재구성할 수 있다.						
		Ⅴ-2. [수업설계] 사회과 교사는 자신이 재구성한 교육과정을 구체적인 수업을 통해 실현할 수 있도록 수업을 기획·설계할 수 있다.						
	Ⅵ. 수업 전략 및 자료 개발	Ⅵ-1. [교수학습방법개발] 사회과 교사는 사회과 수업과 관련된 교수학습방법들을 종합하여 수업을 위해 적절한 교수학습방법으로 개발·재구성할 수있다.						
		Ⅵ-2. [평가방법 개발] 사회과 교사는 사회과 수업과 관련된 각종 평가방법과 지표들에 대한 검토를 통해 학생들의 학습 정도를 파악하기 위한 적절한 평가 방법을 개발·재구성 할 수 있다.						
		Ⅵ-3. [수업자료 개발] 사회과 교사는 사회과 수업과 관련된 교과서 및 각종 관련 자료들을 종합하여 의미 있는 수업자료로 개발·재구성할 수 있다.						
영역3 수업 실행 능력	Ⅶ. 수업 조직 및 전개	Ⅶ-1. [수업목표·의도] 사회과 교사는 수업을 실행함에 있어 수업목표나 의도를 의미 있는 내용으로 적절하게 제시할 수 있다.						
		Ⅶ-2. [수업내용] 사회과 교사는 수업 목표를 달성하기 위하여 수업내용을 효과적으로 구성하여 제시할 수 있다.						
		Ⅶ-3. [교수학습방법] 사회과 교사는 수업을 실행함에 있어 수업 내용에 따라 학생들의 흥미를 유도할 수 있는 적절한 수업 방법을 활용할 수 있다.						
		Ⅶ-4.[평가] 사회과 교사는 수업의 실행 과정에서 진단, 형성, 총괄평가를 잘 활용하여 학생들의 학습 정도를 정확하게 파악하고 그 결과를 수업에 반영할 수 있다.						
	Ⅷ. 학습 집단 조직 및 환경 조성	Ⅷ-1. [학습 집단 조직] 사회과 교사는 수업을 실행함에 있어 적절한 학습 집단을 조직하고 학습 분위기를 조성할 수 있다.						
		Ⅷ-2. [상호작용] 사회과 교사는 교사와 학생, 학생과 학생간의 상호작용이 활발하게 이루어지고 상호 존중하는 학습 환경을 조성할 수 있다.						
	Ⅸ. 수업 결과 확인(반성/회고)	Ⅸ-1. [수업목표·의도달성] 사회과 교사는 일련의 수업 실행 과정을 통해서 자신이 제시한 수업 목표나 의도를 달성할 수 있다.						
		Ⅸ-2. [수업 일관성 유지] 사회과 교사는 수업의 조직 및 전개 과정에서 일관성을 가지고 수업을 진행할 수 있다.						
		Ⅸ-3. [교육적 변환] 사회과 교사는 교과서 내용을 전달하는데 그치는 것이 아니라 교과 목표나 내용, 학생 관심과 흥미, 수업모형이나 전략에 맞추어 교육적으로 의미 있게 변환시킬 수 있다.						

- 한국교육과정평가원, 2006b, 수업평가 매뉴얼: 사회과 수업평가 기준, 연구자료 ORM 2006-24-6.
- NBPTS(2001). Social Studies-History Standards. National Board for Professional Teaching Standards.

| 참고문헌 |

** 참고문헌

강대현, 2005, 사회과 좋은 수업 사례에 대한 질적 접근, 초등사회과교육, 17(1), 3-45.

강창숙, 2005a, 영국의 국가교육과정에서 제시하는 사고기능과 TTG전략(Ⅰ), 대한지리학회지, 40(1), 96-108.

_____, 2005b, 영국의 국가교육과정에서 제시하는 사고기능과 MTTG전략(Ⅱ), 지리학연구, 39(1), 79-94.

_____, 2006, 지리교육에서 실행연구의 장점과 단점, 한국지리환경교육학회지, 14(2), 169-180.

_____, 2007a, 교생들이 관찰 경험한 중학교 지리수업, 한국지역지리학회지, 13(2), 201-219.

_____, 2007b, 교생의 지리수업 경험에서 나타나는 실천적 지식의 내용, 한국지리환경교육학회지, 15(4), 323-343.

_____, 2009, 교육실습생의 실천적 지식 구성에 대한 관찰: 지리 수업조직을 사례로, 대한지리학회지, 44(4), 577-603.

_____, 2010, 좋은 수업을 위한 예비 지리교사의 수업관찰과 반성, 한국지리환경교육학회지, 18(1), 59-75.

_____, 2011, 사회과 예비교사들의 좋은 수업에 대한 인식 특성, 한국지리환경교육학회지, 19(2), 137-152.

_____, 2014, 예비교사의 사회과 수업실습에서 나타난 언어상호작용의 관찰과 분석, 사회과교육연구, 21(3), 67-83.

_____, 2015, 고등학교 지리수업에서 나타나는 예비교사와 학생의 상호작용 관찰과 분석, 사회과교육연구, 22(3), 31-51.

_____, 2018a, 지리수업과 학습자, 푸른길.

_____, 2018b, 사회과 예비교사의 시각자료 설명에서 나타나는 몸짓의 특징, 사회과교육연구, 26(1), 75-89.

곽병선, 1995, 학교교육의 적합성과 교사의 문제. 교육과정 연구 13. 3-20.

교육과학기술부, 2009, 초・중등학교 교육과정 총론(교육과학기술부 고시 제2009-41호 [별책 1]).

교육과학기술부, 2011, 초・중등학교 교육과정 사회(교육과학기술부 고시 제 2011-361호).

교육부, 2015a, 초.중등학교 교육과정 총론(교육부 고시 2015-74호 [별책 1]).

교육부, 2015b, 국어과 교육과정(교육부 고시 2015-74호 [별책 5]).

교육부, 2015c, 사회과 교육과정(교육부 고시 2015-74호 [별책 7]).

김경현, 2004, 컴퓨터보조 자기장학이 초임교사의 교수기술과 교수효능감 향상에 미치는 효과, 한국교원교육연구, 21(1), 53-85.

김대훈, 2014, 교사학습공동체 참여를 통한 지리교사 전문성 발달: 근거이론적 접근, 한국교육원대학교 박사학위논문.

김두정, 2009, 교육과정 실행에 관한 교사의 이론: 혼합적 연구 방법을 통한 교사의 실천적 지식의 탐구. 교육과정연구, 27(3), 127-157.

김민정, 2006, 교사의 실천적 지식 탐색: 연구 동향 및 교육과정 연구에의 시사점, 교육연구논총, 27(2), 89-108.

김연수・김대현・김병수・박관진・양은배・정대철, 2015, 인턴제 폐지에 따른 전공의 선발제도 개선 방안과 의학교육 교과과정 개발, 1-194.

김영실・신애선, 2015, 영아의 의사소통적 몸짓과 어머니의 양육행동이 영아의 어휘력에 미치는 영향, 어린이미디어연구, 14(1), 63-87.

김유리, 2004, 공통사회 교사양성 교육에 대한 예비교사들의 인식 분석, 사회과 교육, 43(2), 109-136.

김의향, 2006, 7-24개월 영아의 의사소통적 몸짓과 어휘 습득간의 관계, 연세대학교 박사학위논문.

김자영・김정효, 2003, 교사의 실천적 지식에 대한 이론적 탐색, 한국교원교육연구, 20(2), 1-11.

김재춘・변효종, 2005, '좋은 수업'의 의미에 대한 비판적 검토, 수산해양교육연구, 17(3), 373-382.

김정렬, 2007, 영어과 수업관찰과 분석, 한국문화사.

김종서・김영찬, 1983, 수업형태분석법: 플랜더즈 언어상호작용분석의 이론과 실제, 교육과학사.

김주훈・최승현・강대현・곽영순・유정애・양종모・이주섭・최원윤・김영애, 2003, "학교 교육 내실화 방안 연구: 좋은 수업 사례에 대한 질적 연구", 열린교육연구, 11(1), 43-61.

김찬종, 2009, 교사 연수와 수업 전문성 발달, 교육연구와 실천, 75, 67-90.

김현미, 1997, 인간의 행위와 공간의 관계에 관한 연구-Pierre Bourdieu의 '아비투스' 개념을 중심으로, 지리교육논집, 37, 78-106.

김혜숙, 2005, 지리과 교실수업연구를 위한 이론적 탐색: 교실수업연구 패러다임의 동향을 중심으로, 한국지리환경교육학회지, 13(2), 275-291.

______, 2006a, 교실생태학적 관점에 근거한 중등 지리수업의 질적 사례연구, 고려대학교 박사학위논문.

______, 2006b, 고등학교 초임과 경력지리교사의 실천적 지식 비교연구, 사회과교육, 45(3), 91-113.

나지연・송진웅, 2012, 초등학생의 과학 담화에서 나타나는 몸짓의 유형과 특징, 초등과학교육,

31(4), 450-462.

남윤석 · 전평국, 2006, 교육실습 과정에서 배우는 초등예비교사의 수학 교수학적 내용 지식에 관한 사례연구, 한국수학교육학회지 시리즈 A <수학교육>, 45(1), 75-96.

남정희 · 이순덕 · 임재항 · 문성배, 2010, 멘토링을 통한 초임중등과학교사의 수업에서의 교사 · 학생 상호작용 변화 분석, 한국과학교육학회지, 30(8), 953-970.

노경희 · 배현명, 2011, 초등영어교사 제스처의 기능과 학습자의 인식, 초등영어교육, 17(3), 119-143.

노경희, 2014, 초등영어교사의 제스처가 학습자의 정의적 측면에 미치는 영향, 초등영어교육, 20(1), 113-138.

노명완, 2007, 국어교육의 정체성, 국어교육연구, 40, 73-108.

마경묵, 2007, 수행평가 과정을 통해서 본 지리교사의 실천적 지식, 대한지리학회지, 42(1), 96-120.

민윤, 2000, 사회과 역사수업에 나타난 내용의 변환과 교수내용지식, 사회과교육, 33, 173-191.

박선형, 2005, 교원전문성 개발을 위한 인지과학적 연구: 쟁점, 이론적 기제 및 개발실천 과제, 교육행정학 연구, 23(2), 91-116.

박수경 · 김상달 · 조주환, 1992, 마이크로티칭 방식의 수업장학이 지구과학과 교육실습생의 수업 기술에 미치는 효과: 질문기술과 피이드백 기술을 중심으로, 한국지구과학학회지, 13(3), 269-282.

박윤경, 2004, 사회과 교실 수업의 변화에 대한 사례 연구, 교육인류학연구, 7(1), 1-35.

박은혜 · 이은화, 1998, 반성적 사고 신장을 위한 교육실습지도: 실습지도교수의 역할을 중심으로, 교과교육학연구, 2(1), 이화여자대학교 교과교육연구소.

박은혜, 2002, 유아교사의 지식, 창지사.

박인옥, 2007, 중등 사회과 예비교사들의 교육실습에 관한 인식 조사, 시민교육연구, 39(3), 185-212.

박정진, 2006, 국어 수업의 질문활동 양상 연구, 고려대학교 박사학위논문.

박태호, 2009, 교실 수업 전문가를 위한 초등 국어 수업 관찰과 분석, 정인출판사.

배을규, 동미정, 이호진, 2011, 전문성 연구 문헌의 비판적 고찰: 성찰, 한계, 그리고 HRD함의. HRD연구, 13(1), 1-26.

백제은, 2009, 초등학교 우수 수업동영상의 플랜더즈 언어상호작용 유형 분석, 원광대학교 석사학위논문.

베르그송 저, 이희영 옮김, 2008, 웃음/창조적 진화/도덕과 종교의 두 원천, 동서문화사, 서울.

변영계 · 김광휘, 2006, 협동학습의 이론과 실제, 학지사.

변영계 · 김경현, 2008, 수업장학과 수업분석, 학지사.

변영계 · 김경현, 2011, 수업장학과 수업분석, 학지사.
서경범, 2007, 플랜더즈의 언어상호작용 분석을 이용한 중등 초임교사의 과학수업 분석, 경북대학교 석사학위논문.
서경혜, 2004, 좋은 수업에 대한 관점과 개념: 교사와 학생 면담 연구, 교육과정연구, 22(4), 165-187.
_____, 2005, 반성과 실천: 교사의 전문성 개발에 대한 소고, 교육과정연구, 23(2), 285-310.
_____, 2010, 교사공동체의 실천적 지식. 한국교원교육연구, 27(1), 121-148.
설규주, 2014, 지식의 사회적 구성을 위한 교과별 수업 의사소통: 사회과교육의 성격과 사회과 수업에서의 의사소통, 화법연구, 26, 45-74.
소경희, 2009, 교사학습(teacher learning) 이해를 위한 이론적 기초 탐색. 교육과정연구, 27(3), 107-126.
손민호, 2004, 연구 전통별로 살펴본 수업에서의 질적 연구의 동향 및 과제, 교육과정연구, 22(3), 149-180.
손병노, 1998, 사회과 교사의 전문성 탐색: 교수 내용 지식의 관점, 사회과교육학연구, 2, 110-127.
송언근 · 정혜정 · 이관구, 2015, 자료와 활동 중심의 사회과다운 수업하기, 교육과학사.
송언근, 2000, 구성주의 지리교육의 실천적 구성을 위한 현장 연구 I, 대한지리학회지, 35(4), 565-584.
_____, 2001, 구성주의 지리교육의 실천적 구성을 위한 현장 연구 II, 대한지리학회지, 36(1), 15-34.
_____, 2003, 이론과 실제, 그 협력의 새로운 지평을 위한 교육 실습의 재구성, 한국지리환경교육학회지, 11(3), 101-117.
손은령 · 박수정 · 이주욱, 2016, 사범대학의 교육실습체제 개선 사례 및 성과 분석, 교육연구논총, 37(1), 1-25.
신영희 · 김두규 · 허균, 2013, 수업언어분석을 통한 우수교사와 일반교사의 수업형태 차이 연구, 수산해양교육연구, 25(3), 587-598.
신준식, 2007, 수학 수업에서의 의사소통 분석: 언어상호작용을 중심으로, 초등수학교육, 10(1), 15-28.
신지선, 2011, '구체와 이론'과 '이중 부호화 이론'에 입각한 그림책 번역전략, 번역학연구, 12(2), 109-128.
심준섭, 2008, 행정학 연구의 대안적 방법으로서의 방법론적 다각화(Triangulation), 한국행정연구, 17(2), 3-31.
양은주 · 전영국 · 서수경 · 클라우스 위츠, 2007, 예비교사의 심층 동기 · 교과교육학 지식 · 내적 비

전의 형성: 사범대학 영어교육과 사례, 교육인류학연구, 10(1), 89-125.

오정란, 2003, 사회문화적 맥락에서 본 초등학교에서의 교육실습 경험의 의미 탐색, 교육사회학연구, 13(3), 167-190.

유동엽, 2018, 몸짓언어 교육의 목표에 관한 이론적 고찰, 교육논총, 55(3), 1-14.

유종열, 2007, 사회과 교사의 수업 전문성 향상을 위한 수업 장학에 관한 연구, 사회과교육연구, 14(3), 109-130.

이명신, 2003, 플랜더즈의 언어상호작용 분석법을 이용한 영어유치원 수업형태분석, 연세대학교 석사학위논문.

이선영, 2015, 교실 의사소통에서 손짓 언어의 연구 쟁점, 화법연구, 30, 249-277.

이용숙 · 김영천 · 이혁규 · 김영미 · 조덕주 · 조재식, 2005, 실행연구방법, 학지사.

이윤식 · 강호경, 2007, 초등학교 교사의 자기장학 참여와 전문적 발달간의 관계, 한국교원 교육연구, 24(1), 55-76.

이인, 2012, 초등 예비교사의 영어 수업 상호작용 분석: 교사-학생 발화를 중심으로, 언어학, 20(4), 199-218.

이종일, 2000, 사회과 교사자질에 대한 CBTE적 접근, 사회과교육, 33, 353-378.

______, 2005, 사회과 수업에서 '탐구의 의미', 사회과교육연구, 13(2), 1-20.

이준 · 이성흠, 2011, '좋은 수업'의 관점과 특징에 대한 예비교사의 중요도 인식, 교원교육, 27(1), 41-59.

이진향, 2002, 교사의 수업개선을 위한 반성적 사고의 의미 고찰, 한국교원교육연구, 19(3), 169-188.

이혁규, 2005, 교실 수업 과정의 연구 경향 검토, 사회와 교육, 20, 115-140.

이흔정, 2005, 반성적 사고에 기초한 수업방안 연구, 한국교육학연구, 11(2), 113-134.

임지룡 · 김영순 · 김연화, 2002, 교사 손동작의 의사소통적 상호작용, 중등교육연구, 49, 65-88.

장유경, 2004, 한국 영아의 초기 어휘발달: 8-17개월, 한국심리학회지, 23(1), 77-99.

정문성, 2006, 협동학습의 이해와 실천, 교육과학사.

정미경, 2007, 교원양성교육에서의 좋은 수업에 대한 예비교사의 인식, 교육과정연구, 25(3), 247-264.

정애란 · 맹승호 · 이선경 · 김찬종, 2007, 교육실습에 참여한 예비 과학교사의 과학수업 실행에 대한 관심 영역과 반성적 사고, 한국과학교육학회지, 27(9), 893-906.

제프리 E. 밀스 지음, 강성우 · 부경순 · 심영택 · 양갑렬 · 오세규 · 이경화 · 이혁규 · 임진영 · 허영식 옮김, 2005, 교사를 위한 실행연구, 우리교육, 서울.

조대훈, 2013, 인턴제 교육실습에 대한 질적 연구: 국가수준 교육실습 교육과정에 대한 시사점, 시민교육연구, 45(4), 229-262.

조석훈, 2004, 교육실습생의 교직 경험에 관한 질적 분석, 교육행정학연구, 22(1), 201-224.

조영남, 2001, 질적 연구와 양적 연구, 초등교육연구논총, 17(2), 307-329.

조영달, 2001, 한국 중등학교 교실수업의 이해, 교육과학사, 서울.

조영준・신항균, 2010, 초등학교 수학교실에서 나타난 수학적 의사소통 유형 분석, 한국초등수학교육학회지, 14(3), 681-700.

조재식, 2002, 연구자로서의 교사 개념에 대한 이론적 고찰, 교육인류학연구, 5(2), 193-225.

주삼환・이석열・김홍운・이금화・이명희, 1999, 수업관찰과 분석, 원미사.

주삼환, 2003, 교육의 질 향상을 위한 장학의 이론과 기법, 학지사.

주웅영, 2012, 초등 사회과 역사탐구를 위한 질문 형성 활동의 특징, 사회과교육연구, 21(2), 81-95.

차현정, 2011, 사회과 교실수업에 대한 초등 교사들의 인식과 발생요인, 한국사회 교과교육학회 2011년 연차학술대회 발표논문집.

한국교육과정평가원, 2006a, 수업 전문성 일반 기준과 활용 방안, 연구자료 ORM 2006-24-1.

한국교육과정평가원, 2006b, 수업평가 매뉴얼: 사회과 수업평가 기준, 연구자료 ORM 2006-24-6.

한국교육과정평가원, 2008a, 2009학년도 개편 중등교사신규임용후보자선정경쟁시험의 『표시과목』의 교사 자격 기준 개발과 평가 영역 상세화 및 수업 능력 평가 연구(CRE 2008-9-5).

한국교육과정평가원, 2008b, 2009학년도 개편 중등교사신규임용후보자선정경쟁시험의 표시과목 『지리』의 교사 자격 기준 개발과 평가 영역 상세화 및 수업 능력 평가 연구(CRE 2008-6-11).

한재영・최정훈・신영준・손정우・차정호・홍준의, 2006, 과학탐구에서 몸짓의 역할과 중요성, 초등과학교육, 25(1), 51-58.

한희경, 2010, 대화적 공간으로서의 지리 교실 읽기: 제3공간으로의 국면 전화 가능성 탐색, 한국교원대학교 박사학위논문.

함희주, 2005, 초등학교 음악수업 관찰방법 적용연구, 음악교육연구, 29, 185-214.

허병기, 1994, 교직성격 고찰: 교직의 전문직성에 관한 반성적 논의, 교육학 연구, 32(1), 49-77.

홍미화, 2005, 교사의 실천적 지식에 대한 이론적 논의: 사회과 수업을 중심으로, 사회과교육, 44(1), 101-124.

______, 2006, 교사의 실천적 지식으로 읽는 초등 사회과 수업, 한국교원대학교 대학원 박사학위논문.

홍서영・서태열, 2018, 사회과 수업에서 의사소통행위에 대한 교사와 학습자의 인식, 사회과교육 57(2), 81-97.

황기우, 1997, 교직의 전문직업성에 대한 사회학적 고찰. 교육문제연구, 9, 79-100.

황은미, 2008, 효과적인 의사소통을 위한 비언어적 행위, 텍스트언어학, 24, 313-335.

Berliner, D., 2001, Teacher Expertise. in Banks, F. and Mayes, A.(eds.), Early Professional Development for Teachers, David Fulton Pub.: London.

Bondi, Joseph C. Jr. and Ober, Richard L., 1969, The Effects of Interaction Analysis Feedback on the Verbal Behavior of Student Teachers, The annual meeting of the American Educational Research Association(Feb. 5-8), 1-19. (ED028995).

Borich, G, D., 2008, Observation Skills for Effective Teaching(5th ed.), PEARSON: New Jersey(설양환 · 김윤옥 · 김지숙 · 박태호 · 우상도 · 이범웅 · 함희주, 2003, 효과적인 수업 관찰 4판, 아카데미프레스).

Bright, N. and Leat, D., 2000, Toward a new professionalism. in Kent, A.(ed.), Reflective Practice in Geography Teaching, Paul Chapman Pub.: London.

Burrell, G., & Morgan, G., 1979. Sociological paradigms and organizational analysis. Heinenmann: London.

Butt, G., 2002, Reflective Teaching of Geography 11-18: Continuum Studies in Reflective Practice and Theory, Continuum: London and New York.

Butt, G., 2003, Geography Teachers as Action Researchers. in Gerber, R.(ed.), International Handbook on Geographical Education, Kluwer Academic Pub.: London.

Catling, S., 2003, Career-long professional development for geography teachers. in Gerber, R.(ed.), International Handbook on geographical education, kluwer Academic Pub.: London.

Cochran, K. F., Deruiter, J. A. and King R. A., 1993, Pedagogical Content Knowing: An integrative model for teacher preparation, Journal of Teacher Education, 44(4), 263-272.

Cohen, L. and Manion, L., 1998, Research Method in Education(4th ed.), Routledge: London and New York.

Creswell, J. W., 2003, Research design: Qualitative, quantitative, and mixed methods approaches(2nd ed.), SAGE.

Creswell, J. W., 2009, Research design: qualitative, quantitative, and mixed methods approaches, SAGE(김영숙·류성림·박판우·성용구·성장환·유승희·임난숙·임청환·정종진·허재복 옮김, 2011, 연구방법: 질적, 양적 및 혼합적 연구의 설계, 시그마프레스).

Darling-Hammond, L. and Brandsford, J.(eds.), Preparing teachers for a changing world, John

Wiley & Sons: San Francisco(강현석 · 소경희 · 조덕주 · 김경자 · 서경혜 · 최진영 · 이원희 · 장사형 · 박창언 공역, 2009, 21세기를 위한 최신 교사 교육론, 학이당).

Duncombe, R. and Armour, K. M., 2004, Collaborative professional learning: from theory to practice. Journal of In-service Education, 30(1), 141-166.

Elbaz, F., 1980, The teacher's practical knowledge: A case study, Doctoral dissertation, Univ. of Toronto.

Elbaz, F., 1981, The teachers' practical knowledge: report of a case study, Curriculum Inquiry, 11(1), 43-71.

Elbaz, F., 1983, Teacher thinking: A Study of practical knowledge, Nichols: New York.

Elliot, J., 1991, Action Research for Educational Change, Open Univ. press: Bristol.

Engeström, Y., 1987, Learning by Expanding: An activity-theoretical approach to developmental research. Orienta-Konsultit: Helsinki.

Fennema, E., and Franke, M. L., 1992, Teachers' knowledge and its impact. in D. A. Grouws(ed.), Handbook of research on mathematics teaching and learning, 147-164, Macmillan: New York.

Fien, J., 1984, Planning and teaching a geography curriculum unit. in J. Fien, R. Gerber and P. Wilson, The Geography Teacher's Guide to The Classroom, Macmillan.

Fien, J., 1992, 'What kind of research for what kind of teaching? Toward research Geography Education as a critical social science. in Hill, D.(ed.), International Perspectives on Geography Education, Rand McNally: Skokie.

Flanders, N. A., 1965, Teacher Influence, Pupil Attitudes, and Achivement, Washington: W. S. Department of Health, Education and Welfare (Cooperative Research Monograph No.2).

Flanders, N. A., 1970, Analyzing teaching behavior, Reading, Addison-Wesley Publishing com: MA. Gallavan, Nancy P. and Knowles-Yánez, Kim, 2004, Co-Mingling Geographic Education with Social Studies Methods, Journal of Geography, 103(2), 64-75.

Gerber, R., 1988, The Geographical educator as an expert. in Gerber, R. and Lidstone, J.(eds.), Developing Skills in Geographical Education, IGU/Jacaranda Press.

Gerber, R., 1996, Directions for research in geography education: the maturity of qualitative research. in Gerber, R. and Lidstone, J.(eds.), 1996, Developments and directions in geographical education, Channel view pub.

Goldin-Meadow, S., 2004, Gesture's role in the learning process, Theory Into Practice, 43, 314-321.

Goodwin W. L. and Goodwin, L. D., 1996, Understanding qualitative and quantitative research in early childhood education, Teachers College Press: New York.

Gross, A. A., 2009, 'Presence as a consequence of verbal-visual interaction: A theoretical approach', Rhetoric Review 28(3), 265-284.

Grossman, P. L., 1990, The making of a teacher: Teacher knowledge and teacher education, Teachers College Press: New York.

Hall, G., 2001, Going Public: using video to construct images of 'good' english teaching, English in Australia, 129-130.

Hammerness, K., Darling-Hammond, L., Brandsford, J., Berliner, D., Cochran Smith, M., McDonald, M & Zeichner, K, 2005, How teachers learn and develop. in Darling-Hammond L., and Brandsford, J.,(eds.), Preparing teachers for a changing world, 358-389, John Wiley & Sons: San Francisco.

Hargreaver, 1994, Changing Teachers, Changing Times: Teachers' Work and Culture in the Postmodern Age, Cassell: London.

Hargreaves, A., 2000, Four Ages of Professionalism and Professional Learning., Teachers and Teaching: History and Practice, 6(2), 152-182.

Hillcoat, J., 1996, Action Research. in Williams, M.(ed.), Understanding Geographical and Environmental Education: The role of research, Cassell: New York.

Hyman, R. T., 1975, School Administrator's Handbook of Teacher Supervision and Evaluation Methods, Prentice-Hall Inc: Englewood Cliff.

Hyman, R. T., 1986, School Administrator's Faculty Supervision Handbook, Prentice-Hall Inc: Englewood Cliff.

IGU · CGE, 1992, International charter on geographical education, Brisbane: International Geographic Union Commission on Geographical Education.

Johnson, B. and Christensen, L., 2000, Educational research: qualitative and quantitative approaches, Allyn & Bacon: MA.

Johnson, P., 1983, What kind of an expert should a system be?, Journal of Medicine and Philosophy, 8, 77-97.

Kember, D. and Kwan, K. 2000, Lecturers' approaches to teaching and their relationship to conceptions of good teaching, Instructional Science, 28(5), 469-490.

Kemmis, S., 1980, 'Action research in retrospect and prospect', mimeo presented at the Annual General Meeting of the Australian Association for research in Education, Sydney.

Kendon, A., 1996, An agenda for gesture studies, Semiotic Review of Books, 7, 8–12.

Kilic, H., 2010, The nature of preservice mathematics teachers' knowledge of students, Social and Behavioral Sciences, 9, 1096-1100.

Kincheloe, J. and Steinberg, S., 1998, Unauthorized Methods: Strategies for Critical Teaching, Routledge: London.

Koehler, M. S., and Prior, M., 1993, Classroom interaction: The heartbeet of teaching/learning process. In D. T. Owens(Ed.), Research Ideas for the Classroom: Middle Grade Mathematics, National Council of Teachers of Mathematics: Reston.

Kolenc K. K., 2010, Lifelong Learning and the Professional Development of Geography Teachers: A view from Slovenia, Journal of Geography in Higher Education, 34(1), 53-58.

Lacey, 1985, Professionalism or Bureaucracy. in Slater, F., Meek, M., Claxton, G., White, P., White, J., Mitchell, P., Hayes, J., Lacey, C., The Quality Controllers, Vol. 22 of the Bedford Way Papers, University of London Institute of Education.

Lambert, D. and Balderstone, D.(eds.), 2010, Learning to Teach Geography in the Secondary School, Routledge: New York.

Lambert, D., 1996, Understanding and improving School Geography: the training of beginning teachers'. in Williams, M.(ed.), Understanding Geographical and Environment Education: The Role of Research, Cassell: London and New York.

Lambert, P., Goodwin, W. L. and Roberts, R. F., 1965, Note on the Use of Flanders Interaction Analysis, The Journal of educational research, 58(5), 222-224.

Lave, J. and Wenger, E., 1991, Situated Learning: Legitimate peripheral participation, Cambridge University Press.

Leat, D.(ed.), 2002, Thinking through Geography, Chris Kington Pub.: Cambridge.

Leonard, B. C., Gies, F. J., and Paden, J. S. ,1971, The Effect of Selected Media Feedback upon the Interactive Behavior of Student Teachers, The Journal of Educational Research, 64(10), 478-480.

Lewin, K, 1948, Resolving Social Conflicts, Harper: New York.

Lewin, K., 1952, Group decision and social change. in G. E. Swanson, T. M. Newcomb and E. L. Hartley(eds.), Readings in Social Psychology, Holt: New York.

Lidstone, J., 1988, Research in geographical education. in Gerber, R. and Lidstone, J.(eds.), Developing skills in geographical education, IGU/Jacaranda Press: Australia.

Lidstone, J., 1996, Professionalism In Geographical Education. in Gerber, R. and Lidstone, J.(eds.), Developments and Directions in Geographical Education, Channel View Pub.: Clevedon.

Malamah-Thomas, A., 1991, Language Teaching: Classroom Interaction, Oxford Unive. Press(안종훈・정미화 옮김, 2004, 효과적인 수업을 위한 교실상호작용, 범문사).

McCutcheon, G, 1995, Developing the curriculum, solo and group deliberation, Longman Pub.

McNeill, D. and Levy, E. T., 1993, Cohesion and gesture, Discourse Processes, 16, 363–386.

McNeill, D., 1992, Hand and mind: what gesture reveals about thought, Univ. of Chicago Press.

McNiff, J. and Whitehead, J., 2011, All You Need to Know About Action Research. Thousand Oaks, Sage: CA.

McNiff, J., 1988, Action research: Principles and Practice, Macmillan Education.

Mehan, H., 1979, Learning Lesson: Social Organization in the Classroom, Havard Univ. Press: Cambridge.

Morgan, J. and Lambert, D., 2005, Geography: Teaching School Subjects 11-19, New York: Routledge(조철기 옮김, 2012, 지리교육의 새 지평, 논형).

Naish, M., 2002, Action research for a new professionalism in geography education. in smith, M.(ed.), Teaching Geography in secondary School : A reader, Routledge falmer: London.

National Council for the Social Studies(NCSS), 1971, Standards for Social Studies Teachers, National Academic Press: Washington D.C.

National Research Council(NCS), 1996, National Science Education Standards, National Academic Press: Washington, D.C.

NBPTS, 2001, Social Studies-History Standards, National Board for Professional Teaching Standards.

Ng, W., Nicholas, H., and Williams, A., 2010, School experience influences on pre-service teachers' evolving beliefs about effective teaching, Teaching and Teacher Education, 26, 278-289.

Nichols, A., Kinniment, D., and Leat, D.(eds.), 2003, More Thinking Through Geography, Chriskington Pub.: Cambridge.

Nonaka, I. & Takeuch, H., 1995, The Knowledge-Creating Company: How Japanese Companies Create the Dynamics of Innovation, Oxford University Press(장은영 옮김, 1998, 지식창조기업, 세종서적).

Paivio, A. and J. M. Clark, 1991, 'Dual coding theory and education', Educational Psychology Review, 3(3): 149-170.

Paivio, A., 1986, Mental Representations: A dual coding approach, Oxford Univ. Press: New York.

Paivio, A., 2010, Dual coding theory and the mental lexicon, The Mental Lexicon 5(2): 205-230.

Paivio, A., 2014, Intelligence, dual coding theory, and the brain, Intelligence, 47, 141-158.

Parry L., 1996, The Geography Teacher as Curriculum Decision Maker: Perspectives on Reflective Practice and Professional Development. in Gerber, R. and Lidstone, J (eds.), Developments and Directions in Geographical Education, Channel View Pub.: Clevedon.

Piaget, J., 1959, The language and thought of the child, Routledge & Kegan Paul: London.

Portman, T. L., 2007, Action Research in Education: Partnering for Success, 2007 청주교육대학교 국제학술대회(교사교육에서 실행연구) 발표집, 청주교육 대학교 교육연구원.

Putnam, R. T., 2002, Twenty-First Century Trends in Teacher Education and Professional Development. In James W. Guthrie(Ed.). Encyclopedia of Education(2nd Ed), Macmillan Reference: New York.

Reiman, T., 2007, The power of body language(박지숙 옮김, 2009, 왜 그녀는 다리를 꼬았을까: 숨겨진 마음을 읽는 몸짓의 심리학, 21세기북스).

Reiman, T., 2010, The yes facto(강혜정 옮김, 2011, 몸짓의 심리학: 속마음을 읽는 신체 언어 해독의 기술, 21세기북스).

Richards, J. C., 1990, The dilemma of teacher education in second language teaching. in Richards, J. C. & Nunan, D. (eds.), Second Language Teacher Education, Cambridge Univ. Press: New York.

Richardson V. and Placier, P., 2001, Teacher change. in V. Richardson(Ed.), Handbook of research on teaching 4th(905-947), American Educational Research Association: Washington, D.C.

Roth, W. M., 2001, Gestures: Their role in teaching and learning, Review of Educational Research, 71(3), 365–392.

Roth, W. M., 2002, Being and Becoming in the Classroom, Ablex Publishing: Westport.

Roth, W. M., 2003, Gesture-speech phenomena, learning, and development, Educational

Psychologist, 38(4), 249-263.

Roth, W. M., Posser-Ardenghi, L. and Han, J. Y., 2005, Critical Graphicacy: Understanding Visual Representation Practices in School Science, Springer(한재영 · 강창숙 · 오연주 · 김용진 · 홍준의 옮김, 2015, 비판적 도해력, 푸른길).

Schön, D., 1983, The reflective practitioner: how professionals think in action, Basic Books: New York.

Schön, D., 1987, Educating the reflective practitioner: toward a new design for teaching and learning in the professions, San Francisco: Jossey-Bass.

Shulman, L, S., 1986, Paradigms and research programs in the study of teaching: A contemporary perspective. in M. C. Wittrock(ed.), Handbook of Research on Teaching(3rd edition, 3-36), Macmillan: New York. Harvard Educational Review, 57(1), 1-22.

Slater, F., 1996, Illustrating research in geography education. in Kent. A., Lambert, D., Naish. M., and Slater. F.(eds.), Geography in Education: Viewpoints on Teaching and Learning, CPU: Cambridge.

Sonmez, D., and Can, M. H., 2010, Preservice science teacher' ability to identify good teaching practices, Social and Behavioral Sciences, 2, 4120-4124.

Spradley, J. P., 1980, Participation Observation, Rinehart and Winston: New York(이희봉 옮김, 1988, 문화탐구를 위한 참여관찰방법, 대한교과서주식회사).

Strauss, Anselm L. and Corbin, Juliet M., 1998, Basics of qualitative research: techniques and procedures for developing grounded theory(신경림 역, 2001, 근거이론의 단계, 현문사).

Stump, Shery L., 2001, Developing preservice teachers' pedagogical content knowledge of slope, Journal of Mathematical Behavior, 20, 207-227.

Stainback, S. and Stainback, W., 1988, Understanding & Conducting Qualitative Research(김병하 옮김, 1992, 질적연구의 이해와 실천, 도서출판 특수교육).

Tashakkori, A., and Teddlie, C., 1998, Mixed methodology: combining qualitative and quantitative approaches, SAGE(염시창 옮김, 2004, 통합 연구방법론: 질적·양적 접근방법의 통합, 학지사).

Turner-Bisset, R., 1999, The Knowledge bases of the expert teacher, British Educational Research Journal, 25(1), 39-55.

Van Mannen, M., 1977, Linking ways of knowing with ways of being practical, Curriculum Inquiry, 6(3), 205-228.

Vilém Flusser, 1994, Gesten: Versuch einer Phanomenologie, Fischer Taschenbuch(안규철 옮김, 2018, 몸짓들: 현상학 시론, 워크룸 프레스).

Vygotsky, L. S., 1978, Mind in society: The development of higher psychological processes. Harvard University Press(정회욱 옮김, 2009, 마인드 인 소사이어티: 비고츠키의 인간 고등심리 과정의 형성과 교육, 학이시습).

Wahl, Sharon, 2007, Understanding the Graduate Diploma Process, 2007 청주교육대학교 국제학술대회(교사교육에서 실행연구)발표집, 청주교육대학교 교육연구원.

Wajnry, R., 1992, Classroom observation tasks: A resource book for language teachers and trainers, Cambridge: Cambridge Univ. Press.

Ward, J, R and McCotter, S. S., 2004, Reflection as a visible outcome fo preservice teacher, Teaching and teacher Education, 20, 243-257.

Wenger, E., 1998, Communities of Practice, New York: Cambridge University Press(손민호·배을규 옮김, 2007, 지식창출의 사회생태학 실천공동체, 서울: 학지사).

Wolfgang Sünkel, 1996, Phänomenologie des Unterrichts: Grundriss der theoretischen Didaktik(권민철 역, 2005, 수업현상학, 학지사).

Wood, T., 1988, Alternative Patterns of Communication in Mathematics Classes: Funneling or Focusing? In H. Steinbring, Maria G. B. Bussi and Sierpinska(Eds.), Language and Communication in the Mathematics Classroom, NCTM: VA.

Wu, Li-Juing and Tyan, Nay-ching Nancy, 2007, Action Research: the bridge of transition, 2007, 청주교육대학교 국제학술대회(교사교육에서 실행연구) 발표집, 청주교육대학교 교육연구원.

Zemelman, S., Daniels, H. & Hyde, A., 1998, Best Practice: New standards for teaching and learning in America's school(2nd Ed.), Heinemann: Portsmouth.